主 编 简 介

何群,女,1963年10月出生,广州大学法学院教授,硕士生导师。2005年10月至2006年9月,国家留学基金委公派德国法兰克福大学做访问学者。曾发表科研论文40余篇,担任《国际私法学》《国际经济法教程》等图书的主编或副主编,主持或参加国家社科基金,教育部、省、市及国际合作课题近10项。

郭丽红,女,1962年5月出生,广东工业大学政法学院法律系教授,广东省法学会婚姻法学研究会副会长。主要研究领域为婚姻家庭法学和民商法学。撰写专著2部,主编教材4部,发表学术论文30余篇,并多次获政府和学会荣誉奖励,主持或参加省部级课题多项。

高校法学"十二五"规划教材系列

总主编 杜承铭
总顾问 吴家清 齐树洁

婚姻家庭继承法学

Marital-Family and Inheritance Law

主 编 何 群 郭丽红

副主编 陈月秀 杨浩楠 佘发勤

撰稿人（按撰写章节顺序）

何 群 杨浩楠 陈月秀 郭丽红 袁 青

佘发勤 李 珊

厦门大学出版社 国家一级出版社
XIAMEN UNIVERSITY PRESS 全国百佳图书出版单位

图书在版编目(CIP)数据

婚姻家庭继承法学/何群,郭丽红主编. —厦门:厦门大学出版社,2018.9
高校法学"十二五"规划教材系列
ISBN 978-7-5615-6867-5

Ⅰ.①婚…　Ⅱ.①何…②郭…　Ⅲ.①婚姻法-法的理论-中国-高等学校-教材②继承
法-法的理论-中国-高等学校-教材　Ⅳ.①D923.01

中国版本图书馆 CIP 数据核字(2018)第 005866 号

出 版 人	郑文礼
责任编辑	甘世恒

出版发行 厦门大学出版社

社　　　址	厦门市软件园二期望海路 39 号
邮政编码	361008
总 编 办	0592-2182177　0592-2181406(传真)
营销中心	0592-2184458　0592-2181365
网　　　址	http://www.xmupress.com
邮　　　箱	xmupress@126.com
印　　　刷	三明市华光印务有限公司

开本	787 mm×1 092 mm　1/16
印张	19.75
插页	2
字数	480 千字
版次	2018 年 9 月第 1 版
印次	2018 年 9 月第 1 次印刷
定价	57.00 元

本书如有印装质量问题请直接寄承印厂调换

厦门大学出版社
微信二维码

厦门大学出版社
微博二维码

"高校法学'十二五'规划教材系列"编委会

总 主 编：杜承铭

总 顾 问：吴家清　齐树洁

编委会成员（按姓氏拼音顺序排列）：

蔡国芹　蔡镇顺　陈俊成　陈亚平

崔卓兰　邓成明　邓世豹　房文翠

韩明德　蓝燕霞　栗克元　马占军

祁建平　施高翔　王继远　王晓先

吴国平　夏　蔚　熊金才　徐　波

徐继超　于风政　曾月英　张小平

秘　　书：甘世恒

婚姻家庭与继承法学

教材编写成员

何　群　广州大学法学院教授（第一主编）

郭丽红　广东工业大学政法学院教授（第二主编）

陈月秀　广州大学法学院副教授（第一副主编）

佘发勤　肇庆学院法律系讲师（第三副主编）

杨浩楠　广东外语外贸大学法学院副教授（第二副主编）

李　珊　中山大学新华学院法律系讲师

袁　青　广州商学院讲师

总　序

　　2011 年 3 月，吴邦国委员长向世人宣布：中国社会主义法律体系已经形成。中国已步入了法治社会的健康发展轨道。作为改革开放排头兵的广东省，更是在法制建设的进程中敢于先行先试，为中国社会主义法律体系的完善贡献了自身的力量。与之相适应的是，广东省法学院校在法学教育和法学研究方面，也一直进行着积极的探索和改革。广东省开设法学专业的院校 20 余所，以法学本科教育为主，多年来为广东、华南地区乃至全国的政法系统、党政部门、企事业单位培养和输送了数以万计的法律人才。随着我国市场经济的逐步发展完善，对法律人才的要求也进一步提升，既有的法学本科教学内容体系和教育模式在新的形势和新的要求面前难避僵化之虞。因此，以教学内容体系和教育模式为取向的法学本科教育改革，就成为广东省各法学院系教育教学改革的重中之重。为了进一步推进广东省法学院校法学教育教学改革特别是法学教材建设与改革，由厦门大学出版社策划，组织广东省 20 余所院校法学专业教师联合编写的"高校法学'十二五'规划教材系列"便应运而生。

　　"高校法学'十二五'规划教材系列"是根据教育部公布的法学教学大纲编写的，符合国家"十二五"规划要求的法学创新教材。本教材系列具有如下特点：

　　第一，以几个较早成立的法学院系为依托，由广东省 20 余所院校的法学专业教师联合编写。本教材系列集合了广东省大部分开设法学专业课程的院校的教师，由具有丰富教学经验和科研能力的资深教授担任各册主编，并吸收了许多具有丰富一线教学经验的中青年任课老师参与编写。教材系列作者队伍阵容强大，同时又具有一定的权威性。

　　第二，紧密结合实际，力图打造具有广东特色的法学创新教材。广东省处于改革开放的前沿，经济的繁荣带来了思想的活跃。作为广东法学本科教学改革的一次尝试，本教材系列力图突破传统的理论性较强的编写模式，将法学基本知识和具有地方创新特色的司法实务以及国家司法考试相结合，培养既具有法学基本知识，又能够了解司法实务的合格法律人才。为此，本教材系列除了对法律知识体系的整体阐述外，还吸收了部分具有广东特色的案例，精简为各章之前的"引例"部分，帮助学生进一步理解法学知识在法律实务中的应用。同时在各章之后增加"司法考试真题链接"部分，有助于学生将本章知识与国家司法考试要求相结合。

第三，吸收和采纳我国法学界的成熟观点和研究成果，精简教材内容，提高教学质量和效率。法学本科教育应为通识教育，即将学生培养成掌握法律基本知识，并能熟练运用法律的实用人才。目前国内大部分法学教材共同存在的问题是篇幅过大，理论争议过多，导致学生难以完全吸收掌握，从而在走上工作岗位后无法正确使用法学知识。因此，为了确保学生能掌握基本的法律知识并熟练运用，本教材系列要求各主编仅采用我国法学界公认的观点和理论，对于存有争议的部分暂时搁置，从而将教材的篇幅尽可能地压缩，减轻学生的学习压力，提高学习质量。

本教材系列是各院校教师共同努力的结晶，凝聚了许许多多一线教师的心血和智慧，是广东省各法学院校在法学本科教材上的一次共同探索和努力。当然，由于参编教师众多，加之水平有限，难免有所缺失和不足，敬请读者批评指正，以助日后不断完善。

杜承铭

2011 年 12 月

目 录

第一编

总　论

第一章　婚姻家庭与继承制度概述

第一节　婚姻家庭制度概述

一、婚姻家庭的概念

（一）婚姻的概念

目前我国一般或传统意义上的婚姻是指男女两性的结合，这种结合形成了为当时社会制度所确认的夫妻关系。因而，对婚姻的理解有以下内涵：

1. 婚姻的主体必须是男女两性的结合。这是婚姻自然属性的要求，是繁衍后代、延续种族的需要。而对现存的同性结合是否为婚姻，据国内现有的资料，一般否认其为婚姻。较早的观点有：同性结合有悖于婚姻所反映的人类自然规律。不论是否属于畸形恋情，也不论其在一国的法律地位，都与婚姻的意义有本质不同，不能以婚姻论处。[1] 同性恋不仅使社会道德沦丧，而且是艾滋病的主要传播途径，这种行为与婚姻行为根本背离。[2] 近几年有以下主要观点：一是从婚姻的自然属性来否认同性结合为婚姻。代表性论述为，如男女两性的差别和性的本能与需要是婚姻的原始动力和自然条件，同性结合背离婚姻的自然法则，不能构成婚姻。[3] 二是认为同性结合为婚姻只是少数国家的法律规定，从而否认其为婚姻。代表性论述为，如目前在世界范围内特别是西方国家同性恋的存在是毋庸置疑的事实，但在是否赋予其法律地位的问题上，尽管已有丹麦等一些国家通过立法允许同性结合享有与异性夫妻相同的法律地位，但绝大多数国家仍不承认同性结合具有婚姻的效力。[4] 此外，我国社会学学者从研究同性恋心理及性行为的角度，呼吁保护少数人人权，同性婚姻应合法化。这一领域的学者以我国著名社会学家李银河教授为代表。而一些国内著名的民法学与婚姻法学学者的意见有分歧。2000 年 8 月 31 日，北京部分婚姻法专家、社会学家、法律工作者，就婚姻法修改中的热点问题召开了研讨会。会上杨大文教授对同性恋者"同意在法律上给以宽容"，但认为"几千年来，婚姻制度就是为一男一女的结合而设的"，如果打破这个传统，"婚姻就不是现在的婚姻了"。龙冀飞教授认为，"婚姻法不会为同性婚姻单独设置新的规则"。[5] 这些均表明他们不同意在法律上认可同性婚姻。而徐国栋教授在《绿色民法典草案》的"婚

① 贺小电，周利民.婚姻继承适用新论[M].北京：中国政法大学出版社，2001：2.
② 冯湘妮.婚姻家庭法[M].西安：陕西人民出版社，2002：2.
③ 孟令志，曹诗权，麻昌华.婚姻家庭继承法[M].北京：北京大学出版社，2012：2.
④ 夏吟兰.婚姻家庭继承法[M].北京：中国政法大学出版社，2012：1.
⑤ 崔丽.修改婚姻法热门话题再聚焦[N].中国青年报，2000-9-4.

姻家庭法编"第 2 条规定:"婚姻是男女两性以共同生活为目的按法定程序以人身和财产事项为内容达成的合伙。两性人彼此之间与全男人或全女人缔结的婚姻,允许之。同性人彼此之间缔结的民事结合,在性质相宜的范围内,适用本分编的一切规定。"①

2. 婚姻是为当时社会制度所确认的男女两性的身份结合。男女两性结合这一特殊社会关系不具有任意性,必须为当时社会制度所确认,反之则不能称其为婚姻。表现为,原始社会两性结合的群婚制由当时的社会习惯所确认,阶级社会的一夫一妻制则主要由当时的法律制度所确认。为此,当代各国法律为婚姻的成立、效力、法律后果等作了明确的规定。符合法律规定的两性结合为婚姻,具有夫妻身份,从而排除了通奸、姘居、同居等法律不认可的两性结合为婚姻,因而,也不具有法定夫妻身份。

从婚姻必须为社会制度确认这一层面而言,同性婚姻是客观存在的。20 世纪 90 年代末至今,婚姻家庭领域"以人为本",尊重与保护少数人人权的社会意识形态也顾及同性结合。同性婚姻,或同性生活伴侣关系,或同性家庭伴侣关系,或同性民事关系伴侣,为一些西方国家法律认可已是不争的事实。相对异性婚姻而言,同性婚姻有狭义与广义之别。狭义的同性婚姻,除了婚姻主体的性别不同外,法律赋予此类婚姻在称谓上、在婚姻的形式要件及婚姻的实体权利义务上与异性合法婚姻没有任何差异即完全相同。这一结论改变或者说拓宽了婚姻的主体,如荷兰 1998 年 1 月 1 日正式生效的《家庭伴侣法》。该法所指的"伴侣",既包括"同性伴侣",也包括"异性伴侣"。对于同性伴侣来说,登记的同性伴侣将会和婚姻中的夫妻双方一样,在退休金、社会安全保障、继承和扶养方面享有同样的权利,承担相同的义务,但同性伴侣无权收养子女。2000 年 12 月,荷兰参议院通过一项法律,允许同性恋者结婚并领养孩子,该项法案于 2001 年 4 月 1 日正式生效,表明荷兰是世界上第一个实现同性婚姻合法化的国家。因为该法不但允许同性恋者结婚,而且同性恋者完全享有与异性婚姻相同的所有权益,因而,它是一部真正的同性婚姻法。资料显示,仅在该法生效的当月,就有 386 对同性伴侣在荷兰结婚。② 继荷兰国会于 2000 年通过法案,承认同性恋婚姻合法及同性伴侣享有收养权后,其邻国比利时紧随其后。2001 年 6 月 22 日,比利时部长会议上通过了一项法律草案,规定今后在比利时境内的婚姻不一定必须是异性间的结合,婚姻也可以是由两名男性或两名女性所组成。这一法案的通过使比利时成为继荷兰之后第二个允许同性婚姻的欧洲国家。③ 此外,一般认为,目前加拿大、西班牙、美国(2015 年美国联邦最高法院在"欧伯格菲案"中确认了同性恋者在宪法层面上的婚姻权利)是允许同性婚姻的国家。因而,当代社会的婚姻主体并非单纯传统意义上一男一女的结合,只能说明这类主体是婚姻的主流主体,但不是唯一主体。广义的同性婚姻,还包括准同性婚姻。准同性婚姻是法律认可的有别于婚姻的一种同性身份关系。其称谓多样,德国称生活伴侣,丹麦等国称家庭伴侣,英国称民事关系伴侣,我国的一些学者称同居伴侣或同性婚姻或特殊婚姻。这类法律认可的身份关系之所以不是婚姻,是因为法律对这类身份关系的保护,无论称谓上,还是形式要件及实体权利方面,与婚姻相比是不同的。又由于它是一种类似于同性婚姻的法律认可的合法身份关系,因而,我们称其为准同性婚姻,如德国、法国、英国。在德国,2000 年 11 月

---

① 徐国栋.绿色民法典草案[M].北京:社会科学文献出版社,2004:185.
② 统计显示四月份有 386 对同性恋者在荷兰结婚[EB/OL].http://www.sina.com.cn,2001-7-30.
③ 比利时将成为第二个允许同性恋者结婚的国家[EB/OL].http://www.sina.com.cn,2001-6-24.

10 日德国联邦议会通过了有关同性恋者结为生活伴侣的《生活伴侣登记法》(*Gesetz zur Eingetragenen Lebenspartnerschaft*)。该法律于 2001 年 8 月 1 日开始生效,共 4 章 19 条。其内容主要包括两部分:第一部分主要涉及同性恋生活伴侣的登记方式与程序,以及登记后同性恋生活伴侣关系的法律地位。原则上讲,同性恋伴侣可以直接到婚姻登记处登记,结为受法律保护的生活伴侣。登记所需的条件和登记的程序都与异性婚姻类似;登记后的同性恋生活伴侣在法律上也具有与传统异性婚姻类似的地位。但德国不叫"婚姻",而叫"生活伴侣关系",以此区别于传统异性婚姻。第二部分主要是修改了 100 多个法律中的相关章节,将登记的同性恋生活伴侣的社会与法律地位落实到具体条文中,同时,规定伴侣双方的权利与义务。与传统异性婚姻一样,同性恋生活伴侣可以共同使用一个姓;互相具有扶养的义务,包括一方失业或丧失收入时,另一方就要担负起扶养的责任;相互享受医疗和护理保险;家庭、亲属关系与异性婚姻等同;双方对子女的教育有同等的责任与权利;在法庭作证时,有权拒绝做对伴侣不利的证词;死后,伴侣是法定的财产继承人。同性生活伴侣的一方为外国人的,可以如同法定夫妻一样被允许来德团聚并在满足相应条件后允许入籍;同性生活伴侣如要分道扬镳则由家庭法院处理,并有得到扶养费的权利。此外,这项法律还规定,同性生活伴侣中某一方的未成年子女可与其共同生活,但禁止同性恋者领养孩子。[1] 但在税法上的扶养义务方面,收入高的伴侣每年最多可以将其收入中的 40000 马克转让给收入低的伴侣,这 40000 马克将从收入中减掉,而不必缴所得税(异性婚姻没有这 40000 马克的界限)。[2] 此条款至今在法律上并没有具体的规定。而异性婚姻在个人所得税法上,根据 2005 年 10 月 1 日《德国个人所得税法》(德文版)第 10 条第 1 款第 1 项的规定,异性婚姻当事人根据婚姻生活的实际开销,收入高的配偶每年可将其收入中的 13805 欧元转让给收入低的配偶,这 13805 欧元将从收入中减去,而不必缴纳所得税。在法国,2000 年 1 月法国政府颁布实施了《公民互助契约》,规定"同居伴侣"可以登记一种新型的家庭关系。且规定,"伴侣双方必须在经济上互相支持;除非特别说明,任何财产的添置都属双方所有。同居三年后,两人能够像夫妇那样共同纳税;一方死亡后,另一方能够顺利继承劳保"。但和婚姻相比,家庭伴侣的关系更容易被中断,而且无须律师的介入。如果双方同意,这种关系在顷刻之间就能解除。如果一方不同意离异,另一方则可以给出通知,原有的关系在 3 个月内就被自动解除。家庭伴侣法也没有专门关于双方忠诚、孩子或者继承权的条款。《公民互助契约》使法国成为全球第一个承认同性伴侣关系的天主教国家,受到了保守势力和天主教会的激烈反对,但调查表明,接近一半的法国人认为,同性伴侣的关系应该受到法律承认,更多的人则支持未婚的异性伴侣也应该能够享受到一定的权利。[3] 在英国,2001 年 6 月 28 日英国伦敦市政府宣布正式承认同性伴侣关系,并从同年 9 月开始提供同性伴侣登记服务,为同性恋者举行类似婚礼一样的结合仪式,伦敦自此成为英国第一个承认同性伴侣关系的城市。但是,伦敦市的同性伴侣登记服务并不能向同性伴侣提供与传统婚姻一样的法律保护,只是在发生

---

① 关于同性生活伴侣收养伴侣以外的子女问题,最初是禁止该类身份关系的当事人收养子女,但根据修改后的德国同性生活伴侣登记法,目前已允许该类身份关系的当事人收养子女。德国民法典:第 56 版(德文版)[M].慕尼黑:德国手册出版社,2005:618.

② 玛丽娜·威兰霍夫-科莱.登记的生活伴侣关系(德文版)[M].慕尼黑:贝克出版社,2003:184-185.

③ 一个新型的伴侣结合——来自法国的报道[N].纽约:纽约时报,2002-04-18.

诸如住房租赁、退休保险以及移民纠纷时,可以证明双方关系的存在,由此处理一系列纠纷。① 2004 年英国通过的一项法案将允许同性通过法律程序,注册成为具有民事关系的伴侣。2005 年 12 月 5 日该法案正式生效。根据这项法案,在英国注册的同性伴侣将享有异性夫妻在财产、继承、移民、赋税等方面享有的一切民事权利。注册人提出申请并经过两个星期的等待后,即可正式登记成为具有民事权利关系的同性伴侣。这在英国历史上尚属首次。虽然英国政府为同性伴侣的民事权利开了绿灯,但布莱尔政府在立法中还是放弃了"婚姻"的表述,选择了"结为民事关系"这样的含糊字眼。要结为这样的"民事伴侣"关系只需经过特定程序,签署一些文件即可。而正式的婚姻还需双方在民事或宗教仪式中相互立誓。不过,不少同性伴侣仍希望举行一个简单的仪式。② 除上述国家或地区外,瑞典、挪威、丹麦、冰岛、芬兰和格陵兰等国均有生活伴侣关系法或家庭伴侣法,法律认可这一身份关系。

3. 婚姻是双方当事人以永久共同生活为目的的结合。这里应是婚姻当事人的主观心理状态和所追求的人生理想,符合婚姻内在本质要求,以维护婚姻的严肃性、稳定性,反对视婚姻为儿戏及附条件、有期限的结合。同时也应看到,婚姻生活是社会生活的一部分,必然受制于社会生活的方方面面,且婚姻自身的发展性、复杂性、动态性规律,以致现实生活中的婚姻完全达到这一理想状态尚不可能,为此离婚法律制度则是一种不可缺少的补救手段,但不能由此否认婚姻是双方当事人以永久共同生活为目的的结合。

基于上述分析,我们认为,世界范围内,当代婚姻是指符合法律规定的主体依法定条件和程序确立的以永久共同生活为目的的夫妻关系或配偶关系。就婚姻的主体而言,一男一女的结合是历史至今法律和世俗普遍认可的主体,而同性即两个男子或两个女子能否成立婚姻?我们认为只要法律许可,在称谓上、在婚姻的形式要件上,以及在婚姻的实体权利义务上,与异性合法婚姻没有任何差异即完全相同,即为婚姻。这一结论改变或者说拓宽了婚姻的主体。换言之,当代社会婚姻的主流主体是一男一女的结合,但不是唯一主体。③ 尽管同性结合在我国也许相当长的时期不可能被认可为婚姻这一法律身份关系,但针对中国与外国对待同性结合的法律现状,除非中国与有关同性婚姻合法化的国家不往来,否则,国际同性婚姻法律适用命题的提出不可避免,即两个相同或不同国籍的外国人在其本国或原住所地合法成立的同性婚姻,或者两个具有中华人民共和国国籍的人以及一个具有中华人民共和国国籍的人与一个具有外国国籍的人在外国依法缔结的同性婚姻,随该当事人来到中国,则是中国面临的现实问题。对此,我们认为,依据我国《涉外民事关系法律适用法》的有关规定,同性结合存在的客观事实,医学上界定其不是一种疾病的科学论断,及全球视野的、与时俱进的现代意识,我们在法律观念与法律制度上应倾注切实可行的法律人文性。在一定的条件和法律环境下,适宜的冲突法或者直接调整方法运用于该领域,是保障人的自由权、契约身份权,维护依法设立的民事关系的稳定性、内外有别地对待与处理涉外民事身份关系的需要。④ 探讨婚姻的概念,对完善我国国内与国际婚姻家庭法具有一定的理论与实践意义。

---

① 英国议员提议"同性婚姻法"[BE/OL].http://www.sina.com.cn 2002-1-10.
② 英语同性合法婚姻法生效[EB/OL].http://www.boysky.com 2005-12-8.
③ 何群.婚姻、同居、生活伴侣辨析[J].甘肃政法学院学报,2007(2):132-133.
④ 何群.涉外同性婚姻法律适用问题研究[J].河北法学,2012(10).

（二）家庭的概念

家庭,作为一种社会现象,不同时代、不同视角有不同的理解。当代社会,法学意义上的家庭是指基于婚姻、血缘和法律拟制而产生的一定范围内的亲属所构成的社会生活单位。这一概念有以下特征:

1. 家庭由一定范围内的亲属所构成。家庭由亲属组成,亲属的来源有婚姻、血缘和法律拟制三种途径。婚姻产生配偶,血缘产生血亲,收养或父母再婚产生法律拟制血亲。因此,一般而言,配偶是组成家庭的前提或核心要素,血亲是维系家庭的重要纽带,拟制血亲也是家庭成员的重要补充要素。家庭成员是亲属,但亲属不一定是家庭成员。只有法律上规定有权利义务关系的亲属才是家庭成员,且有固定的身份与称谓。根据我国现行婚姻法规定,在法律上相互有权利义务关系的亲属包括:夫妻、父母子女、兄弟姐妹、祖父母外祖父母与孙子女外孙子女。这部分亲属组成法律意义上的家庭成员。同时也应看到,不同历史时期或同一历史时期的不同国家、不同民族、个体家庭,因经济发展水平和社会发展变化,家庭所包含的亲属范围宽窄不一。

2. 家庭主要是一个社会生活单位。家庭在历史上曾经既是一个生产单位,又是一个生活单位。当代社会的家庭主要是一个生活单位或称为同财共居的社会生活单位。它是社会最基本、最常见、最具有凝聚力的生活单位。一般而言,任何个体(自然人)都有自己的家庭,都为家庭成员而从属于某一家庭之内,因而,家庭有社会细胞之说。家庭作为社会生活的细胞,其内容非常广泛,涉及经济、道德、政治、宗教、文化、教育等各方面的生活。由于家庭成员共同生活、共同居住、共同消费,具有共同财产,从而形成了同财共居的特点。这一特点不仅构成了社会生活中最密切的不可替代的人际关系,而且成为家庭与其他社会生活单位的重要区别。[①] 因此,婚姻家庭法既要规范亲属身份关系,也要建立合理的行之有效的家庭财产制度。

从以上分析可知,婚姻和家庭是一种既有区别又密不可分的社会关系。通常情况下,婚姻是家庭的基础或前提,家庭是婚姻的自然结果;血缘出自家庭,并使家庭不断延续,家庭又将血缘关系组织化、单位化,并成为其绵延不绝的生息场所;法律拟制是婚姻、血缘形成家庭的例外。一般而言,家庭关系包括婚姻关系,家庭成员之间的权利义务包括夫妻权利义务,且夫妻关系是家庭关系的核心所在。因此,婚姻质量及稳定与否,关乎家的命运。

二、婚姻家庭的属性与职能

（一）婚姻家庭的属性

婚姻家庭是社会发展到一定阶段的一种社会关系,既具有一般社会关系的共性,也具有自身独特的属性,表现为社会属性与自然属性的统一,但社会属性是其本质属性。

1. 婚姻家庭的自然属性。婚姻家庭的自然属性是指人的生理学和生物学的自然功能对婚姻家庭的内在要求。这一属性在婚姻家庭中是客观存在,且不以人们的意志为转移的,构成了其独特属性所在,也是婚姻家庭与其他社会关系区别的重要标志之一。自然属性在婚姻家庭中的表现主要有:(1)男女两性的生理差别和人类固有的性本能,是婚姻的生理基础;(2)通过生育而实现的人种的繁衍是婚姻家庭在生物学上的功能;(3)家庭成员间的血缘

---

① 夏吟兰.婚姻家庭继承法[M].北京:中国政法大学出版社,2012:4-5.

联系及由此而形成的亲属关系是一种客观自然的生物联系。

婚姻家庭的自然属性是婚姻家庭赖以产生的前提和基础,没有自然属性,就不可能产生婚姻家庭。自然属性对婚姻家庭立法有着重要的作用,如关于法定婚龄的规定必须考虑人的身心发展是否成熟、一定范围内的亲属及特定的疾病禁止结婚、以某种生理缺陷或缺乏生育能力作为不准结婚或许可离婚的理由、以出生的事实作为确认血缘关系的依据等,均为自然属性在婚姻家庭的反映。有关这些规定,以及规定是否科学合理,直接影响婚姻家庭的质量,关乎人口素质及民族未来,为近现代各国婚姻家庭法共同遵循。

2. 婚姻家庭的社会属性。婚姻家庭的社会属性是指社会制度赋予婚姻家庭的本质属性,它决定和影响婚姻家庭的形态及所包含的社会内容。社会属性在婚姻家庭中的表现:(1)人的本质属性决定了婚姻家庭的本质属性。婚姻家庭的主体是人,而"人的本质并不是单个人所固有的抽象的物,实际上,它是一切社会关系的总和"①。人作为社会成员从事物质资料的生产和人口再生产,在这两种生产过程中形成了各种各样的社会关系。婚姻家庭关系是人与人之间的关系,因而也具有社会关系的内容。(2)人类婚姻家庭从低级向高级发展的根本动因是其社会性。两性结合及血缘联系普遍存在于一切高等动物之中,婚姻家庭的自然属性自从人类产生以来没有变化,但婚姻家庭形态在不同的历史时期不断演进且各具特色,单纯从生理学、生物学的自然规律是无法找到答案的,这是人类社会生产方式要求人类两性和血缘关系采取一定社会形式的结果。(3)婚姻家庭是一定的物质社会关系与思想社会关系的有机统一。这种社会关系的内容复杂,既有经济基础范畴的因素,也有上层建筑、意识形态范畴的因素。一定社会的物质资料的生产关系决定和影响着婚姻家庭关系,而法律、政治、道德、情感、宗教、习俗和文学艺术等思想关系,则与当时社会的上层建筑、意识形态相适应,去评断善恶、褒贬是非,从而对婚姻家庭起着潜移默化、根深蒂固的影响制约。因此,一定社会的婚姻家庭关系,是一定社会的缩影,其发展演变是社会各种因素综合作用的结果。

自然属性与社会属性是婚姻家庭不可分割的两方面。自然属性是婚姻家庭产生的前提和特有属性;社会属性是婚姻家庭的本质属性,对婚姻家庭的演变发展起决定作用。我们既不能抹杀婚姻家庭的自然属性,也不能片面夸大其作用,更不能将婚姻家庭的自然属性与社会属性置于同等地位,否则人类社会婚姻家庭的发展史就无从解释。

(二)婚姻家庭的职能

婚姻家庭的职能,即指婚姻家庭在人类生活和社会发展中的作用。婚姻家庭的职能与其属性相对应,有自然职能与社会职能。

1. 自然职能。基于婚姻家庭的自然属性所具有的职能即婚姻家庭的自然职能。主要表现为:(1)性爱。男女两性的性本能是婚姻家庭得以产生的生理学基础,婚姻为性爱关系提供了合法形式,家庭则为此提供了运行场所,同时也是限制婚外性爱关系的组织形式。(2)生育。婚姻家庭承载着人口生产和再生产的职能,这一职能是人类得以生存、发展及延续的前提条件。婚姻的生育职能通过家庭实现,家庭则是完成人口生产和再生产的基本单

---

① 马克思恩格斯全集:第 3 卷[M].北京:人民出版社,1972:5.

位。① 但是人这一主体既是自然界的人,也是社会中的人,人口生产和再生产不可避免地要受到社会物质资料生产和人们生育观在内的其他社会因素的影响制约。因此,生育问题也绝非一个单纯自然的过程,人口生产和再生产是在一定的社会关系中实现的,婚姻家庭是人口生产和再生产的社会形式,不同的国家同一时期,或同一国家不同时期,采取不同的生育策略也就不难理解了。

2. 社会职能。基于婚姻家庭的社会属性所具有的职能即婚姻家庭的社会职能。主要表现为:(1)经济职能。家庭的经济职能包括生产职能与生活消费职能。家庭作为一个经济单位,其生活消费职能在婚姻家庭的发展历程中各国没有例外,但家庭的生产职能在不同的时期,受不同生产方式的影响,有不同的表现。在我国,自新中国成立至改革开放前,家庭的消费职能一直占据主导地位;而当前在我国社会主义初级阶段市场经济体制下,经济成分多元化及经营方式多样化,家庭的经济职能呈现复合状态:绝大多数公职人员家庭一般只有生活消费职能,从事个体工商业、公司及合伙组织、自由职业等家族式、投资式的家庭具有生产和消费双重职能,实行联产承包责任制的农村家庭也具有生产和消费双重职能。这一状态表明家庭经济职能受我国政策和法律认可和保护,是现代社会经济活动必不可少的形式。(2)教育职能。家庭由一定范围的亲属构成,家庭成员间有着特殊的、亲密的关系。自然人的出生使之成为社会化的人,而社会化的初始基于家庭中的父母、尊长。人的品行同其最初所受的家庭教育密不可分,父母作为子女的第一任教师,其言行对子女的成长具有榜样的力量。因此,家庭也是一个教育单位,承载着教育家庭成员,培养下一代的职能。这一职能在整个教育体系中占有突出的地位,责任重大而深远,且具有不可替代性的特点。但家庭教育不能取代学校及其他各类职业教育,只有将家庭教育与其他各类教育结合起来,才能培养出对家庭、社会有益的人。(3)保障职能。赡养老人抚养幼小、扶助病患伤残贫困等缺乏劳动能力、没有经济来源的弱势家庭成员,是家庭的基本职能,也是我国人民的优良传统,构成社会保障不可缺少的环节之一。尤其是当前我国社会保障制度不健全、保障不充分、人口老龄化,家庭的保障职能具有重要的不可替代的作用。(4)情感职能。家庭是家庭成员之间最充分、最坦然的思想、感情、精神等需求交流的场所,家庭成员之间亲密、和谐的人际关系,有助于人们健康的人生观、价值观的培养与形成,是社会和谐的基础、精神文明的摇篮。以婚姻家庭法为重要内容的身份法应注重家庭成员间情感交流的意义与作用。

三、婚姻家庭制度的本质

婚姻家庭制度是指一定社会占统治地位的并以行为规范所确认的婚姻家庭形态。婚姻家庭形态表现多样,只有占统治地位的并以婚姻家庭行为规范所确认的婚姻家庭形态才能成为婚姻家庭制度。② 在原始社会,婚姻家庭制度由有关的道德、习惯所构成;在阶级社会,婚姻家庭制度主要由法律及起补充作用的道德、宗教及风俗习惯等构成,其中法律是阶级社会婚姻家庭制度最集中、最典型的表现。婚姻家庭制度本质的主要表现:

---

① 婚姻家庭具有生育职能,但有不生育的自由,生育与否决定权在婚姻当事人。如丁克家庭的存在。

② 婚姻家庭制度有广义与狭义之别。广义的婚姻家庭制度泛指群婚制出现后的婚姻家庭制度;狭义的婚姻家庭制度则指个体婚制形成以来的婚姻家庭制度。一般教科书持广义婚姻家庭制度的主张。

1. 婚姻家庭制度是社会制度的组成部分,具有社会制度的共性。婚姻家庭制度作为一种社会制度,具有人们行为的导向性、利益冲突的协调性、秩序的确立与维护等作用。

2. 婚姻家庭制度与婚姻家庭关系不同。婚姻家庭制度是由各种行为规范构成,在特定的社会制度下具有统一性、稳定性。婚姻家庭关系是指以两性和血缘为纽带的特定形式的社会关系,即指现实形态和婚姻家庭本身。婚姻家庭关系就该社会所具有的婚姻家庭形态而言,除占统治地位的婚姻家庭形态之外,还存在多种形态。

3. 婚姻家庭制度的形成是婚姻家庭自然属性与社会属性有机结合的过程。婚姻家庭制度既不能违背婚姻家庭的自然属性,又必须对婚姻家庭的自然属性予以有序规范,以保障婚姻家庭所代表的社会利益和统治阶级利益的最大实现,社会属性是婚姻家庭制度的本质属性。

为了阐明婚姻家庭制度发展规律,婚姻家庭制度与社会制度的内在联系以及经济基础和上层建筑之间的制约关系,还应当从以下两方面进行分析,以便对婚姻家庭制度的本质有更深入全面的理解。

(一)婚姻家庭制度与经济基础

经济基础的性质决定婚姻家庭制度的性质。婚姻家庭制度是建立在一定的经济基础之上的上层建筑,是各个社会的婚姻家庭形态在上层建筑领域的集中体现,具有上层建筑的共性。经济基础对婚姻家庭的要求,必然会在上层建筑领域反映出来。这些反映既表现为婚姻家庭观或婚姻家庭意识,也表现为包括婚姻家庭法在内的婚姻家庭制度。因此,人类社会不同历史阶段的婚姻家庭制度均与其当时的社会经济基础相适应,婚姻家庭制度的不断变化是经济基础依次更替的结果。同时还应当明确两点:一是婚姻家庭制度同其他上层建筑一样,它与生产力的联系是以经济基础为中介的。只有生产力的发展导致经济基础的变革,才能引起婚姻家庭制度的根本变革,从而使旧的婚姻家庭制度被新的婚姻家庭制度所取代。婚姻家庭制度的发展变化,归根到底是以生产力的发展和进步为动力的。二是婚姻家庭制度对经济基础具有反作用。表现在:落后的婚姻家庭制度是维护旧的经济基础、束缚生产力发展、阻碍社会进步的消极力量;先进的婚姻家庭制度则是推动和巩固新的经济基础、促进生产力发展和社会进步的积极力量。评价特定社会的婚姻家庭制度时,应当全面、历史、发展地理解分析,即看它对当时社会生产力发展起着什么样的作用。

(二)婚姻家庭制度与上层建筑

婚姻家庭制度是上层建筑的组成部分,建立在同一经济基础之上的上层建筑,是一个相互联系和制约的整体。婚姻家庭制度与上层建筑各部门的关系,表现在:一是经济基础对婚姻家庭制度的要求,一般不是直接的,而是通过上层建筑各部门表现出来的;二是婚姻家庭制度受上层建筑各部门的影响和制约。在上层建筑领域,对婚姻家庭制度作用最明显、有重大影响和制约的是政治、法律、道德、宗教和风俗习惯。这就为相同经济基础的国家和民族在婚姻家庭制度上呈现出不同的特点得到了合理的解释。

1. 婚姻家庭制度与政治、法律制度

政治是经济的集中体现,在上层建筑中居于首要地位。阶级社会,统治阶级的政治制度总是对人们的婚姻家庭生活进行干预,把符合其阶级利益的婚姻家庭形态上升为主导地位,并运用法律强制力要求人们遵守,以此达到为政治制度服务的目的。恩格斯在论及封建的婚姻关系时说道:"对于骑士或男爵,以及王公本身,结婚是一种政治的行为,是一种借新的联姻来扩大自己势力的机会;起决定作用的是家世的利益,而决不是个人的意志。"①我国古代社会,统治阶级一直将家与国等量齐观,"三纲"为治国之道,法律上"良贱不婚""官民不婚"的规定,是由等级森严的封建主义政治制度决定的,为专制统治与宗法社会的政治制度服务的。中华人民共和国的政治制度也都程度不同地影响和制约婚姻家庭制度。如目前的计划生育政策的变化在婚姻家庭法中的体现。

法律是统治阶级意志利益的体现,由国家制定并以国家强制力保障实施的行为规范。法律在很大程度上也是政治的条文化,是阶级社会调整婚姻家庭的重要手段。婚姻家庭制度主要表现为婚姻家庭法,婚姻家庭法是婚姻家庭制度的典型体现。古今中外的统治阶级无不通过制定婚姻家庭法来维护符合自己的婚姻家庭制度,婚姻家庭制度具有一定的法律形式后对社会的作用力更具有系统性、稳定性与强制性。婚姻家庭立法在各国法律体系中占有极其重要的地位。

2. 婚姻家庭制度与道德、宗教

道德是以善恶、荣辱观念来评价人们的社会行为,调整人们相互关系的行为规范,并通过自我评价与社会评价起到约束人们行为的作用。在道德规范体系中,包含着大量的有关婚姻家庭的信念与准则,但阶级社会里,"道德始终是阶级的道德"②,统治阶级把有利于自己的道德作为人们的价值导向,使之成为占统治地位的社会道德,并与婚姻家庭立法互为补充,共同构成婚姻家庭制度的主要内容。婚姻家庭制度不仅具有一定的法律形式,而且具有一定的道德形式。道德与法律相比也有不同,表现为:道德调整的范围广、要求高、影响深远、依靠信念与社会舆论约束人们的行为。因此,在我国的婚姻家庭制度中,应充分弘扬社会主义婚姻家庭道德,发挥其补充婚姻家庭立法,调整婚姻家庭关系,促进社会精神文明建设的重要作用。

"宗教是一种社会意识形态,其宗旨在于对超自然力量的信仰,并由此获得精神上的慰藉。宗教包括信仰、教义以及抚慰、礼拜、宗教仪式等活动。"③在一些普遍信奉宗教的国家和民族,宗教教义和教规对婚姻家庭制度历史至今仍具有重要的影响。如《古兰经》《圣经》中规定了不少婚姻信条,是信奉宗教国家的婚姻家庭立法的主要依据,处理婚姻家庭关系的行为准则。再如,中世纪的欧洲各国,基督教成为国教对国家权力控制时,在相当长的历史时期,婚姻家庭关系是由基督教的教会法(寺院法)来调整,教会是主管人们婚姻家庭事务的机关。我国是一个多教派的国家,但宗教在历史上从来没有形成为国教。中国历史上,宗教对婚姻家庭的影响不像欧洲国家那样强烈,但传统的封建迷信规条对人们的婚姻家庭观和行为还是有较强影响的。因此,目前我国在婚姻家庭领域,一方面禁止用宗教力量、封建迷信规条非法干涉婚姻家庭;另一方面对少数民族的宗教信仰与宗教传统依照法律政策予以应有的尊重。

3. 婚姻家庭制度与风俗习惯、文学艺术

风俗习惯是人类社会最早出现的社会规范,是人们在一定的社会条件下长期生活实践所形成的世代沿袭的一种习惯性行为模式,具有民族性、地域性、稳定性等特点。法律和道

---

① 马克思恩格斯全集:第4卷[M].北京:人民出版社,1972:74.
② 马克思恩格斯全集:第20卷[M].北京:人民出版社,1958:103.
③ 戴维·M.沃克:牛津法律大词典[M].北京:光明日报出版社,1988:521.

德认可的风俗习惯本身就是婚姻家庭制度的组成部分,而不被法律和道德认可的风俗习惯仍然不能忽视其对社会底层的人们在婚姻家庭领域的调节与制约作用。因此,风俗习惯对婚姻家庭的影响:一方面保留科学文明对婚姻家庭制度起良好作用的风俗习惯;另一方面根除愚昧、落后的风俗习惯,使婚姻家庭制度健康文明地发展。

文学艺术是运用形象思维来反映社会存在与社会实践的重要的上层建筑。一定时期的文学艺术通过对婚姻家庭中人物的描写反映与揭示深刻的社会问题,对人们的婚姻家庭意识与行为起到了潜移默化的作用。因此,高尚健康的文学艺术作品作为人们婚姻家庭意识与行为的价值导向,是我们必须坚持与维护的,是影响婚姻家庭制度的重要因素。

四、婚姻家庭制度的历史类型

19世纪中叶以前,人们都认为一夫一妻的父权制婚姻形态是自古以来就有的,是永恒不变的。后来,一些持民主主义和自由主义观点的学者,如巴霍芬的《母权论》、麦克伦南的《原始婚姻》等著作,对原始社会的研究提出了不少新观点,对父权制永恒不变的理论发起了挑战;提出了人类两性和血缘关系的历史发展模式,指出民族是先于家庭而出现的一种普遍存在的社会组织形式。美国社会史、民族学专家摩尔根在其《古代社会》一书中首次提出了婚姻家庭进化理论,即婚姻家庭是随着社会的不断发展变化,经历了一个由低级向高级的演变过程。恩格斯从辩证唯物主义和历史唯物主义的立场出发,借助摩尔根《古代社会》一书所调查的大量资料和一些被认为正确的分析判断,以及自己渊博的知识和掌握的其他资料,并以马克思的《摩尔根〈古代社会〉一书摘要》手稿为蓝本,于1884年写出了《家庭、私有制和国家的起源》这部不朽著作。恩格斯在其著作中对摩尔根关于人类婚姻家庭制度的演变模式作了精辟的概括:"群婚制是与蒙昧时代相适应的,对偶婚制是与野蛮时代相适应的,以通奸和卖淫为补充的一夫一妻制是与文明时代相适应的。"[①]这就是人类婚姻家庭制度的三种类型。同时需要明确,在群婚制出现以前,人类还经历了一个漫长的前婚姻时代。

(一)前婚姻时代的两性和血缘关系

原始社会早期,人类刚刚脱离动物界,恩格斯称此时的人为"正在形成的人"。由于自然环境极端恶劣,原始生产力十分低下,人类与自然界做斗争的能力非常薄弱,人们为了求得生存与发展,不得不结成群体,过着以采集经济为主的群居生活,原始群体成为人类最早的社会组织形式。在同一群体中,两性关系是杂乱、无序、非规范的,没有任何限制的禁例,不存在任何意义上的婚姻家庭,即人们之间的血缘关系无法用后世的亲属观念和亲属制度来判定。随着生产力的逐渐提高,男女两性和血缘关系也随之发生了变化,即从最初毫无限制的两性关系中逐渐演变为群婚制的婚姻家庭形态。

(二)群婚制

群婚制,又称集团婚制,是指原始社会中一定范围(集团内)的一群男子与一群女子互为配偶的婚姻形式。它是人类社会最早的婚姻家庭形态,与前婚姻时代杂乱无序的两性关系相比,本质特征是两性关系受到一定范围的血缘关系的限制或排斥。群婚制分为血缘群婚制和亚血缘群婚制两个阶段。

1. 血缘群婚制。血缘群婚制也称血婚制或血缘家庭,是人类历史上第一个婚姻家庭形

---

① 马克思恩格斯全集:第21卷[M].北京:人民出版社,1958:88.

态,是群婚制的低级阶段。它是指排除了直系血亲之间通婚,实行同辈分男女既是兄弟姐妹又互为夫妻的集团婚姻形式。依恩格斯的论述:"在这里,婚姻集团是按照辈分来划分的:在家庭范围以内的所有祖父和祖母,都互为夫妻;他们的子女,即所有的父亲母亲也是如此;同样,后者的子女,构成了第三个共同夫妻圈子;而他们的子女,即第一集团的曾孙子和曾孙女们,又构成了第四个圈子。这样,这一家庭形式中,仅仅排除了祖先和子孙之间、双亲和子女之间互为夫妻的权利和义务(用现代的说法)。同胞兄弟姐妹、从(表)兄弟姐妹、再从(表)兄弟姐妹和血缘更远一些的兄弟姐妹,都互为兄弟姐妹,正因为如此,也一概为夫妻。"①可见,血缘群婚制的特点是同行辈的兄弟姐妹互为夫妻,而不同辈分的男女之间存在性的禁例。它与原始社会初期毫无限制的性交关系相比,具有重要历史意义的一大进步,这种进步是生产力的发展和自然选择规律作用的结果。

2. 亚血缘群婚制。亚血缘群婚制也称普那路亚(夏威夷语,亲密的伙伴的意思)家庭,是群婚制的高级阶段。它仍然是实行同行辈的集团婚,但两性关系中排除了兄弟姐妹通婚:最初排除的是同胞兄弟姐妹通婚,后来又逐步排除了血缘较远的兄弟姐妹通婚。从血缘群婚到亚血缘群婚这一变化,是社会生产力进一步提高,人们对自然选择规律进一步认识的结果。恩格斯指出:"如果说家庭组织上的第一个进步在于排除了父母和子女之间相互的性交关系,那么,第二个进步就在于对姐妹和兄弟也排除了这种关系。这一进步,由于当事者的年龄比较接近,所以比第一个进步重要得多,但也困难得多。"②亚血缘群婚制的一个重要历史作用在于,由于排除了兄弟姐妹间通婚,从而导致集团成员只能与另一集团成员通婚,直接导致母系氏族的产生。因为在群婚制下,血缘是无法按照父系确定的,族外婚的世系只能从母系方面确定。母系氏族作为人类最早的氏族,既是一个血缘团体,又是当时的基本生活、生产单位,具有家庭的一定功能。

(三)对偶婚制

对偶婚制是指一个男子在许多妻子中有一个主要的妻子,一个女子在许多丈夫中有一个主要的丈夫。这一男一女在或长或短的时期相对稳定的同居生活现象。对偶婚既具有群婚的特点,又具有一夫一妻的雏形,它是群婚制向一夫一妻制的过渡形式。

对偶婚形成的原因,一是生产力的发展、生产工具的改进,人们不再过分依赖群体而生存;二是自然选择规律继续发挥作用的结果。恩格斯在对偶婚出现的必然性时论道:"原始时代家庭的发展,就在于不断缩小最初包括整个部落并盛行两性共同婚姻的那个范围。由于次第排除亲属通婚——期初是血缘较近的,后来是血缘较远的亲属,最后是仅有婚姻关系的——,任何群婚形式终于在实际上成为不可能了。结果,只剩下一对结合得还不太牢固的配偶,即一旦解体就无所谓婚姻的分子。"③也就是说,当婚姻禁例已经使得群婚减缩到最后单位时,也就只有一男一女配偶了。对偶婚的特点是男女双方的结合不牢固,极易被一方或双方解除,对偶男女组成的家庭较脆弱,不能称之严格意义上的家庭。原因是在氏族公有经济的基础上,对偶家庭不能脱离氏族而存在。这种婚姻家庭仍然是以女子为中心,婚嫁实行的男嫁女娶,夫从妇居。但它与群婚制相比具有进步意义,表现在:群婚制下的子女只知其

---

① 马克思恩格斯全集:第21卷[M].北京:人民出版社,1958:47-48.
② 马克思恩格斯全集:第21卷[M].北京:人民出版社,1965:49-50.
③ 马克思恩格斯全集:第21卷[M].北京:人民出版社,1958:59.

母不知其父,而对偶婚制下的子女既知其母也知其父,这就为后来的父系氏族和一夫一妻制准备了血缘方面的条件。我国原始社会的对偶婚大约确立于仰韶文化晚期。20世纪西南少数民族地区的"走婚""不落夫家""阿注婚"①是对偶婚的遗迹。

(四)一夫一妻制

一夫一妻制也称个体婚制,它是一男一女结为夫妻的婚姻制度,它是在原始社会崩溃、阶级社会形成过程中确定的。它的最后形成是文明时代开始的重要标志。

一夫一妻制是在对偶婚制基础上产生发展起来的,它的确立既不是自然选择规律的作用,也不是男女性爱的结果,而是私有制的产物。因为对偶婚制最后的单位是一男一女,已经是两性和血缘关系社会形式的极限了,也就是说,自然选择已经通过婚姻禁例完成了自己的历史使命,如果没有其他社会动力的作用,就不会有新的家庭形式。在一夫一妻制确立的漫长过程中,人类社会经历了一系列的重大社会变革:一是原始社会末期生产力的进一步提高而出现了农业与畜牧业、手工业的分工,以及带来的财产私有化,为个体家庭脱离或对抗氏族成为一个独立的经济单位奠定了物质基础。正如恩格斯所说:一夫一妻制是"不以自然条件为基础,而以经济条件为基础,即以私有制对原始的自然成长的公有制的胜利为基础的第一个家庭形式"。② 二是男女两性社会地位的变化,要求改变传统的继承制度,父系氏族取代母系氏族,一夫一妻制成为必然的结果。原始社会末期的社会分工,使男子在劳动生产中占据了主导地位,并占有剩余产品;随着私人财产的增多,私有观念的产生形成,他们则希望自己的财产确实无疑的保障由自己生育的子女继承,但按照世系由母系确定时,男子的愿望是无法实现的。正如恩格斯所说:"随着财富的增加,它便一方面使丈夫在家庭中占据比妻子更重要的地位;另一方面,又产生了利用这个增强了的地位来改变传统继承制度使之有利于子女的意图。但是,当世系还是按母权制确立的时候,这是不可能的。因此,必然废除母权制,而它也就被废除了。"③父权制取代母权制,子女由母方氏族成员变成父方氏族成员,子女按照父系计算世系。为了确使私有财产世代相传,必须保证妻子生育丈夫的子女,子女承袭父亲的财产,实行一夫一妻制就成为当时历史的必然要求。

从上述分析可见,私有制产物下的以男权为中心的一夫一妻制具有要求婚姻稳定,不可离异,实则妻子须"从一而终",丈夫却有休妻解除婚姻的特权;目的是保证生育出丈夫的子女以继承其财产;男性对女性奴役的开始等特征。

一夫一妻制的出现从社会发展来看,是一个伟大的进步,但也应看到其消极的一面。正如恩格斯指出的:"它同奴隶制和私有财富一起,都开辟了一个一直继续到今天的时代,在这个时代中,任何进步同时也是相对的退步,一些人的幸福和发展是通过另一些人的痛苦和受压抑而实现的。"④奴隶社会、封建社会和资本主义社会等私有制下的一夫一妻制的性质与特征,均反映了各种社会经济基础和上层建筑的客观要求,又由于各阶段私有制形式和阶级

---

① 云南纳西族的"阿注婚"也称"望门居"。阿注是伙伴、朋友之意。男女达到一定年龄就有打阿注的资格。女阿注住在娘家,男阿注在夜里上门同居,次日早晨离开。如果双方不愿意同居随时可解除关系,没有任何手续,也不受家人干涉。

② 马克思恩格斯全集:第21卷[M].北京:人民出版社,1958:77.

③ 马克思恩格斯全集:第21卷[M].北京:人民出版社,1958:67.

④ 马克思恩格斯全集:第21卷[M].北京:人民出版社,1958:78.

压迫方式的不同,其婚姻家庭制度的表现形态各有其不同的特点:

1. 奴隶社会生产关系的基础和核心是奴隶主占有全部生产资料和劳动者(奴隶),婚姻制度人身依附关系突出。婚姻家庭制度的特点为:主要表现形式是习惯、道德,且带有野蛮、残暴性;婚姻的缔结早期包办强迫、掠夺婚盛行,后由公开的包办买卖婚逐步取代;家庭关系中奉行严格的父系家长制,以及公开的、等级化的一夫多妻制等。

2. 封建社会生产关系的基础是封建地主阶级占有生产资料和劳动者(农民和农奴),且劳动者对地主具有程度不同的人身依附关系。婚姻家庭制度的特点为:表现形式除了习惯、道德外,还有法律、宗教;婚姻的主要形式是父母之命、媒妁之言,包办强迫买卖婚姻;婚姻的实际内容是门当户对、婚姻论财;婚姻的基本要求是一夫多妻、男子专权离婚;家庭制度的核心是家长专制,男尊女卑、漠视子女利益等。如中国封建社会的"三纲五常""三从四德""六礼""七出""三不去"等均体现了其特点。

3. 资本主义社会生产关系的基础是资本家生产资料私有制,商品、资本、货币关系居主导地位。与奴隶社会、封建社会的一夫一妻制相比,近代资本主义确立了自由、平等、博爱的人权理念,在婚姻家庭制度中实施了男女平等、婚姻自由、公平正义等法律原则,推动了婚姻家庭关系从身份到契约、从宗教到世俗、从封建到民主的历程,其历史进步意义不言而喻。也应看到,封建思想观念对身份关系的影响还是相当长远的。婚姻自由被打上商品经济、利益交换的烙印,"性革命"的负面作用,离婚率居高不下,使得家庭职能、家庭解体的危机面临挑战。

4. 社会主义国家的建立和发展为婚姻家庭制度注入了新的活力,文明、健康、民主成为婚姻家庭制度的主流,表现为:婚姻自由、一夫一妻制成为社会的主旋律,男女地位逐渐从法律平等向事实平等过渡,妇女、儿童、老年人等弱势群体的利益更加得到重视和保护。但现代社会的多元化也带来了婚姻家庭制度特别是婚姻观念的多元化,对婚姻的个性化理解、个人主义思想膨胀及科技的发展等均对婚姻家庭制度提出了新的挑战,这些问题在我国也或多或少存在。特别是在我国社会主义初级阶段,多种经济成分并存,实践证明社会主义婚姻家庭制度建立以后,需要一个逐步完善的过程。随着我国生产力水平的提高,社会主义物质文明与精神文明的进一步深化,社会主义法制建设的健全,我国社会主义婚姻家庭制度必将得到完善与发展,成为真正意义上的全新的、更高类型的婚姻家庭制度。

第二节 继承制度概述

一、继承的概念和种类

(一)继承的概念

民法上的继承概念,有广义与狭义之别。广义的继承包括财产继承与身份继承,后者如对死者王位、爵位和其他人身特权的继承,是古代社会继承的重要内容之一。狭义的继承仅指财产继承,现代继承法上的继承特指财产继承。财产继承是指财产所有人死亡或被宣告死亡时,依照法律的规定将死者遗留下来的财产转移给他人所有的法律制度。法律意义上的继承,具有以下特征:

1. 继承是以合法财产或权利所有人死亡为前提条件。

2. 继承是一种单方民事法律行为,即基于被继承人或继承人一方当事人的意思表示就可依法成立的民事法律行为。如遗嘱继承是被继承人生前依法通过遗嘱方法处理自己死后的遗产,无须征得继承人同意;法定继承中的继承人可以根据自己的愿意决定接受或不接受继承。

3. 继承是发生在具有一定亲属关系之间的民事法律行为。作为主要继承方式的法定继承和补充方式的遗嘱继承都是发生在一定亲属之间。①

4. 继承的法律后果是引起被继承人财产所有权的转移。

(二)继承的种类

从不同的视角,可将继承分为不同的种类:

1. 按继承的方式,可分为法定继承与遗嘱继承。前者是指按法律规定的继承人范围、顺序、继承份额以及遗产分配的方法进行继承的法律制度。后者是指按照被继承人生前在其合法遗嘱中所作的意思表示进行继承的法律制度。

2. 按照继承遗产的数额不同,可分为均等继承和不均等继承。前者是指同一顺序的法定继承人均分遗产。后者是指同一顺序的继承人分割遗产时,不采用均分份额的办法。

3. 按照继承人在继承被继承人的财产时所承担的责任不同,可分为限定继承和不限定继承。前者是指继承人对于被继承人所欠的债务和税款,限定在继承遗产的实际范围内清偿。后者是指继承人须对被继承人遗留的债务负无限清偿责任。我国原则上只承认限定继承。

4. 按照继承人人数的不同,可将继承分为单独继承与共同继承。前者是指继承人一人继承死者的全部遗产。后者是指继承人为多人时,共同继承死者遗产。

5. 按照继承人范围的大小和继承遗产的范围、数额有无限制,可将继承分为有限继承和无限继承。当今世界各国的民法,对血亲继承人的范围都有一定的限制。在财产继承的数额上,有些国家采取征收遗产税的办法予以间接限制。

此外,继承的种类中还有本位继承与代位继承,接受继承和放弃继承等分类。

二、继承制度的本质

关于继承的根据与本质,西方资产阶级学者从形式与法律观念入手,形成了以下代表性的观点:

1. 意思说。这一学说源于自然法学派,认为一切权利及其变动无不出于人的意思,继承的根据也不过是出于继承人的意思。正因为继承完全取决于死者的意思,被继承人就有遗嘱的自由。无遗嘱时则实行法定继承,即由立法者推定死者处分遗产的意思表示,以决定由谁来继承遗产。

---

① 这里注意区别两点:一是遗嘱继承与遗赠的关系。遗赠中的受赠人与赠与人可能不存在亲属关系,它属于遗赠法律行为,而非遗产继承。二是继承的主体问题。在我国继承权的主体只能是自然人,法人、国家及其他社会组织可以成为受遗赠权的主体。再者许多欧洲国家都已认可动物不是"物",而是有感知的生命,且老百姓也有普遍共识。故有学者认为中国在立法中也要考虑这一事实;有学者虽赞同在《民法典》中加入动物保护内容,但反对赋予动物法律主体资格。

2. 死后扶养说。这一学说认为,在一定范围内的宗族和亲属之间,对他人负有扶养义务之人,不仅在生存时应当履行扶养义务,而且在死后仍然要继续履行扶养义务。

3. 家庭协同说。这一学说为历史浪漫学派所主张。认为继承的根据产生于家庭协同生活,没有一体的协同生活或协同感者,应被排除在继承之外。有的还进一步认为,协同生活不仅包括同时代的横向共同生活,而且包括不同时代的纵向共同生活,且这种联系上下各代的纵向共同生活才是继承产生的母胎。

4. 死者人格权利延伸说。该学说始于罗马法,认为人们继承的是死者的法律地位,继承权是死者死后法律地位的延伸,既延续死者的人格,又延续死者的权利。

5. 无主财产归属说。该学说认为,人在生存时可以成为财产所有权的主体,但在死亡后,人格随之消灭,财产也不复存在而成为无主财产,无主财产最终归属由法律规定。因此,当今法律规定了继承人的范围并对遗产征收累进税。

上述学说虽从不同视角解释了继承发生的原因,但没有也不可能揭示继承的本质特征。历史发展的客观事实告诉我们,继承不是从来就有的,它是社会发展到一定阶段的产物。继承虽然有血缘与情感等因素,但更重要的是社会因素。关于继承制度的本质,只有马克思主义经典作家依据辩证唯物主义与历史唯物主义原理,从经济基础与上层建筑的相互关系出发,对其作出了科学全面的解释。其核心内容如下:

1. 经济基础是继承制度的决定性力量,继承制度对经济基础有着强烈的、鲜明的依存性。有什么样的经济基础,就必然有与之相适应的继承制度;经济基础发生变化,继承制度也随之变化。

2. 列宁曾一针见血地指出:"遗产制度是以私有制为前提,而私有制则是随着交换的出现而产生的";"无论私有制或遗产,都是单独的小家庭(一夫一妻的家庭)已经形成和交换已在开始发展的那个社会制度的范畴".[①] 可见,财产私有制是继承制度产生和存在的根源,继承权是从财产私有权中派生而来的,私有制是前提和原因,继承制是结果和手段。

3. 阶级社会的继承制度的本质属性,是由它的经济基础——以生产资料私有制为核心的生产关系决定的,其生产资料的继承在继承制度中占有特别突出的地位。

4. 在社会主义初级阶段,多种所有制和多种经济成分并存决定了多种所有权的客观存在。确认并保护私有财产所有权,就必然要确认和保护公民私有财产继承权。财产继承在维护按劳分配、保证家庭职能实现、增进财富等经济效益和社会效益方面有一定的积极作用,继承制度在相当长的历史时期予以保留并不断完善。

5. 继承制度交织在政治、法律、道德、宗教、风俗习惯等上层建筑和意识形态范畴,受多种社会因素的影响和制约,既有民族性、时代性,又有相对独立性,并对经济基础发挥能动反作用。

可见,继承制度是特定社会中反映经济基础的要求,通过法律、道德、宗教、风俗习惯等表现出来的确认和调整财产继承关系的规范体系。继承制度的本质,集中说明了人类社会及其不同形态中产生、存在和发展的决定性力量或动力机制。

三、继承制度的历史

1. 私有财产的出现和一夫一妻制家庭的确立,母系氏族社会逐步转变为父系氏族社

---

① 列宁全集:第 1 卷[M].北京:人民出版社,1955:133.

会,父权制继承逐步取代母权制继承。

2. 奴隶社会的继承是建立在奴隶制生产关系之上,奴隶制生产关系的基础是奴隶主占有奴隶等生产资料。奴隶制继承包括人格继承和财产继承,突出特点奴隶是继承的客体,被当作生产资料来继承。

3. 封建社会的继承是建立在封建制生产关系之上,它依然包括人格继承和财产继承,但比奴隶制继承有进步:农民享有一些人身权利,占有少量财产,也可以成为继承的主体,农民不能当作生产资料被继承。

我国奴隶社会和封建社会,主要实行宗祧继承制度。这种继承制度产生于宗法制度。宗祧继承包括人格继承和财产继承,以人格继承为主。宗祧继承人可以继承死者的祭祀权、家长权、爵位权和财产权。宗祧继承实行嫡长子继承制,女子没有继承权,且受法律的严格保护。宗祧继承制度是我国特有的继承制度,在我国直到 1925 年的《民国民律草案》仍被肯定,延续数千年之久。

4. 资本主义社会中,资产阶级基于反封建专制统治的需要,在所谓"民主""平等""自由"等口号下,对封建社会的继承制度作了根本否定,完成了古代继承制度向近代继承制度的转变。一方面,废除了身份继承,并在法律形式上,男女两性的继承地位趋于平等;另一方面,确立了遗嘱自由原则,不断扩大遗嘱适用的范围。相对奴隶社会、封建社会的男尊女卑、以身份继承为本的继承制度来说,资本主义的继承制度无疑有其进步意义。

我国没有经历过资本主义阶段。原因是自帝国主义列强侵入的鸦片战争以后,我国逐渐沦为半殖民地半封建社会。随着社会生产力的发展和受西方资产阶级立法的影响,1930 年国民党政府公布的民法继承编,废除了宗祧继承,实行财产继承制。这是我国继承制度的重大改革。

5. 社会主义的继承制度是建立在社会主义经济基础之上,反映社会主义社会的意识形态,表现为继承权男女平等,婚生与非婚生子女享有同等的继承权,保护缺乏劳动能力又缺乏生活来源的人的继承权。宗旨是保护公民个人合法的私有财产权,巩固社会主义家庭关系。

第二章　婚姻家庭法与继承法基本原理

第一节　婚姻家庭法基本原理

一、婚姻家庭法的概念与调整对象

（一）婚姻家庭法的概念

婚姻家庭法是指调整婚姻家庭关系的发生与终止，以及由此产生的特定范围的亲属之间的权利义务关系的法律规范的总和。根据这一概念，具体理解我国婚姻家庭法时，应注意以下几点：

1. 关于婚姻家庭法的不同称谓问题。婚姻家庭法作为一个集合或分解的名词在历史上由来已久，但古今中外各国法律文献上的使用各不相同，归纳起来主要有四种称谓：婚姻法、家庭法、婚姻家庭法、亲属法。古罗马时代，婚姻家庭法内容在其私法中占有重要的地位，但没有专门定名；近现代大陆法系各国沿袭罗马法传统，将婚姻家庭方面的法律规范以"亲属法"之名纳入民法典的组成部分；英美法系各国以其独特的判例和单行法规的形式调整婚姻家庭关系，因而称谓分解很细，如英国的婚姻诉讼法、家庭赡养法、离婚改革法，美国的统一结婚离婚法、夫妻关系法等；苏联十月社会主义革命成功后及东欧社会主义国家大多采用婚姻法、家庭法、婚姻和家庭法等称谓；非洲、拉丁美洲和亚洲国家根据其所受法系影响和民族文化传统的不同各自采用相应的称谓。我国古代的立法从汉朝开始常以"婚律""户律""户婚律"之名称置于诸法合体的成文法中；1930 年国民党政府颁布实施的民法典中，称其为"亲属法"；中华人民共和国成立后，因革命根据地时期形成的习惯，加之受苏联立法模式的影响，1950 年颁布的《中华人民共和国婚姻法》，确立了"婚姻法"这一名称并习惯性沿用至今。但严格意义上分析，我国的"婚姻法"从调整的内涵与外延上看，不仅包括婚姻关系和家庭关系的法律规范，同时还包括有关其他亲属关系的法律规范，因而期待修改法律时予以完善。

2. 我国婚姻家庭法是我国现行法律体系中所有调整婚姻家庭关系的法律规范的总和。它构成一个相互联系的、多层次的、具有不同客观形式或法律渊源的规范体系。这些规范集中而系统地存在于以"婚姻法"命名的形式意义上的《中华人民共和国婚姻法》中，同时，又散见于其他法律部门或法律规范中。如妨害婚姻家庭的犯罪行为，由刑法专门规定；夫妻、父母子女间的继承，由继承法规定。同时，在民法、户籍法、行政法、国籍法、劳动法、民事诉讼法中，都有涉及婚姻家庭关系的法律规范。此外，还需要根据立法条件和社会要求，制定一些单行特别法，专门调整某一类婚姻家庭关系，如《中华人民共和国收养法》。这些法律都不具有婚姻家庭法的名称和形式，只是规定了调整婚姻家庭关系的某些实质内容，因此，我们将一切调整婚姻家庭关系的法律规范,均称为实质意义上的婚姻家庭法。我国婚姻家庭法则属于实质意义上的婚姻家庭法,而以《婚姻法》命名的法律只是调整婚姻家庭关系的基本准则,并非婚姻家庭法的全部规范,只能属于形式意义上的婚姻家庭法。

3. 我国婚姻家庭法具有部门法、基本法、实体法与国内法等法律特征。部门法是相对根本法而言,婚姻家庭法是部门法,但并非一个独立的法律部门,而是民法这一部门法的组成部分。从我国的立法体制来看,婚姻家庭法应该属于广义的民事法律范畴,因而,无论是形式意义还是实质意义上的婚姻家庭法均具有基本法的地位与效力。实体法是相对程序法而言,婚姻家庭法主要规定实体性的权利义务关系,应归位于实体法,但并不因此排除某些规范带有操作程序的内容。国内法是相对国际法而言,婚姻家庭法应属于国内法,但并不因此排除有关国际条约、国际协定等国际法规范中,尤其是国际私法中存在实质意义的婚姻家庭法规范的内容。此外,婚姻家庭法与国家或民族的伦理风俗、文化传统密切相关,因而带有鲜明的固有法特征,继受法的影响略微。

(二)婚姻家庭法的调整对象

特定范围的社会关系是不同法律部门的调整对象,也是认定和划分各个法律部门的基本标准。婚姻家庭法虽属于民法范畴,但与其他民事法律规范相比较,又具有相对独立的性质,其独立性主要是由它的调整对象决定的。婚姻家庭法的调整对象是婚姻家庭关系,理解时应注意以下两点:

1. 婚姻家庭法调整对象的范围包括婚姻关系、家庭关系及其他亲属关系

如关于结婚、离婚的条件与程序,夫妻间权利义务,离婚后子女和财产等问题,属于婚姻关系范围;关于家庭成员间亲属身份的确认,家庭成员间权利义务的产生、变更及终止等问题,属于家庭关系范围;关于因法律拟制而形成的家庭关系,如收养的原则、条件、程序、效力及解除等问题,既由收养法规定,又是婚姻家庭法调整的范围。收养法是婚姻家庭法不可缺少的组成部分。

2. 婚姻家庭法调整对象的性质是基于婚姻家庭而产生的人身关系,以及在此基础上的财产关系

婚姻家庭中的人身关系居于主导地位,财产关系是以人身关系为前提条件,居于从属依附地位。因而,婚姻家庭法在性质上应认定为身份法而非财产法。婚姻家庭中的人身关系存在于具有特定身份的主体之间,本身并不直接体现具有经济内容的一种社会关系,如夫妻身份、亲子身份、祖孙身份、拟制血亲身份、姻亲身份及人格权等。婚姻家庭中的财产关系是人身关系发生、变更和终止所引起的相应的法律后果。这种财产关系直接体现一定的经济内容或者以一定的财产为媒介,形成法律意义上具有财产性质的权利义务关系。如,因结婚具有配偶身份而产生夫妻共同财产,因离婚解除配偶身份而产生夫妻共同财产分割,因配偶一方死亡导致配偶身份终止而产生财产继承,亲属之间的抚养、赡养、扶养,家庭成员间的财产共有关系等。

婚姻家庭中的财产关系与民法中的财产关系虽均属于财产关系的范围,但又有明显的区别:(1)基本原则不同。婚姻家庭中的财产关系以男女平等、保护弱者利益为原则,民法中的财产关系以等价有偿、公平、自愿等为原则。(2)婚姻家庭中的财产关系是在家庭共同生活中为实现家庭职能而发生的具有经济内容的社会关系,以服务于家庭共同生活和实现家庭职能为目的,民法中的财产关系是人们在社会物质财富的取得、利用和交换过程中形成的

以占有、使用、收益、处分为内容的经济关系,以服务于商品经济关系和市场经济关系为目的。(3)主体不同。婚姻家庭中的财产关系是以具有特定身份的自然人为主体,民法中的财产关系是以一切具有平等属性的自然人、法人或者合伙为主体。(4)产生根据不同。婚姻家庭中的财产关系以引起特定身份关系的法律事实为根据,民法中的财产关系以各种能够引起民事法律关系的事件、行为或事实构成为根据。(5)性质不同。婚姻家庭中的财产关系大多数带有强制性,意思自治受到严格限制,民法中的财产关系一般带有任意性,其产生、变更、终止和内容主要取决于当事人的意思自治。

(三)婚姻家庭法的特点

1. 适用范围的普遍性。婚姻家庭法是适用范围最为广泛、最为普遍的法律。每个社会成员,无论性别、年龄、已婚或未婚,均不可避免地同婚姻家庭产生联系,既是婚姻家庭关系的产物,又是婚姻家庭关系的主体;既享有婚姻家庭法上的权利,又承担婚姻家庭法上的义务。因而,婚姻家庭法是适用于所有公民的普通法,而非适用于部分公民的特别法。同时,强调婚姻家庭法的普遍性,并不妨碍婚姻家庭法还有特殊性的规定,如,基于国家利益与安全,规定担任某些公职的人员不得与外国人结婚。

2. 鲜明的伦理性。伦理为人际间的道德准则。在历史发展的进程中,形成了许多有关婚姻家庭关系的伦理规则。这些伦理规则不少上升为婚姻家庭法律规范,或虽未上升为法律规范,但为其他诸如宗教、文化、风俗习惯所确认,对婚姻家庭法律规范产生不同的影响,从而使得婚姻家庭法涂上了浓厚的伦理色彩。可以说,在婚姻家庭领域,法律脱离伦理道德就会成为无源之水,道德离开法律也会变得疲软无力。因此,不仅在立法上必须充分反映进步文明的伦理道德要求,而且在处理婚姻家庭问题的司法实践中,既要坚持法律标准,又要坚持道德标准,发挥道德对法律的补充作用,做到导之于伦理道德,约之于法律。但也应注意法律与道德是有区别的。婚姻家庭法的伦理性使得它必须面对那些具有道德方面复杂问题的领域进行法律控制时,如何协调维护社会公德与公民个人自由的冲突,在何种条件下,在多大程度上,国家可以透过法律的制裁作用保障道德的实现,这也是婚姻家庭法在制定或修改时所面临的难题。

3. 突出的强制性。强制性是一切部门法律共有的特征,而婚姻家庭法中的强制性规定更为突出,表现在其大多数法律规范属于强制性规范,这种法律后果是法律预先明确规定的、必须严格执行的,婚姻家庭关系中的当事人不得自行改变或通过约定改变。如,结婚与否虽属当事人的自由,但一旦结婚,就必须符合法定条件,结婚后夫妻之间的权利义务便基于法律规定而产生,既不能抛弃也不能限制。因此,婚姻家庭法的条文多用"必须""应当""禁止"等术语加以规定。当然,婚姻家庭法也有为数不多的任意性规范,如夫妻财产的约定、子女姓氏的规定,但不影响其突出的强制性法律特征,适用时仍然要符合婚姻家庭法的相关原则。

二、婚姻家庭法的地位

婚姻家庭法的地位,主要体现在两个方面:一是婚姻家庭法在法律体系中的地位,反映了婚姻家庭法在立法体例上的发展演变;二是婚姻家庭法与其他部门法的区别与联系,反映了现实社会中婚姻家庭法与各部门法相互渗透与作用的内在关系。

(一)婚姻家庭法立法体例的演变史

婚姻家庭法立法体例的演变史,大致经历了三个阶段:

1. 诸法合体时期的古代婚姻家庭法

世界范围内,整个古代,无论奴隶社会还是封建社会,中外各国在立法体例上既无刑民法典之分,又无实体法与程序法之别,而是将不同性质的法律编纂在一起,形成一个内容庞杂、形式统一的大法典,即所谓的诸法合体。在这种立法模式下,有关调整婚姻家庭的法律规范,在法律体系中并未取得独立地位,而是包含在统一的法典之中。如,我国唐律中《户婚律》的规定,古巴比伦王国的《汉谟拉比法典》,古罗马帝国时期的《十二铜表法》和后来的《查士丁尼国法大全》《日耳曼法》,欧洲中世纪的寺院法等都带有这一特色,这反映了历史上诸法合体的共性。

诸法合体时期的古代婚姻家庭法具有以下特征:(1)婚姻家庭法与其他法律规范共存于统一的法典之中。不存在独立的形式意义上的婚姻家庭法,实质意义上的婚姻家庭法以分散、附带的形式置于法典之中,且所占比重不大,反映出法典重刑轻民的古代法色彩。(2)法律规范的作用单一,处理婚姻家庭领域的违法行为普遍采用刑罚手段,带有浓厚的刑法色彩。(3)婚姻家庭法依赖于其他社会规范,宗教、道德、习俗等社会规范成为古代婚姻家庭法的基本内容。如,我国历史上,婚姻家庭法在很长的时期内,不是一个独立的法律部门,在内容上需要其他社会规范调整,呈现明显的重礼轻法,详于礼而略于法的特点;日耳曼法直接从习惯法中转化而来,基督教、伊斯兰教、犹太教的宗教教规直接起到了规范调整婚姻家庭的作用。

2. 附属于民法的近现代婚姻家庭法

近代资产阶级革命后,由于社会化大生产带来的生产力发展与社会分工的细密,社会关系日益复杂,利益冲突愈来愈多,不可能再用统一的法典来调整众多的社会领域。因此,资本主义国家建立以后,特别是随着资本主义法制的形成,法律体系由诸法合体的形式向各个法律部门分支独立的形式演变。首先划分出了实体法与程序法,随后在实体法中划分出刑法与民法,国家法、行政法及国际法等法律部门,但婚姻家庭法包括在民法中,以亲属法或其他名称作为民法的一个组成部分,从而形成了附属于民法的近现代婚姻家庭法的历史类型。

附属于民法的近现代婚姻家庭法,因其所属法系的不同,在表现形式上分为两类:(1)近现代大陆法系国家的婚姻家庭法。以法国、德国、瑞士、日本为代表的大陆法系国家,将婚姻家庭法编入民法典中,被称之为法典式的婚姻家庭法。根据婚姻家庭法在民法典中所处的地位,又有罗马式编制方法和德国式编制方法之分。罗马式编制方法仿效罗马法体例,以1804年法国民法典为典型代表,在法典之首设人法编,将私权的享有、人的能力等同亲属、婚姻、家庭等事项规定在一起,没有专门的亲属编和亲属法之名。德国式编制方法,以1900年的《德国民法典》为代表,将私权的享有和人的能力等置于民法典的总则部分,将婚姻家庭法集中在民法分则作为独立一编,并以"亲属法"或"亲属编"称之。为了反映德国民法典的最新情况,截至1998年6月29日对该法的修改,原来的亲属法译为家庭法。[①] 1898年实施的日本民法典经过30多次修订,新民法典与旧民法典相比,在内容编排上,不用罗马式而用

---

① 德国民法典:修订版[M].郑冲,贾红梅,译.北京:法律出版社,2001:5.

德国式,共五编,其中第四编即亲属。① (2)近现代英美法系国家的婚姻家庭法。从历史上看,英国的婚姻家庭法受罗马法影响小于大陆法系国家。中世纪以来的很长一段时间,普通法和衡平法在调整婚姻家庭关系方面起着重要的作用。英国婚姻家庭法的改革经过缓慢的发展变化过程,才在法律领域实现了婚姻家庭制度的近现代化。英国婚姻家庭法对美国及英联邦各国影响很大。英美法系国家的婚姻家庭法:一方面以不成文的习惯法和判例法为渊源;另一方面采用单行法规而非法典的立法形式,如英国的《已婚妇女财产法》《婚姻案件法》《婚姻法》《收养法》,美国除《统一结婚离婚法》外,主要由各州自行制定单行法规。这种立法体例,在法学理论与法律分类上仍被看成民法的组成部分。

附属于民法的近现代资本主义婚姻家庭法,无论大陆法系国家还是英美法系国家,均建立在婚姻家庭关系从属于私权关系,婚姻家庭法上的许多行为看成民事契约或私法行为的理论基础上的。从形式上看,是立法技术的进步;从内容上看,尤其是二战结束后,特别是近30年来,婚姻家庭法的变化,封建残余被逐步肃清,男女两性的法律地位趋于平等,很多新的婚姻、家庭观念通过一系列修改法被吸收到婚姻家庭法的规定当中,如现行德国民法典亲属编中没有"非婚生"一词,在离婚法律制度上,由限制离婚主义向自由离婚主义转变;从实质上看,具有反对封建婚姻家庭制度的人身依附关系和摆脱宗教神学对婚姻家庭束缚的历史进步意义。

3. 形成独立法律部门的社会主义婚姻家庭法

十月革命成功后,在世界史上诞生了一批以苏联为代表的社会主义国家,其对婚姻家庭法的地位问题,一开始就认为社会主义婚姻家庭法是脱离民法而独立存在的法律部门。之所以如此,其理论背景主要有两方面:一是根据对家庭关系性质的马克思主义认识,片面强调婚姻家庭的阶级性,对近现代资本主义立法从形式到内容予以排斥与否定,认为将婚姻家庭法划归民法部门是资产阶级意志和利益的体现,是婚姻家庭关系商品化、契约化的产物。社会主义婚姻家庭关系与资本主义婚姻家庭关系水火不容,在立法上也必须严格区别,以体现社会主义婚姻家庭法的革命性与先进性。二是认为民法只是调整商品经济关系的法律,社会主义婚姻家庭关系不是商品关系,不能归属于民法范畴。其结果"把民法的调整对象确定为商品货币关系,而把人身关系淡化了,另立了婚姻家庭法典,追求民法调整对象在商品关系基础上的纯化"②。立法例如,苏俄1918年制定的《户籍、家庭与监护法典》,1926年苏俄民法典颁布之后,又制定了新的婚姻家庭与监护法典。这一做法影响了包括我国在内的所有社会主义国家,即使东欧剧变后在苏联集团国家中也没有消除。目前以俄罗斯为代表的东欧国家,强调婚姻家庭法的特殊性,仍然制定单独的婚姻家庭法典与民法典分离。中华人民共和国成立后,1950年和1980年颁布实施的《婚姻法》,基本上仿效苏联模式,带有独立部门法的取向。随着历史条件的变化、理论认识上的清晰及社会主义法律体系的逐步健全与完善,婚姻家庭法的地位问题引起了我国法学界的再认识,以求对婚姻家庭法给予一个符合客观实际的定位。1986年《民法通则》的颁布实施正式宣告婚姻家庭法向民法的回归,确认了婚姻家庭法在立法体例上应属于广义的民事法律的组成部分。同时,也应看到,婚姻家庭法同其他民法规范相比,仍有其自身固有的特点,所以在民法中又有相对独立的性质。

---

① 日本民法典[M].王书江,译.北京:中国法制出版社,2000:3-4.

② 王洪.婚姻家庭法[M].北京:法律出版社,2003:11-12.

正如杨大文教授所说:"婚姻家庭法是不是一个独立的法律部门,同婚姻家庭法学能否成为法学的一个分支学科,是性质不同的两个问题。从婚姻家庭法的广泛内容与发展婚姻家庭法学的实际需要来看,似以作为法学中独立的分支学科为宜。"①我国现已启动民法典的制定工作,《民法总则》已通过并实施,对于婚姻家庭法的编制体例在理论上存在不同认识,但多数学者主张采取大陆法系的民法典结构模式,将婚姻家庭法作为民法的一编。②

(二)我国婚姻家庭法的演变史

1. 奴隶社会、封建社会的婚姻家庭法

我国奴隶社会、封建社会,包含有婚姻家庭关系的各朝代律令,大多集中规定在诸法合体的一部法典性质的规范性文件中。这种规范性文件的内容包括犯罪与刑罚、行政制度与司法制度、财产关系与亲属关系等。就其实质意义上的婚姻家庭法而言,有以下特征:(1)以宗法家族制度为其立法目的,极端的家族本位婚姻家庭法。它强调单个人的个性和个别家庭的意志与利益必须服从于"家族"整体利益,表现为强烈的家族认同、对家族的效忠和相互帮助,视家族的永续存在为至高无上的价值。(2)在调整方法上刑法色彩浓厚,表现为主要用刑罚方法处理婚姻家庭方面的违规行为。(3)在规范形式上,除了以有关亲属关系的违禁处罚规定为主的律令条款外,其他私法关系更多地委诸礼制等习惯法。如,《周礼》《仪礼》《礼记》《唐六典》《明通典》《清通礼会典》等,规定亲属的身份礼仪繁杂细密,为婚姻家庭法重要的形式渊源。(4)在内容上,集中表现:婚姻的缔结是"父母之命、媒妁之言",婚姻的形式为"六礼"聘娶婚,带有等级制特点的公开的一夫多妻制,男尊女卑、夫权统治,家长专制、漠视子女利益的父母子女关系,妇女从一而终、以出妻为主要方式的专权离婚。

2. 半殖民地、半封建社会的婚姻家庭法

我国半殖民地、半封建社会的婚姻家庭立法经历了清末、北洋政府统治时期和国民党统治时期三个阶段。清末也是我国近代婚姻家庭法开始改革变法修律时期。1910年清政府根据法律馆和宪政编查馆会奏进呈之《现行刑律》下谕颁行。《现行刑律》将旧律中有关继承、分产、婚姻、田宅等项列为民事,不再以刑罚科刑,只在婚姻方面发生抢夺、奸占以及背于礼教、违律嫁娶之情形才以刑律科罪。1911年8月《大清民律草案》告成。该草案分为五编,其中第四编为亲属编。这是中国第一部独立的民事法律草案。草案的编制体例大体上以日本明治29年民法为蓝本,同时参考了德国和瑞士民法。草案亲属编虽然没有付诸实施,但它为后来民法亲属编的立法奠定了基础。北洋政府统治时期,1915年制定了《民律亲属编草案》和1926年的《民律草案》含有亲属编。国民党统治时期,法制局于1928年起草了《亲属法草案》,但未颁布实施。这一时期影响较大的是1930年12月26日公布,1931年5月5日实施的《中华民国民法》,其中第四编为亲属编。该亲属法的实施从形式上完成了中国婚姻家庭法从古代向近现代的转变,但很大程度上仍然是德、日、瑞等资本主义国家亲属法的模仿和照搬,同时也保留了一定的封建性。

3. 革命根据地的婚姻家庭法

(1)苏区的婚姻家庭法。这一时期的婚姻家庭法,主要是指1927年以后至抗日战争爆发前革命根据地所进行的法制建设情况。地区性的有:1930年3月闽西根据地的《保护妇

① 曹诗权,孟令志,麻昌华.婚姻家庭继承法[M].北京:北京大学出版社,2012:38.
② 王洪.婚姻家庭法[M].北京:法律出版社,2003:16.

女青年条例》和《婚姻法》,1931 年 7 月鄂豫皖边区的《婚姻问题决议案》。工农民主政权建立后,全国性影响较大的婚姻家庭法有:1931 年 12 月 1 日公布实施的《中华苏维埃共和国婚姻条例》,以及在此基础上修改,并于 1934 年 4 月 8 日颁布实施的《中华苏维埃共和国婚姻法》。这两部立法为新民主主义婚姻家庭制度奠定了初步的法律基础,同时也显示出新民主主义婚姻家庭制度的最初萌芽。

(2)抗日战争、解放战争时期的婚姻家庭法。这一时期的婚姻家庭法,地区性特征明显:如,1939 年的《陕甘宁边区婚姻条例》,1941 年的《晋西北婚姻暂行条例》,1942 年的《晋冀鲁豫边区婚姻暂行条例》,1943 年的《晋察冀边区婚姻条例》,1945 年的《山东省婚姻暂行条例》等。这些婚姻条例除了在内容上与苏区保持一致外,在某些方面比苏区规定得更为具体,如关于结婚的法定条件、离婚程序与理由、保护军人婚约等。这些规定,对当时取得革命胜利意义深远。

4. 中华人民共和国的婚姻家庭法

(1)1950 年婚姻法。1950 年婚姻法共 8 章 27 条,即总则、结婚、夫妻间的权利和义务、父母子女间关系、离婚、离婚后子女的抚养和教育、离婚后的财产和生活、附则。内容上,主要调整婚姻关系,同时也涉及家庭关系。虽名称为婚姻法,实际则是婚姻家庭法。其基本任务是"废除包办、强迫、男尊女卑、漠视子女利益的封建主义婚姻制度。实行男女婚姻自由、一夫一妻、男女权利平等、保护妇女和子女合法利益的新民主主义婚姻制度"(该法第 1 条)。为了贯彻实施婚姻法,1952—1953 年全国开展了普及婚姻法运动,党和政府颁布了一系列文件、指示,对贯彻婚姻法运动的任务、方针和具体政策作了规定。通过这些措施,1950 年婚姻法各项规定基本取得成效,至此,完成了中华人民共和国婚姻家庭制度的废旧立新任务,确立了新民主主义婚姻家庭制度。

(2)1980 年婚姻法。1950 年至 1980 年的 30 年间,我国的政治、经济及人们的思想观念、文化水平、经济能力等发生了很大的变化,为了适应新形势,1980 年 9 月第五届全国人大第三次会议通过,并于次年 1 月 1 日实施第二部婚姻法,即 1980 年婚姻法。该法共 5 章 37 条,即总则、结婚、家庭关系、离婚和附则,内容上保留了原婚姻法的基本原则及行之有效的规定,对不符合现实需求的规定,进行了必要的修改、补充。

与 1950 年婚姻法相比,1980 年婚姻法所作的修改、补充主要有以下方面:

第一,扩大了一项基本原则,即将保护妇女、儿童合法权益原则,扩大为保护妇女、儿童和老人合法权益原则;增加了一项基本原则,即实行计划生育原则。

第二,在结婚条件上,一是提高法定婚龄,即将原来男 20 周岁、女 18 周岁,提高为男 22 周岁、女 20 周岁;二是禁婚条件的修改,即将兄弟姐妹之外的其他五代以内的旁系血亲间结婚,从习惯的规定,改为"直系血亲和其三代以内的旁系血亲间禁止结婚",规定了麻风病患者,未经治愈者以及其他患有医学上认为"不应当结婚的疾病"的人,禁止结婚。

第三,在家庭关系上,一是扩大了家庭关系调整的范围,即在原婚姻法调整夫妻关系、父母子女关系的基础上,增加了调整兄弟姐妹关系、祖孙和外祖孙关系;二是对夫妻财产制,抚养、赡养、扶养、收养,继父母继子女关系,未成年子女的管教与保护等作了具体规定。

第四,在离婚制度上,一是对男女一方要求离婚的,在程序上作了可由有关部门进行调解或直接向人民法院提出离婚诉讼的规定,在实体条件上增加了"夫妻感情确已破裂"作为判决离婚的法定理由的规定;二是根据新情况,对离婚后的子女抚养教育、财产等问题作了修改。

第五,在救济措施上,增加了行政制裁和强制执行的条款,使得体系上更加全面。

(3)2001年婚姻法修正案(对1980年婚姻法的修改)

进入21世纪,随着婚姻家庭领域新情况和新问题的出现,对1980年婚姻法修改的呼声与期望日益增强,为了顺应时代的要求,2001年4月28日第九届全国人大常委会第二十一次会议通过了关于修改1980年婚姻法的决定,并自通过之日起施行。2001年婚姻法修正案共6章51条,依次为总则、结婚、家庭关系、离婚、救助措施与法律责任、附则。该法在坚持我国社会主义婚姻家庭制度连续性、稳定性及基本原则的同时,具有修改过程的广泛民主性,修改内容的明显针对性,修改幅度之大、范围之广,增补内容之多、创新色彩浓厚,修改方向注重法治与德治相结合原则等特点。

与1980年婚姻法相比,现行婚姻法修正案所作的修改、补充主要有以下方面:

第一,在总则中,增加了两项规定:一是"禁止有配偶者与他人同居"和"禁止家庭暴力"。二是"夫妻应当相互忠实,相互尊重;家庭成员间应当敬老爱幼,互相帮助,维护平等、和睦、文明的婚姻家庭关系"。

第二,在结婚制度上,一是针对禁止疾病结婚的规定,删除了"患麻风病未经治愈"禁止结婚的规定,实际上将其纳入医学上认为不应当结婚的疾病范围;二是针对事实婚姻,规定了"未办结婚登记的,应当补办登记";三是确定了无效婚姻和可撤销婚姻制度。

第三,在家庭关系上,一是完善了夫妻财产关系制度,明确规定了夫妻共同财产制、夫妻个人财产制、夫妻约定财产制模式。二是在父母子女关系上,补充了"禁止弃婴"的规定,将父母对未成年子女造成的损害"赔偿经济损失"的规定改为父母有"承担民事责任的义务",将生父对非婚生子女的义务改为"不直接抚养非婚生子女的生父或生母,应当负担子女的生活费和教育费,直至子女能独立生活为止",增加了"子女应当尊重父母的婚姻权利,不得干涉父母再婚及婚后的生活。子女对父母的赡养义务,不因父母的婚姻关系变化而终止"的规定。三是在祖孙关系上,补充规定了"有负担能力的孙子女、外孙子女,对于子女已经死亡或子女无力赡养的祖父母、外祖父母,有赡养义务"。四是在兄弟姐妹关系上,补充规定了"由兄、姐扶养长大的弟妹,对于缺乏劳动能力又缺乏生活来源的兄、姐,有扶养义务"。

第四,在离婚制度上,一是补充规定了感情确已破裂准予离婚的五类具体情形;二是将"现役军人的配偶要求离婚,须得军人同意"修改为"现役军人的配偶要求离婚,须得军人同意,但军人一方有重大过错的除外";三是增加了"女方中止妊娠后六个月内,男方不得提出离婚"的规定;四是增加了"离婚后,不直接抚养子女的父或母,有探望子女的权利,另一方有协助的义务",并对行使探望权具体情形作了规定;五是与夫妻财产制相对应,对离婚时的财产分割、债务清偿作了修改与补充;六是增加了"夫或妻在家庭土地承包经营中享有的权益等,应当依法予以保护"的规定;七是对离婚时困难帮助规定得更具体,即"离婚时,如一方生活困难,另一方应从其住房等个人财产中给予适当帮助";八是增加了离婚时过错方损害赔偿法律制度。

第五,删除了原婚姻法第34条的规定,增设救助措施与法律责任一章,对实施家庭暴力、虐待或遗弃家庭成员,重婚,离婚时一方隐藏、转移、变卖、毁损夫妻共同财产,或伪造债务企图侵占另一方财产,拒不执行有关扶养费、抚养费、赡养费、财产分割、遗产继承、探望子女等判决或裁定等,规定了相应的救助措施与法律责任。

此外,2001年婚姻法修正案实施以来,在此期间社会政治、经济等方面的变化,无疑会对婚姻家庭领域有冲击,如何解决这些问题? 在理论与实务中,如何正确理解与运用现有的法律规定? 最高人民法院先后出台了三个司法解释,分别为 2001 年 12 月、2004 年 4 月、2011 年 8 月通过并实施。① 该司法解释对婚姻家庭法的理论研究与司法实践具有重要的意义,但一些规定,在理论上仍没有厘清,立法上仍需要修改、补充。

(三)婚姻家庭法与其他法律部门的关系

由于婚姻家庭关系是最基本、最普遍的社会关系,而各种社会关系紧密联系、相互交错,婚姻家庭问题总是直接或间接渗透到相关法律中,相关法律也不可避免地涉及婚姻家庭的内容,因而,理解婚姻家庭法的地位,有必要厘清婚姻家庭法与其他法律部门的关系。

1. 婚姻家庭法与宪法的关系

宪法在法律体系中是母法、根本大法,它规定了社会制度、国家制度、公民的基本权利与义务、国家机构及其组织和活动原则等,是一切法律部门共有的法律渊源与立法基础,其效力高于任何法律规范。因此,宪法与婚姻家庭法是"母法"与"子法"的关系。宪法确立的婚姻家庭基本原则是制定、修改、补充、废除、解释婚姻家庭法律规范的基本依据,一切调整婚姻家庭关系的规范性文件,均不得与宪法相抵触,否则失去法律效力。我国宪法规定:中华人民共和国妇女在政治、经济、文化、社会和家庭生活的各个方面享有同男子平等的权利;国家保护妇女的权利与利益;婚姻、家庭、母亲和儿童受国家保护;夫妻双方有实行计划生育的义务;父母有抚养教育未成年子女的义务,成年子女有赡养扶助父母的义务;禁止破坏婚姻自由,禁止虐待老人、妇女和儿童。这些规定是我国婚姻家庭法的立法依据,婚姻家庭法则是宪法原则的具体化和系统化。

2. 婚姻家庭法与民法的关系②

民法是民事活动的基本准则,婚姻家庭法与民法都属于民事法律范围,两者的关系则为同一法律部门中的内部关系。其关系表现为:(1)民法确立的基本原则对民事活动具有统管性,但就婚姻家庭关系的特殊性而言,只能部分适用,也就是说,婚姻家庭法只遵行民法的部分原则,同时又专门确立了自己的基本原则。(2)民法中的某些一般规定对婚姻家庭法起着直接与间接的依据与适用作用,如公民的权利能力与行为能力、监护、宣告失踪与宣告死亡、法定代理、财产所有权与共有、个体工商户与承包经营户、民事责任等。(3)民法的部分内容是直接针对婚姻家庭法而作的规定,因而构成了婚姻家庭法的重要渊源,如公民享有婚姻自主权,禁止包办、买卖和其他干涉婚姻自由的行为,公民享有姓名权,有权使用和改变自己的姓名,婚姻、家庭、老人、母亲和儿童受法律保护,妇女享有同男子平等的民事权利等。(4)民法与婚姻家庭法主体范围不同,民法的主体主要是自然人、法人、合伙,或其他组织,特殊情

---

① 最高人民法院出台的三个司法解释,即 2001 年 12 月通过并实施的《最高人民法院关于适用〈中华人民共和国婚姻法〉若干问题的解释(一)》、2003 年 12 月通过并于次年 4 月生效实施的《最高人民法院关于适用〈中华人民共和国婚姻法〉若干问题的解释(二)》、2011 年 8 月通过并实施的《最高人民法院关于适用〈中华人民共和国婚姻法〉若干问题的解释(三)》,分别简称为《婚姻法解释(一)》、《婚姻法解释(二)》、《婚姻法解释(三)》。

② 由于我国民法典尚在制定当中,此处的民法,目前在我国是指《民法通则》和《民法总则》。观其内容,《民法总则》在很大程度上是《民法通则》的修订版,如果两法相冲突,依照新法优于旧法的法理原则,依新法为准。

况下包括国家、国际组织,婚姻家庭法的主体是自然人。(5)民法与婚姻家庭法均调整平等主体当事人之间的人身关系与财产关系,但两者的侧重点与性质不同:民法侧重于财产,主要体现为财产法性质;婚姻家庭法侧重于人身关系,主要体现为身份法性质。(6)婚姻家庭法同某些民事单行法规存在密切关系,如婚姻家庭法确定的亲属身份是继承法规定和调整继承关系的基本依据。

3. 婚姻家庭法与行政法的关系

行政法是调整国家行政管理机关在实现其管理职能的过程中所发生的各种社会关系的法律规范的总和。通过行政程序对有关婚姻家庭的事项进行必要的管理与监督,是国家保护婚姻家庭的重要手段,婚姻家庭领域受行政法调整的方面,如公民因出生、死亡、婚姻、收养等引起的身份变化带来的住所与户籍变动所进行的户籍登记;对违反婚姻家庭法尚未构成犯罪的行为,依据有关行政法规给予的行政处罚;违反计划生育应受相应的行政处罚等。这也反映了国家公权力对婚姻家庭领域的适度介入与干预。

4. 婚姻家庭法与民事诉讼法的关系

民事诉讼法是处理民事案件的程序性法律,婚姻家庭法与民事诉讼法是实体法与程序法的关系。处理婚姻家庭案件,如夫妻之间、父母子女之间及其他家庭成员之间人身与财产方面权利义务纠纷,实体问题适用婚姻家庭法,程序问题适用民事诉讼法。可见,婚姻家庭法上的各项制度与原则的贯彻实施,均依靠民事诉讼法从司法程序上加以保障。

5. 婚姻家庭法与刑法的关系

刑法是调整规范犯罪与刑罚的法律,是维护社会秩序,保护公民合法权益的有力武器。公民在婚姻家庭方面的合法权益,既受婚姻家庭法保护,也受刑法保护。如我国刑法对暴力干涉婚姻自由罪、重婚罪、破坏军婚罪、虐待与遗弃罪等妨害婚姻家庭罪作了具体规定,但两者保护手段不同:婚姻家庭法主要是运用民事手段,也借助行政手段,对受到侵害的权利实施救济;刑法是运用特殊的、不可替代的刑罚手段,对违法犯罪行为人进行制裁。

6. 婚姻家庭法与国际私法的关系

国际私法是以冲突规范为主要规范调整涉外民事关系的法律。婚姻家庭法与国际私法是国内法与国际法的关系。国际私法在调整涉外婚姻家庭关系方面与婚姻家庭法具有内在紧密联系,但两者又有不同:(1)国际私法调整的婚姻家庭关系具有涉外因素,而婚姻家庭法调整的婚姻家庭关系不具有涉外因素;(2)国际私法主要是运用冲突规范(间接办法)解决涉外婚姻家庭领域的法律冲突问题,婚姻家庭法主要是运用实体规范(直接办法)解决婚姻家庭领域的问题。

三、婚姻家庭法的渊源

法律渊源有形式与实质渊源之别,部门法的法律渊源一般是指形式渊源,婚姻家庭法也不例外。形式渊源一般是指法律规范的表现形式,婚姻家庭法的渊源即婚姻家庭法借以存在和表现出来的形式。根据我国现行的法律规范体系、层次及立法模式,婚姻家庭法的渊源体现在以下几个方面:

(一)宪法与法律

宪法是国家的根本大法,规定国家社会制度,国家机构的组织与活动原则,公民基本权利与义务等根本性问题,具有最高法律效力。宪法中有关婚姻家庭方面的原则性规定,是婚姻家庭法的指导思想和立法依据,居于婚姻家庭法渊源的最高位阶。

法律,在我国指由全国人大及其常务委员会制定的专门性的规范性文件。

法律作为婚姻家庭法的渊源包括三个层次:(1)构成独立法律部门的基本法,如民法、刑法、诉讼法、行政法等。在这些部门基本法中,均有涉及婚姻家庭关系的相关法律规范。特别需要指出的是,广义的民法既作为婚姻家庭法的渊源之一,又将婚姻家庭法包含在本部门法之中。(2)保护社会弱势群体的社会立法,如《中华人民共和国妇女权益保护法》《中华人民共和国老年人权益保障法》《中华人民共和国未成年人保护法》《中华人民共和国残疾人保护法》等,这些立法具有专门法的地位与效力,也涉及相关主体的婚姻家庭方面的权益,因而也是婚姻家庭法的渊源之一。(3)直接规范调整婚姻家庭关系的法律,如《中华人民共和国婚姻法》《中华人民共和国收养法》。这是我国婚姻家庭法系统、集中和主要的渊源,其中前者是基本法,后者是特别法。

(二)行政法规和部门规章

国务院是我国的最高行政机关,有权根据宪法和法律制定行政法规。国务院各部委及具有行政管理职能的直属机构,可以根据法律和行政法规在各自的权限范围内制定部门规章。行政法规和部门规章中有关婚姻家庭领域的规定,则是我国婚姻家庭法的渊源。目前这方面的规范性文件主要有:国务院颁布的《婚姻登记条例》,民政部颁布的《中国公民收养子女登记办法》《外国人在中华人民共和国收养子女登记办法》,国家计划生育委员会颁布的《流动人口计划生育工作管理办法》《关于禁止非医学需要的胎儿性别鉴定和选择性别的人工终止妊娠的规定》等。这些规范性文件具有针对性、操作性与实用性等特点,对贯彻执行宪法、法律中有关婚姻家庭的规定具有重要的作用。

(三)地方性法规与民族区域自治地区的有关规定

地方国家机关在立法赋予的权限范围内,根据本行政区婚姻家庭的实际情况,以宪法、法律为依据,制定有关婚姻家庭的地方性法规,发布具有一般性规范效力的决议、决定,是保证法律贯彻实施的重要措施。其名称各有不同,但都带有实施细则和补充规定的操作性质,也是婚姻家庭法的一种渊源。如各省、市制定的关于婚姻登记管理的规定、计划生育的规定,关于保护妇女、儿童及老年人权益的规定等。此外,还有两种地方性婚姻家庭法渊源:一是依据《宪法》第 116 条,《婚姻法》第 50 条,《收养法》第 32 条的规定,民族区域自治的地方颁行的有关贯彻执行婚姻家庭法的变通或补充规定,是一种地方性的规范性文件,也应作为婚姻家庭法的渊源;二是根据一国两制原则,香港与澳门特别行政区有关婚姻家庭的法律、条例、判例等,是本行政区内婚姻家庭法的渊源,也是我国婚姻家庭法的组成部分。

(四)最高人民法院的司法解释

由于现实生活中婚姻家庭情况的多样性,导致出现的婚姻家庭问题纷繁复杂,立法上也难以规定得周密、详尽,这种特殊的社会关系以及粗放型的立法特点,决定了司法审判工作的"造法""释法"地位与作用的重要性。为此,《全国人民代表大会常务委员会关于加强法律解释工作的决议》第 2 条指出:"凡属于法院审判工作中具体应用法律、法令的问题,由最高人民法院进行解释。"《中华人民共和国人民法院组织法》第 32 条规定:"最高人民法院对于审判工作中如何具体应用法律、法令的问题,进行解释。"因此,最高人民法院根据婚姻家庭法的基本精神,在总结审判实践经验的基础上作出的关于适用法律的司法解释以及确立、援用、认可的并以"批复"形式下达的各种典型判例,则成为婚姻家庭法的重要渊源之一。如最高人民法院历次民事审判工作会议文件中有关处理各类婚姻家庭纠纷的政策意见,最高人民法院分别在 2001 年 12 月、2004 年 4 月、2011 年 8 月通过并实施的三个司法解释,《关于人民法院受理申请承认外国法院离婚判决案件有关问题的意见》《最高人民法院关于确定民事侵权精神损害赔偿责任若干问题的解释》等。

(五)我国缔结或参加的国际条约

根据《民法通则》第 142 条的规定,处理涉外民事关系,中华人民共和国缔结或参加的国际条约同中华人民共和国民事法律有不同规定的,适用国际条约的规定,但我国申明保留的条款除外。我国法律和我国缔结或参加的国际条约没有规定的,可以适用国际惯例。2013 年 7 月 1 日实施的《最高人民法院关于适用〈中华人民共和国涉外民事关系法律适用法〉若干问题的解释(一)》重申了上述规定。[①] 因此,经我国批准生效的国际条约,以及适用的国际惯例可以成为婚姻家庭法的渊源之一,如《儿童权利公约》《消除对妇女一切形式歧视公约》《经济、社会、文化权利公约》等。

第二节　继承法基本原理

一、继承法的概念与调整对象

(一)继承法的概念

继承法是调整因自然人的死亡而发生的财产继承关系,确定遗产归属的法律规范的总和。为了准确理解继承法的概念,应当明确以下含义:

1. 从内容上看,继承法有广义与狭义之别。广义的继承法包括身份继承与财产继承,狭义的继承法仅指财产继承。前者是古代继承法的重要特色,体现了古代宗法制度与等级制度的需要,除了财产继承外,还包括王位、爵位、族长、家长地位、祭祀权等身份权的继承。后者是在资本主义法制确立后形成的,是近代各国继承立法的通行做法。

2. 从法律意义上看,继承法有形式意义与实质意义之别。形式意义上的继承法即指以继承法命名的规范性文件或民法典中的继承编,如《中华人民共和国继承法》《德国民法典》中的继承编。实质意义上的继承法则是调整继承关系的法律规范的总和,如宪法、民法典(民法通则)等法律中有关继承的规定,最高人民法院司法解释有关适用继承法的规定,民族区域自治地区有关继承的变通或补充规定。

3. 从法律规范上看,继承法有纯粹继承法与非纯粹继承法之别。纯粹继承法是指规定与遗产继承直接有关的法律规范,如继承权的归属,继承发生的原因、时间和结果,继承人的权利义务,遗产的清算、分配等。但从各国的立法实践看,遗嘱并不完全与遗产的转移有关,

---

① 2013 年 1 月 7 日起施行的《最高人民法院关于适用〈中华人民共和国涉外民事关系法律适用法〉若干问题的解释(一)》,其中第 4 条规定:"涉外民事关系的法律适用涉及适用国际条约的,人民法院应当根据《中华人民共和国民法通则》第一百四十二条第二款规定予以适用";第 5 条规定:"涉外民事关系的法律适用涉及适用国际惯例的,人民法院应当根据《中华人民共和国民法通则》第一百四十二条第三款规定予以适用"。

如立遗嘱人除了以遗嘱处分其遗产分配外,还可以用遗嘱指定继承人、其未成年子女的监护人,遗嘱执行人或表示对非婚生子女的认领等,这些规范则是非纯粹继承法。

从以上继承法概念分析可知,继承法具有以下特征:

1. 继承法是一种与身份法相联系的财产法,既有身份属性,又有财产属性。但对于继承法的法律属性,理论界是有争议的。有学者主张为身份法,理由是继承法的本来目的,在于规定有一定身份关系的人继承被继承人地位的条件以及以身份关系为基础发生的权利,但该观点未被各国立法实践普遍接受;有学者则认为应为财产法,理由是继承法属于财产流转法,规定的主要是财产转移的方式、效力和条件。① 在传统民法体系中,继承法是民法的重要组成部分。继承法的实质内容是财产的继承,即将死者生前合法所有的财产依法转移给生者,其性质属于财产流转的范畴,应定位为财产法,但继承这种财产流转在多数情况下与特定的亲属身份相联系,或者说亲属身份关系是其前置基础,主要表现在因婚姻、血缘、法律拟制和事实扶养而形成的身份权与继承权相联系。因此,继承法的诸多规范内容要考虑与婚姻家庭法的协调一致。

2. 继承法是普通法与实体法。普通法相对特别法而言,在我国的法律体系中如果将《民法通则》定位为普通法或基本法,那么《继承法》则为特别法,但继承关系又是一种普遍性社会关系,其主体范围包括一切自然人,没有特别主体存在,因此,我国《继承法》是适用于一切公民的普通法或称基本法。实体法相对程序法而言,由于继承法调整的是财产继承关系,确定遗产的权利归属,使财产的权利主体发生变更,是从实体意义上规定享有继承权、行使继承权,以及规范相应的权利义务关系的法律。因此,继承法的绝大多数规范是实体法的内容。

3. 继承法中的大多数规范是强行法规范。强行法规范是相对任意性规范而言的,由于继承法具有身份法特征,其在许多方面与婚姻家庭关系存在内在联系。为维护和充分实现婚姻家庭的伦理作用和社会职能,继承法亦同婚姻家庭法,多以强行法规范形式表现出来,当事人不得任意变更。如法定继承人的范围与顺序、遗嘱能力与形式等规定。

(二)继承法的调整对象

继承法的调整对象是以转移死者遗产、确定遗产权利主体归属为主要内容的特殊民事关系,即继承关系。这一调整对象的理解,除继承关系一般以身份关系相联系以外,还有两点需要明确:

1. 继承法调整对象的继承关系有狭义与广义之别。狭义的继承关系包括法定继承关系与遗嘱继承关系;广义的继承关系则包括一切遗产最终归属形式,除包括狭义的继承关系外,还包括遗赠、遗赠抚养协议、酌情分得遗产、无人继承遗产又无人受遗赠遗产的处理等多种遗产转移方式。从我国现行《继承法》的内容上看,其调整对象属于广义的继承关系。

2. 继承关系以财产所有关系为基础,又以确定新的财产所有关系为归属。也就是说,继承关系从财产所有关系中产生,遗产继承则是所有权主体的更换;遗嘱指定继承人和受遗赠人,是被继承人行使其财产所有权的一种直接表现。没有公民个人合法财产所有权的存在,则无从发生财产继承关系,通过继承又建立新的财产所有关系,因而,继承权又是所有权的延伸与补充,也是保护所有权完整化的表现。同时还应注意,继承并非只是所有权的继

---

① 夏吟兰.婚姻家庭继承法[M].北京:中国政法大学出版社,2012:219.

31

承,而是被继承人生前综合性财产权地位的继承,所有权之外的诸多财产性权利也同样发生着继承关系。

二、我国继承立法的演变史①

继承法律制度是人类社会发展到一定阶段的产物。原始社会初期,由于没有剩余产品,也就没有继承制度。随着原始社会生产力的发展,剩余产品增多,母系氏族被父系氏族取代,为了使子女能够以继承人的资格继承财产,建立以男性为中心的家庭则成为必然。完整意义上的继承法律制度,是在私有制、阶级和国家产生后才最终形成的。

(一)中国古代继承法

中国古代社会是一个家族本位的社会,儒家思想日渐成为中国古代法律的核心指导思想。社会上的优劣之分,家族中的尊卑之别,不仅是社会之基,法制之本,也是继承法制之核心。其表现为:身份性继承及以身份为基点的财产继承。身份性继承包括宗祧继承与封爵继承。"宗祧继承又称祭祀继承,根据宗法制度,一家之中,每一世系只能有一个男性嫡子或嫡孙享有宗祧继承权,以使祖宗血食不断。封爵继承是政治权力和经济特权的转移。凡属宗祧继承和封爵继承是不能分割,也不容分割的。只有财产继承因系经济权利的转移,是可以分割并允许分割。"②以身份为基点的财产继承,尽管财产继承的原则因朝代不同而略有差异,但以身份确立继承人的范围、顺序与继承的份额则成为共性特征:一是财产继承人是被继承人的晚辈直系血亲,晚辈直系血亲则成为继承财产的身份前提。例如,两汉时首次确立了"诸子均分"的原则。该原则适用于嫡子、庶子以及女儿。二是继承遗产的顺序与份额因身份不同而有所差异。唐《户令》载:"诸应分田宅者,及财物,兄弟均分;妻家所得之财,不在分限。兄弟亡故者,子承父分。兄弟俱亡,则诸子均分。其未娶妻者,别与聘财。姑姊妹在室者,减男聘财之半。寡妻妾无男者,承夫分。若兄弟皆亡,同一子之分。"三是父母有无婚姻身份直接影响子女的继承权及继承份额。《大清律例》规定:"奸生之子,依子量与半分。如别无子,立应继之人为嗣,与奸生子均分。无应继之人方许承继全份。"③四是性别身份决定继承权的有无及继承份额。《大清律例》规定:"户绝,财产果无同宗应继之人,所有亲女承受。无女者,听地方官详明上司,酌拨充公。"④身份的差异,成为继承的范围、顺序、份额的决定因素。故古代的财产继承,是以身份为基点的继承。

(二)中国近代继承法

中国继承法的近代转型,肇始于清末变法修律活动,完成于《中华民国民法》继承编的颁行。在先后20余年的时间里,继承立法实现了由清末的激进立法到北洋政府时期的保守立法,再到民国时期的科学立法的转型。大体经历了以下三个发展阶段:

1.《大清民律草案》继承编的制定。1911年(清末宣统三年)完成编纂的《大清民律草案》,继承编是其第五编,计110条,共6章。6章即通则、继承、遗嘱、特留财产、无人承认之

① 杨震,王歌雅.中国继承法:建构在传统与现代之间[C].中国民法学研究会.2012年民法理论研讨会论文集,2012:1-8.
② 张晋藩.清代民法综论[M].北京:中国政法大学出版社,1998:222.
③ 《大清律例》卷八《户律·户役·卑幼和擅用财》。
④ 《大清律例》卷八《户律·户役·卑幼和擅用财》。

继承、债权人或受遗人之权利。继承编的起草,不仅仿照了欧陆民法典继承编的立法体例,也适当吸纳了欧陆继承法的相应理念,进而在具体制度的设计上作出了适当妥协。第一,宗祧继承若隐若现。在中国传统的民法资源中,宗祧继承是独具特色的。"这种继承方式在当时的欧美日国家均没有,因而立法者没有明确将宗祧继承列入法条,但在法条之中显示了宗祧继承与遗产继承的区分,对清律中的部分规定予以保留。"① 第二,法定继承女性劣位。在法定继承中,如无嗣子继承和代位继承人时,"亲女"属第五顺序的承受遗产之人。② 其承受遗产的顺序劣位于被承受人的配偶、直系尊属、亲兄弟、家长之后,显现出男性优于女性的继承权特质。至于女性代位继承权的产生,则依然保留了"从一而终"的要求,即"妇人夫亡无子守志者,得承其夫应继之分,为继承人"。③ 第三,非婚生子的继承权得到适当的保护。即"继承人有数人时,不论嫡子、庶子,均按人数平分。私生子依子量与半分"④。"私生子外别无子,立应继之人为嗣,其遗产,私生子与嗣子均分。无应继之人,方许私生子承继全分。"⑤ 第四,私权意识淡薄。关于无人承认之继承,在"第1559条公告期满,如无继承人或承受人出而承认,其遗产归属国库,他人不得主张权利"。⑥《大清民律草案》继承编,虽然在立法原则和立法内容上相对保守,立法技术也相对不够成熟,但其奠定了中国近代继承法的基础,是中国近代法制转型的重要标志,其立法经验对后来的北洋政府和南京国民政府时期的继承法的制定提供了有益的借鉴。⑦

2.《民国民律草案》继承编的制定。北洋政府时期是中国近代革命运动由旧民主主义革命向新民主主义革命转折的时期。由于北洋政府是打着"中华民国"的旗号,由北洋军阀控制的政府,故其法律制度具有封建性、买办性的特点。其继承立法体现出这一时期"隆礼"、"重典"和"轻权利重义务"的立法原则。1925年《民国民律草案》完成起草工作,继承为第五编,计225条,共7章。7章即总则、宗祧继承、遗产继承、继承人未定及无人承诺之继承、遗嘱、特留财产、债权人或受遗人之权利。与《大清民律草案》继承编相比,《民国民律草案》继承编具有如下特点:第一,以专章规定宗祧继承。即"本律所谓继承,以男系之宗祧继承为要件。但第三章第一节另有规定者,不在此限"。⑧ 第二,继承原因有所增加。除亡故外,还包括出家。⑨ 第三,赋予女性酌给遗产继承权。"亲女"虽为第五顺序遗产继承人,但可酌情分与遗产,即"所继人之亲女,无论已嫁与否,于继承开始时,得请求酌给遗产归其继承"⑩。第四,家族传统继承有所限制。"家谱及其他家之特别记录,或由祖先遗传,足为其家特别纪念,遗产继承人中有提出异议者,应分归一遗产继承人承受,不得出售。前项规定,各遗产继承人间意见不能一致时,其物之应否出售,及其出售方法,或应分归何人承受,承受价格若

---

① 朱勇.中国民法近代化研究[M].北京:中国政法大学出版社,2006:48.

② 《大清民律草案》第1468条。

③ 《大清民律草案》第1467条。

④ 《大清民律草案》第1474条。

⑤ 《大清民律草案》第1475条。

⑥ 《大清民律草案》第1561条。

⑦ 朱勇.中国民法近代化研究[M].北京:中国政法大学出版社,2006:49.

⑧ 《民国民律草案》第1298条。

⑨ 《民国民律草案》第1299条。

⑩ 《民国民律草案》第1340条。

干,须呈请法院,按照地方习惯,或参酌各遗产继承人之个人关系,与以裁判。"①第五,归国家所有财产范围有所限制。针对无人继承之遗产,在公告期满后,除所继人之祖宗神主、祭具、坟墓、家谱及其他有宗祧之设置,交由法定宗亲、女系之异姓亲属保管外,其余财产归属国库,他人不得主张权利。② 第六,丰富了遗嘱方式。除自立证书、公证证书外,增加了代笔证书、口授遗嘱。③ 第七,赋予女性以遗嘱设立权。民国初年,基于性别观念的更新以及女性社会地位的提高,《民国民律草案》第1128条赋予女性以遗嘱设立的自由权,即"妻不经夫允许,得自立遗嘱"。《民国民律草案》继承编虽未颁行,但却体现出家族主义、男权主义的立法精神。而亲属编中对女性遗嘱设立权的赋予,显现出男女两性人格平等的诉求,具有一定的进步意义。

3.《中华民国民法》继承编的制定。国民党政府迁至南京,南京政府遂宣告成立。1929年1月29日,成立民法起草委员会。"从1929年4月总则编正式通过开始,到1931年1月亲属、继承两编正式实施,形成了以《中华民国民法》为核心的南京政府民事实体法体系,中国民法近代化的任务初步完成。"④《中华民国民法》继承编为第五编,计88条,共3章。3章即遗产继承人、遗产之继承、遗嘱。在继承编中,体现出"改造意义"的立法精神,即"法律纵不能制造社会,而改良习惯,指示方向,确有效力"⑤。凭借改良习惯、指示方向的立法目的,继承编的立法者对体现宗法观念的继承制度进行了全面的调整与改革。第一,废除宗祧继承制度,为我国继承法的变革带来了人格平等的气息,体现出男女平等的精神。第二,赋予女性以继承权,即"遗产继承人,除配偶外,依左(下)列顺序定义:一、直系血亲卑亲属。二、父母。三、兄弟姊妹。四、祖父母"⑥。上述继承人顺序的设计,体现出亲等近者优先继承的原则,排除了以性别差异而定继承顺序的尊卑规则,有助于女性社会地位的提高和财产权益的保障。故中国继承制度之改革,对女性解放至关重要。第三,实行限定继承原则。即"继承人得限定之因继承所得之遗产,偿还被继承人之债务"⑦。该原则摒弃了"父债子还"的宗族传统思想,体现出个人主义的立法精神。这与《大清民律草案》继承编要求家族成员互负连带责任的立法模式形成了鲜明的对比。第四,体现了权利与义务相一致的精神。例如,"遗产管理人得请求报酬,其数额由亲属会议按其劳力及其与被继承人之关系酌定之"⑧,改变了我国传统继承制度中的义务本位观念,体现出对个人权利的保障。第五,确立了遗嘱自由原则。遗嘱自由原则是欧陆继承法所秉持的个人本位立法主义的体现。继承编顺应立法主义的转变,确立了五种遗嘱形式,即代书遗嘱、公证遗嘱、密封遗嘱、代笔遗嘱、口授遗嘱,以实现遗嘱自由。同时,也规定了特留分制度对遗嘱自由予以适当限制。第六,保留了亲属会议职能的发挥。即"继承开始时继承人之有无不明者,由亲属会议选定遗产管理人"⑨。

---

① 《民国民律草案》第1385条。
② 《民国民律草案》第1415条。
③ 《民国民律草案》第1422条。
④ 朱勇.中国民法近代化研究[M].北京:中国政法大学出版社,2006:57.
⑤ 本社呈送民法亲属继承两编意见书上中央政治会议[M]//法学季刊.南京三五学社,1929.
⑥ 《中华民国民法》第1138条。
⑦ 《中华民国民法》第1154条第1款。
⑧ 《中华民国民法》第1183条。
⑨ 《中华民国民法》第1177条。

亲属会议在遗产处理过程中的功能发挥,体现出对家庭共同生活的尊重。①《中华民国民法》继承编,除继承传统法文化因素外,对宗法制度、尊卑秩序等级观念进行了有效的荡涤,从而使我国的继承制度体现出人格独立、男女平等的立法精神,实现了由家族本位向个人本位的立法转变。

经历了上述三个阶段的继承立法后,我国的继承法彻底实现了由古代向近代的转型。近代转型的特质是:从等级身份向人格平等的转型;从家族本位向个人本位的转型;从性别歧视到性别平等的转型;从连带责任向个人责任的转型。中国继承法的近代转型,实现了继承伦理、继承观念、继承立法由传统到现代的启蒙与嬗变,并为中国当代继承法的变革提供了思想基础与理论基础。

(三)中国现代继承法及其展望

中华人民共和国成立后,从 1954 年至今,我国先后经历了三次民事立法,每次民事立法均有关于继承法的制定与完善的内容:(1)1954 年至 1958 年,在仿照《苏俄民法典》的基础上,制定了民法草案,其分则包括继承编。(2)1962 年至 1966 年,毛泽东主席提出不仅刑法要制定,民法也要制定。1964 年 11 月 1 日,形成了具有 283 个条文的《中华人民共和国民法草案试拟稿》,其中包含继承规范。(3)1978 年改革开放至今,在此期间,邓小平指出:应该集中力量制定刑法、民法、诉讼法和其他必要的法律。在立法专家和民法学者的共同努力下,从 1980 年至 1982 年,共起草民法草案四稿。在民法草案的每一稿中,继承编都为独立一编,体现出民事立法的法典化情怀。上述民法草案继承编的拟定,为我国当代继承法的变革奠定了基础。

1985 年 4 月 10 日,第六届全国人民代表大会第三次会议通过了《中华人民共和国继承法》(下称《继承法》),并于 1985 年 10 月 1 日起施行。该法计 37 条,共 5 章,即总则、法定继承、遗嘱继承和遗赠、遗产的处理、附则。作为中华人民共和国成立后的第一部继承法,该部《继承法》不仅担当着保护公民的私有财产继承权的功能,而且在立法观念、立法体系、立法内容等方面都承载着我国当代继承法的变革追求。为正确地贯彻执行《继承法》,最高人民法院于 1985 年 9 月 11 日下发了《关于贯彻执行〈中华人民共和国继承法〉若干问题的意见》(以下简称《执行继承法的意见》),对人民法院审查继承案件时具体适用继承法的若干问题,提出了指导性的意见。至此,我国社会主义继承法制体系初步形成,继承关系的调整有了明确、系统、完备的法律依据。

《继承法》自实施以来,已走过 30 余个年头。在此期间,我国的经济、政治、文化、教育、科学、卫生、劳动等领域已发生了重大的变化。尤其在进入 21 世纪后,城乡居民收入稳定增长,居民耐用消费品拥有量不断增加,居民住宅面积不断扩大,生活环境明显改善,继承观念不断更新。与 20 世纪 80 年代的继承关系相比,现今的继承关系呈现出如下特征:一是继承客体不再局限于生活资料和有限的生产资料,而是表现为庞大的生产资料和种类繁多的生活资料;二是继承纠纷逐渐增多,继承诉讼案件有上升的趋势,尤其是涉港、澳、台的继承案件数量有所增加;三是继承关系日趋复杂,牵涉民商事法律关系的全部内容;四是继承法在重视继承人内部关系调控的同时,也面临继承人与第三人之财产关系调整的挑战;五是日益复杂的继承关系对我国现代继承立法的局限性、滞后性提出质疑,修改我国《继承法》已成为

---

① 谢振民.中华民国立法史[M].北京:中国政法大学出版社,2000:787.

大势所趋。自 2002 年《中国民法典·继承编》制定的提出,到现今《继承法》修改的提出,已经 16 年的时间。在此期间,法学界围绕《中国民法典·继承编》的制定,形成了不同的设计草案,承载了不同的价值追求。目前,较有代表性的《中国民法典·继承编》学者建议稿如下:(1)郭明瑞、房绍坤、关涛三位教授合作拟定的《中国民法典继承编专家建议稿草案》。① (2)梁慧星研究员主持拟定的《中国民法典草案建议稿》。该建议稿收录的即郭明瑞、房绍坤、关涛的《中国民法典继承编专家建议稿草案》。② (3)徐国栋教授主编的《绿色民法典草案》中的继承法。③ (4)王利明教授主持拟定的《中国民法典学者建议稿及立法理由·人格权编、婚姻家庭编、继承编》。④ (5)张玉敏教授主持拟定的《中国继承法立法建议稿及立法理由》。⑤ 上述继承法草案,将为我国当代继承法的变革提供法制蓝本,也将为我国《继承法》的修改以及《中国民法典·继承编》的制定,提供不可或缺的思想资源和制度建构模式。

---

① 郭明瑞,房绍坤,关涛.继承法研究[M].北京:中国人民大学出版社,2003:195-372.

② 梁慧星.中国民法典草案建议稿[M].北京:法律出版社,2003:369-389.

③ 徐国栋.绿色民法典草案[M].北京:社会科学文献出版社,2004:223-299.

④ 王利明.中国民法典学者建议稿及立法理由:人格权编、婚姻家庭编、继承编[M].北京:法律出版社,2005:44-637.

⑤ 张玉敏.中国继承法立法建议稿及立法理由[M].北京:人民出版社,2006:1-11.

第三章　婚姻家庭法与继承法基本原则

第一节　婚姻家庭法基本原则

　　婚姻家庭法基本原则是制定和实施婚姻家庭法进行婚姻家庭活动和处理婚姻家庭纠纷必须遵循的基本准则。一个国家婚姻家庭法的基本原则由该国的政治、经济制度和法律观所决定。不同社会制度的国家,其立法的指导思想有异同。当代各国婚姻家庭立法,有相当一部分原则或指导思想相同,如婚姻自由、男女平等、一夫一妻、保护妇女儿童老人等原则。这些原则不仅成为各国立法的普遍性共识,而且得到多项国际公约的确认和维护。我国《婚姻法》在总则中明确规定了婚姻家庭法的基本原则。总则有四个条文。第1条:"本法是婚姻家庭关系的基本准则。"第2条:"实行婚姻自由、一夫一妻、男女平等的婚姻制度。保护妇女、儿童和老人的合法权益。实行计划生育。"第3条:"禁止包办、买卖婚姻和其他干涉婚姻自由的行为。禁止借婚姻索取财物。禁止重婚。禁止有配偶者与他人同居。禁止家庭暴力。禁止家庭成员间的虐待和遗弃。"第4条:"夫妻应当互相忠实,互相尊重;家庭成员间应当敬老爱幼,互相帮助,维护平等、和睦、文明的婚姻家庭关系。"可见,总则中确定的婚姻家庭法基本原则既具有世界各国婚姻家庭法基本原则的共性,也有自身的特点。它是我国婚姻家庭制度的基本特征在法律上的集中体现和我国婚姻家庭立法的指导思想,也是民事主体从事婚姻家庭活动、司法机关从事审判活动应遵循的基本价值理念,同时为各项具体的婚姻家庭制度指明了方向,可以起到弥补法律漏洞、解释具体制度的作用。

一、婚姻自由原则

（一）婚姻自由的概念与内容

　　婚姻自由是私法自治原则在婚姻关系中的体现,是指婚姻当事人有权按照法律规定,决定自己的婚姻问题,任何人不得强制和干涉。其基本精神有两点:(1)婚姻自由是法律赋予公民在婚姻上的民主权利,这种权利受法律保护,如我国《宪法》第49条规定:"禁止破坏婚姻自由。"《民法通则》第103条规定:"公民享有婚姻自由权。"《婚姻法》第2条实行婚姻自由。(2)公民在行使婚姻自由权利时,要做到符合法律规定,违背法律规定的自由不受法律保护。婚姻自由包括结婚自由和离婚自由。结婚自由是婚姻自由的基础,离婚自由是婚姻自由的重要补充,二者相结合,构成了婚姻自由的完整内容。

　　1. 结婚自由。结婚自由是指婚姻当事人建立婚姻关系的自由,包括再婚、复婚和不结婚的自由。[①] 有两层内涵：(1)婚姻当事人是否结婚、与谁结婚、在什么情况下结婚,完全由当事人自己做主,不受出身、职业、社会地位等条件的限制,也不受他人包括父母的干涉与强迫。(2)缔结婚姻不只是当事人的私事,同时涉及他人和社会公共利益,必须符合法定条件和程序,目的是使结婚自由成为有利于个人、家庭及社会发展的重要保障。

2. 离婚自由。离婚自由是指当事人解除婚姻关系的自由。离婚自由有两层内涵：(1)婚姻当事人双方有共同作出离婚决定、达成离婚协议的权利;或者在婚姻关系无法继续维持下去的情况下,任何一方都有提出离婚的权利。(2)解除婚姻关系,是当事人的一项自由权利,但是否允许离婚,不能由当事人任意决定,必须符合法定条件与程序。婚姻家庭法对离婚的条件、程序及法律后果等问题都有明确的规定,这些规定既是对离婚自由的保障,也是对当事人行使离婚自由权利的约束。

(二)禁止违反婚姻自由的行为

为了保障婚姻自由原则的实施,我国《婚姻法》第3条作出了以下禁止违反婚姻自由的行为：

1. 禁止包办、买卖婚姻和其他干涉婚姻自由的行为

禁止包办婚姻是指禁止婚姻关系以外的第三者(包括父母)违反婚姻自由原则,在完全违反婚姻当事人意愿的情况下,包办强迫他人缔结婚姻的行为。如以职业、地位、门第高低为由,包办儿女婚事,"指腹为婚""娃娃亲""童养媳"或抢亲、换亲、转亲等强行干涉儿女婚姻自由的行为。禁止买卖婚姻是指禁止婚姻关系以外的第三者(包括父母)以索取大量财物为目的,包办强迫他人缔结婚姻的行为。这种婚姻的目的是索取大量财物,得到财物的人是当事人(实践中主要是女方)以外的第三者。禁止其他干涉婚姻自由的行为是指禁止除包办、买卖婚姻以外的违反婚姻自由原则,阻止婚姻当事人双方缔结或解除婚姻关系的行为。如干涉寡妇再婚、干涉父母再婚、干涉复婚、干涉离婚等。

包办婚姻与买卖婚姻相同之处：均违背婚姻当事人的意愿,强迫包办其缔结婚姻。不同之处：前者不以获取大量财物为目的,后者以索取大量财物为目的。因而,包办婚姻不一定是买卖婚姻,买卖婚姻一定是包办婚姻。

2. 禁止借婚姻索取财物

禁止借婚姻索取财物是指禁止除买卖婚姻以外的其他借婚姻索取财物的行为。这种婚姻的特点是：当事人双方的婚姻基本上是自主自愿的,但一方向另一方以索取财物为结婚的先决条件。借婚姻索取财物的人,不是正确行使婚姻自由权利,而是滥用这一权利。

买卖婚姻与借婚姻索取财物相同之处：均存在索取财物的行为。不同之处：一是婚姻基础不同。借婚姻索取财物是在婚姻自主自愿的情况下发生的,买卖婚姻是以第三者强迫包办他人婚姻为条件,婚姻的成立违背当事人的意愿。二是索取财物的主体不同。借婚姻索取财物者虽然有父母或其他第三人,但以本人为主,买卖婚姻是以第三者(包括父母)索取大量财物为目的。

包办、买卖婚姻和其他干涉婚姻自由的行为,是我国封建社会宗法家族制度漠视婚姻当事人意愿、强调父母等尊亲属主婚权的体现。现实生活中存在这些封建残余行为,虽说不是

---

① 不结婚自由是对结婚自由的反对解释,是否缔结婚姻关系应由公民自行决定,因此,根据婚姻自由原则,公民也有选择不缔结婚姻关系的自由。王洪.婚姻家庭法[M].北京：法律出版社,2003：25.

主流,但其社会危害后果却相当严重,直接侵害了婚姻当事人的婚姻自由权。借婚姻索取财物的行为是封建社会的聘娶婚旧观念和婚姻金钱化、商品化思想意识在现实生活中的反映,比买卖婚姻严重,涉及面广,不仅妨碍婚姻自由原则的实行,而且给一些婚姻当事人带来经济上负担,易滋生一系列社会问题。因此,我国《婚姻法》明令禁止这些行为。但应注意的是借婚姻索取财物与婚约期间的赠与或婚前赠与的区别。尽管从理论上讲赠与是自愿行为,而借婚姻索取财物却违背了给付方的意愿,但给付方很难举证,司法实践中能够认定的也少见。因而有学者认为这一规定更多地具有宣言性,难以发挥禁止性规范的功能,主张删除这一规定。①

二、一夫一妻制原则

一夫一妻制是人类进入阶级社会以来,继群婚制、对偶婚制之后对婚姻形态的自主选择,是人类婚姻文明发展的产物。我国自 1950 年《婚姻法》颁布实施以来,婚姻制度已彻底废除了封建社会的一夫一妻多妾制,一夫一妻制原则是我国婚姻家庭制度改革的重要成果,也是当代世界各国普遍采用的婚姻法律制度。

(一)一夫一妻制的概念及实施的必然性

一夫一妻制即指一男一女依法结为夫妻的婚姻制度。该原则有以下内涵:(1)任何人,不论其地位高低、财产多少,均不得同时有两个或两个以上的配偶。(2)已婚者在双方离婚前或配偶死亡前,不得再行结婚。(3)一切公开的、隐蔽的一夫多妻或一妻多夫的两性关系均为非法。

一夫一妻制原则实施的必然性在于:(1)符合婚姻的本质,即婚姻中性爱排他性与专一性的要求,也是社会道德与科学规律的要求,是人类文明进步的标志。恩格斯指出:"既然性爱按其本质来说是排他的——那么以性爱为基础的婚姻,按其本质来说就是个体婚。"②任何形式的一夫多妻或一妻多夫的结合,都与性爱的专一性和排他性不相容,不利于婚姻性爱、情感功能的实现,不利于发挥婚姻家庭的社会作用。(2)男女平等的要求,也是实现男女平等的保障。这一原则对提高妇女社会地位、家庭地位,保护妇女合法权益具有现实意义。(3)男女性别比例的自然要求。人类社会除了战争、瘟疫或其他人为因素的原因之外,男女两性的性别比例基本是平衡的。这种性别比例的平衡性从客观上要求实行一夫一妻制,保障每个公民都有机会缔结婚姻、建立家庭。反之,则不可避免地造成一部分公民多妻多妾,而另一部分公民却没有配偶。因此,一夫一妻制是婚姻质量的内在要求,也是保障公民基本人权的制度性要求,有利于婚姻家庭的稳定及家庭职能的实现。

(二)禁止违反一夫一妻制的行为

为了保障一夫一妻制原则的实施,我国《婚姻法》第 3 条做了以下禁止违反一夫一妻制的行为:

1. 禁止重婚

禁止重婚是指禁止有配偶者再行结婚的违法行为。重婚包括两种形式:(1)法律上重婚,即前婚未解除,又与他人办理结婚登记而形成的重婚。(2)事实上的重婚,即前婚尚未解

---

① 王洪.婚姻家庭法[M].北京:法律出版社,2003:26.

② 马克思恩格斯全集:第 21 卷[M].北京:人民出版社,1965:95.

除,又与他人以夫妻名义同居生活而形成的重婚。由于法律上的重婚不易实现,现实生活中以事实上的重婚为主要形式。

重婚有以下法律后果:(1)民事责任。依据我国《婚姻法》规定,其一重婚不具有婚姻的法律效力,即无效婚姻的法定理由;其二重婚是认定夫妻感情确已破裂,法院准予离婚的法定情形之一;其三重婚是无过错方离婚时要求损害赔偿的法定理由之一。(2)刑事责任。依据我国《刑法》第258条规定:"有配偶而重婚的,或者明知他人有配偶而与之结婚的,处二年以下有期徒刑或拘役。"

2. 禁止有配偶者与他人同居

禁止有配偶者与他人同居,即禁止姘居。姘居是指有配偶者与婚外异性,不以夫妻名义,持续、稳定地共同居住。禁止有配偶者与他人同居是2001年《婚姻法》修改时新增加的内容,原因是随着社会生活的变化,违反一夫一妻制行为有上升的态势,有配偶者不敢公然重婚纳妾,但姘居、"包二奶"及其他形式的婚外性关系却日益增加。这一现象公然挑战我国一夫一妻制原则,败坏社会风气,影响婚姻家庭稳定,仅用道德规范去教化,用社会舆论去约束,已难以奏效,必须通过法律手段来规范人们的行为,使之符合社会的共同准则。

有配偶者与他人同居与事实上的重婚,一般认为有以下异同。(1)相同点:其一,主体相同,均为双方或一方有配偶;其二,当事人有共同的住所或共同居住的事实;其三,均有持续稳定的一段时间同居生活。(2)不同点:其一,前者不以夫妻名义同居,周围的人也不认为他们是夫妻关系,后者则公开以夫妻名义同居,周围的人也认为他们是夫妻关系;其二,在法律性质与法律后果上,有配偶者与他人同居不构成犯罪,但须承担民事责任,事实上的重婚除承担民事责任外,构成犯罪的,还须承担刑事责任。①

违反一夫一妻制的行为,除重婚、有配偶者与他人同居外,还包括通奸。通奸是指有配偶的一方或双方又与他人自愿发生秘密的、临时性的两性关系的行为。通奸与姘居,一般认为有以下异同。(1)相同点:自愿的两性关系均不以夫妻名义进行;(2)不同点:通奸是秘密的、临时性的两性关系,无共同的同居生活,而姘居是公开的、相对稳定的两性关系,有共同的同居生活。

通奸、有配偶者与他人同居与事实上的重婚既有区别又有联系,如果长期通奸,形成公开同居,则构成有配偶者与他人同居,再以夫妻名义,则构成事实上的重婚。通奸虽然不是犯罪行为,但违反一夫一妻制中夫妻相互忠实的规定,对婚姻家庭的危害不容忽视。

三、男女平等原则

我国《宪法》第48条第1款明确规定:"妇女在政治的、经济的、文化的、社会的和家庭生活等各方面享有与男子平等的权利。"表明男女平等是我国的宪法原则和基本国策。我国《婚姻法》第2条实行男女平等的婚姻制度的规定,是宪法原则在我国婚姻法具体化的重要原则之一。它是区别以男权为中心的旧婚姻家庭制度的标志,是巩固我国社会主义婚姻家庭关系的重要保障。

---

① 事实上的重婚与有配偶者与他人同居生活,如何界定?标准是什么?这在理论与实践中仍是一个需要探究的重要的现实问题。

（一）男女平等的含义与社会基础

婚姻家庭法中的男女平等，是指夫妻或性别不同的家庭成员在婚姻家庭关系中法律地位平等，享有平等的权利，承担平等的义务。

男女两性在婚姻家庭中的地位，往往与他们的社会地位相一致，取决于一定的社会制度。妇女的地位是由社会生产关系的性质以及她们在社会经济中的作用决定的。生产资料私有制和阶级压迫是男女不平等、妇女受歧视的社会根源。男子凭借对私有财产占有的经济优势而成为社会的主宰，反映在婚姻家庭中即"夫权""父权"统揽一切，非男性家庭成员则沦为"家庭奴隶"。奴隶社会和封建社会的法律中公开主张男尊女卑即典型例证。资本主义时代，妇女对男子的人身依附关系大为削弱，妇女的社会地位与家庭地位有了显著的提高，男女平等被视为婚姻家庭法的一项原则。但早期的立法中，仍有许多歧视妇女的条款，在婚姻家庭领域表现得尤为明显。晚近以来，随着社会的发展与妇女运动的进展，男女两性的法律地位渐趋平等，婚姻家庭法领域也不另外。但是，法律原则规则规定与现实生活之间仍有距离，妇女在行使权利时仍会遇到来自社会条件的种种限制，在男女平等的社会根源消除之前，这是无法根本克服的。社会主义制度的建立，消除了妇女受压迫的阶级根源与经济根源，在法律上确认了妇女的社会地位、婚姻家庭地位与男子完全相同。但还应看到，我国正处于社会主义初级阶段，男女平等的实现程度还受着社会经济文化发展水平的限制，男女平等的真正实现仍需努力。

此外，不应忽视社会性别意识对当代各国男女平等的副作用。何谓社会性别？它与性有何区别？在英语中，性用 Sex 表示，而性别用 Gender 表示。性属于生物学术语，是指按照基因和性器官的区别将有机体分为雄雌二性，属自然的生物属性。[①] Gender 本是一个语法概念，是一个按照有性无性以及其他特征来分类的类别词。女性主义者创造性地将 Gender 定义为由特定文化环境规定的适合其性别身份的性格特征及行为举止的社会范畴。中文也因强调性别的区分是由社会文化造成的而与生理基础无关，把 Gender 译作社会性别。因而性别是一个具有心理学和文化属性的概念，为一种社会标签，是用以说明文化赋予每一性别特征和个体给自己安排的与性有关的特质。性别着重强调基于性产生的社会文化差异。可见，性的自然属性（差异）并未对人类社会生活产生重大的影响。性别即女性主义者称为社会性别是一个具有心理学和文化属性的概念，为一种社会标签，表现为男尊女卑、男外女内，则会对人类社会生活产生重大的影响，因而也是可以改变的。婚姻是以社会性别为基础的社会构建，因婚姻而组成的家庭，各女性主义流派创立了不同的理论，中心论题主要是家庭与夫权制的关系。公私领域的划分与性别分工也产生了同样的结果，即当公领域与丈夫联系起来，私领域和妻子联系起来，等级就应运而生。因此，社会性别视野下男女平等的新要求是实现起点平等与结果平等的统一，法律制定的去性别化及家事法公法化。[②]

（二）男女平等的内容

我国《婚姻法》中有关男女平等的规定相当广泛，贯穿在各章节中，具体内容为：

1. 婚姻关系方面权利义务平等。男女有平等的缔结婚姻的权利，结婚条件的规定男女

① 魏国英.女性学概论[M].北京:北京大学出版社,2000:26-27.

② 何群等,刘芮,郝靖.社会性别视野下当代中国夫妻关系平等的新要求[J].广州大学学报(社会科学版),2014(11):49.

平等;结婚后夫妻有平等的权利义务,夫妻任何一方都可以成为对方的家庭成员,同时也有平等的请求解除婚姻关系的权利;离婚时,男女双方对夫妻共同财产享有平等分割的权利,对共同债务有平等清偿的义务,对子女的抚养权、探望权,父母双方条件相同时平等,离婚时的损害赔偿请求权、补偿请求权、经济帮助权男女平等。

2. 家庭关系中不同性别的家庭成员权利义务平等。表现在:(1)夫妻关系方面权利义务平等。夫妻在家庭中地位平等,各自有独立的姓名权、人身自由权、继承遗产权,对夫妻共同财产有平等的所有权;夫妻双方抚养和教育子女的权利义务平等,计划生育的权利义务平等,互相扶养的权利义务平等。(2)父母子女方面权利义务平等。父和母抚养教育子女的权利义务平等,接受子女赡养扶助的权利义务平等;子和女接受父母抚养教育的权利义务平等,赡养扶助父母的权利义务平等;父和母、子和女继承权平等。(3)其他家庭成员间权利义务平等。祖父母和外祖父母抚养孙子女、外孙子女义务平等,接受孙子女、外孙子女赡养的权利平等;兄姐扶养弟和妹的义务平等,接受弟妹赡养的权利平等;祖父母和外祖父母继承孙子女、外孙子女遗产权利平等;兄弟姐妹间继承遗产的权利平等。

四、保护妇女、儿童和老人合法权益原则

妇女、儿童和老人属于社会的弱势群体,保护妇女、儿童和老人合法权益原则也称为婚姻家庭法领域的保护弱者利益原则。将保护妇女、儿童和老人合法权益作为婚姻家庭法的基本原则,并在具体法律的制定和实施过程中,给予其特殊保护,对于切实贯彻男女平等,树立尊老爱幼的社会风尚有着积极的意义。

(一)保护妇女合法权益

婚姻家庭法在确认男女平等原则的同时,又规定保护妇女合法权益原则,原因是:(1)妇女所具有的特殊生理特点,使其承担人口生产及再生产,社会理应给予充分的尊重和特别的保护。(2)人类历史上几千年形成的男尊女卑思想观念根深蒂固,至今并没有彻底消除,从法律制度上有必要给予其特别保护。(3)现实生活中,由于经济发展水平和社会保障程度的限制,实现男女平等存在许多障碍与阻力,同时,某些妨碍妇女行使平等权的消极因素的存在,如人为的性别出生比例失衡,妇女常是犯罪、暴力、性侵害和被拐卖的牺牲品或对象,剥夺寡妇继承权,限制女儿继承权,限制妇女参加社会活动,干涉其人身自由等,因此,需要给予其特别保护。男女平等原则与保护妇女合法权益原则的立法精神是一致的。男女平等原则是基础、一般性原则,保护妇女合法权益原则是补充、特殊性原则,二者相互配合,才能有利于男女平等原则的真正实现。中国妇女权益的现状,正如中国非政府妇女组织《紫皮书》所言:中国在妇女与贫困、妇女与教育、妇女与保健、妇女与暴力、妇女与经济、妇女与参政、提高妇女地位的机制、妇女的人权、妇女与媒体、妇女与环境、女童、老年妇女等 12 个领域的性别平等所取得了进展与成就,但也尚存问题与障碍,[①]实现男女事实上平等还任重道远。

我国《婚姻法》在结婚离婚及家庭关系等章节中,都贯穿着对妇女特殊保护的精神。主要表现为:(1)离婚程序上,法律明确规定女方在怀孕期间、中止妊娠 6 个月内男方不得提出离婚。(2)离婚共同财产分割上,法律明确规定,先由双方协议解决,协议不成时由法院判

---

① 中华全国妇女联合会、中国妇女研究会:中国非政府妇女组织对中国政府执行《行动纲领》和《成果文件》的评估报告——中国非政府妇女组织《紫皮书》,中国政府新闻网,2005 年 8 月 24 日报道。

决,法院判决的依据之一是"照顾子女和女方权益的原则",同等条件下,可以适当多分给女方。

(二)保护儿童合法权益

儿童是祖国的未来,民族的希望。儿童合法权益受到特别保护,原因是:(1)古代社会,儿童被视为父母的私有财产,漠视子女利益是当时婚姻家庭法的特征之一,这一影响至今并没有完全消除。(2)儿童属于不完全行为能力者,缺乏生活自理能力,其权益极易受到不法侵害。(3)现实生活中,虐待、遗弃、残害儿童的现象时有发生,童工、流浪乞讨儿童、留守儿童等问题仍然存在。因此,相对成年人而言,在法律制度上必须给予儿童特别保护。中国对儿童权利的保护,已经初步形成了由国际公约、宪法、专门法律、民刑事法律法规、行政法律法规,以及诉讼法律法规组成的法律体系,但还应看到保护儿童权益的责任仍然任重而道远。

我国《婚姻法》在家庭关系、离婚等章节中,均有保护儿童权益的具体规定,表现为:(1)禁止溺婴、弃婴和其他残害婴儿的行为;(2)父母对子女有抚养教育的义务,这一义务不因父母的婚姻关系解除而免除;(3)孙子女、外孙子女享有附条件地接受祖父母、外祖父母抚养的权利;(4)不同类型的子女法律地位完全平等,即法律规定亲生子女(包括婚生与非婚生子女)、法律拟制的子女(包括养子女、继子女)法律地位一律平等。

(三)保护老人合法权益

人口老龄化是人类社会最重大的成就之一,同时又是世界各国面临的一个最严峻的挑战。从 2006 年 12 月 12 日,国务院新闻办公室发布的《中国老龄事业的发展》白皮书公布的数字与事实可知,中国是拥有世界上最多老年人口的发展中大国。对老年人权利的保护,已经初步形成了由国际文件、宪法、专门法律、民刑事法律法规、行政法律法规等组成的法律体系。虽说目前我国在老年人权利保障方面取得了一定的成就,如对老年人离退休后的养老办法的"五有"制度,即老有所养、老有所学、老有所为(用)、老有所医、老有所乐,对农村无劳动能力、没有生活来源的老人实行的"五保"制度,即保吃、保穿、保住、保医、保葬等,但还应看到国家养老保障,老年群体医疗保障,"为老服务"的供求失衡,城乡老年人保障差异,虐待、遗弃、歧视老年人的事件时有发生等问题的存在,保护老年人权益的责任仍然任重而道远。

我国《婚姻法》对老年人权益保障,主要体现在以下方面:(1)子女对父母有赡养义务,这一义务不因父母离婚而免除,一定条件下的孙子女、外孙子女有赡养祖父母、外祖父母的义务。(2)禁止虐待、遗弃老人。(3)家庭成员间应当尊老爱幼,子女应当尊重父母的婚姻权利,不得干涉父母再婚和婚后的生活。

(四)婚姻家庭法领域保护弱者利益原则的禁止性规定

1. 禁止家庭暴力。世界范围内,家庭暴力是个既古老又现实的话题,其危害性自不待言。禁止家庭暴力是 2001 年婚姻法修改后新增加的内容。为了贯彻实施婚姻法,2001 年《婚姻法司法解释(一)》对"家庭暴力"有明确的定义,即"家庭暴力"是指行为人以殴打、捆绑、残害、强行限制人身自由或者其他手段,给其家庭成员的身体、精神等方面造成一定伤害后果的行为。持续性、经常性的家庭暴力,构成虐待(第 1 条)。2014 年 11 月 25 日国务院法制办公布了《中华人民共和国反家庭暴力法(征求意见稿)》,2015 年 12 月 27 日第十二届全国人民代表大会常务委员会第十八次会议通过,2016 年 3 月 1 日实施。该法所称家庭暴力,是指家庭成员之间以殴打、捆绑、残害、限制人身自由以及经常性谩骂、恐吓等方式实施的身体、精神等侵害行为(第2条)。可见,我国大陆反家庭暴力立法经历了一个从无到有,直至制定国家专门立法的发展过程。其目的是预防和制止家庭暴力,保护家庭成员的合法权益,维护平等、和睦、文明的家庭关系,促进家庭和谐、社会稳定。

为了贯彻婚姻家庭法领域保护弱者利益原则,禁止家庭暴力,我国《婚姻法》在补救措施和法律责任一章作了相应的规定。《中华人民共和国反家庭暴力法》作为专门法律规定的则更为具体全面。该法共38条,6章即总则、家庭暴力的预防、家庭暴力的处置、人身安全保护令、法律责任、附则。除附则外,具体内容如下:

(1)总则。明确了立法目的,家庭暴力的定义;县级以上人民政府负责妇女儿童工作的机构,县级以上人民政府有关部门、司法机关、人民团体、社会组织、居民委员会、村民委员会、企业事业单位,应当依照法律规定,做好反家庭暴力工作;各级人民政府应当对反家庭暴力工作给予必要的经费保障;反家庭暴力工作遵循预防为主,教育、矫治与惩处相结合原则,同时应当尊重受害人真实意愿,保护当事人隐私,对未成年人、老年人、残疾人、孕期和哺乳期的妇女、重病患者遭受家庭暴力的,应当给予特殊保护。

(2)家庭暴力的预防。各类机构(工会、共产主义青年团、妇女联合会、残疾人联合会、学校、幼儿园)、多种形式(广播、电视、报刊、网络等)的家庭美德宣传教育,反家庭暴力知识的普及、意识的增强,并将其纳入县级以上人民政府有关部门、司法机关、妇女联合会业务培训和统计及医疗机构的诊疗记录工作中;各级基层组织、社会工作服务机构应当予以配合协助;各级人民政府应当支持社会工作服务机构等社会组织开展心理健康咨询、家庭关系指导、家庭暴力预防知识教育等服务;人民调解组织、用人单位应当依法调解或化解家庭纠纷,未成年人的监护人应当以文明的方式进行家庭教育,预防和减少家庭暴力的发生。

(3)家庭暴力的处置。相关当事人(家庭暴力受害人及其法定代理人、近亲属)可以向加害人或者受害人所在单位、居民委员会、村民委员会、妇女联合会等单位投诉、反映或者求助,也可以向公安机关报案或者依法向人民法院起诉;发现无民事行为能力人、限制民事行为能力人遭受或者疑似遭受家庭暴力的,有关机构及其工作人员应当及时向公安机关报案;公安机关应当及时出警、制止家庭暴力,并按照有关规定调查取证,协助受害人就医、鉴定伤情;对无民事行为能力人、限制民事行为能力人因家庭暴力处于无人照料等危险状态的,公安机关应当通知并协助民政部门将其安置到临时庇护场所、救助管理机构或者福利机构;家庭暴力情节较轻,由公安机关对加害人给予批评教育或者出具告诫书,并将告诫书送交加害人、受害人,并通知居民委员会、村民委员会,以便查访、监督加害人不再实施家庭暴力;县级或者设区的市级人民政府可以单独或者依托救助管理机构设立临时庇护场所,为家庭暴力受害人提供临时生活帮助;法律援助机构应当依法为家庭暴力受害人提供法律援助;人民法院应当依法对家庭暴力受害人缓收、减收或者免收诉讼费用;监护人实施家庭暴力严重侵害被监护人合法权益的,人民法院可以依法另行指定监护人,但被撤销监护人资格的加害人,应当继续负担相应的赡养、扶养、抚养费用;有关组织、机构应当对实施家庭暴力的加害人进行法治教育,必要时可以对加害人、受害人进行心理辅导。

(4)人身安全保护令。一是直接或代为申请保护令。当事人因遭受家庭暴力或者面临家庭暴力的现实危险,直接向人民法院申请人身安全保护令的,当事人是无民事行为能力人、限制民事行为能力人,或者因受到强制、威吓等原因无法申请人身安全保护令的,其近亲属、公安机关、妇女联合会、居民委员会、村民委员会、救助管理机构可以代为申请。二是保护令的形式。应当以书面方式提出,确有困难的,可以口头申请,由人民法院记入笔录。三是人身安全保护令案件由申请人或者被申请人居住地、家庭暴力发生地的基层人民法院管辖,以裁定形式作出。四是作出人身安全保护令的条件:有明确的被申请人;有具体的请求;有遭受家庭暴力或者面临家庭暴力现实危险的情形。五是作出人身安全保护令的时间:应当在 72 小时内作出人身安全保护令或者驳回申请;情况紧急的,应当在 24 小时内作出。六是人身安全保护令包括下列措施:禁止被申请人实施家庭暴力;禁止被申请人骚扰、跟踪、接触申请人及其相关近亲属;责令被申请人迁出申请人住所;保护申请人人身安全的其他措施。此外,还对人身安全保护令的有效期(不超过 6 个月)、申请复议、执行与协助执行等作了规定。

(5)法律责任。加害人实施家庭暴力,构成违反治安管理行为的,依法给予治安管理处罚,构成犯罪的,依法追究刑事责任;被申请人违反人身安全保护令,构成犯罪的,依法追究刑事责任,尚不构成犯罪的,人民法院应当给予训诫,可以根据情节轻重处以 1000 元以下罚款、15 日以下拘留;相关机构和组织及其工作人员未依法向公安机关报案,造成严重后果的,由上级主管部门或者本单位对直接负责的主管人员和其他直接责任人员依法给予处分;负有反家庭暴力职责的国家工作人员玩忽职守、滥用职权、徇私舞弊的,依法给予处分,构成犯罪的,依法追究刑事责任。

2. 禁止家庭成员间的虐待和遗弃

虐待是指以作为或不作为的形式,对家庭成员经常以辱骂、冻饿、禁闭、强迫过度劳动、有病不给治疗、限制自由等手段,从肉体上和精神上进行摧残、折磨的违法行为。2001 年《婚姻法司法解释(一)》对"家庭暴力"界定的同时,明确了"持续性、经常性的家庭暴力,构成虐待"(第 1 条)。一般来说,虐待者都是在经济上或亲属关系上占优势地位的人,如丈夫虐待妻子、父母虐待子女、子女虐待父母、媳妇虐待公婆等。遗弃是指对年老、年幼、患病或其他没有独立生活能力的家庭成员负有赡养、抚养、扶养义务,而拒绝赡养、抚养、扶养的违法行为。

对家庭成员间虐待和遗弃行为的处理:(1)社会救助。对一般的虐待和遗弃行为,受害人有要求居民委员会、村民委员会及所在单位予以劝阻、调解的权利,居民委员会、村民委员会及所在单位有予以劝阻、调解的责任。(2)行政处罚。公安机关在接到报案后,应及时赶到现场,予以制止虐待、遗弃行为,同时,受害人有权要求公安机关对正在实施虐待、遗弃行为的加害人依据《治安处罚法》给予行政处罚。(3)民事责任。虐待和遗弃行为是我国婚姻法认定夫妻感情确已破裂,准予离婚的法定情形之一,也是受害方请求离婚,并获取离婚损害赔偿的法定情形。(4)刑事责任。对虐待、遗弃家庭成员情节严重,构成犯罪的,依据刑法的有关规定追究刑事责任。我国《刑法》第 260 条第 1 款、第 2 款规定:"虐待家庭成员,情节恶劣的,处 2 年以下有期徒刑、拘役或者管制。犯前款罪,致使被害人重伤、死亡的,处 2 年以上 7 年以下有期徒刑。"《刑法》第 261 条规定:"对年老、年幼、患病或其他没有独立生活能力的人,负有扶养义务而拒绝扶养,情节恶劣的,处 5 年以下有期徒刑、拘役或者管制。"

五、计划生育原则

(一)计划生育的含义

所谓计划生育,是指人类自身的再生产应当有计划地调节其发展速度。包括两方面内容：一是鼓励生育,提高人口的增长速度;二是节制生育,降低人口的增长速度。就我国而言,实行的是节制生育、降低人口的增长速度的计划生育,且该原则是我国的一项基本国策。

(二)我国计划生育原则的发展概况

20世纪50—60年代面对人口发展速度过快,人口数量急剧增加的人口形势,20世纪70年代,国家开始在全国城乡全面推行计划生育,严格控制人口增长。1971年国务院批转了《关于做好计划生育工作的报告》,把控制人口增长的指标首次纳入国民经济发展计划。1982年9月,党的十二大把实行计划生育确定为基本国策,同年11月写入新修改的《宪法》。该法第25条明确规定:"国家推行计划生育,使人口的增长同国民经济和社会发展计划相适应。"我国《婚姻法》依据宪法精神,将计划生育明确为一项基本原则。2001年12月29日,第九届全国人民代表大会常务委员会第二十五次会议通过了《中华人民共和国人口与计划生育法》,对计划生育的相关问题作了全面具体的规定。为了适应社会经济发展形势,在坚持计划生育基本国策的前提下,促进人口均衡发展,完善人口发展战略,针对当前我国人口发展出现转折性变化,表现为:一是人口总量增长的势头明显减弱,育龄妇女数量逐步减少,特别是20~29岁生育旺盛期妇女数量下降较快。群众生育意愿发生转变,少生优生成为社会生育观念的主流。二是人口结构性问题日益突出,劳动年龄人口开始减少,老龄化程度不断加深,出生人口性别比长期持续偏高。三是家庭规模缩小,养老抚幼、互助互济等传统功能弱化。2013年十八届三中全会决定实施"单独二孩"政策,根据2015年7月十八届五中全会精神,同年12月27日,全国人大常委会表决通过了《中华人民共和国人口与计划生育法修正案》,"全面二孩"政策于2016年1月1日正式实施,标志着实施了35年的独生子女政策宣告结束,这是我国人口与生育政策的又一次历史性调整。

(三)我国计划生育的内容

依据《宪法》第25条规定,1980年《婚姻法》对计划生育有两条规定,即第2条将计划生育确定为婚姻法的一项基本原则;第12条将计划生育规定为夫妻必须履行的义务。根据2016年1月1日正式实施的《中华人民共和国人口与计划生育法修正案》,我国计划生育的主要内容如下:

1. 总则。一是指出我国是人口众多的国家,重申《宪法》规定的实行计划生育是国家的基本国策的精神。二是立法目的是实现人口与经济、社会、资源、环境的协调发展,推行计划生育,维护公民的合法权益,促进家庭幸福、民族繁荣与社会进步。三是开展人口与计划生育工作,国家采取综合措施,控制人口数量,提高人口素质;国家依靠宣传教育、科学技术进步、综合服务、建立健全奖励和社会保障制度,同时,应当与增加妇女受教育和就业机会、增进妇女健康、提高妇女地位相结合。四是明确了国务院领导全国的人口与计划生育工作,地方各级人民政府领导本行政区域内的人口与计划生育工作,工会、共产主义青年团、妇女联合会及计划生育协会等社会团体、企业事业组织和公民应当协助人民政府开展人口与计划生育工作;各级人民政府及其工作人员在推行计划生育工作中应当严格依法行政,文明执法,不得侵犯公民的合法权益,计划生育行政部门及其工作人员依法执行公务受法律保护。五是国家对在人口与计划生育工作中作出显著成绩的组织和个人,给予奖励。

2. 生育调节。一是公民有生育的权利,也有依法实行计划生育的义务,夫妻双方在实行计划生育中负有共同的责任。二是国家提倡一对夫妻生育两个子女,符合法律、法规规定条件的,可以要求安排再生育子女,具体办法由省、自治区、直辖市人民代表大会或者其常务委员会规定。少数民族也要实行计划生育,具体办法由省、自治区、直辖市人民代表大会或者其常务委员会规定,夫妻双方户籍所在地的省、自治区、直辖市之间关于再生育子女的规定不一致的,按照有利于当事人的原则适用。三是实行计划生育,以避孕为主。国家创造条件,保障公民知情选择安全、有效、适宜的避孕节育措施,实施避孕节育手术,应当保证受术者的安全。四是育龄夫妻自主选择计划生育避孕节育措施,预防和减少非意愿妊娠,实行计划生育的育龄夫妻免费享受国家规定的基本项目的计划生育技术服务,所需经费,按照国家有关规定列入财政预算或者由社会保险予以保障。五是禁止歧视、虐待生育女婴的妇女和不育的妇女,禁止歧视、虐待、遗弃女婴。

3. 奖励与社会保障。一是国家对实行计划生育的夫妻,按照规定给予奖励;国家建立、健全基本养老保险、基本医疗保险、生育保险和社会福利等社会保障制度,促进计划生育;国家鼓励保险公司举办有利于计划生育的保险项目;有条件的地方可以根据政府引导、农民自愿的原则,在农村实行多种形式的养老保障办法。二是符合法律、法规规定生育子女的夫妻,可以获得延长生育假的奖励或者其他福利待遇;妇女怀孕、生育和哺乳期间,按照国家有关规定享受特殊劳动保护并可以获得帮助和补偿;公民实行计划生育手术,享受国家规定的休假;地方人民政府可以给予奖励。三是在国家提倡一对夫妻生育一个子女期间,自愿终身只生育一个子女的夫妻,国家发给《独生子女父母光荣证》;获得《独生子女父母光荣证》的夫妻,按照国家和省、自治区、直辖市有关规定享受独生子女父母奖励;法律、法规或者规章规定给予获得《独生子女父母光荣证》的夫妻奖励的措施中由其所在单位落实的,有关单位应当执行;获得《独生子女父母光荣证》的夫妻,独生子女发生意外伤残、死亡的,按照规定获得扶助;在国家提倡一对夫妻生育一个子女期间,按照规定应当享受计划生育家庭老年人奖励扶助的,继续享受相关奖励扶助。四是地方各级人民政府对农村实行计划生育的家庭发展经济,给予资金、技术、培训等方面的支持、优惠;对实行计划生育的贫困家庭,在扶贫贷款、以工代赈、扶贫项目和社会救济等方面给予优先照顾。五是该法规定的奖励措施,省、自治区、直辖市和较大的市的人民代表大会及其常务委员会或者人民政府可以依据本法和有关法律、行政法规的规定,结合当地实际情况,制定具体实施办法。

4. 计划生育技术服务。一是国家建立婚前保健、孕产期保健制度,防止或者减少出生缺陷,提高出生婴儿健康水平。二是地方各级人民政府应当合理配置、综合利用卫生资源,建立、健全由计划生育技术服务机构和从事计划生育技术服务的医疗、保健机构组成的计划生育技术服务网络,改善技术服务设施和条件,提高技术服务水平。三是计划生育技术服务机构和从事计划生育技术服务的医疗、保健机构应当在各自的职责范围内,针对育龄人群开展人口与计划生育基础知识宣传教育,对已婚育龄妇女开展孕情检查、随访服务工作,承担计划生育、生殖保健的咨询、指导和技术服务。四是计划生育技术服务人员应当指导实行计划生育的公民选择安全、有效、适宜的避孕措施;对已生育子女的夫妻,提倡选择长效避孕措施;国家鼓励计划生育新技术、新药具的研究、应用和推广。五是严禁利用超声技术和其他技术手段进行非医学需要的胎儿性别鉴定;严禁非医学需要的选择性别的人工终止妊娠。

5. 法律责任。一是有非法为他人施行计划生育手术的;利用超声技术和其他技术手段为他人进行非医学需要的胎儿性别鉴定或者选择性别的人工终止妊娠的;进行假医学鉴定、出具假计划生育证明等上述行为之一的,由计划生育行政部门或者卫生行政部门依据职权责令改正,给予警告,没收违法所得;违法所得1万元以上的,处违法所得2倍以上6倍以下的罚款;没有违法所得或者违法所得不足 1 万元的,处 1 万元以上 3 万元以下的罚款;情节严重的,由原发证机关吊销执业证书;构成犯罪的,依法追究刑事责任。二是伪造、变造、买卖计划生育证明,由计划生育行政部门没收违法所得,违法所得 5000 元以上的,处违法所得 2 倍以上 10 倍以下的罚款;没有违法所得或者违法所得不足 5000 元的,处 5000 元以上 2 万元以下的罚款;构成犯罪的,依法追究刑事责任;以不正当手段取得计划生育证明的,由计划生育行政部门取消其计划生育证明;出具证明的单位有过错的,对直接负责的主管人员和其他直接责任人员依法给予行政处分。三是计划生育技术服务人员违章操作或者延误抢救、诊治,造成严重后果的,依照有关法律、行政法规的规定承担相应的法律责任。国家机关工作人员在计划生育工作中,有侵犯公民人身权、财产权和其他合法权益的;滥用职权、玩忽职守、徇私舞弊的;索取、收受贿赂的;截留、克扣、挪用、贪污计划生育经费或者社会抚养费的;虚报、瞒报、伪造、篡改或者拒报人口与计划生育统计数据等上述行为之一,构成犯罪的,依法追究刑事责任;尚不构成犯罪的,依法给予行政处分;有违法所得的,没收违法所得。四是不履行协助计划生育管理义务的,由有关地方人民政府责令改正,并给予通报批评;对直接负责的主管人员和其他直接责任人员依法给予行政处分。五是不符合本法规定生育子女的公民,应当依法缴纳社会抚养费;未在规定的期限内足额缴纳应当缴纳的社会抚养费的,自欠缴之日起,按照国家有关规定加收滞纳金;仍不缴纳的,由作出征收决定的计划生育行政部门依法向人民法院申请强制执行;按照该法规定缴纳社会抚养费的人员,是国家工作人员的,还应当依法给予行政处分;其他人员还应当由其所在单位或者组织给予纪律处分。六是拒绝、阻碍计划生育行政部门及其工作人员依法执行公务的,由计划生育行政部门给予批评教育并予以制止;构成违反治安管理行为的,依法给予治安管理处罚;构成犯罪的,依法追究刑事责任。

六、夫妻应当相互忠实与尊重原则[①]

(一)夫妻应当相互忠实与尊重是一项公理性原则

顺应改革开放以来,伴随物质生活水平的提高,中国人的婚姻家庭观念发生的深刻变化,即从传统逐渐走向现代,从封闭逐渐走向开放,不容忽视的是夫妻一方与他人有婚外情或通奸、姘居、重婚,在某些地区成为离婚案件的主要原因,这些是我国目前婚姻家庭领域出现的带有普遍性的急需规范解决的突出问题。为此 2001 年 4 月 28 日通过并生效实施的《中华人民共和国婚姻法修正案》,在总则中的第 4 条规定了"夫妻应当互相忠实、互相尊重"。这在新中国婚姻家庭立法史上还是第一次,具有重要的历史和现实意义。

对该条规定学界大致有以下观点:消极说又称否定说,强调法律不应将夫妻互负忠实义务纳入法律视野;积极说又称肯定说,认为夫妻互负忠实义务应当进入法律视野;倒退说即认为将夫妻互负忠实义务规定在婚姻法中是立法及社会道德的倒退;折中说又称中间说,实为消极与积极说的延伸。[②] 我们认为,该规定是夫妻关系的基本指导思想,是一项公理性法律原则,而不是"在道德上具有倡导性、在法律上具有宣示性"规定的一项倡导性原则。[③] 理

---

① 何群.论夫妻应当互相忠实与尊重的立法规定[J].中央政法管理干部学院学报,2001(5):39-41.
② 夏吟兰.婚姻家庭法前沿:聚焦司法解释[M].北京:社会科学文献出版社,2010:21-22.
③ 巫昌祯.中华人民共和国婚姻法释义与实证研究[M].北京:中国法制出版社,2001:37.

由如下：

1. 与法律原则的含义与特点相一致。原则一词来自拉丁语 Principium，其含义为"开始""起源""基础"。法学中的法律原则是指在一定法律体系中作为法律规则的指导思想、基础或本源的综合的、稳定的法律原理和准则，具有以下特点：(1)直接反映法律体系或法律体系中某一组成(如部门法)的基本价值目标，是法律体系和部门法的指导思想和观念基础。(2)在形式上不具备法律规则必备的三要素，往往只是指出了立法者对某一类行为的倾向性要求，而没有提供具体的行为模式，这种高度抽象和概括的性质使法律原则比法律规则更具稳定性，适用范围更为广泛。(3)由国家制定或认可，是"法"的组成部分。有的法律原则在规则性文件中直接以文字方式表现出来，有的法律原则虽然没有直接的文字表现，但隐含在规定之中，可以合理地推断出来。夫妻应当互相忠实与尊重的立法规定是婚姻法的调整对象婚姻家庭关系中的婚姻关系(夫妻关系)的指导思想或本源的综合的、稳定的法律原理和准则，直接反映了夫妻关系在婚姻法中的基本价值目标，反映了立法者针对当前我国婚姻家庭领域出现的夫妻不忠实行为作出的倾向性要求，其适用范围与法律规则相比，更具有广泛性。虽然修改后的婚姻法与1980年婚姻法相比，在总则中确定了一夫一妻制原则，禁止重婚、禁止有配偶者与他人同居，没有明确禁止通奸，但并不意味通奸是合法的，夫妻应当互相忠实、互相尊重的立法规定，则含有此内涵。

2. 具有法律原则的作用。法律原则的创制具有概括、体现法律制度的基本性质，内容及价值取向，保障法律制度内部协调统一，对法制的改革和转型具有导向作用。法律原则在法的实施过程中具有指导法律解释、法律推理，补充法律空白和漏洞，消除法律体系内部矛盾的作用。明确夫妻应当互相忠实与尊重的立法规定是夫妻关系的基本指导思想，合法婚姻关系当事人之间享有的权利和承担的义务，在法律规则中没有具体指明的，如夫妻间的同居义务，则可以从此规定中找到法律依据。

3. 符合立法实践。一般来说，法律、法规中的总则(或第一章)和宪法中的大部分条文规定了法律原则，如《民法通则》第一章确定了当事人在民事活动中地位平等原则，民事活动应遵循自愿、公平、等价有偿、诚实信用原则。我国《刑法》在总则中，明确规定了罪刑法定、法律面前人人平等和罪刑相适应的刑法基本原则。修改后《婚姻法》在总则中保留了婚姻自由、男女平等、一夫一妻、计划生育、保护妇女儿童和老人合法权益原则的同时，在总则中增加了一条，即第4条，明确规定了"夫妻应当互相忠实、互相尊重"，这是一项法律原则中的公理性原则。所谓公理性原则是指从一定形态的社会关系本质中产生，得到社会成员广泛公认并被奉为法律准则的公理。此点任何正常有理性的人皆不否认夫妻应当互相忠实与尊重，是一项社会公理，被婚姻法所肯定则为一项公理性法律原则。

明确夫妻应当互相忠实与尊重的立法规定是夫妻关系的基本指导思想，是一项公理性法律原则，可使婚姻法具体规则中没有明确的人们普遍公认的夫妻理所应当具有的权利义务有法律依据可寻。因为修改后的婚姻法，虽然增加、补充和完善了一些内容，把一些婚姻家庭领域出现的带有普遍性的急需规范的突出问题以立法形式肯定下来，但仍然存在立法空白，如基于夫妻相互忠实与尊重基础上的夫妻同居义务，日常生活相互代理权等，则可从夫妻应当互相忠实与尊重作为一项公理性法律原则中找到法律依据，弥补立法空白。明确夫妻应当互相忠实与尊重涵盖婚姻法已经规定以及应该规定的夫妻关系的全部内容，可避免人们误解婚姻生活中只忠实与尊重夫妻人身权(主要是贞操权)，而不忠实与不尊重夫妻财产权,这样的夫妻忠实与尊重的不完整性和片面性,不利于增进夫妻感情,不利于婚姻稳定,与婚姻法立法宗旨相悖。因为家庭是社会的细胞,家庭的安定团结直接关系到社会的安定团结,而家庭中夫妻关系是核心关系,因而明确该立法规定涵盖夫妻关系的全部内容,才能促进夫妻感情,促进婚姻稳定,达到家庭成员间敬老爱幼、互相帮助、维护平等、和睦、文明的婚姻家庭关系的婚姻法目的。

(二)夫妻应当互相忠实与尊重是配偶权的要求

夫妻应当互相忠实与尊重所涵盖的内容究竟是什么?修改婚姻法论争中,学者提出了配偶权的法律概念,有赞成和反对两种截然相对的观点。反对者认为,当今世界上每一个现代文明国家里的每一个公民都享有完整的人权,为什么一旦结婚自己的部分人权将属配偶?一个健康的独立的人为什么要拥有另一个同样是健康的独立的人的部分人权?配偶权一旦在新的婚姻法中出现……被看成……"开历史倒车",配偶权意味着夫妇双方拥有对方的性权利,如果结婚就意味着自己的性权利一次性地承诺给了配偶,那么还有没有婚内强奸等。赞成者,对配偶权究竟是一种什么样的权利,说法各异,归纳起来,有以下观点:(1)配偶权是夫对妻以及妻对夫的身份权。(2)配偶权是配偶之间要求对方陪伴、钟爱和帮助的权利。(3)配偶权是夫妻之间互为配偶的基本身份权,表明夫妻之间互为配偶的身份利益由权利人专属支配,其他任何人均负有不得侵犯的义务。(4)配偶权是法律赋予的合法婚姻关系中的夫妻享有的配偶身份权利,其他人负有不得侵犯的义务。我们认为反对配偶权法律概念的说法理由不成立。原因是,公民独立的人权与配偶权并不矛盾,配偶权的提法并不意味着已婚者人权的不完整,配偶权是合法配偶人权的具体表现。婚内强奸判例的成立是配偶一方滥用配偶权的结果,"配偶权意味着夫妇双方拥有对方的性权利"、"结婚就意味着自己的性权利一次性地承诺给了配偶"的说法是性质不同的两回事。主张配偶权提法的上述观点,有三种观点表明配偶权是一种配偶身份权。

配偶权与夫妻应当互相忠实、互相尊重究竟有何关系?首先从配偶权的内容上看,有三种不同的范围。(1)配偶权包括夫妻姓名权,同居义务,住所决定权,贞操义务。(2)配偶权包括前4项内容外,还包括职业、学习和社会活动自由权,日常事务代理权,相互扶养、扶助权。(3)配偶权包括15项内容,前5项是主要内容。即同居权、贞操请求权、感情联络权、生活互助权、离婚权、抚养权、财产管理权、日常事务代理权、监护权、收养子女权、住所商定权、行为能力欠缺效果权、失踪宣告、死亡宣告、继承权。其次从学者对夫妻应当互相忠实的含义上看,忠实义务也称贞操义务,通常是指配偶的专一性生活义务,即不为婚外性生活的义务,广义的解释,还包括不得恶意遗弃配偶对方,以及不得为第三人的利益而牺牲、损害配偶他方的利益。可以看出,夫妻应当互相忠实是配偶权最基本的内容之一,学者一般取其狭义之意,即忠实义务等于贞操义务。我们认为夫妻应当互相忠实与尊重涵盖婚姻法已经明确规定的以及应该由婚姻法规定的夫妻关系的全部内容。理由一,配偶权是一种身份权,基于合法配偶身份确立了夫妻之间的人身关系及在此基础上的财产关系,构成了夫妻关系的完整内容,因而配偶身份权并非等于配偶人身权,配偶人身权仅是配偶权的一个方面,夫妻应当互相忠实与尊重即包括人身关系上相互忠实与尊重,也包括财产关系上相互忠实与尊重,如果该立法规定仅理解为夫妻在人身关系上(主要指贞操义务)的忠实与尊重,否认或忽视夫妻在财产关系上的互相忠实与尊重,可导致人们误解法律确立的夫妻财产方面的权利义务可以不忠实与尊重,那么配偶一方侵犯他方的法定个人财产,不尊重夫妻之间具有法律约束力的约定财产。不能平等地处理夫妻共同财产,不履行夫妻之间的扶养义务,没有任何正当理由,配偶一方剥夺他方的继承权等违反婚姻法中强制性规范的行为,可以不承担任何法律责任,结果则与婚姻法中夫妻之间的虐待、遗弃及离婚时转移、隐藏、毁损夫妻共同财产、伪造债务等不忠实与不尊重的行为应承担的法律责任的规定不协调,即造成立法内容之间矛盾。理由二,夫妻应当互相忠实与尊重是夫妻关系的基本指导思想,是一项公理性法律原则,指导的是夫妻关系的方方面面,而不是某一个方面。理由三,与婚姻法具体规则中确定的"夫妻在家庭中地位平等"相吻合。婚姻法中确定的"夫妻在家庭中地位平等"是男女平等原则的具体表现,是指夫妻间权利义务平等,包括夫妻在人身方面和财产方面权利义务一律平等,不允许出现只享受权利不尽义务,或只尽义务享受不到权利的不合理现象,体现了权利义务相一致的一般法理。

第二节　继承法基本原则

继承法的基本原则是指贯穿全部继承法律规范内容的指导思想,是指导人们处理遗产继承问题的基本准则。继承法究竟包括哪些基本原则?我国《继承法》没有像《民法通则》那样,用专门条文集中规定继承制度的基本原则,因此学者对此有认识上的分歧。公认的原则主要有:(1)保护公民私有财产继承权原则;(2)继承权男女平等原则;(3)养老育幼、照顾病残原则。[1]　争议的原则有:(1)限定继承原则;(2)互谅互让、和睦团结、协商处理遗产原则;(3)法定继承为中心的原则;(4)权利义务相一致原则;[2](5)个人利益与社会利益相结合的原则等。[3]

本书认为,继承法的基本原则在继承法上的表现一般有两种:一种是以有明确的法律条文形式规定;另一种是在总则中虽然没有明确的法律条文形式表现,但其实质内容却反映和贯穿在整个法律条文的基本精神中,也为继承法的基本原则。基于此理由,我国继承法有以下基本原则:

一、保护公民私有财产继承权原则

我国《宪法》第13条规定:"公民的合法的私有财产不受侵犯。国家依照法律规定保护公民的私有财产权和继承权。"《民法通则》第76条规定:"公民依法享有继承权。"我国《继承法》第1条规定:"根据《中华人民共和国宪法》规定,为保护公民的私有财产的继承权,制定本法。"表明该原则是我国继承法的首要原则,其基本内容表现为:

1. 公民死亡时遗留下的个人合法财产,继承人依法可以继承;

2. 公民是继承的权利主体,依法享有继承权利能力;

3. 公民都有权依法行使其继承权,自主决定接受或放弃继承,非依法不得剥夺公民的继承权,继承人享有的继承权不受有无民事行为能力的限制;

---

① 刘心稳.中国民法学研究述评[M].北京:中国政法大学出版社,1996:783-784.

② 刘心稳.中国民法学研究述评[M].北京:中国政法大学出版社,1996:784-787.

③ 房绍坤.民商法原理:三[M].北京:中国人民大学出版社,1999:572-573.

4. 法定继承和遗嘱继承都力求反映财产所有人处分其死后财产的意志,尊重被继承人生前的意愿;

5. 公民的继承权受到不法侵害时,有权请求法律保护和救济。

二、继承权男女平等原则

由于重男轻女、男尊女卑的文化观念根深蒂固,不仅造成了男女两性在政治、经济、社会地位的差异,而且还衍生妇女的继承权在事实上遭受剥夺或不被重视的客观现实。为此,我国《继承法》第9条规定:继承权男女平等。这一原则是民法的平等原则在继承法领域中的具体体现,其效力及于整个继承制度部分,因此,继承权男女平等既是民法的具体原则,也是继承法的基本原则。该原则具体体现在以下方面:

1. 在婚姻家庭领域,妇女在人生的各个阶段,不论财产状况如何,也不论是否有经济收入,已婚、未婚或再婚与否,都依法享有与男子平等的继承权;

2. 继承法关于继承的范围、顺序、应继份额,代位继承,转继承,丧失继承权,婚生子女与非婚生子女继承权,养子女与亲子女继承权,以及对胎儿、缺乏劳动能力又没有生活来源的继承人利益的特别保护等方面男女完全平等,不存在性别歧视与差异。

三、养老育幼、照顾病残原则

养老育幼、照顾病残原则是指继承法的各项制度及其动态运作,都应有利于对老年人的赡养和未成年人的抚养教育,对缺乏劳动能力又没有生活来源的继承人给予特别照顾。这是因为继承法具有保证家庭成员获得生活资料以实现家庭的养老育幼,保证未成年子女和需要赡养的老人及丧失劳动能力的病残者获得生活资料以减轻社会负担的功能。这里的老、幼、病、残即弱者,而保护弱者利益在我国宪法、民法、婚姻家庭法、劳动法等规范中都有体现,可以说是我国整个法律体系中共同倡导和坚持的原则。虽然我国继承法中没有将养老育幼、照顾病残明确体现在条文上,但却始终贯彻着这一基本法律精神。因此,我国继承法必须坚持这一基本原则。该原则具体体现在以下方面:

1. 继承法关于法定继承人的范围、顺序和代位继承的规定上,明确体现了继承人与被继承人之间养老育幼、相互扶助的亲属关系;

2. 丧偶儿媳、丧偶女婿作为第一顺序法定继承人的确认,目的是保障子女已经死亡的老年人的赡养落到实处;

3. 继承法明确规定故意杀害、遗弃或虐待被继承人,情节严重的丧失继承权,目的是保护家庭成员特别是老年人、未成年人的人身权利和财产权利;

4. 继承法明确规定遗产分割时,应当保留胎儿的继承份额,目的是保护被继承人死亡后出生的子女的利益;

5. 被继承人以遗嘱处分其财产时,遗嘱应当对缺乏劳动能力又没有生活来源的继承人保留必要的遗产份额,以保障其基本生活需要;

6. 同一顺序继承人分配遗产时,对生活有特殊困难的缺乏劳动能力的继承人,应当予以照顾;

7. 公民可以与扶养人或集体组织签订遗赠扶养协议,目的是保障鳏寡孤独老人安度晚年。

第四章 亲属制度

第一节 概述

一、亲属的概念、特征

亲属一词,古已有之。《礼记·大传》中记载"亲者,续也",汉末刘熙在《释名·释亲属》中称:"亲者,衬也,言相隐衬也……属,续也,恩相连属也。"这均表明亲属异于一般社会成员,有相续相衬的亲密关系。在遗传学和社会学意义上,亲属泛指由婚姻、血缘所连接的一切具有血缘同源性、姻缘相关性的个人之间的关系。这一意义上的亲属关系,构成一种网络化的生物遗传结构和婚姻社会结构,在横向上无边无际,在纵向上无始无终,难以穷尽。法律意义上的亲属,其范围比遗传学和社会学意义上的亲属狭窄,仅指为法律所确认和调整的自然人之间基于婚姻、血缘和法律拟制而发生的身份关系。

亲属具有如下特征:

1. 亲属有固定的身份和称谓,除法律另有规定外,不得任意解除和变更。亲属在本质上是人与人之间的社会关系。此种关系依照婚姻、血缘、法律拟制的原因产生,一旦形成便在亲属之间形成固定的身份和称谓,非依法律规定,不得随意变更。亲属称谓是亲属身份的表现形式,每种亲属身份都有固定的称谓,亲属身份不变,称谓不得变更。如具有生育关系的自然人之间,生育己身的称为父母,己身生育的称为子女,亲生父母子女这种亲属关系属自然血亲,其存在具有终身性,原则上不得变更。具有婚姻关系的男女之间互为配偶,互称夫妻,它和拟制血亲关系(如养父母子女关系)虽不是自然血亲关系,但其存在的基础相同,与其他社会关系如财产关系相比,亦具有相当的稳定性。当然,婚姻关系和拟制血亲关系可依法律规定变更。前者如离婚,便解除男女之间的配偶身份和夫妻的称谓;后者如解除抚养关系,养子女与养父母之间解除拟制亲子关系,未成年的养子女与其亲生父母的关系自动恢复。

2. 亲属关系只能基于婚姻、血缘和法律拟制而产生。婚姻、血缘和法律拟制结婚是产生亲属关系的重要法律事实。如男女因结婚形成配偶关系,以及由此而产生与配偶另一方父母、兄弟姐妹等的姻亲关系;因出生而形成父母子女关系、兄弟姐妹关系、祖孙关系等自然血亲关系;而法律拟制是基于某种法律行为或法律事实,由法律规定在本无血缘关系的人之间,亦可形成等同于自然血亲间的权利义务关系。如通过收养行为产生养父母子女关系;基于继父母与继子女之间形成抚养教育关系,而产生继父母继子女关系。

3. 亲属关系一经法律调整,便形成特定的权利义务关系。法律确立亲属制度的目的在于调整亲属之间的权利义务关系,使其确定化、有序化,以利于人类自身的生存发展和社会稳定。这是法律意义上的亲属与生物学、社会学上的亲属的显著区别。正如恩格斯所言："父母、子女、兄弟、姊妹等称谓,并不是简单的荣誉称号,而是一种负有完全确定的、异常郑重的相互义务的称呼,这些义务的总和便构成这些民族的社会制度的实质部分。"①但是,法律对亲属关系的调整范围是有限的,各国法律大都确定了在法律上具有权利义务关系的亲属范围,我国仅将夫妻、父母子女、祖孙、兄弟姐妹纳入具有法律上权利义务关系的亲属范畴。

二、亲属与近似概念的区分

1. 亲属、家属、近亲属。家属是家长的对称,在封建家长制家庭中,家属是家长统率下的以共同生活为目的而同居的其他家庭成员,如家长的配偶、其他同居一家的亲属,乃至妾和奴婢等均为家属,并不以亲属为限。如1930年南京国民政府的《中华民国民法·亲属编》中规定,家置家长,同家之人,除家长外均为家属。虽非亲属而以永久共同生活为目的同居一家者,视为家属。现代意义上的家属并不是法律术语,一般指在一个家庭内生活的亲属。

此外,我国法律文本中多使用"近亲属"一词,但对于近亲属的范围,某些学者认为"行政法领域中的'近亲属'范围最广,民法领域次之,而刑法领域中规定的'近亲属'范围最窄"②。某些法规中也偶见"直系亲属"③、"供养亲属"④等术语。笔者认为,基于避免法律适用的混乱和便于受众理解考量,应统一规范用语"近亲属",并将其范围定义于配偶、父母、子女、兄弟姐妹、祖父母、外祖父母、孙子女、外孙子女等具有扶养、抚养、赡养关系的亲属。

2. 亲属与家庭成员

家庭成员并非严格的法律术语,一般是指同居一室、共同生活的成员,其更加强调共同的经济和生活关系。家庭成员一般都是亲属,他们不仅具有亲属关系,相互之间还有以家庭为单位的共同生活关系。因此,家庭成员一般是亲属,而亲属则不一定都是家庭成员,亦有可能分属于不同家庭。

三、亲属的种类

亲属的种类,不同历史时期的不同国家,对亲属有不同认识,法律认可的亲属种类也各

---

① 恩格斯.家庭、私有制和国家的起源[M]//马克思恩格斯选集:第四卷.北京:人民出版社,1972:25.

② 如最高人民法院《关于贯彻执行〈中华人民共和国民法通则〉若干问题的意见(试行)》第12条规定:民法通则中规定的近亲属,包括配偶、父母、子女、兄弟姐妹、祖父母、外祖父母、孙子女、外孙子女。《中华人民共和国刑事诉讼法》第106条第(六)项规定:"近亲属"是指夫、妻、父、母、子、女、同胞兄弟姐妹。《最高人民法院关于执行〈中华人民共和国行政诉讼法〉若干问题的解释》第11条规定:行政诉讼法第24条规定的"近亲属",包括配偶、父母、子女、兄弟姐妹、祖父母、外祖父母、孙子女、外孙子女和其他具有扶养、赡养关系的亲属。

③ 如《国家劳动总局、财政部关于国营企业职工请婚丧假和路程假问题的通知》规定:职工的直系亲属(父母、配偶和子女)以及岳父母或公婆死亡后,由单位领导批准,可酌情给予1至3天的丧假。直系亲属包括父母、配偶和子女。再如《外国人在中国永久居留审批管理办法》中"直系亲属"指父母(配偶的父母)、祖父母(外祖父母)、已满18周岁的成年子女及其配偶、已满18周岁的成年孙子女(外孙子女)及其配偶。

④ 如《因工死亡职工供养亲属范围规定》第2条解释因工死亡职工供养亲属,是指该职工的配偶、子女、父母、祖父母、外祖父母、孙子女、外孙子女、兄弟姐妹。

不相同。外国法上,古罗马法将亲属分为宗亲、血亲和姻亲三种。《日本民法典》第 725 条规定,六亲等内的血亲、配偶、三亲等内的姻亲为亲属。《韩国民法典》第 767 条则规定配偶、血亲及姻亲为亲属。

(一)我国古代对亲属的分类

在中国,奴隶社会和封建社会实行宗法制度,以男子为中心,重男系血统而轻女系血统。宗法制度下,最初将亲属分为宗族和外亲两类。宗族亦称宗亲、本亲或内亲。它以本宗男子为主体,还包括嫁入本族的女子和本族尚未外嫁的女子。外亲又称外姻,是指母族、女系血族及妻族。明清时期,律例中将妻族从外亲中分离出来,在礼法中确立了宗亲、外亲和妻亲的三分法体制。清末历次民律草案仍以男性为本位,将亲属分为宗亲、夫妻、外亲和妻亲四类。《大清民律草案》第一章总则第 1 条规定:“本律称亲属者如左:①四亲等内之宗亲。②夫妻。③三亲等内之外亲。④二亲等内之妻亲;父族为宗亲,母族及姑与女之夫族为外亲;妻族为妻亲。”1931 年国民党政府颁布的民法亲属编,开始借鉴西方亲属立法,废弃过去因传统宗法观念所作的宗亲、外亲、妻亲等亲属分类。但对亲属分类,民法亲属编并无直接明文规定。现行我国台湾地区“民法典”第 967 条至第 971 条,仅就血亲和姻亲有所规定,对于是否将配偶归为亲属之列,台湾学者有不同认识。

1. 宗亲。宗亲又称内亲、本亲、本族,是指同一祖先的男系血亲及其配偶、未嫁女。依据古籍以及历代律例,宗亲由三部分组成:

(1)出自同一祖先的男系血亲,以九族为限。

(2)出自同一祖先的男系血亲的配偶。即所谓的“来归之妇”——嫁入的妇女,如婶母、儿媳、嫂子、弟媳妇等。这一部分亲属虽然来自外姓,但已经脱离本宗,加入了丈夫的宗族。

(3)在室女。即同一祖先未嫁的女性。如未出嫁的女儿、姑姑、姐妹、侄女、堂姐妹等。这一类亲属一旦出嫁,即加入夫宗,出嫁女离婚后回娘家,叫“大归”,大归之女,恢复其宗亲地位。

2. 外亲。即指以女系血统相联系的亲属,包括母族、妻族、女族。母族指母亲的血亲而言,如外祖父母、舅姨、表兄弟姐妹等。女族是指出嫁女及出嫁姑的夫族亲属而言,如姑父及其子女等均属于外亲。妻族指妻的血亲而言,如妻的父母、妻的兄弟姐妹等。

3. 妻亲。即妻族,明清时从外亲中分离出来,系指夫对妻的血亲之间的亲属关系,包括妻的父母,妻的兄弟姐妹及其子女等。

(二)当代亲属的分类

当代各国对亲属有两种分类方法:一是将亲属分为血亲和姻亲两种,如德国、瑞士、法国、意大利、墨西哥、秘鲁等国民法典;二是将亲属分为血亲、姻亲和配偶三种,如日本、韩国、中国。关于配偶应否作为亲属的组成部分,有实效主义和法理主义的分歧。实效主义者认为既然配偶是产生血亲、姻亲的基础和源泉,理应属于亲属的范围。而法理主义者则认为配偶虽为血亲和姻亲关系产生的基础和源泉,但其本身既不发生血缘关系,又无亲等和亲系可循,故不是亲属的本体而不应将其列入亲属的范围。实行法理主义的国家对配偶之间的权利义务不规定在亲属一编中,而在“婚姻的效力”或“夫妻关系”中单独规定。但在规定亲属之间的扶养义务时,又都规定了配偶的扶养义务。这实质上承认配偶是亲属的一种。比较以上学说和立法例,本书认为确认配偶为亲属更为合理。

关于亲属的范围,各国法律规定也很不同。有的国家采取概括规定,即所谓“抽象的限定主义",如 1947 年修改的《日本民法典》规定血亲以三亲等为限,姻亲以三亲等为限。有的国家不作概括规定,而在有关法律中作具体规定,即所谓"具体的限定主义",如英、美等国只在某些单行法规中作一些具体规定。我国法律对亲属的种类和范围还没有作出具体规定,但在学理上,我国将亲属划分为血亲、姻亲、配偶三类。

1. 血亲。凡是有血缘联系的亲属为血亲。根据血缘来源不同,可分为自然血亲和拟制血亲。

自然血亲是指因出生而形成的,源于同一祖先有血缘联系的亲属,如父母与子女(包括全血缘和半血缘、婚生和非婚生等父母子女),祖父母(外祖父母)与孙子女(外孙子女)、兄弟姐妹等。所谓"源于同一祖先",包括父系和母系两方面,无论是父母与子女,祖父母与孙子女,还是伯叔姑与侄子女、舅姨与甥子女,甚或表兄弟姐妹与堂兄弟姐妹,都属自然血亲。人工生育的方式中,如果精子和卵子都来自夫妻双方,便不在法律上发生新生儿的生父生母是谁的问题;如果精子或卵子来自第三人(异质或异源人工生育),虽在血缘联系上精子或卵子的提供者与新生儿之间具有生物学意义上的自然血缘关系,但他们在法律上不是亲生父母子女关系。因此,异质(异源)人工授精所生婴儿与其法律上的父亲或母亲的血缘联系应分别情形确定:提供精子或卵子的父母一方与该新生儿是自然血亲,不提供精子或卵子的父母一方与该新生儿则是拟制血亲。

拟制血亲,又称准血亲,是指本无血缘关系,而由法律确认其具有与自然血亲同等权利义务的亲属。如,有效的收养行为而在养父母子女及其近亲属之间形成的养亲关系。再如,再婚行为而形成的继父母与继子女,如果有抚养关系的,则形成拟制的父母子女关系;如果没有抚养关系的,则是姻亲。

2. 姻亲。即指以婚姻关系为中介而产生的亲属,但配偶本身除外。男女结婚后,配偶一方与另一方的亲属发生姻亲关系。例如,公婆与儿媳、岳父母与女婿等。以婚姻为中介产生的人际关系范围很广,但并非所有人际关系都发生法律上的姻亲效果。我国学理上姻亲可以分为三种:

一是血亲的配偶。即以己身为本位,血亲的配偶与己身是姻亲关系。例如,己身与儿媳、女婿;己身与兄嫂弟媳、姐夫妹夫、伯母、婶母、姑夫、姨夫等。

二是配偶的血亲。即以己身为本位,配偶的血亲与己身是姻亲关系。例如,在丈夫一方,配偶的血亲是指岳父母、妻的兄弟姐妹及其子女等;在妻子一方,配偶的血亲是指公婆、丈夫的兄弟姐妹及其子女等。

三是配偶的血亲的配偶。即己身与配偶的血亲的夫或者妻。例如,妻的兄弟之妻(俗称"舅媳")、夫的兄弟之妻(俗称"妯娌")、姐妹之夫(俗称"连襟")、夫的姐妹之夫(俗称"大姑姐夫和小姑妹夫")。

民法理论和立法例对姻亲概念无分歧,但对哪些姻亲应当为法律所规范,即姻亲在法律上的范围,存有争议。韩国民法及我国台湾地区民法规定姻亲包括血亲的配偶、配偶的血亲及配偶的血亲的配偶三种。德国、瑞士、意大利等国民法以及我国澳门地区民法则规定,姻亲仅包括血亲的配偶和配偶的血亲两种。血亲的配偶与配偶的血亲,均是直系姻亲,两者意义相同,区别在于他们是从夫和妻不同的角度所作的表述。法律规定夫与妻族的关系、妻与夫族的关系均为姻亲,体现了在姻亲观念上的夫妻平等。而配偶的血亲的配偶与血亲的配偶的血亲一样,不是以一次婚姻而是以两次婚姻为中介形成的亲属,其亲属关系比较间接和疏远,属于旁系姻亲。当代亲属法规范姻亲关系的目的,仅在于明确禁止结婚的亲属范围、直系姻亲之间在特定条件下的相互扶养和由此产生的遗产继承权,而配偶的血亲的配偶和血亲的配偶的血亲,仅是自然意义上的或者观念上的姻亲,相互不发生禁婚及扶养等问题,没有必要纳入法律的调整范围。因此,我国民法典亲属编对姻亲可只列举血亲的配偶和配偶的血亲两种。

3. 配偶。即夫妻,是血亲和姻亲赖以形成的基础,是亲属关系的源泉,在亲属关系中承担着承上启下的作用。

第二节　亲系与亲等

一、亲系

亲系,是指亲属之间的联络系统,或者亲属之间的血缘联系。除配偶本身之外,一切亲属都可以因血缘联系的特点不同,而划分为不同的亲属系统,即不同的亲系。目前,绝大多数国家的法律都有关于亲系的规定。我国历史上,曾有四种亲系:父系亲和母系亲、男系亲和女系亲、长辈亲和晚辈亲、直系亲和旁系亲。

1. 父系亲与母系亲。前者是以父亲为中介而产生的亲属,如父之兄弟姐妹及其配偶和子女等。后者是以母亲为中介而产生的亲属,如母之父母、舅、姨等。

2. 男系亲与女系亲。前者即宗亲,是指与男子血统相联系的亲属。后者包括外亲和妻亲,是指与女子血统相联系的亲属。父系亲和男系亲、母系亲和女系亲并不呈对应关系。如父亲的姐妹之子女是父系亲,但是外亲,属于女系亲范畴。

3. 长辈亲、晚辈亲、平辈亲。这种分类方法以血缘关系的横向系统计。长辈亲是指辈分高于自己的亲属,也称尊亲属。晚辈亲是指辈分低于自己的亲属,也称卑亲属。平辈亲是指辈分相同的亲属,也称同辈亲。

4. 直系亲与旁系亲。具有直接血缘联系的亲属是直系亲,包括直系血亲、直系姻亲。具有间接血缘关系的亲属是旁系亲,包括旁系血亲、旁系姻亲。

(1)直系血亲。它是指彼此之间有着直接血缘联系的血亲,即己身所出和从己身所出的血亲。换言之,它是指生育自己和自己所生育的上下各代亲属。例如,父母、祖父母、外祖父母、曾祖父母、外曾祖父母为直系尊血亲;子女、孙子女、外孙子女、曾孙子女、外曾孙子女等为直系卑血亲。直系血亲是由一系列出生事实联结在一起的,它们各自有着不同的辈分,相互之间的关系呈直线型。正如《法国民法典》第736条所言:"一人自另一人出生者称为直系。……直系血亲分为直系尊血亲与直系卑血亲。"《德国民法典》第1589条也指出:"一人为另一人所生者,该二人之间为直系亲属。"直系血亲除自然直系血亲外,还包括拟制直系血亲,如养父母与养子女、有扶养关系的继父母与继子女等。

(2)旁系血亲。它是指与自己有着共同血缘,但彼此之间没有直接生育关系的血亲。在血缘上有着同源关系的血亲,除直系血亲外,都是旁系血亲。例如,同胞兄弟姐妹、堂表兄弟姐妹、舅姨与甥、伯叔姑与侄等。在立法例上,旁系血亲也为大陆法系国家民法典所确认。如,《法国民法典》第736条指出:"一人并非自另一人出生而该两人均出自同一祖先者,称为旁系。"《德国民法典》第 1589 条规定:"非为直系血亲,但共同从同一的第三人出生者,为旁系血亲。"《韩国民法典》第 768 条称:自己的兄弟姐妹及兄弟姐妹的直系卑亲属、直系尊亲属的兄弟姐妹及其兄弟姐妹的直系卑亲属为旁系亲属。

(3)直系姻亲与旁系姻亲。姻亲以配偶为媒介,也有直系、旁系之分。直系姻亲,是指己身的晚辈直系血亲的配偶或己身的配偶的长辈直系血亲。例如,自己的儿媳、孙媳、女婿、孙女婿、公婆、岳父母等。旁系姻亲,是指己身旁系血亲的配偶或己身配偶的旁系血亲,以及己身配偶的旁系血亲的配偶三类人。例如,自己的伯母、婶母、姑父、舅母、姨夫、嫂;自己的丈夫的伯叔和兄弟姐妹,以及自己的妻子的伯叔和兄弟姐妹等。

二、亲等

亲属关系不仅有种类、亲系之分,还有亲疏远近之别。法律上衡量亲属关系远近主要用亲等来计算。所谓亲等,即亲属的等级,是表示亲属关系亲疏远近的单位。亲属间的血缘联系是计算亲等的客观依据,亲等的计算主要适用于血亲之间,并准用于姻亲,配偶之间则无亲等可言。在血亲之间,亲等数少的,表示亲属关系亲近;亲等数多的,表示亲属关系疏远,即亲等数与亲属关系的亲疏远近程度成反比。以亲等来确定亲属关系的亲疏远近,是各国亲属法的通例。

(一)罗马法亲等计算法

依照罗马法,计算直系血亲的亲等数是以己身为基准,分别向上或向下数,一世代为一亲等。如父母和子女为一亲等;祖父母与孙子女为二亲等,依此类推。计算旁系血亲的亲等数,须先找出自己与旁系血亲的同源之人,即共同的直系血亲,然后从己身上数至共同的直系血亲,再从所指的旁系血亲上数至共同的直系血亲,每一世代为一亲等,其世代数相加之和即为己身与所指旁系血亲的亲等数。如兄弟姐妹为二亲等;表兄弟姐妹、堂兄弟姐妹为四亲等;叔、伯、姑、姨、舅与己身之间为三亲等。

罗马法姻亲的亲等计算方法随血亲。如依前述,由于己身与兄弟姐妹是二亲等的旁系血亲,故己身与兄弟姐妹之配偶是二亲等的旁系姻亲。

(二)寺院法亲等计算法

寺院法中,直系血亲的亲等计算方法与罗马法并无二致,只在旁系血亲的亲等计算上略有不同。寺院法在计算旁系血亲的亲等数时,仍须从己身上数至共同的直系血亲,再从所指的旁系血亲上数至共同的直系血亲,每一世代为一亲等,两个亲等数不同时,取其大数为亲等数;两个亲等数相同时,则取该数为亲等数。如兄弟姐妹为一亲等;表兄弟姐妹为二亲等;叔、伯、姑、姨、舅为二亲等。

寺院法姻亲的亲等计算方法同样随血亲。如按照寺院法,己身与兄弟姐妹是一亲等的旁系血亲,所以己身与兄弟姐妹之配偶是一亲等的旁系姻亲。

罗马法与寺院法亲等计算法相比较,寺院法的计算方法不科学,各国立法例普遍采用罗马法亲等的计算方法。

(三)我国古代的丧服制

我国古代实行以男系宗亲为中心的亲属制度,当时依据生者祭奠死者时所穿的丧服的差别来反映亲属关系的亲疏远近。丧服制源于《周礼》,到明清时形成了丧服图。丧服分为五等,服重则亲属关系近,丧期长;服轻则亲属关系疏远,丧期短。

1. 斩衰。服期三年,丧服为斩衰裳(最粗的生麻布制成,不缝下边)、苴绖、杖、绞带、冠绳缨、菅屦。男子及未嫁女为父母、媳为公婆、妻妾为夫等,均服斩衰。先秦诸侯为天子、臣为君亦服斩衰。

2. 齐衰。丧服为疏衰裳(稍粗的熟麻布做成)、齐、牡麻绖,冠布缨、削杖、布带、疏屦。本身又分四个等级:

(1)齐衰三年。适用于在父已先卒的情况下,子及未嫁之女、嫁后复归之女为母,母为长子。

(2)齐衰杖期。适用于父尚在世的情况下,子、未嫁之女、已嫁复归之女为母,夫为妻。

(3)齐衰不杖期。适用于为祖父母、伯叔父母、兄弟、未嫁之姐妹、长子以外的众子以及兄弟之子。此外,出嗣之子为其本生父母、已嫁之女为父母、随母改嫁之子为同居继父、妇(儿媳妇)为舅姑(公婆)、妾为女君(夫的正妻)也服齐衰不杖期。

(4)齐衰三月。适用于为曾祖父母,高祖父母。此外,一般宗族成员为宗子,也是齐衰三月之服。

3. 大功。服期九月,丧服为布衰裳(稍经锻冶的熟麻布做成)、牡麻绖、冠布缨、布带、绳屦。适用于为从父兄弟(伯叔父之子,即堂兄弟)、已嫁之姑母、姊妹、女儿,未嫁之从父姊妹(伯叔父之女,即堂姊妹)及孙女,嫡长孙之外的众孙(包括未嫁的孙女),嫡长子之妻。此外,已嫁之女为兄弟及兄弟之子(侄),已嫁、未嫁之女为伯叔父母、姑母、姊妹,妻为夫之祖父母、伯叔父母以及夫之兄弟之女已嫁者,出嗣之子为同父兄弟及未嫁姊妹,也都是大功之服。

4. 小功。服期五月,丧服为布衰裳(细麻布做成)、澡麻带、绖、冠布缨、吉屦无绚。适用于为从祖父母(父亲的伯叔父母),堂伯叔父母(父亲的堂兄弟及其配偶),从祖兄弟(父亲的堂兄弟之子),已嫁之从父姊妹及孙女,长子外的诸子之妻,未嫁之从祖姑姊妹(父亲的伯叔父之女及孙女),外祖父母、从母(姨母)。此外,妻为娣姒(妯娌)、夫之姑母、姊妹,出嗣之子为同父姊妹之已嫁者,也服小功。

5. 缌麻。服期三月,丧服用细熟布做成。适用于为族曾祖父母(祖父的伯叔父母)、族祖父母(祖父的堂兄弟及其配偶)、族父母(祖父的堂兄弟之子及其配偶)、族兄弟(祖父的堂兄弟之孙)、从祖兄弟之子,曾孙、玄孙,已嫁之从祖姑姊妹,长孙之外的诸孙之妻,姑祖母,姑表兄弟,舅表兄弟,姨表兄弟,岳父母,舅父,女婿,外甥,外孙。此外,妻为夫之曾祖父母、伯叔祖父母、从祖父母、从父兄弟之妻,也都有缌麻之服。

以上五等,称"五服"。五服之外袒免亲。即此种亲属无服,丧葬时穿素服,尺布缠头。

图 4-1 本宗九族五服图是我国宋代以来,特别是明清,官方和民间都广泛使用的五服图。从图 4-1 中可以看出,我国古代的"丧服制",虽以丧服的差等来表示亲属间的亲疏远近,但并不单纯考量血缘联系,亲属间各种不同的身份,如男女、尊卑、长幼、嫡庶等因素也起着重要的作用。这与古代社会重视身份关系的特性不谋而合,这种亲等制,在传统亲属法学中被称为"阶级亲等制"。

建立在宗亲和外亲两大划分范畴基础上的中国古代亲属制度,采用丧服制来表示亲属关系的远近,它奉行尊尊、亲亲、长幼和男女有别的宗法伦理原则,结果使得自然血缘远近相同的亲属在亲等上却居于不同的等级:尊卑不同服、夫妻不同服、妻妾不同服、父母不同服、嫡庶不同服、在室与出嫁不同服、宗亲外亲不同服,进而形成亲属关系中最具特色而又最为彻底的宗法亲属制度。

				高祖父母齐衰3月				
			族曾祖姑在室缌麻,出嫁无服	曾祖父母齐衰3月	族曾祖父母缌麻			
		族祖姑在室缌麻,出嫁无服	从祖祖姑在室小功,出嫁缌麻	祖父母齐衰不杖期	伯叔祖父母小功	族伯叔祖父母缌麻		
	族姑在家缌麻,出嫁无服	堂姑在室小功,出嫁缌麻	姑在室期年,出嫁大功	父母斩衰3年	伯叔父母期年大功	堂伯叔父母小功	族伯叔父母缌麻	
族姊妹在室缌麻,出嫁无服	再从姊妹在室小功,出嫁缌麻	堂姊妹在室大功,出嫁小功	姊妹在室期年,出嫁大功	己身	兄弟期年,兄弟妻小功	堂兄弟大功,堂兄弟妻缌麻	再从兄弟小功,再从兄弟妻无服	族兄弟缌麻,族兄弟妻无服
	再从侄女在室缌麻,出嫁无服	堂侄女在室小功,出嫁缌麻	侄女在室期年,出嫁大功	长子期年,长子妇期年,众子期年,众子妇大功	侄期年,侄妇大功	堂侄小功,堂侄妇缌麻	再从侄缌麻,再从侄妇无服	
		堂侄孙女小功	侄孙女在室小功,出嫁缌麻	嫡孙期年,嫡孙妇小功,从孙大功,众孙妇缌麻	侄孙小功,侄孙妇缌麻	堂侄孙缌麻,堂侄孙妇无服		
			曾侄孙女在室缌麻,出嫁无服	曾孙缌麻,曾孙妇无服	曾侄孙缌麻,曾侄孙妇无服			
				玄孙缌麻,玄孙妇无服				

图 4-1　本宗九族五服图

古代西方,无论罗马法还是教会法采用的"世数亲等制"计算法则,都是依据自然血亲标准,并未加入人为的因素来改变血亲关系亲疏远近的自然状态,因此在计算彼此之间的亲疏远近时,父系亲属与母系亲属平等。而且罗马法、教会法的任一亲属等级都是固定不变的,不受社会地位、年龄、婚姻因素的影响而变动。相比较而言,罗马法、寺院法的计算法更接近血亲的自然状态,特别是罗马法的亲等计算法,更是因其能够准确表示血亲关系而为现代大多数国家的法律采用。[①]

(四)我国现行婚姻法采用代数计算法

我国 1980 年《婚姻法》第 6 条规定,禁止直系血亲和三代以内的旁系血亲结婚。使用了"代"的概念,代即世辈,从己身算起,一世辈为一代。

---

① 金眉.中西古代亲属制度比较研究:兼论当代中国亲属制度的建构[J].南京大学学报(哲学·人文科学·社会科学版),2010(1):141,146.

直系血亲的计算方法。直系血亲是从自己算起为一代,向上数至父母为二代;至祖父母、外祖父母为三代;至曾祖父母、曾外祖父母为四代;至高祖父母、高外祖父母为五代。往下数也是如此,自己至子女为二代;至孙子女、外孙子女为三代。依此类推。我国直系血亲代数的计算法与罗马法亲等计算法、寺院法亲等计算法不同的是己身算为一代,即直系血亲间的代数总比亲等数多"一"。如己身与父母是一亲等,而按我国的代数是二代。

旁系血亲的计算法。须先找到自己与所要计算的旁系血亲的血缘同源人;再从两边分别往上数代数至血缘同源人,得出两个代数;如果两边代数相同,其相同数为代数;如果两边代数不同,则取其多者为其代数。例如,计算自己与兄弟姐妹为二代旁系血亲;自己与叔、伯为三代旁系血亲。我国旁系血亲代数的计算法与寺院法亲等制计算法类似,但由于己身算为一代,故可简化为在寺院法的亲等数上+1即可。

我国代数计算法历史可以追溯至 20 世纪 30 年代革命根据地时期的婚姻立法。1931年的《中华苏维埃共和国婚姻条例》和 1934 年的《中华苏维埃共和国婚姻法》分别规定五代或者三代以内具有亲族血统的男女禁止结婚。这两部法律的起草者显然熟悉并借鉴了传统亲属制度的亲属范围划分。抗战时期,有不少抗日根据地政权的婚姻立法转而采用民国政府亲属法的亲等计算方法,但是传统的五服制在根据地立法中仍有保留,例如 1945 年的《山东省婚姻暂行条例》就规定:"本族五服以内之血亲不得结婚,亲姑表姨亦应尽量避免缔结婚姻。"同样,1949 年的《修正山东省婚姻暂行条例》也规定禁止男女在五代以内的亲族血统间结婚。这种借助古代五服而予以现代变通的做法,在中华人民共和国成立后得以延续。1950 年的《中华人民共和国婚姻法》第 5 条规定:"男女有下列情形之一者,禁止结婚:一、为直系血亲,或为同胞的兄弟姊妹和同父异母或同母异父的兄弟姊妹者;其他五代内的旁系血亲间禁止结婚的问题,从习惯。"显然,历史上的五服与 1950 年《婚姻法》的五代是存在紧密的渊源关系的,上自高祖下至玄孙在内的亲属范围让我们看到了现代与古代的联系。

我国以代来计算简便易行,但不够科学。例如自己与伯、叔、姑是三代旁系血亲,与他们的子女,即堂兄弟姐妹、表兄弟姐妹,也是三代旁系血亲。表面上代数相同,但实际上自己与伯、叔、姑的血缘关系要比自己与堂兄弟姐妹、表兄弟姐妹的血缘关系要近。代数计算法没有准确地反映出亲属关系的亲疏远近,自然也不便于立法者分配权利和义务。此外诸如亲属概念与范围、亲系以及亲属关系的法律效力等均存在制度的空缺。因而,我国亲属制度的重建已经成为立法者不能回避的任务。

第三节　亲属关系的发生、终止和法律效力

一、亲属的发生和终止

亲属因婚姻、出生等法律事实而发生,也可能因法律拟制认可而发生。由于亲属的种类不同,其发生和终止的原因也有所不同。

（一）自然血亲关系的发生和终止

出生是引起自然血亲关系发生的唯一原因。出生的事件,导致该出生者与其父母及其他与父母具有血缘关系的亲属形成自然血亲关系,这种关系不以人的意志为转移,无须当事

人认可,也不需要履行法律手续。对于非婚生子女,其与生母之间自出生即发生血亲关系;而与生父之间,许多国家规定须认领或准正方能确认其与生父之间的血亲关系,但认领或准正后,这种血亲关系溯及于非婚生子女出生时。

自然血亲只能因一方死亡(包括自然死亡和宣告死亡)而终止,任何人为的原因,如父母离婚、再婚等,都不能引起自然血亲关系的消灭。即使子女被他人收养,其法律后果也只是终止了生父母子女间的权利义务关系,他们之间的血缘联系并不消灭,有关禁止结婚的规定仍旧适用。

(二)配偶关系的发生与终止

配偶关系因男女结婚而发生。依照我国婚姻法的规定,取得结婚证的时间,即确立配偶关系的时间。被有条件的承认是事实婚姻的,从符合限定要件时起算。补办结婚证的,从双方均符合结婚的实质要件时起算。

配偶关系又因一定的法律事实而归于消灭,引起配偶关系终止的原因有两个:一是配偶一方死亡,包括自然死亡和宣告死亡;二是夫妻双方离婚。故配偶双方关系终止的时间为:夫妻一方自然死亡的时间、人民法院宣告死亡的判决书生效的时间、登记离婚取得离婚证的时间以及人民法院准予离婚的调解书或判决书生效的时间。

无效婚姻或被撤销的婚姻,自始无效,即当事人自始不具有夫妻的权利和义务。

(三)拟制血亲关系的发生与终止

拟制血亲关系是基于法律的设定和确认而形成,由于种类的不同,其发生和终止的原因也有所不同。

1. 养父母与养子女关系的发生与终止

合法有效的收养行为是拟制血亲关系发生的依据,收养关系一经成立,收养人与被收养人便形成了父母子女间的权利义务关系;同时,被收养人与收养人的其他近亲属也发生了拟制血亲关系。

养父母与养子女关系除因一方死亡而终止外,还可以因为收养关系的解除而终止。即在收养关系解除后,收养人及其近亲属与被收养人的拟制血亲关系终止。

2. 形成抚养事实的继父母与继子女关系的发生与终止

继父母与受其抚养的继子女之间也发生拟制血亲关系,其形成原因有两个:一是基于生父(母)与继母(父)结婚的法律行为;二是继父母对继子女形成了抚养、教育的事实。只有这两个条件同时具备,继父母与继子女间才发生拟制血亲关系。而未形成抚养事实的继父母与继子女之间仅为姻亲关系。

形成抚养事实的继父母与继子女关系,是拟制血亲,其权利义务关系不能自然终止,一方起诉要求解除这种权利义务关系的,人民法院应视具体情况作出是否准许解除的调解或判决。(1)对于再婚婚姻关系存续期间,尚未成年的继子女与继父母的关系问题,从保护未成年人及维护家庭关系稳定的方面考虑,原则上不能解除。(2)生父与继母或生母与继父离婚时,对受其抚养教育的继子女,继父或继母不同意继续抚养的,仍应由生父母抚养。此时,继父母与其未成年继子女因抚养教育已形成的拟制血亲关系随之解除。如果继父母愿意继续抚养该继子女,生父母又同意的,可以允许。(3)生母(父)一方死亡时,继父(母)应当继续履行抚育教育未成年继子女的义务。如仍健在的另一方生父(母)要求将子女领回抚养的,则继父母子女关系解除。(4)在通常情况下,受继父母抚育成人并独立生活的继子女,应当承担赡养继父母的义务,双方关系原则上不能自然终止。但是,如果双方关系恶化,经当事人的请求,人民法院可以解除他们之间的权利义务关系。[①]

(四)姻亲关系的发生与终止

男女双方结婚的法律行为是姻亲关系发生的基础。以婚姻为中介,配偶一方与对方的亲属以及双方的亲属之间互为姻亲关系。婚姻成立的时间即为姻亲关系发生的时间。

姻亲关系是否因离婚或者一方死亡而终止,现代各国在立法上有很大的差异。如日本民法典就规定离婚使姻亲关系完全消灭,而德国民法则规定"由婚姻而产生的姻亲关系,不因该婚姻解除而消灭",至于配偶一方死亡,姻亲关系是否消灭的问题,往往取决于姻亲双方当事人的意愿。

我国《婚姻法》未明确规定姻亲关系终止的原因。依习惯,夫妻双方离婚是姻亲关系消灭的一般原因;而夫妻一方死亡后,姻亲当事人之间是否保持姻亲关系,听其自便。我国《继承法》规定:"丧偶儿媳对公婆,丧偶女婿对岳父母尽了主要赡养义务的,作为第一顺序继承人。"这说明,姻亲关系不因配偶一方死亡而绝对终止,如果生存方未再婚或者虽然再婚,但仍然与亡偶方的亲属保持生活上的联系甚至彼此照顾,则姻亲关系不消灭。

二、亲属的法律效力

亲属的法律效力,是指一定范围内的亲属所具有的权利义务关系及其法律上的其他效果。依照我国法律的规定,在不同的法律部门中,亲属的法律效力有着不同的表现。

(一)亲属关系在婚姻法上的效力

1. 禁止一定范围内的亲属结婚。大部分国家禁止自然直系血亲和一定范围内的旁系血亲结婚。我国《婚姻法》规定,直系血亲和三代以内的旁系血亲之间禁止结婚。

2. 一定范围内的亲属间有抚养、扶养、赡养的义务。如依照我国《婚姻法》之规定,父母对子女有抚养教育的义务,子女对父母有赡养扶助的义务;夫妻之间有相互扶养的权利和义务;在一定条件下,(外)祖孙之间、兄弟姐妹之间也有互相赡养、抚养、扶养的权利义务关系。

3. 财产共有的效力。即一定范围的亲属之间,具有法定的共同财产。如继承开始后遗产分割前,继承人对遗产共同共有。再如夫妻在婚姻关系存续期间,双方所得或一方所得的财产,除另有约定外,归夫妻双方共同所有。夫妻对共同财产有平等的处理权。

4. 继承的效力。无论是遗嘱继承抑或是法定继承,继承人的范围均是一定范围内的近亲属,如我国《婚姻法》规定,配偶之间、父母子女之间、兄弟姐妹等近亲属之间有互相继承遗产的权利。

(二)亲属关系在民法上的效力

1. 监护权和法定代理权。一定范围的亲属对无民事行为能力人或者限制民事行为能力人有法定的监护权和代理权。如根据《民法总则》第 27 条的规定,父母是未成年子女的监护人。未成年人的父母已经死亡或者没有监护能力的,由有监护能力的祖父母、外祖父母,兄、姐,经未成年人住所地的居民委员会、村民委员会或者民政部门同意的其他愿意担任监

---

① 最高人民法院《关于人民法院审理离婚案件处理子女抚养问题的若干具体意见》(法发〔1993〕30号)第 13 条;最高人民法院 1988 年 1 月 22 日《关于继父母与继子女形成的权利义务关系能否解除的批复》。

护人的个人或者组织担任监护人。无民事行为能力人、限制民事行为能力人的监护人是其法定代理人。无民事行为能力人,由其法定代理人代理实施民事法律行为。限制民事行为能力人,实施民事法律行为由其法定代理人代理或者经其法定代理人同意、追认,但是可以独立实施纯获利益的民事法律行为或者与其年龄、智力相适应的民事法律行为。无民事行为能力人、限制民事行为能力人造成他人损害的,由监护人承担侵权责任。

2. 行为能力宣告请求权。一定范围内的亲属可以向人民法院申请认定无民事行为能力人或者限制民事行为能力人,亦可以申请恢复为限制民事行为能力人或者完全民事行为能力人。

3. 确定法定继承人的范围和顺序。一定范围的亲属是确定法定继承人顺序的依据。按照我国继承法规定:配偶、子女、父母互为第一顺序的继承人;兄弟姐妹、祖父母、外祖父母为第二顺序的继承人。

4. 一定范围的亲属可以依法提起宣告失踪或撤销宣告失踪的申请,还可以提起宣告死亡或撤销死亡宣告的申请。按照《民法总则》的规定,被申请人的配偶、父母、子女、兄弟姐妹、祖父母、外祖父母、孙子女、外孙子女以及其他与被申请人有民事权利义务关系的人均可以提出宣告申请或撤销申请。被宣告失踪后,失踪人的财产由他的配偶、成年子女、父母或者其他愿意担任财产代管人的人代管。被宣告死亡发生等同自然死亡的法律后果,由其继承人继承其遗产。

(三)亲属关系在刑法上的效力

1. 某些犯罪的构成必须以有一定的亲属关系为条件。例如,刑法规定的遗弃罪,其构成犯罪的首要条件,是行为人与被害人之间存在法定的扶养权利义务,是具有法定扶养权利义务的亲属之间发生的犯罪行为,并以此为犯罪构成要件。刑法规定的虐待家庭成员罪,[①]必须是在家庭成员之间,即在亲属之间且需犯罪主体和受害人为一个家庭共同生活的成员之间发生的犯罪行为。

2. 亲属在法定条件下享有告诉的权利。我国刑法规定,近亲属之间的虐待[②]、暴力干涉婚姻自由的行为,只要没有发生被害人重伤、死亡的后果,就必须经由受害者本人或者其近亲属起诉,法院才能受理。自诉案件,对于被害人因受强制、威吓而无法告诉的,被害人的近亲属也可以告诉。

3. 亲属间犯罪的豁免。主要指对亲属间窝藏、包庇犯罪,可以豁免。[③] 域外现代刑法大都有关于亲属包庇减免处罚的规定,如日本《刑法》第257条规定:于直系血族、"配偶者"同居之亲族或家族,及"此等者"之"配偶者"间,犯前条(赃物罪)之罪者,免除其刑。德国《刑法》第258条规定:为使家属免于刑罚处罚而为阻挠刑罚行为的不处罚。我国现行刑法中没有关于亲属间包庇的规定,但在台湾地区、澳门地区仍有此类规定。如我国台湾地区"刑法"

---

① 《刑法修正案九》第260条将对未成年人、老年人、患病的人、残疾人等负有监护、看护职责的人纳入虐待罪的主体。除此之外的人,与行为人仍须具有家庭成员关系,才可成为本罪主体。

② 《刑法修正案九》第260条第3款增加了但书规定"但被害人没有能力告诉,或者因受到强制、威吓无法告诉的除外",使一般的虐待罪案件由只能自诉转为原则上自诉,例外情形下可公诉的案件。

③ 我国刑法尚未对此有明确规定,但诸多学者认为,亲属间窝藏、包庇类犯罪应引入"亲亲相隐"制度,以达到亲情伦理与法律的统一、保障人权与追求和谐的一致、效益与法治的契合。谢佑平,陈莹."亲亲相隐"与亲属间窝藏、包庇类犯罪的豁免[J].河北法学,2011(12):39-44.

第167条规定：配偶、五亲等内之血亲或三亲等内之姻亲图利犯人或依法逮捕拘禁之逃脱人，而犯第164条包庇罪的，减轻或免除其刑。

（四）亲属关系在诉讼法上的效力

1. 一定范围内的亲属关系是司法人员回避的原因。在刑事诉讼、民事诉讼、行政诉讼中，审判人员、检察人员、侦察人员、书记员等人如果是本案当事人的近亲属或司法人员的近亲属与本案当事人有利害关系的，应当自行回避；如不回避，诉讼当事人可以申请他们回避。

2. 辩护权和诉讼代理权。刑事案件被告人的近亲属可以担任被告人的辩护人，可代其上诉或者申诉。在民事诉讼中，民事案件当事人如果没有诉讼行为能力，对其取得法定代理人身份的近亲属，可以代为进行民事诉讼活动，代为行使诉讼权利。法定代理人的诉讼行为视为当事人本人的诉讼行为，直接对其产生效果。

3. 一定范围内的亲属可以在公民死亡后提起行政诉讼。按照我国《行政诉讼法》的规定，可以提起行政诉讼的公民死亡后，其近亲属可以依法提起诉讼。

4. 一定范围的亲属可以作为死者人格利益的保护人提起民事诉讼。死者的姓名、肖像、名誉、荣誉、隐私以及遗体、遗骨等人格利益受到侵害的，其近亲属为其人格利益保护人，可向法院提出民事诉讼。同样，死者的著作权受到侵害的，其近亲属也有权向法院起诉请求予以保护。

5. 亲属作证义务的豁免。我国2012年修改的《刑事诉讼法》第188条第1款规定："经人民法院通知，证人没有正当理由不出庭作证的，人民法院可以强制其到庭，但是被告人的配偶、父母、子女除外。"

（五）亲属关系在劳动法上的效力

1. 一定范围内的亲属享有接受抚恤金的权利。劳动者死亡后，其直系血亲、配偶可享受领取抚恤金、救济金的权利

2. 一定范围内的亲属享有探亲的权利。在国家机关、企事业单位工作满一年的固定职工，享有探望与其分居两地的配偶、父母的权利。

（六）亲属关系在国籍法上的效力

1. 一定范围的亲属关系是自然取得中国国籍的前提条件。根据我国《国籍法》的规定，父母双方或者一方为中国公民，本人出生在中国，即具有中国国籍；父母无国籍或者国籍不明，但定居在中国，本人出生在中国，就具有中国国籍。

2. 一定范围的亲属关系是申请加入中国国籍的条件。与中国人有一定亲属关系的外国人、无国籍人，或是中国人的近亲属的外国人、无国籍人，可以申请加入中国国籍。

3. 一定范围的亲属关系是申请退出中国国籍的条件。与外国人有一定近亲属关系的中国人，可以申请退出中国国籍。

第二编

婚姻制度

第五章　结婚制度

第一节　概述

一、结婚的概念和要件

（一）结婚的概念

结婚，又称婚姻的成立，是男女双方依照法律规定的条件和程序，确立夫妻关系的一种民事法律行为。广义上的结婚，除了确立夫妻关系，还包括订立婚约。由于我国不承认婚约的法律效力，故我国婚姻法上均采用狭义的概念。

婚姻的成立具有以下三个特征：(1)结婚行为的主体是异性的男女。两性的差别和性的本能是婚姻关系成立的自然条件。同性不能成立婚姻[①]。(2)结婚行为是法律行为，须遵循法律规定的条件，履行法定的程序。由此，才成为为社会制度所承认的婚姻关系。(3)结婚行为的后果是确立夫妻身份关系。男女双方由结婚而确立配偶的身份，形成夫妻之间的权利义务关系。未经法定程序，双方不得任意解除已确定的夫妻关系。

（二）结婚的要件

结婚是一种法律行为，必须具备法律规定的要件才能够成立。由于不同历史和不同性质的国家在经济、政治、文化上的差异，故关于结婚要件的规定差别迥异。根据各个国家的婚姻立法，对结婚要件有以下分类：

1. 实质要件和形式要件

实质要件是指法律规定的关于结婚当事人本身及双方之间的关系必须符合的条件；而形式要件则是指法律规定的结婚的程序和方式。这两种要件体现在立法上，有两种选择：其一是事实婚主义，即只要当事人双方的合意和事实上的夫妻关系存在，婚姻为有效。其二是形式婚主义，即结婚须符合一定的形式、履行一定的程序，一旦在形式上得到肯定，婚姻即告成立。而形式婚有法律婚和仪式婚之别：法律婚是指婚姻须登记注册而成立，仪式婚则是指婚姻须经特定仪式或程序而成立。

2. 必备条件和禁止条件（消极条件）

在结婚的实质要件中，凡结婚当事人双方必须具备不可或缺的条件，此为必备条件，又

---

① 对于同性恋和同性婚姻，各国有不同立场。对待同性恋爱，有承认同性恋合法、同性恋年龄有不同规定、不允许表达同性恋倾向、同性恋违法甚至犯罪等态度区别；而对待同性婚姻，截至 2016 年 6 月 26 日，全球已有 21 个国家在全境承认同性婚姻合法。我国虽已取消"流氓罪"，将同性恋从精神疾病名单中剔除，实现了同性恋的非病理化，但承认同性婚姻合法仍被认为是"太超前"。

称积极条件。如男女双方合意、达到法定婚龄等。而禁止条件又称消极条件,或称婚姻障碍,是指法律规定不允许结婚的情况,或者说如果男女双方有此种情形的,即不得成立婚姻。如一定范围内的亲属不得结婚、有法律禁止结婚的疾病者不得结婚等。

3. 公益要件和私益要件

这种分类方法主要是以其要件的目的为标准。公益要件是指和社会公益有关的要件,如禁止近亲结婚、达到法定婚龄、禁止监护人和被监护人结婚等。而私益要件是指仅与当事人及其亲属相关的要件,如需当事人合意、当事人须有结婚能力以及未成年人结婚须经过法定代理人同意等。实质上,公益要件与私益要件有时是重合的、相对的、模糊的。

二、结婚行为的法律性质

关于结婚行为的性质[①],理论界有以下学说:

(一)契约说

契约说认为结婚是具有独立意思主体的当事人,地位平等,基于自由意思,而达成的意思表示一致,即发生夫妻权利义务关系,从而拘束婚姻当事人。故婚姻行为与财产法上的契约性质相同。

康德是最早提出婚姻契约理论的学者。他认为婚姻虽不是任意的契约,但是"两个不同性别的人,为了终身相互占有对方的性官能而产生的结合体,它是依据人性法则产生其必要性的一种契约"。[②] 其他一些学者也都认为婚姻是一种男女之间的要式契约[③]。

在立法上,1791年法国第一部宪法首先采用这一观点,认为婚姻仅为市民契约。1804年《法国民法典》亦对婚姻契约论加以肯定,其第146条明确规定,"未经双方同意,不得成立婚姻"。从19世纪至今,婚姻契约理论逐步为域外多数国家所采纳,并在英美法系国家婚姻家庭立法中居于主导地位。

我国一些学者并不认同此观点,他们认为虽然婚姻与其他契约有一定的共性,如要求当事人缔结契约时应具有契约的意思,有契约能力,还要依法律所要求的适当的形式等;但与一般民事契约不同,婚姻具有伦理性和制度性,如禁止特定范围的亲属缔结婚姻,即基于一般的伦理观念作出的要求。再如婚姻中的相互忠实义务是对性关系的规制,这种伦理性的规定不是其他契约所能约定的。有学者对美国法律实践进行考察,认为虽然美国绝大多数州认为婚姻是建立在合同基础上的法律关系,但早在1888年,美国最高法院就论及婚姻契约与其他契约的不同:其他契约在当事人意思表示一致后即可变更,甚至完全撤销。而婚姻契约则不可以,婚姻关系一旦建立,法律即介入其内,规定权利义务内容,当事人既不可以通过契约变更权利义务关系,也不可以自订契约解除婚姻关系。因为婚姻契约是家庭的基础,社会的基础,其存废与社会利益休戚相关。[④] 显然这种观点也当反思。

(二)身份关系说

身份关系说认为婚姻法律关系在本质上是一种身份关系,婚姻双方当事人在财产上的

---

① 结婚行为的性质,或婚姻的性质,此处并不对两者做严格区分,乃同一论题。

② 康德.法的形而上学原理:权利的科学[M].北京:商务印书馆,1991:95-96.

③ 史尚宽.亲属法论[M].北京:中国政法大学出版社,2000:100.

④ 夏吟兰.美国现代婚姻家庭制度[M].北京:中国政法大学出版社,1999:17.

权利义务关系附随于人身上的权利义务。"创设这种关系的婚姻行为是一种身份法的行为，行为人须有婚姻缔结的合意，但是婚姻成立的条件和程序、婚姻的效力、婚姻解除的原因等都是法定的。"①此说主张婚姻双方享有的权利以及承担的家庭和社会责任是基于身份而不是双方利益的讨价还价。婚姻的目的是确定双方的身份关系。"即使人是通过类似进入契约过程进入婚姻的，成立的婚姻与各种形式的契约相比是不同的，因为身份是婚姻关系的基本要素，并且一旦缔结了婚姻，婚姻关系中的剩余部分是身份比契约多。"②多数身份关系学说的支持者认为"契约说"将婚姻关系商品化，有悖于社会主义道德的倾向，只有将婚姻本质看作是身份关系才符合主流的文化传统。

（三）制度说

制度说肇始于大陆法系的法国，主张婚姻是人为制造的制度，人可以选择婚姻，但人不能以自己的约定改变制度。婚姻不是如契约一般由当事人随心所欲地缔结的，而是受到法律（或成文法或习惯法）的严密调控。婚姻是一种制度，必须得到国家的认可。契约自由的理念在婚姻上得不到体现。法律可以规定婚姻具有排他性，也可以规定一夫多妻或一妻多夫的婚姻，甚至可以在将来规定同性之间可以成立婚姻，当人们违反这种制度时，国家就运用暴力手段加以干涉。

制度说内部又分为两种观点：其一是将婚姻属性绝对化为制度。该派理论认为契约虽具有自由创设性，但婚姻关系却受法律（包括成文法或习惯法）的严格调控，婚姻必须得到国家法律的认可方能生效，而并不是当事人可以自由意志决定的。无论是婚姻关系的缔结、婚姻关系的解除还是婚姻关系缔结后法律上的效果，都受到法律的强制规定。"在目前平等自由观念深入人心，个人有着自己独立人格的今天，持婚姻是一种契约的观点已经不具有资产阶级革命时期的积极作用了。相反，契约说使人们产生了将婚姻关系商品化的不良倾向，以契约自由作为逃避婚姻责任的借口，这不利于良好社会风气的形成。将婚姻明确为一种制度的话，有助于使人们的责任意识强烈起来，从而使人们以严肃的态度对待婚姻和家庭。"③制度说的另一种观点较为中庸。这种理论认为婚姻是契约的制度化，承认婚姻从形式上具有契约的特征但其实质基础并非源于契约关系。这一观点虽然承认婚姻缔结行为是有独立人格的婚姻当事人处于平等地位上的自由意思表示从而对当事人有约束力，但同时认为婚姻关系之内容当然系由国家之意志所决定并由法律予以固定化和形式化，并不能因当事人合意而变更婚姻关系的效果。"婚姻是两个不同性别的人为终身互相占有的性官能而产生的结合体。但此目的并非为一种专横意志的契约，它是依据人性法则产生其必要性的一种契约，是一种契约的制度化。"④

（四）信托关系说

在英美法系，部分学者认为，婚姻是一种信托关系。在这种信托关系中，主体是国家与个人，国家自己作为委托人，而将配偶置于受托人的地位，给予他们在处理家庭问题上的一

---

① 杨大文.亲属法[M].北京：法律出版社,1997.68.

② Joel Prentiss Bishop. New commentaries on Marriage，Divorce and Separation ［M］. T. H. Flood&Co,1891:14-15.

③ 张悦.婚姻：契约？制度？[J].引进与咨询,2001(5):25.

④ 陈苇.外国婚姻家庭法比较研究[M].北京：群众出版社,2006:208.

系列权利,同时又保留了婚姻利益中一些对社会有潜在影响的权利。国家所保留的这部分权利是婚姻信托利益的重要部分。因此,婚姻信托的效果在于把不完全的婚姻所有权及其附属的自然权利,如子女抚养、夫妻性生活及婚姻身份权等交给配偶。但如果父母虐待子女,国家就会剥夺其父母权利。与此同时,配偶享有彼此性爱的权利,但国家保留对夫妻一方在夫妻生活中过度淫乱行为的处罚权。[①]

（五）合一行为说

在同为大陆法系的德国,黑格尔于19世纪中叶时,已经主张结婚行为与契约应有严格的区别,"婚姻不可能归属于契约的概念之下",如果将婚姻说成这样一种契约就是"可耻的",毋宁说,"尽管婚姻开始于契约",包括当事人的自由同意和意愿,"更准确地说,它是一个超越了契约立场的契约"。他认为婚姻为伦理关系,是夫妻自然的共同生活实体的关系。婚姻成立的目的是实现统一,将有"自我意识"的男女两性,合二为一,使其相互间感情成为双方爱情结合关系,而将扬弃双方当事人的自然的、个别的人格,另行成立一完整的人格,即婚姻。日本山中康雄博士亦认为,身份行为与市民社会法上的契约不同,在其本质上无法分为"要约"与"承诺"两个意思表示行为,所以,身份行为的效果发生根据,并不在于意思表示,而因即将为夫为妻的两个男女,基于设定及维持夫妻共同生活关系的目的,因男女并行的、复数的合同行为而成立。宾特主张,契约标的为"物","物"既无人格,所以以婚姻当事人人格为规范对象的结婚行为,不能以契约理论为其基础。卡尔·拉伦茨解释结婚行为并不以个别的给付或以财物的交换为其目的,反而以夫妻两人纳入全人格的结合的共同生活体为其目的,所以,结婚行为是合一行为。[②]

"契约说""制度说""伦理共同体说"等不同观点,虽然都从不同的角度力图阐释结婚行为的本质,但都存在着一定的片面性。就"契约说"而论,从表面上看,结婚行为以"意思表示一致"为核心,确实具有一定的"契约"。但是男女双方结婚的"合意",与一般民事"契约"有本质的区别。首先,一般"契约"关系的客体是财产或行为,如房屋、劳务等;而男女双方结婚的合意是为了形成夫妻关系、永久共同生活的目的,并没有具体的物或行为客体。其次,契约关系成立的"对价"是客观的、可确定的,又有一定的标价。但是,男女双方为形成婚姻关系而进行"自由意思"表示,只是一种内心意志的客观化,这一客观化的"自由意志"没有客观的对价。也就是说,男女双方合意结婚并没有具体的要因。可见,一般民事契约关系中,当事人双方处于经济上、利益上相对立的地位,并且互相以取得一定的利益为主旨而达成契约。结婚行为的双方则处于具有共同利益和共同目的的地位,以"永久共同生活为目的"。因此,结婚行为与一般契约有原则上的不同。"制度说"和"信托关系说"也存在明显的缺陷。诚然,婚姻制度体现着国家的意志,结婚当事人的意思表示必须受国家意志的约束,否则双方的结婚行为不形成合法的夫妻关系。但是,个人是否选择结婚,仍然由自己决定,国家婚姻制度和意志并不强制;而且当事人在结婚后,还可以依法合意解除夫妻关系。因此,用"制度"或"信托关系"来概括结婚行为的本质,显然忽略了这种行为是自然人的独立的可选择行为这一基本特征。至于"合一行为说",则既无视婚姻当事人所具有的独立人格,又忽略了婚姻成立的社会价值和制度意义。

[①] 威廉·杰·欧·唐奈.美国婚姻与婚姻法[M].顾培东,杨遂全,译.重庆:重庆出版社,1986:9.

[②] 巫昌祯.婚姻与继承法学[M].北京:中国政法大学出版社,2001:107.

我们认为,结婚行为是一种特殊的民事行为。当代的结婚行为,行为人的地位平等,各自有独立的意思表示能力,并有"结为一体、终生相伴"的共同目的。不过,如果婚姻当事人依法结婚,则产生合法的结婚后果;如果婚姻当事人的结婚行为有法律上的瑕疵,则只能形成无效婚姻或可撤销的婚姻。合法的结婚行为体现了双重意志:是国家意志(国家婚姻法律制度)和个人意志(婚姻当事人的结婚意思表示)的契合。非法的婚姻行为体现只是个人意志(婚姻当事人或第三人的意志),却违背了国家意志,如果被确认无效或者被撤销,则不发生婚姻的效力。

三、结婚制度的历史沿革

从历史发展来看,结婚制度经历了由内婚制向外婚制、团体婚制向个体婚制发展的过程。在个体婚制中,按照结婚方式的不同,又可分为掠夺婚、有偿婚、聘娶婚、宗教婚和共诺婚。

(一)掠夺婚

掠夺婚即抢婚,是指男子以暴力掠夺女子为妻的婚姻形式。其特征有两点:一是以暴力为手段,二是以迫使女子与其结婚为目的。它是在母权制向父权制过渡的历史阶段中产生的,最早源于古代氏族部落外婚制时期用战争手段俘获妇女的一种强制性的婚姻形式。《易经·屯卦》爻辞"匪寇,婚媾"和"乘马班如,泣血涟如"即古时抢亲的掠影。

现代社会有些民族保留了抢婚的习俗,我国的一些少数民族如佤族、纳西族、傣族、傈僳族、彝族、藏族、苗族、布依族、土族、瑶族、侗族、畲族、羌族、阿昌族、普米族等至今还残存着抢婚的遗迹。但只是作为婚姻成立的形式,不再具有暴力与违背女方意愿的内容。

(二)有偿婚

有偿婚是指以男方向女方支付一定代价作为与女方结婚的必要条件的结婚方式。依代价的不同形式,又可以分为如下三种:

1. 买卖婚。买卖婚以一方向另一方支付一定的金钱或其他财物作为身价,并以此为婚姻成立要件的婚姻。给付者一般为男方,收受者则是女方。

早期罗马法上就有所谓的"买卖婚",即"新夫在五位证人和司秤前用'要式买卖'的方式,向女方的家长或她的监护人买入新妇,而新夫所付的价金,或许就是避免女方家族报复的代价"[①]。

2. 互易婚。互易婚又称交换婚或换亲,是指双方父母互换其女作为子妇,或男子各以其姐妹交换为妻。

互易婚起源于原始社会母系氏族的外婚制,即部落中两个半偶族(moiety)的男女之间互相通婚。实行这种婚制的甲乙两家的父母以其子、女相互交换为婿、媳。进入父系制以后,则表现为双方的男子均以自己的姐妹或亲族中的女子和对方相互交换为妻。由于双方均以一个女子为代价进行交换,故无须另外补偿。在阶级社会中,妇女处于从属的地位,并成为男子财产的一部分,以对等方式交换妇女的交换婚,在经济上的意义更加明显。在阶级社会中,交换婚还起到从政治上到经济上巩固其统治的作用。如新中国成立前,凉山彝族奴隶社会中的阿陆、马等诺合家支(见凉山彝族家支制度)长期实行统治阶级内部的交换婚,以

---

① 何立波.古罗马妇女的婚姻生活[J].世界文化,2008(3):41.

巩固其统治。交换婚习俗也流行于世界其他一些国家,较为典型的是澳大利亚的卡列拉人、印度阿萨姆邦的普龙人与缅甸的克钦人等也盛行这种婚俗。在我国一些经济不发达地区仍有互易婚的形式,一般表现为男子家境贫寒,无法支付彩礼,或男子有身体残疾等,家长不得不以女儿为筹码,与另一境况近似的人家换取女儿。

3. 劳役婚。劳役婚是指男子于婚前或婚后,必须为妻家服一定期间的家务,以此作为成婚条件的婚姻。

劳役婚是原始社会母系氏族向父系氏族过渡时期的一种婚俗,男子在婚前或婚后在女方家劳动一段时间,作为代价偿还女方家劳动力的损失,换娶妻子到本氏族或本家族中来。劳役的期限各地不一,通常为 3~7 年,最长的达 10 年以上,也有的劳役到婚后生育子女,方可携妻返家。古代的希伯来人、印度人、条顿人以及欧洲南部地区的一些居民,曾盛行劳役婚。直到近现代,亚洲、非洲和美洲许多地区还有此婚俗,如缅甸的永邦瓦人、西伯利亚的科里亚客人、北美的印第安人以及非洲的坦伯马人等。

（三）聘娶婚

聘娶婚是指以男方向女方家交付一定数量的聘财为结婚要件的婚姻,并且必须严格依照成婚的礼仪程序。

我国古代的"六礼",就是礼制中确定的聘娶婚的具体程序。《礼记》中记载:"六礼备,谓之聘;六礼不备,谓之奔。"六礼程序为:纳采、问名、纳吉、纳征、请期、亲迎。纳采,俗称"定亲",由媒人为男女两家通言,女家已许,男家才纳采（取）女之礼。问名,俗称"合八字",即在女方家长接纳提亲后,女家将女之年庚八字带返男家,以使男女门当户对和占卜吉凶。纳吉,又称过文定,当接收庚帖后,便会将庚帖置于神前或祖先案上请示吉凶,以肯定双方年庚八字没有相冲相克。当得知双方并没有相冲相克之征象后,婚事已初步议定。纳征,又称过大礼,即男家纳聘金。请期,又称乞日,即男家择定结婚吉日,以告于女家之礼。亲迎,又称迎亲,吉期至,婿亲往女家迎新妇。

（四）宗教婚

宗教婚是盛行于欧洲中世纪的一种结婚方式,它是指结婚须按照宗教教义的要求,经公告程序,并在神职人员面前举行宣誓仪式。欧洲中世纪时,随着基督教的广泛传播,到了 12 世纪形成了比较统一的教会法,它在调整婚姻家庭关系方面起着巨大的作用。如按照基督教的教义,结婚被认为是一种宣誓圣礼。当事人应将结婚之事在本地教会中预先公告,结婚须举行一定的宗教仪式:婚礼由神甫主持,当事人要在神职人员面前宣誓并接受其祝福,在教区簿里登记,妻子取得丈夫的姓,婚姻始告成立。随着欧洲中世纪的结束,封建的宗教婚日趋没落,后逐渐为法律婚所代替。

（五）共诺婚

共诺婚也称合意婚,是指男女双方之合意为成婚的必要条件的婚姻形式。一般采取民事婚的方式,共诺婚是由封建主义婚姻家庭制度到资本主义婚姻家庭制度过渡时期逐步形成和确立的。这种婚姻形式与资产阶级的"自由""平等"理念相一致,强调婚姻成立时双方的合意,认为婚姻是夫妻双方以共同生活为目的而自愿订立的契约。婚姻当事人或在教堂举行结婚仪式,或到法定机构登记结婚,这都是婚姻公开性的表现形式。契约婚中婚姻主体享有充分的婚姻自主权,是否结婚以及是否离婚都由男女双方自己决定,在婚姻关系中男女双方地位平等,婚后双方各自保有独立的人格,相互间有权利义务关系。契约婚充分体现了婚姻的合意性,并且这种合意与奴隶社会、封建社会的合意不同,它是具有独立人格的婚姻当事人的合意,而非家长、尊亲属的合意。

欧洲宗教改革运动开始后,在结婚方式上,首先采用选择民事婚制度的是 16 世纪的尼德兰(即今天的荷兰)。所谓选择民事婚,是指依宗教的方式结婚还是依民事的方式结婚,可由当事人自行选择,经上述两种方式而成立的婚姻均为有效。1787 年,法国国王路易十六也在敕令中肯定了选择民事婚制度。法国大革命后,1791 年的宪法指出:"法律视婚姻仅为民事契约。"1804 年的《法国民法典》规定:"未经合意不得成立婚姻。"此后,欧洲各国在立法上相继进行了结婚方式的改革。但是,这种改革是渐进的,从世界范围来看,随着共诺婚制的确立,民事婚成为普遍通行的结婚方式。资本主义社会中的共诺婚,在价值观上是同资产阶级的"自由""平等"的原则相一致的,是以契约说为其理论基础的。婚姻既为契约,当然须以双方意思表示一致为成立条件。共诺婚主要有以下两种形式:一是允诺婚,即本人同意,但要取得父母的允诺。二是自由婚,也就是我们通常说的自由恋爱,即本人同意,无须征得父母的同意。

共诺婚是当今社会一种健康的婚姻形式,婚后夫妻双方可以随心所欲地生活相处,有共同的语言,共同的爱好,共同的理想和信念,也会有来自亲朋好友的祝福,这样的婚姻,既有利于个人的身心愉悦,对于社会的和谐发展贡献也是巨大的,如今的社会正大力倡导共诺婚的婚姻形式。

以上所述主要结婚方式,在人类历史发展过程中,错综复杂地交织在一起。除此之外,我国历史上还出现了选婚与罚婚(如将犯官之女眷罚与他人为配偶)、赠婚(即依父母或所有权人的意志,将所支配的女子赠送别人为妻)与赐婚、收继婚(包括顺继婚,即晚娶长,如弟收继兄死后之嫂)与逆继婚(相对收继婚而言则相反);续嫁(如姐亡而妹续嫁与姐夫)、赘婚、童养媳等。

古罗马法上还有"有夫权婚姻"和"无夫权婚姻"等两种婚姻形式。古罗马早期的婚姻制度一般被称为"有夫权婚姻"。"夫权",顾名思义,主要强调的是丈夫的特权。当时的古罗马,男子的地位高于女子,丈夫在家庭中享有绝对的权利,而妻子只是背负着传宗接代的使命,一切以家庭利益和夫权为中心,几乎不享有任何权利。这种婚姻制度的特点在财产关系上体现得尤为明显:婚后的财产,一律归丈夫所有,婚前妻子带来的个人财产,婚后也归丈夫所有,未经丈夫的允许,妻子没有权利独立地处理财产。但相应地,为了保障婚后妻子的生活,古罗马设立了"嫁资制",保证妇女在家庭中的基本地位。嫁资是指妇女因结婚而带到丈夫家去的财产,是家长对女儿因嫁而丧失继承权的补偿和女儿到夫家后的生活保障。嫁资最初是女方对男方的赠与,其所有权属于丈夫,他可以自由处分,也不负返还义务。后来,离婚渐多,离婚时嫁资不返还必然使女方遭受损失,因此产生了约还嫁资。但法律并无其他限制的规定,男方对嫁资仍是所有人,到了离婚时,如无返还能力,则"约定"就形同虚设。

随着宗教在婚姻关系中的影响减弱,以及女子社会地位的提高,"契约精神"逐渐渗透到婚姻家庭生活中。古罗马中后期,人们逐渐抛弃了"有夫权婚姻",而着重于尊重当事人意思自治,采用了"无夫权婚姻"模式。"无夫权婚姻"并不是说丈夫不再享有权利,而是指夫妻关系上的相对平等和独立。妻子婚后也可以拥有并独立处分自己的财产,同时也不享有丈夫财产的继承权。但和"有夫权婚姻"一样的是,婚姻家庭生活的各项费用仍然要由丈夫承担。为了减少丈夫的压力,在"有夫权婚姻"中除保留了"嫁资制"(女方父母把嫁资作为对女儿婚后生活和抚育子女的一种资助)以外,还产生了"婚娶赠与制"(丈夫或其家长等对妻子的赠与,以弥补女方交付嫁资而对丈夫却没有继承权的不公平状态)和"妻之特有产制"(女方出于考虑离婚后的生活问题,除了设定嫁资以外所保留的归自己掌握的部分)等制度,以平衡夫妻关系。值得一提的是,此时的嫁资,离婚时女方可要求男方返还。

第二节　婚约

一、婚约的概念和性质

婚约是指男女双方以将来缔结婚姻所作的事先约定。

关于婚约的性质,有契约说和非契约说两种观点。契约说认为婚约即订婚契约,是对作为本约的结婚契约的预约。尽管其无强制履行的效力,但无正当理由而违反者,应承担违约责任。非契约说认为,订婚只是一种事实行为,并不具有契约性质,这种事实行为按照法律规定而发生一定的效力,无正当理由不履行应承担侵权责任。

二、婚约的历史沿革

从历史上看,虽然不同时代、不同国家对待婚约的立法态度有很大的区别,但大致可将婚约分为早期型婚约和晚期型婚约。

（一）早期型婚约

早期型婚约的特点有三:其一,婚约是结婚的必经程序,没有经过订婚的结婚行为不具有法律效力。如我国《礼记》记载:"六礼备,谓之聘;六礼不备,谓之奔。"再如古巴比伦的《汉穆拉比法典》第 128 条有"倘自由民娶妻而未订立契约,则此妇非其妻"的规定。其二,订立婚约取决于长辈或父母的意志。其三,订立婚约产生法律约束力;无故违反受法律制裁。如根据罗马法,如果一人同时与两人订立婚约,须受到"丧廉耻"的宣告。婚约成立以后,男方毁约也就是失去所交的聘礼,女方毁约则须交付聘礼 1～4 倍的罚金。唐朝法律规定,"诸许嫁女已报婚书及有私约,而辄毁者,杖六十;……更许他人者,杖一百;已成者,徒一年半……女追归前夫……"

（二）晚期型婚约

晚期型婚约有以下特点:首先,订立婚约已不再是结婚的必经程序。有的国家不规定,有的国家有规定,但也不把其看作是结婚的必经程序,如《墨西哥民法》第 139 条规定:"以书面形式制作的公认的婚约,构成订婚。"《瑞士民法典》第 90 条规定:"婚约通过对婚姻的许诺而设定。"《秘鲁家庭法》第 75 条规定:"婚约为男女双方间的婚姻诺言。"《意大利民法典》第 79 条规定:"法律不要求必须缔结婚约。"其次,婚约的订立必须有男女双方当事人的合意,未成年人订立须得法定代理人或监护人同意。订立婚约的具体形式:有口头的要约与承诺、书面协议、交换订婚戒指、举行订婚仪式或者报纸上刊登订婚启事等等。再次,婚约无人身约束力,不因婚约而发生必须结婚的义务。法院也不受理婚约履行之诉。在订婚期间同居不产生夫妻之间的权利和义务,如生育子女也视为非婚生子女。《瑞士民法典》第 91 条第 1 项规定:"不得依据婚约提起履行婚姻的诉讼。"《墨西哥民法》第 142 条规定:"不能对婚约中不遵守约定的行为规定任何处罚措施。"德国民法典也有"不得因订婚而提起要求成婚之诉"和"不能对婚约中不遵守约定的行为规定任何处罚措施"的类似规定。最后,婚约可凭双方或一方的意愿随时解除。婚约宣告解除后,当事人双方便不再受任何约束,只是因订婚所产生的财产问题应予以妥善解决。故许多国家在法律中都规定了若干处理原则。关于双方的赠与物,法国、德国、瑞士、日本等国家的法律或判例都认为得依不当得利原则而请求返还。关于因婚约而造成的实际财产损害,近现代法律多规定过错赔偿之责。关于因一方过错而解约造成他方的"精神损害",若干国家在法律上赋予受害的无过错方请求赔偿的权利,如墨西哥、秘鲁、瑞士等。至于请求权的期限,各国规定不一,瑞士、墨西哥、秘鲁等国规定为1年,德国规定为2年。

三、我国法律对婚约的态度

我国对待婚约的态度和有关处理原则如下:

第一,订婚不是婚姻成立的必要条件和手续。法律不提倡订婚,但也不禁止。是否订婚听当事人自便。但订婚必须出于当事人本人自愿,任何人不得强迫干涉。

第二,婚约没有法律效力。须双方完全自愿方可实际履行,双方同意解除婚约的可自行解除;一方要求解除的,只要向对方作出意思表示即可,无须征得对方的同意。

第三,对因婚约解除而引起的财物纠纷,应区别情况,妥善解决。

对于属于包办买卖性质的订婚所收受的财物,应依法没收或酌情返还。对以订婚为名诈骗钱财的,原则上应归还受害人。对以结婚为目的所为之赠与,包括定情信物等,应酌情返还。对给付的彩礼依照《婚姻法解释(二)》的补充规定第10条中的规定予以处理。可以要求返还彩礼的几种情形如下:一是双方未办理结婚登记手续的;二是双方办理结婚登记手续但确未共同生活的;三是婚前给付并导致给付人生活困难的。解释中规定的第二、三项,应当以双方离婚为条件。

四、婚约和彩礼问题处理的探讨

《婚姻法解释(二)》第10条的规定,虽对司法实践有一定的指导意义,但该规定过于笼统,尚存诸多缺陷,如彩礼的界定不明确、彩礼的性质存在争议、共同生活的确认标准不明晰、法律规定与传统习俗存在冲突等。

(一)彩礼的性质

1. 从契约说

从契约说认为,婚约是主契约,彩礼是从契约,其依附于婚约而存在。彩礼是婚约的一部分,其与婚约紧密相连,密不可分。彩礼是基于婚约这种社会关系才向婚约的另一方交付的,因婚约本身没有任何法律效力,受赠方基于该婚约所接受的赠与方的财物,同样也没有法律支持。作为主契约的婚约关系一旦被解除,作为从契约的彩礼则失去了存在的法律根据,受赠方则应按照显失公平或不当得利的原则返还所获得的全部彩礼。

2. 一般赠与说

一般赠与说又称所有权转移说,该说认为,给付彩礼属于一般性的赠与,赠与人将彩礼交予受赠人开始,除赠与的财产需依法办理登记手续的,一般的动产自交付时起所有权即转移。因此,当男女双方解除婚约或者离婚后,赠与人要求返还彩礼的,因受赠人已享有彩礼的所有权,故法院应判决驳回赠与人的诉讼请求。

3. 目的赠与说

目的赠与说是指赠与人为达成某种期待的目的和结果而发生的赠与。该说认为,男女双方中的一方向另一方交付彩礼,是基于双方曾订立的婚约而产生的赠与行为,婚约双方均是以最终能成功缔结婚姻为目的,如果男女双方解除婚约,该目的未能达成,则赠与彩礼的原因不复存在(赠与目的未实现)。也就是说,接受彩礼一方在婚约解除后,其不再享有继续占有彩礼的法律上的依据,那么,依据民法上的公平合理原则应将彩礼恢复到给付之前的状态。婚约关系一旦解除,给付彩礼一方有权向接受方请求退回所赠彩礼,受赠方仍占为己有而拒不返还的,则构成民法上的不当得利,双方之间即产生债权债务关系,受赠方应履行返还彩礼的义务。在赠与彩礼的行为中,虽然财产已经交由受赠人占有,但由于成为财产转移的原因或法律关系未发生(婚约解除,男女双方未结婚),当事人所共同期待的婚姻关系未建立,这就意味着并未达成赠送和接受彩礼的最终目的,接受彩礼一方不具有占有彩礼的法律原因,由此可认为接受的彩礼构成不当得利。

4. 证约定金说

证约定金说是指以定金的交付作为合同成立的证明,此类定金不是合同成立的条件,而仅仅是以证明合同成立为目的。该观点主张婚约是一种民事合同,其目的是担保男女双方将来的婚姻能够成功缔结,适用定金的相关规定。如果出于赠与人的原因导致婚姻缔结不成的,则无权要求彩礼的返还;如是受赠方的责任,则需返还双倍的彩礼。

5. 附义务赠与说

附义务赠与说是指受赠人在接受赠与的同时负有一定的义务。该学说认为,彩礼的给付是一种赠与行为,受赠方负有与赠与人缔结婚姻的义务。支撑该学说的依据是《合同法》第190条:"赠与可以附义务,赠与附义务的,受赠人应当按照约定履行义务。"第192条:"受赠人有下列情形之一的,赠与人可以撤销赠与……(三)不履行赠与合同约定的义务。"因此,该说认为,受赠人在接受彩礼后,拒绝履行与赠与人缔结婚姻的义务时,有请求受赠人依据赠与合同的约定履行该义务的权利。如果受赠人拒绝履行该义务,则赠与行为失去法律效力,所获得的彩礼退还给赠与人。

6. 附条件赠与说

该说认为彩礼的给付不是普通的赠与,而是一种附条件的民事法律行为,包括附生效条件的赠与和附解除条件的赠与。这里的"生效条件"指的是"婚姻成就时",也就是说,男女双方结婚时赠与才生效,此前赠与的彩礼的所有权并未归受赠人所有,而仍掌握在赠与人手中,只有男女双方成功地缔结婚姻时,赠与物的所有权才转移至受赠人。

本书认为,彩礼是附解除条件的赠与。根据对以上各学说进行比较和分析,附解除条件赠与说更具有合理性。附解除条件赠与说认为,所附的解除条件为婚约的解除,但此种表述不是很准确,不应以婚约解除为条件,而应表述为以"婚姻生活目的未达成"作为解除的条件。如前所述,婚约一般定义为:男女双方为缔结婚姻而事先作出的约定,婚约成功订立的形式与条件就是彩礼的给付。婚约的履行即婚姻的最终缔结,我们认为,彩礼给付的最终目的是男女双方结为夫妻并共同进行长期而稳定的婚姻生活。因此,彩礼所附的解除条件应是男女双方未能登记结婚亦未共同生活(婚姻生活目的未达成),而不能仅仅限于是否办理了登记手续。

(二)彩礼的认定和范围

从目前地方法院的司法实践来看,对具体案件中金钱、实物的给付是否构成彩礼,一般认为,应结合当地的具体情况以及客观案情进行认定。如果当地有彩礼给付的习俗,且给付的金钱数额较大,或者给付的实物价值较高,均可以认定为彩礼。因此,彩礼须具备以下五个特征:

1. 依习俗给付。如果当地没有给付彩礼的习俗,一方起诉要求返还彩礼的,不能适用司法解释(二)第10条规定予以支持,只能按照赠与进行处理。①

2. 价值较大。彩礼一般为数额较大的金钱或者价值较高的财物。数额是否较大需从当地经济状况出发进行认定。如河南省周口市中级人民法院认为"数额较大"一般指500元以上的现金或价值500元以上。② 江苏省高院认为礼金或礼物价值在2000元以上的认定为彩礼,各地亦可灵活调整。③ 姜堰市人民法院也规定为2000元。④

3. 给付的目的是缔结婚姻关系。据此,多数法院规定,双方结婚或未办理结婚登记手续而同居,共同生活2年以上,一方起诉要求返还彩礼的,一般不予支持。恋爱中一方赠与另一方的财物亦不属彩礼。

4. 给付人并非自愿。如婚约中财物的给付是完全出于一方自愿,应认定为一般赠与行为,给付人要求对方返还的,不予支持。

5. 给付和接受彩礼的当事人有特定性。给付方大多是男方或男方的近亲属,接收方往往是女方及其父母,因此这些人均可成为返还彩礼诉讼的当事人。但如果是第三人如媒人接受的财物,一般不宜认定为彩礼。

根据上述特征,订立婚约的男女双方及各自父母以男女双方结婚为目的,在婚约期间与结婚时向对方赠送的下列财产一般应认定为彩礼:(1)现金、金银首饰、电器、通信工具、交通工具、生产工具以及不动产等贵重物品。(2)具有特殊意义的赠与物,即对于给付人或整个家族来说,具有极特殊的意义,无论该赠与物的价值大小均无法替代。比如传家宝、长辈传下来的定情信物等。(3)婚约男女以外的第三人赠与的意在用于婚后所用的财物。

下列财产不属于彩礼:(1)婚约男女双方互相赠送的一般物品,主要指基于自愿行为给付的价值不大的生活用品。如一方送对方的烟、酒、食品、衣物等易损耗的日常用品,请客花费以及赠送的价值较小的定情信物等,都不认定为彩礼。(2)一方为另一方所付出的劳动。(3)"借婚姻索取财物""包办买卖婚姻"中所涉财物。(4)双方平时逢年过节等正常人情往来所涉财产。

(三)彩礼返还的诉讼主体

实际生活中,给付方在订婚前往往与父母同住、经济不独立,大多是其父母为之操办彩礼,并且彩礼有可能交付给女方本人或其父母,因此发生彩礼返还的纠纷时,只列婚约的男

---

① 上海、江苏高院均有类似的规定。2004年《上海市高级人民法院关于适用最高人民法院婚姻法司法解释(二)若干问题的解答(二)》;2006年《亳州中院审理婚约彩礼纠纷案件若干问题的指导意见》;2012年《江苏省高级人民法院婚姻家庭案件审理指南》。

② 2008年《河南省周口市中级人民法院关于审理涉及婚约彩礼纠纷案件的指导意见(试行)》。

③ 2012年《江苏省高级人民法院婚姻家庭案件审理指南》。

④ 2004年《姜堰市人民法院婚约返还彩礼纠纷案件裁判规范意见》。

女双方为诉讼主体,抑或列彩礼的实际给付方与接受方为主体,现行法律并未明确。司法实践中,有的法院认为,如果双方已办理结婚,则应以婚姻当事人为彩礼的返还义务人,不列彩礼的实际收受人为第三人。若尚未办理结婚登记手续,应以实际收受方(包括女方)为当事人。[1] 也有法院认为,彩礼的给付人给付的是自己个人财产,接受人接受的彩礼未用于家庭生活消费,彩礼成为接受人的个人财产,诉讼主体可列男女本人。给付的是家庭共同财产,接受彩礼是以家庭方式出现的,诉讼主体可列包括男女本人和双方的家庭成员。[2]

本书认为,返还彩礼纠纷中应以实际的给付和接受主体为诉讼主体,而不能仅以男女双方为诉讼主体。如果彩礼的给付人与收受人涉及男女双方的近亲属的,也应列为共同的原告和被告。

(四)"共同生活、生活困难"的认定标准

属于以下情形的,可以认定为共同生活:(1)连续同居生活3个月以上的;(2)双方因客观原因异地生活,同居时间虽未满3个月,但一方尽了主要家庭义务(如赡养义务)的。"一方生活困难"应理解为"依靠个人财产和离婚时分得的财产无法维持当地基本生活水平"。具体认定时应根据给付彩礼的数额、给付人的生活来源、当地生活水平等因素综合考虑,可参照当地最低生活保障标准合理确定。

(五)明确诉讼时效

根据不同情况的彩礼返还纠纷,讨论时效的起算点也不相同:第一,男女双方未办理结婚登记手续亦未同居生活的,诉讼时效期间起算点应为双方婚约解除时。第二,男女双方未办理结婚登记手续而在一起共同生活的,从解除婚约并分居时起算。第三,男女双方离婚后的彩礼纠纷起算点应为离婚之日。第四,对于婚姻关系被撤销或婚姻关系被确认无效的,应从被撤销之日或被确认无效之日起算。

(六)彩礼返还规则

彩礼返还时,应尊重民间习俗,基于公平原则,结合当事人同居时间长短或者结婚时间长短、双方的家庭状况、财产用途去向、有无子女、当地经济条件等具体情况,酌情全部或者部分返还。司法实践中,某些法院的做法值得推广。如亳州市中级人民法院认为:(1)双方未办理结婚登记手续且未同居生活的、办理结婚登记手续但未共同生活的,一方起诉要求返还彩礼的,原则上另一方应全额返还。若因彩礼给付人一方原因导致离婚或婚约解除,可酌情予以返还,但返还数额一般不应低于彩礼总额的70%。(2)双方未办理结婚登记手续而同居生活,一方起诉要求返还彩礼,同居1年以内的,返还彩礼数额不超过彩礼总额的40%;同居1年以上2年以内的,返还彩礼数额不超过彩礼总额的20%。若因彩礼给付人一方原因导致婚约解除,返还彩礼的数额可比照前款规定的数额适当减少,但减少的数额一般不超过彩礼总额的10%。若因彩礼接受人一方原因导致婚约解除,返还彩礼的数额可比照第一款规定的数额适当增加,但增加的数额一般不超过彩礼总额的10%。双方对于婚约解除均有过错的,确定返还彩礼的数额时应比较双方的过错大小,一方过错明显大于另一方的,可比照第一款规定的数额适当增加或减少返还数额,但增加或减少的数额一般不超过彩

---

[1] 2005年《江苏省高级人民法院关于适用〈中华人民共和国婚姻法〉及司法解释若干问题的讨论纪要》。

[2] 2006年《亳州市中级人民法院审理婚约彩礼纠纷案件若干问题的指导意见》。

礼总额的 5%。若女方在同居期间怀孕或流产,彩礼给付人要求返还彩礼的,可根据前四款的规定确定返还数额后再适当减少返还数额,但多次减少的数额一般不超过彩礼总额的 15%。(3)婚前给付并导致给付人生活困难,一方起诉要求返还彩礼,结婚 1 年以内的,返还彩礼的数额不超过彩礼总额的 50%;结婚 1 年以上 2 年以内的,返还彩礼数额不超过彩礼总额的 30%。若因彩礼给付人一方原因导致离婚,返还彩礼的数额可比照前款规定的数额适当减少,但减少的数额一般不超过彩礼总额的 10%。若因彩礼接受人一方原因导致离婚,返还彩礼数额可比照第一款规定的数额适当增加,但增加的数额一般不超过彩礼总额的 10%。双方对于离婚均有过错的,确定返还彩礼数额时应比较双方的过错大小,一方过错明显大于另一方的,可比照第一款规定的数额适当增加或减少返还数额,但增加或减少的数额一般不超过彩礼总额的 5%。①

此外,彩礼返还还应考虑其他因素:(1)考虑彩礼的使用消耗情况。若彩礼已消耗应排除在外;若彩礼已转换为夫妻共同生活的财产,则在离婚时将彩礼的返还与分割共同财产一并考虑,在分割中体现彩礼的返还。(2)考虑女方回赠财物的情况。在男方给付彩礼之后,女方一般也会按照当地的风俗习惯,向男方及其父母回赠一定数额的财物,在男方要求返还彩礼时,应从彩礼中扣除女方回赠的财物的相应价值。(3)考虑给付家庭的经济状况。

第三节　结婚条件

家庭是社会的细胞,家庭的稳定关系到社会的稳定,婚姻是家庭的基础,故各国法律都把婚姻作为该国的重要法律制度加以确认,通过各种法律手段干预婚姻问题。古今中外各国,无一不对婚姻行为进行干预、审查和监督,而其干预、审查、监督的主要手段就是用法律规定婚姻成立必须具备的要件,即结婚条件。

一、结婚必备条件

根据我国婚姻法的规定,结婚必须具备以下条件。

(一)结婚须男女双方完全自愿

我国《婚姻法》第 5 条规定:"结婚必须男女双方完全自愿,不许任何一方对他方加以强迫或任何第三者加以干涉。"这一条件是婚姻自由原则的具体体现,包括以下三层含义:

1. 结婚不应附加任何条件,即婚姻应当以爱情为基础,而不应该以对方钱财、外貌、地位作为基础。

2. 男女双方完全自愿,不是一厢情愿,无须他人同意,不是勉强同意。不得委托代理。但某些国家规定,委托代理可以因为军事任务、疾病、远离等事由而发生的。

3. 结婚当事人必须具有结婚的行为能力和无婚姻障碍。凡是没有达到法定婚龄的人、丧失行为能力的人以及有其他婚姻障碍的人所作出的同意结婚的意思表示,都是属于无效的。婚姻当事人意思表示必须真实。如欺诈、胁迫、重大误解导致有错误的意思表示,其婚姻意思受到不法干涉而有瑕疵,所以不产生同意的效力。

---

① 2006 年《亳州市中级人民法院审理婚约彩礼纠纷案件若干问题的指导意见》。

世界各国均认同,结婚是一种确立夫妻关系的身份行为,因而只有具有身份行为的效力意思即婚意才可成立婚姻。合意婚是婚姻史上的重大进步,它使当事人真正成为婚姻的主体,享有自己支配婚姻的权利。在罗马法中就将婚意作为婚姻的成立要件,1804 年《法国民法典》亦规定:"未经合意不得成立婚姻",即所谓"实际上不是结合而是婚意构成婚姻"。

合意即同意结婚的意思表示必须真实。对于有重大瑕疵的意思表示,视为意思表示不真实。如双方通谋所作的意思表示视为意思表示虚假,因胁迫、恐吓、暴力干涉所作的意思表示视为意思表示不自由,因受欺诈或出于重大误解作出的意思表示视为意思表示错误。这些均可以导致瑕疵婚姻。如《德国民法典》第 1317 条规定,受欺诈或受胁迫方有权申请撤销婚姻。英国 1973 年《婚姻诉讼法》第 12 条列举"缺乏同意的婚姻"为可撤销婚姻的情形之一。《日本民法典》第 747 条第 1 款规定:"因欺诈、胁迫而结婚者,可以请求法院撤销其婚姻。"《瑞士民法典》第 120 条第 2 款规定,结婚时配偶一方患有精神病,或者由于某种持续存在的原因而无判断能力的婚姻无效。《瑞士民法典》第 124 条至第 126 条规定,因误解、欺骗、胁迫而缔结的婚姻为可撤销婚姻。

婚姻的合意须通过它的外部表示——"婚姻待遇",即在所有形式方面以夫妻相互对待,以使配偶双方在社会上被看作夫妻,它使妇女获得丈夫的社会地位和妻子身份。如果缺乏婚意,则不构成婚姻。结婚的合意应采用一定方式为外界所知晓,否则婚姻亦不能成立。如《俄罗斯家庭法典》规定双方同意结婚的意思表示必须在结婚申报机关或其主管官员处作出明示。《德国民法典》第 1310 条规定结婚必须由结婚人在户籍官员面前声明相互结婚之意愿。某些国家除进行口头意思表示外,还须以书面方式或证人到场的方式,显示双方所作同意结婚意思表示的郑重性。如《澳门民法典》第 1491 条、第 1492 条规定,结婚双方之结婚意思,仅在有 2 名证人到场的公开仪式上作出方为有效。

(二)结婚必须达到法定婚龄

法定婚龄是指法律规定允许结婚的最低年龄,是结婚年龄的下限,即到达法定婚龄始得结婚,未达法定婚龄不得结婚。我国《婚姻法》第 6 条规定:"结婚年龄,男不得早于二十二周岁,女不得早于二十周岁。晚婚晚育应予鼓励。"这一规定,既考虑了青年身心发育程度,学习、就业情况和独立生活的条件,又考虑了推行计划生育、控制人口数量和提高人口素质的要求。

从历史的角度而言,不同的历史时期、不同的国家对法定婚龄的规定差异也相当大,但总体的趋势是古代偏低,而近现代有所提高。如古罗马《查士丁尼法典》规定男 14 周岁、女 12 周岁,我国西周时规定男子 20 周岁、女子 15 周岁,而唐以后一般都维持在男 15～16 周岁,女 13～14 周岁。现代社会大部分国家规定男 18 周岁,女 15～16 周岁。也有低婚龄国家,如墨西哥、葡萄牙,男子 16 周岁、女子 14 周岁;阿根廷、西班牙、希腊等国则是男子 14 周岁、女子 12 周岁。大多国家即便规定有法定婚龄,也许可在低于法定婚龄的情况下,向法定机关申请批准结婚的制度。一旦获得批准,就可以结婚,如经过国王、总统特许,或者是经过监护法院或者法官、检察官的特许;或者是经过父母、祖父母的特许等。

各国在规定法定婚龄时,主要考量两个因素:(1)自然因素,即人的身心发育程度,还包括一定地区的气候、地理条件。婚姻是男女两性的结合。人只有达到一定的年龄,才具备适婚的生理和心理条件,才能对婚事作出理智的判断和决定,才能在婚后担负起对配偶、对子女的权利和义务。以人的生理成熟年龄作为法定婚龄是古代亲属法的特点,那时的法定婚龄都比较低。(2)社会因素,即一定的生产方式以及与之相适应的社会条件。一定时期的人口状况、人口政策,以及历史传统、风俗习惯等,无不对法定婚龄起着不同程度的影响。如我国封建社会的生产方式和自然条件,作为家庭必须不断补充劳动力。就制度来看,封建政权不仅需要充足的兵源,而且需要大量可供驱使的役丁,早婚可以巩固和发展封建政权和家族利益。就思想来看,长期占据统治地位的儒家思想一直将"不孝有三,无后为大"奉为信条。因此,法定婚龄普遍都比较低,而现阶段强调计划生育,相应地,现行法定婚龄也相对高一些。不过,目前已有不少学者提出"降低法定婚龄"的建议,[①]认为降低法定婚龄可以提高生育意愿,满足个人生理、心理需求,促进未婚男女择偶优势发挥,减少个人生育支出和风险,发挥夫妻婚后照顾子女的能力,符合我国早婚的民俗习惯。[②] 也有学者认为在我国当前的现实情况下,降低法定婚龄并不能起到调节生育和优化人口结构的作用,宜暂缓实施。[③]

(三)符合一夫一妻制

申请结婚的当事人必须处于非婚姻关系状态,这是我国一夫一妻制原则的要求,为结婚的实质要件之一。我国《婚姻登记条例》第 6 条规定:"办理结婚登记的当事人有下列情形之一的,婚姻登记机关不予登记……(三)一方或者双方已有配偶的……"它要求缔结婚姻的双方当事人必须是未婚者、丧偶者或者离异者。任何人在其配偶死亡或离婚前再行结婚,均构成重婚。

重婚作为结婚的禁止条件是现代各国婚姻家庭立法的通例,无论大陆法系还是英美法系国家对此均有明确的规定。如德国民法典将重婚作为禁止结婚的首要条件,规定在愿意相互缔结婚姻的二人中之一人和第三人之间存在婚姻或同性伴侣关系的,不得缔结婚姻。美国统一结婚离婚法也将一方尚未离婚而又与他人结婚作为禁止结婚首要条件。但当代,世界上仍有少数国家基于宗教等原因在法律上允许一夫多妻制,如巴基斯坦等国家。

二、结婚禁止条件

禁止结婚的要件,是指法律规定在何种情况下不允许结婚。意图结婚的当事人若具备其中任何一种情形时,法律便限制其结婚的权利。我国《婚姻法》规定"禁止一定范围内的亲属结婚"和"禁止患一定疾病的人结婚",目的是从社会利益和优生优育角度出发,保护当事人及其子女的利益,从而维护社会和国家的利益。

(一)禁止一定范围内的亲属结婚

禁止一定范围内的亲属结婚,作为古今中外结婚立法的通例,主要是基于自然选择规律的作用、遗传学与优生学的原理及伦理道德观念的要求。如摩尔根曾指出,没有血缘关系的氏族之间的婚姻,会创造出在体质上和智力上都更加强健的人种。但各国对禁止一定范围内的亲属结婚的规定存在一定的差异。如日本、英国、匈牙利、瑞士、秘鲁等国规定三亲等以内的旁系血亲不得结婚;美国 29 个州则限定四亲等的旁系血亲不得结婚;罗马尼亚、保加利

---

① 如人口学者何亚福、全国人大代表黄细花均建议,将男性和女性的法定结婚年龄都降至 18 周岁。

② 沈剑.降低法定婚龄的可行性分析:基于保护"民本"的法社会学视角[J].兰州学刊,2013(3):160-163.

③ 高颖,张秀兰.降低法定婚龄适时可行吗:基于北京市近年初婚年龄的实证研究[J].北京师范大学学报(社会科学版),2012(11):96.

亚等国则禁止五亲等的旁系血亲不得结婚;我国《婚姻法》第 7 条第 1 款规定:直系血亲和三代以内旁系血亲之间不得结婚。对我国婚姻法的规定有以下理解与探讨:

1. 禁止一定范围内血亲结婚

(1)禁止自然直系血亲间结婚,即自然直系血亲,不论亲等远近,一律不得结婚,这是各国立法的通例,我国亦不例外。

(2)对于法律拟制的血亲是否可以结婚的问题,大部分国家有明文规定,如《德国民法典》第 1308 条规定:"(1)因收养而形成本法第 1307 条所指的亲属关系的人之间不应结婚。此规定不适用于收养关系已经解除的情形。(2)倘若申请人与将成为其配偶之人系因收养而形成旁系亲属,经申请,家庭法院可以免除对上述规定的遵守。如果存在反对结婚的重大理由,即不应予以免除。"日本禁止因收养而形成的直系血亲、直系姻亲结婚,其民法典规定"养子女及其配偶、养子女的直系卑亲属及其配偶,与养父母及其直系尊亲属间,即使在收养关系终止后也不得结婚"。

可见,各国和地区基本从两个角度对此问题进行规定:一是绝大部分国家禁止拟制直系血亲结婚,但对于拟制旁系血亲能否结婚,有不同的规定。如法国、瑞士、德国规定,养亲的禁婚范围与自然血亲的禁婚范围完全相同。如根据德国民法的规定,因收养而形成的拟制直系亲属、被收养人与收养人的子女之间不得结婚。养兄弟姐妹之间如得到家庭法院的许可,可以结婚。意大利禁止因收养而形成的直系血亲、直系姻亲以及养兄弟姐妹结婚。俄罗斯仅禁止收养人与被收养人之间结婚。二是拟制血亲关系解除后能否结婚,有不同的规定。如德国和我国台湾地区允许,而日本则不允许。

我国婚姻法虽未明文禁止拟制的直系血亲结婚,但从学理而言,养父母和养子女、继父母和受其抚养教育的继子女之间的权利和义务,适用法律关于父母子女关系的有关规定,因而禁止结婚的规定仍然应适用于拟制直系血亲。此外,从养子女和受抚育的继子女的利益来看,禁止拟制血亲之间通婚,也可以防止养父母或者继父母利用抚养和被抚养的特殊关系逼婚。故无论是考量法理还是子女利益优先原则,均不允许法律拟制的直系血亲结婚。如果拟制直系血亲关系依法解除,当事人能否结婚,大部分学者予以否认,也有学者认为此时"表明当事人不欲维持此种关系,在此种情况下双方结婚应不再受限"。[①] 而对于拟制的旁系血亲,如养兄弟姐妹之间、继兄弟姐妹之间,只要不存在三代以内的旁系血亲关系的,应尊重习俗,允许结婚。

(3)禁止结婚的旁系血亲范围,德国、俄罗斯均不禁止三亲等及其以上的旁系血亲结婚。法国、意大利、瑞士、日本仅禁止三亲等以内的旁系血亲结婚。各国在立法形式上有概括主义和列举主义两种。如日本采取的是概括主义的立法模式,《日本民法典》第 734 条规定,三亲等以内的旁系血亲不得结婚,但是没有具体列出哪些旁系血亲间不能结婚。而瑞士民法直接列举,全血缘或者半血缘的兄弟姐妹间,以及伯、叔、舅、姨夫、姑父与侄女、甥女间,伯母、叔母、舅母、姑、姨与侄、甥间,不问是婚姻还是因收养而构成亲属的,不准结婚。

我国婚姻法禁止三代以内的旁系血亲结婚,但并未进行列举。一般而言,三代以内的旁系血亲,包括:①同源于父母的兄弟姊妹,含同父异母、同母异父的兄弟姊妹。②同源于祖父母、外祖父母的表兄弟姐妹和堂兄弟姐妹。即己身和父母的兄弟姊妹的子女不得结婚。③

---

①　张毅辉.论禁婚亲[J].法学论坛,2003(9):58.

叔、伯、姑、舅、姨与侄子(女)、外甥子(女)不得结婚。

对于表兄弟姐妹能否结婚的问题,许多国家并不禁止。如美国 18 个州不禁止表兄妹结婚,包括加利福尼亚、阿拉斯加、纽约、佛罗里达、夏威夷等,其堂表兄妹结婚占总人口0.1%;日本也完全不禁止,堂表兄妹结婚占总人口 0.4%;大部分阿拉伯国家如以色列、巴基斯坦、土耳其等国家均不禁止。沙特阿拉伯、巴基斯坦、伊拉克等国中表婚超过 30%。我国历史上也曾有过"中表婚""亲上加亲"的通婚习俗。我国有学者基于社会诉求,考察我国历史和他国现状,主张对表兄弟姐妹之间应禁止生育而不是禁止结婚,即在允诺不生育[①]或者丧失生育能力的,应允许结婚。[②]

2. 对于姻亲间结婚的限制

对直系姻亲,德国、俄罗斯均不禁止其结婚。法国、意大利、瑞士禁止直系姻亲结婚,在产生姻亲关系的婚姻终止后,这种禁婚效力并不终止。但法国、意大利规定在一定条件下可以取消对直系姻亲之间婚姻的禁止,准许其结婚。日本法律上还规定即使在作为中介的婚姻关系解除或婚姻关系当事人一方死亡,也不能结婚。

对旁系姻亲是否禁止结婚各国的规定有所不同。德国、俄罗斯、日本均不禁止。法国、瑞士、秘鲁等国禁止姨夫、姑父与侄女、外甥女以及伯母、叔母、舅母与侄、外甥等三亲等旁系姻亲结婚,但不禁止二亲等旁系姻亲结婚;意大利规定二亲等旁系姻亲之间,姨父、姑父与外甥女之间,舅母、伯母、叔母与外甥、侄子等三亲等的旁系姻亲之间禁止结婚。但法国、意大利分别对此限制规定在一定条件下可以免除。

我国婚姻法中虽没有明确规定禁止直系姻亲间结婚,但在 1953 年 7 月《最高人民法院中南分院关于"公公与媳妇"、"继母与儿子"等可否结婚问题的复函》规定,"这些人之间虽无禁止结婚的明文规定,为了照顾群众影响,以及防止群众思想不通,因而引起意外事件的发生,最好尽量说服他们不要结婚;但如果双方态度坚决,经说服无效时,为免发生意外,当地政府也可斟酌具体情况适当处理(如劝令他们迁居等)"。至于旁系姻亲,应尊重习俗,允许丧偶的旁系姻亲结婚。

3. 禁婚亲发展新趋势

多数国家关于禁婚亲的范畴有一些共同的特点:一是旁系血亲只禁到三亲等,堂表兄弟姐妹之间不禁;二是对收养形成的亲属关系的禁婚作了明确的规定;三是规定了对一些姻亲关系、收养关系甚至是三亲等的旁系血亲可因重大原因或合理原因经准许不受禁婚限制。同时,禁婚亲的要求也呈现出放松的现象,这主要表现在两个方面:一是对一定范围的近亲结婚有豁免处理。如《法国民法典》第 164 条规定,对在原有婚姻关系的人死亡的情况下,直系姻亲之间的婚姻,共和国总统得以特别重大之原因取消禁止。《瑞士民法典》第 100 条则规定:"住所所在地的州政府,经慎重考虑认为正当时,可允许收养亲属之间的婚姻;但直系的收养亲属除外。"《意大利民法典》第 87 条也有这类豁免性的规定。二是取消了一些近亲结婚的限制。如 1975 年《法国民法典》废止了"在产生姻亲关系的婚姻因离婚而解除时,同亲等的姻亲之间,亦禁止结婚"[③]。

① 刘闻敏.关于禁止近亲结婚规定的法理学思考[D].合肥:安徽大学,2010:32.
② 林清梅.论我国禁婚亲制度的完善[D].北京:中国政法大学,2011:19-20.
③ 张毅辉.论禁婚亲[J].法学论坛,2003(9):55.

(二)禁止患一定疾病的人结婚

我国《婚姻法》第7条规定,患有医学上认为不应当结婚的疾病的,禁止结婚。对于哪些疾病属禁止结婚的范畴,婚姻法并未明确规定。从历史上看,1950年婚姻法曾规定,有生理缺陷不能发生性行为者以及患有性病或精神失常未经治愈者、患麻风病或其他医学上认为不应当结婚的疾病者不能结婚。1980年婚姻法改为,患麻风病未经治愈者或其他医学上认为不应当结婚的疾病者,禁止结婚,均采用了例示性规定和概括性规定的结合。2001年修订婚姻法时,考虑到医学水平的提高,麻风病已不再是不治之症,故只采取了概括式规定,而具体范畴,现一般认为应根据《母婴保健法》的规定,包括以下五种:(1)处于发病期间的精神分裂症、精神抑郁症或狂躁抑郁症等。(2)性病患者未经治愈者。包括未经治愈的梅毒、淋病、艾滋病等。(3)重度智力低下,也就是痴呆症患者。(4)正处于发病期间的法定传染病。如甲型肝炎、开放性肺结核等疾病为典型的传染病。(5)严重遗传性疾病,是指由于遗传因素先天形成,患者全部或者部分丧失自主生活能力,后代再现风险高,医学上认为不宜生育的遗传性疾病。

通过自愿婚检或强制婚检制度,如发现以上范畴的疾病,医生可以作出不许结婚;暂缓结婚;可以结婚,但不许生育;可以结婚,但需限制生育等建议。[1] 婚前患有以上疾病,婚后尚未治愈的,构成无效婚姻。婚后患有疾病,则按离婚处理。随着医学技术的进步、社会观念的更新,"疾病"作为禁婚要件越来越受到质疑。有学者提出,婚姻的生育功能式微,如果申请当事人均对对方生理状况知情并坚持结婚的,法律应该允许。[2]。有学者认为,"疾病"不是单独影响婚姻效力的原因,并不必然导致婚姻无效,"疾病"对婚姻的效力的影响应细化为三种:第一,如果当事人因患有精神病而导致无民事行为能力或缺乏相应的行为能力时,婚姻无效;第二,如果婚姻当事人对疾病构成欺诈,影响对方当事人对于是否结婚的判断时,对方当事人可以提出婚姻的撤销;第三,如不存在上述情况,"疾病"只能作为"感情确已破裂"的理由,从而提出离婚诉讼。[3]

第四节　结婚程序

一、结婚程序的概念及其类型

结婚程序或称结婚的形式要件,是指法律规定的缔结婚姻所必经的方式。符合结婚实质要件的人,只有履行法定的结婚程序,其婚姻关系才能发生相应的法律效力。从不同的历史时期和不同国家的法律规定来看,结婚程序有:仪式制、登记制、登记与仪式结合制、公告

---

[1]　具体可参见卫生部1986年7月21日颁布的《异常情况的分类指导标准(试行)》。

[2]　如张迎秀认为,有生理缺陷未经治愈以致影响正常夫妻性生活的人,除申请结婚时双方均已知道对方生理状况并坚持结婚的以外,禁止结婚。张迎秀.完善我国禁止结婚条件的立法建议[J].新疆公安司法管理干部学院学报,1998(8):27.

[3]　孙若军.疾病不应是缔结婚姻的法定障碍:废除《婚姻法》第7条第2款的建议[J].法律适用,2009(2):68;蒋鹏然.论"疾病"在婚姻关系中的法律效果:兼论我国禁止结婚疾病的存废[D].上海:华东政法大学,2010:31.

制等四种类型。

（一）仪式制

仪式制是指以举行结婚仪式为婚姻成立的形式要件。现仍为西欧、北美一些国家所采纳。其包括三种仪式：一是宗教仪式。当事人应将结婚之事在本地教会中预先公告，结婚须举行一定的宗教仪式，婚礼由神甫主持，当事人要在神职人员面前宣誓并接受其祝福，在教区簿里登记，妻子取得丈夫的姓，婚姻始告成立，如西班牙、希腊、葡萄牙等国。二是世俗仪式。即按照民间习俗，在主婚人和证婚人的主持下举行的结婚仪式，它反映着民族和地域的文化传统。如我国台湾地区仍用世俗仪式作为结婚法定程序。三是法律仪式。即该仪式须依照法律的规定，在政府官员的主持与参与下举行结婚仪式，这种仪式更能体现国家与政府对婚姻的管理与监督。如我国澳门地区的《澳门民法典》第 1490 条、第 1491 条规定"结婚须公开，且按民事登记法律所定之形式为之。结婚必须由民事登记法律规定的具有主持结婚行为职权之人主持"。有些国家采宗教仪式与法律仪式双轨制，当事人可择一适用，均有法律效力，如英国、丹麦等国。

（二）登记制

登记制是指依法办理结婚登记，其是婚姻成立的唯一形式要件。它要求结婚的当事人须向婚姻登记机关提出结婚申请，接受婚姻登记机关的审查，履行登记手续，婚姻关系即告成立。至于是否举行结婚仪式，举行何种仪式，法律在所不问。登记制体现了国家与政府对结婚行为的监督与管理，现仍为许多国家所采纳。如日本、蒙古国、朝鲜、古巴、墨西哥等国均采取单一登记制。

（三）登记与仪式结合制

既要求婚姻当事人依照法定条件和程序办理结婚登记，又要求当事人举行法定的结婚仪式，两个程序完成后，婚姻始得成立。有的国家是仪式在先，登记在后；有的则是登记在先，仪式在后。采用这一制度的国家有法国、美国部分州、罗马尼亚等国。

（四）公告制

公告制是行政官员得到结婚申请后，在市政厅前张贴布告，写明婚姻当事人的姓名、住所以及婚姻地点。公众如知道当事人有结婚障碍的，可对双方婚事提出异议，经调查否决，即可在身份官员主持下，宣布婚姻有效，发给结婚证书。如《法国民法典》第 63 条至第 67 条、第 165 条、第 166 条规定"结婚应当公告。公告的地点可以在结婚地的市政府、双方各自住所地的市政府，没有住所地的，也可以在各自居所地的市政府。公告期为 10 天，10 天届满后，无人提出异议的，应在夫妻一方的住所地或居所地的市镇行政区的户籍官员面前举行公开仪式"①。

以上形式，无一例外都是采用一定的方式将结婚的合意以公示的方式为外界所知晓，以实现婚姻公示的目的。无论采取哪一种公示方法，原则上当事人必须亲自到场，不得委托代理。但也有一些国家规定允许通过授权的方式代理作出结婚的行为，如《美国统一结婚离婚法》第 206 条规定，如果一方不能出席结婚仪式，其可以以书面形式委托第三者代理。如仪式主持人认为缺席一方的确无法出席，他可以主持由代理人参加的仪式。如主持人不同意这样做，结婚双方可以请求法院发布命令准许用代理方式举行仪式。

---

① 罗结珍.法国民法典[M].北京:中国法制出版社,1999:43-44,64.

二、我国婚姻登记制度

我国《婚姻法》第 8 条规定:"要求结婚的男女双方必须亲自到婚姻登记机关进行结婚登记。符合本法规定的,予以结婚登记,发给结婚证,取得结婚证,即确立夫妻关系。未办理结婚登记的,应当补办登记。"由此,我国实行的是单一的登记制,要求结婚的双方当事人必须到婚姻登记机关申请结婚登记,接受法定机关的审查。审查合格即发给结婚证书,婚姻关系正式确立,而无须举行结婚仪式。

从历史上看,我国先后在 1950 年、1980 年及 2001 年的修正案中均明确要求结婚要进行结婚登记,1955 年、1980 年、1985 年的《婚姻登记办法》,1994 年的《婚姻登记管理条例》,2003 年的《婚姻登记条例》均对婚姻登记的机关、程序等有关事项作了明确的规定。我国一贯践行的婚姻登记做法,对于保障婚姻自由、防止包办买卖婚姻和其他干涉婚姻自由行为的发生;保障一夫一妻制,防止重婚;保障男女双方和后代的身体健康,防止早婚、近血亲结婚和患有禁止结婚疾病或暂缓结婚疾病的人结婚,从而维护法律的严肃性,巩固社会主义的婚姻家庭制度起到一定的积极作用。

(一)结婚登记的机关和程序

1. 结婚登记的机关

根据 2003 年《婚姻登记条例》的规定,中国公民在中国境内要求结婚、离婚、复婚的,必须进行登记。我国办理结婚登记的机关是婚姻登记管理机关。婚姻登记管理机关在城市是县级人民政府民政部门,在农村是乡镇人民政府。省、自治区、直辖市人民政府可以按照便民原则确定农村居民办理婚姻登记的具体机关。婚姻登记机关的管辖范围,原则上与户籍管理范围相适应。当事人双方应当共同到一方常住户口所在地的婚姻登记机关申请登记。

2. 婚姻登记的程序

婚姻登记的程序包含申请、审查、登记三个步骤。

首先,当事人双方必须亲自到一方户口所在地的婚姻登记机关提出结婚登记请求。结婚申请不适用代理,当事人不能采用委托代理形式或用书面意见来代替自己亲自到场。申请时当事人应持本人的户口簿、身份证、本人无配偶以及与对方当事人没有直系血亲和三代以内旁系血亲关系的签字声明等证件和证明材料。离异的,还须持有效的离婚证件,如离婚证、离婚调解书、离婚判决书等。

其次,婚姻登记机关应对当事人的结婚申请进行审核、查证。审查是结婚登记的中心环节,是申请的继续,登记的基础。婚姻登记机关应当对结婚当事人出具的证件、证明材料进行审查,必要时可以进行调查、询问当事人结婚的意愿等。

最后,对符合结婚条件的当事人进行登记。通过审查,对符合《婚姻法》和《婚姻登记条例》所规定的结婚条件的,应当当场登记。经审查,对不符合结婚条件的结婚申请,不予登记,并说明理由。《婚姻登记条例》第 6 条明确规定了不予登记的五种情况:(1)未达到法定婚龄的;(2)非双方自愿的;(3)一方或双方已有配偶的;(4)属于直系血亲或者三代以内旁系血亲的;(5)患有医学上认为不应当结婚的疾病的。对于复婚或者离过婚的当事人,在发给结婚证的同时,要将其原先的离婚证件注销。

对于涉外、涉港、澳、台地区的婚姻登记问题,《婚姻登记条例》规定中国公民同外国人在中国内地结婚的,内地居民同香港居民、澳门居民、台湾居民、华侨在中国内地结婚的,男女双方应当共同到内地居民常住户口所在地的婚姻登记机关办理结婚登记。

办理结婚登记的香港居民、澳门居民、台湾居民应当出具下列证件和证明材料:本人的有效通行证、身份证,经居住地公证机构公证的本人无配偶以及与对方当事人没有直系血亲和三代以内旁系血亲关系的声明。

办理结婚登记的华侨应当出具下列证件和证明材料:本人的有效护照,居住国公证机构或者有权机构出具的、经中华人民共和国驻该国使领馆认证的本人无配偶以及与对方当事人没有直系血亲和三代以内旁系血亲关系的证明,或者中华人民共和国驻该国使领馆出具的本人无配偶以及与对方当事人没有直系血亲和三代以内旁系血亲关系的证明。

办理结婚登记的外国人应当出具下列证件和证明材料:本人的有效护照或者其他有效的国际旅行证件,所在国公证机构或者有权机关出具的、经中华人民共和国驻该国使领馆认证的本人无配偶的证明,或者所在国驻华使领馆出具的本人无配偶的证明。

3. 登记的效力

婚姻登记的效力是指确立婚姻所产生的法律后果。当事人依法履行了结婚登记手续,取得了结婚证,婚姻正式成立。婚姻宣告成立以后,则产生了相应的法律后果,即婚姻效力。婚姻效力在婚姻家庭法上有直接与间接之分,直接效力是指夫妻间的权利义务关系,间接效力是指基于婚姻而产生或引起的其他亲属间的权利义务关系。婚姻的成立除在婚姻家庭上产生法律效力外,在其他法律部门也有相应的效力产生,如继承法上配偶相互继承权,刑法上的有配偶者与他人结婚构成重婚罪,在诉讼法上配偶可作为当事人的民事代理人和被告人的刑事辩护人等。

4. 关于补办结婚登记的问题

我国《婚姻法》并未将不符合结婚形式要件的婚姻视为无效婚姻,依据《婚姻法》第8条规定"未办理结婚登记的应当补办登记"。根据《婚姻法解释(一)》第4条规定:"男女双方根据婚姻法第8条规定补办结婚登记的,婚姻关系的效力从双方均符合婚姻法所规定的结婚的实质要件时起算。"同时,根据《婚姻法解释(一)》第5条规定精神,对未办结婚登记而以夫妻名义同居生活的情形,应分别认定和处理:一是认定为事实婚姻关系,适用婚姻关系的有关规定;二是认定为同居关系。

三、结婚登记制度的完善

1. 扩大婚姻登记的管辖范围,如内地居民结婚,男女双方既可以共同到一方当事人常住户口所在地婚姻登记机关办理结婚登记,也可以共同到一方当事人经常居住地的婚姻登记机关办理结婚登记;婚姻登记机关到边远地区巡回登记或者设立派出机构就地审查。

2. 建立结婚登记公告制度。所谓结婚登记公告制度,是指当事人向婚姻登记机关提出结婚申请后,婚姻登记机关经过初步审查,对形式上符合结婚实质要件的申请,以公告的方式公布,公告期限届满,如无人提出异议,则认可当事人符合结婚实质要件而给予登记,发给结婚证;如有人提出异议,则待进一步审查后再作出是否给予结婚登记决定的制度。域外一些国家如法国、瑞士、意大利等国的民法典中设有婚姻公告或婚姻预告制度。其内容大体包括:受理婚姻公告的机关和承办人员,婚姻公告的内容、方式、地点、期限和时间效力;婚姻异议权人、婚姻异议的登记与审查权人、婚姻异议的法律后果;以及婚姻公告期限缩短或免除的法定事由等。

3. 结婚登记瑕疵的处理

结婚登记瑕疵是指在结婚登记的过程中欠缺必要形式要件或违反程序性规定的缺陷行为,如非管辖地登记,非本人亲自登记,使用虚假姓名登记或姓名错误、瑕疵证件或声明的登记,非婚姻登记管理人员登记等。根据《婚姻法解释(三)》第1条规定:"当事人以婚姻法第十条规定以外的情形申请宣告婚姻无效的,人民法院应当判决驳回当事人的申请。当事人以结婚登记程序存在瑕疵为由提起民事诉讼,主张撤销结婚登记的,告知其可以依法申请行政复议或者提起行政诉讼。"可见,立法者不认同登记瑕疵为无效婚姻,而是希望通过行政法上的复议程序或诉讼程序,而非民事诉讼程序加以解决。由行政程序解决结婚登记瑕疵问题,其合理性还有待商榷。①

也有学者认为,行政法规没有赋予婚姻登记机关处理婚姻登记瑕疵纠纷的权力,而行政诉讼又无法承担解决婚姻纠纷的任务。一切涉及婚姻成立或不成立、有效与无效的案件,都是典型的民事案件,都应由法院按民事诉讼程序处理,婚姻登记机关不宜,也难以处理此类案件。由登记机关处理,又必然滋生所谓的婚姻行政诉讼案件,造成恶性循环,并制造法院内部民(事)行(政)分离现象。而在民事诉讼中,运用婚姻成立或不成立之诉,可以有效地解决婚姻登记纠纷,并从根本上消灭行政诉讼和法院内部的民行分离现象。②

本书认为,如果该瑕疵涉及结婚的实质要件的,应作无效婚姻或可撤销婚姻处理;而对于存在程序瑕疵的结婚登记来说,可通过民事诉讼程序对当事人的意思表示进行补正。具体而言,当事人双方有共同自愿缔结婚姻的真实意思表示,只是结婚登记程序上存在瑕疵的婚姻,如属于本人同意他人代理结婚登记、借用他人姓名或者身份证以及证件、声明瑕疵中身份出现错误的登记等行为,若没有其他法律障碍,应该认定婚姻成立。能够认定本人真实身份的,婚姻登记机关应该为当事人办理变更登记。若双方没有结婚的合意,应该认定婚姻不成立,而非婚姻无效,主要包括他人冒名顶替登记结婚、包办婚姻等情形。对于非管辖地登记和非婚姻登记管理人员的登记,承认婚姻效力并对相关的责任人员给予行政处分。

第五节　非婚同居与事实婚姻

一、非婚同居

(一)非婚同居关系的概念和构成要件

非婚同居是指均无配偶的两个完全民事行为能力人,未登记结婚而组成具有相对稳定性的共同生活伴侣关系。非婚同居的社会现象在20世纪60年代中后期骤增,很多国家由此在立法和司法中尝试寻找保护同居者权益的方法与途径,并逐渐发展成为较为成熟的非婚同居法律制度。

1. 非婚同居的主体均为无配偶的两个完全民事行为能力人。该主体要件包括以下三

---

① 郭丽恒,李明舜.对婚姻家庭中人身关系规定的几点思考:评析婚姻法司法解释(三)中相关规定[J].中华女子学院学报,2011(4):28.

② 王礼仁.应当适用婚姻成立与不成立之诉解决婚姻登记瑕疵纠纷[J].人民司法,2009(13):56-62.

个方面的内容:第一,同居者之间或同居者与他人之间皆不存在合法有效的婚姻关系。在已经进行同居立法的国家,还要求同居者不能与他人存在非婚同居关系。第二,当事人应具有完全民事行为能力,能独立识别其同居行为的法律后果。非婚同居关系因双方合意而建立,具有完全民事行为能力是意思表示有效性的前提。第三,同居双方的性别在所不问,既可以是异性同居,也可以是同性同居。

2. 主观上具有不登记结婚而共同生活的意思表示,即同居双方有不登记结婚而相互照顾、共同生活的意思表示。

3. 客观上存在相对稳定的共同生活关系。共同生活包括物质生活、精神生活及性生活三个方面的内容。美国新泽西州 2003 年《家庭伴侣法》在序言中指出,非婚同居关系为具有重要人身、感情和经济约束力的关系,且相对稳定。很多国家都以一定的期间作为非婚同居存在和发生效力的必要条件,如丹麦 1968 年《正式同居及其解除草案》第 21 条规定,男女双方年满 21 岁,同居达 3 年,其间无明显中断,任何一方都有权向当局申请其同居关系。英国 1976 年《致命意外事故法》规定,同居者必须与死亡的伴侣共同生活至少 2 年,才能依法主张权利。一般而言,越是将非婚同居与婚姻等同视之的国家,规定的期限越长,赋予同居者的权利义务也越多;而将非婚同居行为与婚姻区别对待的国家,规定较短的时间。共同生活的长期性"能使社会看来,它是稳定的,能证明此种结合是基于爱情的而使此种关系得以充分发展并肯定下来"。它意味着双方要承担起一定的义务和责任,也符合社会伦理的基本要求。如果法律不加以确认,会加剧家庭的不稳定性,由此引发更严重的社会问题。因而,长期稳定的非婚同居不同于短暂的偶合,临时的、不固定的非婚同居虽不为法律所禁止,亦无法律保护的必要。此外,期限的规定可能还基于对单纯以性交易为目的而同居的担忧,此类关系的持续期限远远不及形成共同生活关系所需要的期间。

不少学者认为公开性是非婚同居关系成立的必要条件之一。[①] 因为,身份行为因其公益性而具有宣言性质,仅有当事人的合意是不够的,还应以一定方式为外界所知晓,接受来自社会和公众的监督和认可,持相同观点的学者不在少数。但非婚同居关系在某种程度上是相对隐蔽的,要求公开性既不合理又难以举证。

(二)域外非婚同居立法发展

拿破仑法谚:"同居者无视法律,法律因此也无视他们。"从 1804 年法国制定民法典到 20 世纪后半叶,这一强硬的立法态度一直被欧洲大陆国家所坚定不移地贯彻。然而,至 20 世纪末,非婚同居在全球范围内的发展趋势已使很多国家的法律政策不得不向实用主义倾斜,将关注的视野超脱婚姻的樊篱,开始从立法上对非婚同居进行重新评价。[②] 北欧国家是非婚同居立法的先驱,其中以丹麦和瑞典尤盛。丹麦于 1989 年颁布并实施了《登记伴侣关系法》,成为第一个承认同性同居关系法律地位的国家;瑞典 1987 年通过的《联合家庭法》、1994 年通过的《登记伴侣关系法》,不分性别地适用于所有的事实同居者,为其关系解除、财产分配、共同住宅等事项提供完整的法律依据。其后挪威、冰岛、芬兰纷纷对非婚同居予以

---

① 王薇.非婚同居法律制度比较研究[M].北京:人民出版社,2008:25;张民安.非婚同居在同居配偶间的法律效力[J].中山大学学报,1999(2):97;郑小川,于晶.亲属法:原理·规则·案例[M].北京:清华大学出版社,2006:13.

② 阚凯.非婚同居的法律问题研究[D].哈尔滨:黑龙江大学,2012:163.

法律认可,可以登记为(生活)伴侣关系。这些国家的法律对待非婚同居和婚姻已无二致。同居伴侣间的权利义务、亲子关系方面完全等同,与已婚配偶无实质性区别。

其他欧洲国家回应非婚同居现象的步伐似乎缓慢一些。法国于1999年底在其民法典增设了"紧密关系民事协议",即指两个异性或同性的成年人之间,为组织共同生活而订立的协议,由此非婚同居者可以登记为一种新型的家庭关系,享有并承担已婚者的某些权益和责任。与法国相似,德国于2001年也出台了为非婚同居者谋求某些婚姻权益的登记同居法,但仅适用于同性同居者。英国则通过一系列单行法的修改,以及制定《民事伴侣关系法》,逐渐形成了现今英国非婚同居的立法轮廓。

美洲国家的非婚同居立法也有所建树,加拿大《魁北克民法典》更是直接规定,婚姻、事实结合、民事结合的当事人均可称为配偶。美国各州致力于对现实存在的传统家庭和非传统家庭均予以承认和保护,但政策形式各异,有以宪法诉讼形式推动的同性同居立法,也有旨在赋予非婚同居者某些社会福利的特别法令,同时还存在联邦或各州在住房、保险、税收等特殊单行法中明确规定的反歧视规则。

澳大利亚的新南威尔士州于1984年颁布实施了《事实伴侣关系法》,其他州和地区在新南威尔士州的率先垂范下也先后制定了这类法律。

亚洲和非洲国家的非婚同居立法并不活跃,但也并非没有此类规定。如1987年《菲律宾共和国家庭法》就较完整地规定了非婚同居及其财产的处理;日本民法典与我国的司法解释也涉及非婚同居;埃塞俄比亚民法典在其"人法编"设有一章单独对非婚同居予以规定。

世界各国的非婚同居法律制度主要包括以下四个方面的内容:(1)保护非婚生子女的权益,如在抚养权、继承权、照料权等实体法领域取得了与婚生子女平等的法律地位,如取消"非婚生子女"一词。(2)介入同居终止时的财产关系调整。(3)给予非婚同居者福利待遇,如赋予非婚同居者在社会保险、援助、税收、住房补贴、儿童照料等事项上与已婚者平等的待遇。(4)规范同性同居关系。如北欧国家首先纷纷制定了家庭伴侣关系法,赋予同性同居者联合纳税、医院探访、遗产继承、劳保分享、外籍移民等广泛权利。21世纪以后,更多国家对同性同居者的权益保护做了法律规定。①

(三)我国对同居关系的规制

我国婚姻法并未对非婚同居做体系化的规制,目前明确规定同居关系的,仅限于两种:(1)未婚同居。《婚姻法解释(一)》第5条规定"未按婚姻法第八条规定办理结婚登记而以夫妻名义共同生活",一般指符合结婚的实质要件,但欠缺程序要件的行为。此种同居属自然状态,法律不予介入。(2)婚外同居。《婚姻法解释(一)》第2条规定的"有配偶者与他人同居",指有配偶者与婚外异性,不以夫妻名义,持续、稳定地共同居住。此种同居为法律所禁止。

同居是否解除,人民法院虽不予干涉,但同居期间或同居解除后引起的财产争议和子女抚养问题,人民法院应予处理。

1. 同居引起的财产争议处理。《最高人民法院关于人民法院审理未办结婚登记而以夫妻名义同居生活案件的若干意见》第10条规定,解除同居关系时,同居生活期间双方共同所得的收入和购置的财产,按一般共有财产处理。《婚姻法》第12条规定无效或被撤销的婚姻,自始无效。当事人不具有夫妻的权利和义务。同居期间所得的财产,由当事人协议处

---

① 阚凯.非婚同居的法律问题研究[D].哈尔滨:黑龙江大学,2012:166-172.

理;协议不成时,由人民法院根据照顾无过错方的原则判决。对重婚导致的婚姻无效的财产处理,不得侵害合法婚姻当事人的财产权益。《婚姻法解释(一)》第 15 条规定,被宣告无效或被撤销的婚姻,当事人同居期间所得的财产,按共同共有处理。但有证据证明为当事人一方所有的除外。同居期间为共同生产、生活形成的债权、债务可按共同债权、债务处理,双方均应承担共同返还之责。如为一方的个人债务,则由个人偿还。

2. 同居期间所生子女抚养问题。同居期间所生子女虽为非婚生子女,但根据婚姻法相关规定,享有与婚生子女同等的权利,父母都有抚养的义务。至于子女由谁直接抚养,首先由生父生母双方协商,协商不成的,人民法院同样应从子女利益最大化角度判决确定。不直接抚养子女的一方应承担抚养费,同时也享有探望子女的权利。

二、事实婚姻

(一)事实婚姻的概念及效力

一般认为事实婚姻是指没有配偶的男女未进行结婚登记,即以夫妻名义共同生活,群众也认为是夫妻关系的结合。事实婚姻的效力分两种情况:(1)对于缺乏实质要件的事实婚姻,各国法律大多以无效婚姻或者可撤销婚姻相待。(2)对于仅缺乏形式要件的事实婚姻则采取不同的原则。可以概括为三类:①不承认主义,即法律不承认事实婚姻的效力。例如《日本民法典》第 739 条规定:"婚姻,因按户籍法规定所进行的申报,而发生法律效力。"不进行申报时,婚姻为无效。②承认主义,即法律对符合结婚实质要件的事实婚姻承认其效力。英美的普通法婚姻即属于此类。普通法婚姻来源于日耳曼习惯法,它只要求婚姻的成立符合结婚的法定实质要件,即当事人有结婚能力、结婚目的、同居事实及夫妻身份的公示性,而不要求具备形式要件。它一旦形成,便与法律婚具有同等的效力,须经离婚程序始得解除。当代英国法和美国 14 个州法原则上承认普通法婚姻。③相对承认主义,即法律为事实婚姻设定某些有效的条件,一旦具备这些条件,事实婚姻便转化为合法婚姻。事实婚姻有效条件主要有三种:一是达到法定的同居年限。有的国家规定为 5 年,有的国家规定为 3 年或者 2 年,即视为自始有效。如《加拿大家庭改革法》规定:男女双方未曾结婚,但同居生活满 5 年的;或者未曾结婚,但有 1 年以上的同居生活,并且有一个共同的孩子的,享有与配偶相同的权利。二是经过法院确认。如《古巴家庭法》第 18 条规定,非正式婚姻当事人具备"单身和稳定的条件",在得到有关法院的承认之后,则产生正式婚姻的效力。三是补办法定手续。如根据寺院法的原理,欠缺形式要件的婚姻无效,但可以通过重新履行法定程序而使之有效。对事实婚姻的这三种立法主义,随着各国婚姻立法的改革,逐渐由不承认主义向相对承认主义与承认主义发展。

(二)我国对事实婚姻的态度

对事实婚姻的态度,我国的立法司法实践历经了一个由承认到逐步限制承认,到完全不承认再到通过补办结婚证予以矫正的过程。

1.1953 年贯彻《婚姻法》运动时,中央人民政府法制委员会在《有关婚姻法问题基本解答》中指出结婚不登记是不对的,但对事实上已经结婚而仅欠缺婚姻登记手续的当事人依然以夫妻关系相待的,不要求补办登记手续。

2.1979 年和 1984 年分别召开的全国第二次和第四次民事工作会议期间,对事实婚姻的违法性及认定作了明确规定,例如,1979 年 2 月 2 日最高人民法院《关于贯彻民事政策法律的意见》指出:"人民法院审理离婚案件,要坚持结婚必须登记的规定,不登记是不合法的,要进行批评教育……"1984 年 8 月 30 日最高人民法院《关于贯彻执行民事政策法律若干问题的意见》进一步明确指出:"没有配偶的男女,未按婚姻法规定办理结婚登记手续,即以夫妻名义同居生活,是违法的。"在处理此类纠纷时,明确了以下几点:(1)对于起诉时,双方均已达到婚姻法规定的结婚年龄和符合结婚其他条件的,可按《婚姻法》第 25 条规定的精神处理(即离婚可直接认定为事实婚姻,不需要补办结婚登记手续)。如经过调解和好或者撤诉的应责令其到有关部门补办结婚登记。(2)对于起诉时双方或一方依然未达到法定婚龄或不符合结婚其他条件的,应解除同居关系。

3. 最高人民法院 1989 年 12 月 13 日颁布的《关于人民法院审理未办结婚登记即以夫妻名义共同生活案件的若干意见》规定:1986 年 3 月 15 日《婚姻登记管理办法》施行前,未办结婚登记即以夫妻名义共同生活,群众也认为是夫妻关系的,一方向人民法院起诉"离婚",如起诉时双方均符合婚姻法规定的结婚的法定条件的,可以认定为事实婚姻关系;如起诉时一方或者双方不符合结婚的法定条件,应认定为非法同居关系。1986 年 3 月 15 日《婚姻登记管理办法》施行后,未办结婚登记即以夫妻名义共同生活,群众也认为是夫妻关系的,一方向人民法院起诉"离婚",如同居时双方均符合婚姻法规定的结婚的法定条件的,可以认定为事实婚姻关系;如同居时一方或者双方不符合结婚的法定条件,应认定为非法同居关系。

4. 自 1994 年 2 月 1 日民政部新的婚姻登记管理条例施行之日起,没有配偶的男女,未办结婚登记即以夫妻名义同居生活,其婚姻关系无效,不受法律保护。

5. 2001 年 12 月 24 日最高人民法院《婚姻法解释(一)》第 5 条规定:未按《婚姻法》第 8 条规定办理结婚登记而以夫妻名义同居生活的男女,起诉到人民法院要求离婚的,采取了区别对待的法律态度,即:"(一)1994 年 2 月 1 日民政部《婚姻登记管理条例》公布实施以前,男女双方已经符合结婚实质要件的按事实婚姻处理。(二)1994 年 2 月 1 日民政部《婚姻登记管理条例》公布实施以后,男女双方符合结婚实质要件的,人民法院应当告知其在案件受理前补办结婚登记;未补办结婚登记的,按解除同居关系处理。"男女双方根据《婚姻法》第 8 条规定补办结婚登记的,婚姻关系的效力从双方均符合婚姻法规定的结婚实质要件时起算。

第六节 无效婚姻与可撤销婚姻

一、世界各国立法概况

无效婚姻与可撤销婚姻制度,最早起源于中世纪欧洲的教会法,是基督教婚姻不可离异主义的产物。近代法制竭力避免婚姻无效的立法,婚姻之成立未备实质或者形式要件时,除情节重大,须以其为无效外,仅以其他的情况为可得撤销的婚姻。至于婚姻要件的欠缺,何者为婚姻无效,何者为可撤销的婚姻,各国立法未尽一致。例如,《日本民法典》第 742 条规定,因错误或者当事人之间无结婚的合意、未进行结婚申报的,为无效要件;该法第 743 条至第 747 条规定,结婚时未达适婚年龄、禁止重婚、违反再婚禁止期间、违反近亲结婚的限制、禁止直系姻亲间的结婚、禁止直系养亲间的结婚、因欺诈或胁迫而结婚的,则为撤销要件。又如,《瑞士民法典》第 120 条规定,结婚时当事人一方已有婚姻关系、当事人一方患有精神病或因持续存在的原因无判断能力、双方当事人有禁止结婚的近亲属关系的,为无效要件;该法第 123 条、第 128 条规定,结婚时一方因暂时的原因无判断能力、因误解而结婚、因受欺诈而结婚、因受胁迫而结婚、未经法定代理人同意而结婚的,为撤销要件。

此外,有些外国学者还从结婚要件涉及不同主体利益的角度,将结婚的要件分为公益要件和私益要件:公益要件是指与社会公共利益有关的结婚要件;私益要件是指仅与当事人及其近亲属的利益有关的要件。一般来说,违反公益要件者,为无效婚姻;违反私益要件者,为可撤销婚姻。

当代社会,有些国家采取无效婚姻制度而不设可撤销婚姻制度,如法国、罗马尼亚、古巴、秘鲁、俄罗斯、保加利亚等国家以及美国统一结婚离婚法。有些国家采取无效婚姻和可撤销婚姻制度并行的双轨制,如瑞士、日本、意大利等国家。有的国家则取消无效婚姻制度,单设可撤销婚姻制度,如德国 1998 年 5 月通过的《重新规范结婚法的法律》(1998 年 7 月1 日生效),其结婚法有关欠缺结婚要件的婚姻(第 1313 条至第 1318 条)的规定中,不设无效婚姻制度,仅设可撤销婚姻制度。

一般认为,无效婚姻是指因欠缺某些结婚的法定要件的男女两性的结合,自婚姻成立时起就不具有法律效力。即婚姻无效指向过去,溯及既往,自始就不产生法律效力。可撤销婚姻是指欠缺某些结婚法定要件的男女两性的结合,其婚姻虽已有效成立,但依法享有撤销权者可在法定期限内诉请法院撤销之。即其婚姻效力指向将来,不溯及既往,自撤销之日起无效。

纵观无效婚姻和可撤销婚姻的立法例,主要有以下的特征:

1. 从类型上看,欠缺结婚要件的婚姻一般被区分为无效婚姻和可撤销婚姻两种类型。由于结婚要件的法律规范所欲保护的利益种类与性质的不同,对违背这些结婚要件而形成的不合法婚姻,在法律效力评价上即不能等同视之。对于严重违背公益要件的婚姻,如重婚、近亲结婚等,其婚姻自始当然无效,这在本质上是一种惩戒性评价。反之,一般性违法公益要件或者纯粹违反私益要件的婚姻,如非自愿结婚、虚假结婚、不到法定婚龄结婚等,则给予可撤销的评价。

2. 从程序上看,大多数国家多继受了"一项婚姻未经法律诉讼便不能宣布无效"的原则,确认婚姻无效或者撤销婚姻须依诉讼方式进行。

3. 从无效的时间效力上看,婚姻无效一般都具有溯及力,而婚姻被撤销则不溯及既往。

4. 从法律后果看,注重对子女和善意当事人权益的保护。为了保护子女和善意当事人的权益,各国对婚姻无效的溯及力规则一般设有两项例外:第一,婚姻中出生的子女保持婚生子女的地位;第二,善意配偶得到保护。如果夫或妻在结婚时,不知道婚姻无效的原因,在财产方面视同离婚配偶。英美法系、大陆法系等的多数国家确立了推定婚姻制度,婚姻在法律上虽为无效,但是婚姻当事人(至少一方)不知道存在婚姻无效或者撤销的原因,善意相信其婚姻有效,即为推定配偶,享有与合法配偶基本相同的权利。

二、我国无效婚姻制度

无效婚姻是指欠缺婚姻成立的实质要件或形式要件,因而不具备法律效力的瑕疵婚姻形式。确立婚姻无效制度的目的在于保证婚姻成立的法定要件的贯彻执行,促进和保护合法婚姻的建立;同时对违法结婚行为起到预防和制裁的作用。

（一）婚姻无效的情形

依据我国《婚姻法》第 10 条规定,婚姻无效的情形有:(1)重婚的。重婚是指有配偶者与他人登记结婚或者以夫妻名义同居生活的违法行为。(2)有禁止结婚的亲属关系的,即婚姻当事人属直系血亲或三代以内旁系血亲。(3)婚前患有医学上认为不应当结婚的疾病,婚后尚未治愈的。如婚后该疾病已治愈的或婚后才患有该疾病的,不得宣告婚姻无效。(4)未到法定婚龄的。

除以上情形外,当事人以其他理由申请宣告婚姻无效的,人民法院应当判决驳回当事人的申请。当事人就上述事由向人民法院申请宣告婚姻无效的,应以该无效的情形依然存在为前提,无效婚姻的情形已经消失的,如重婚已经解除、疾病已经治愈、年龄已达法定婚龄的,人民法院对宣告婚姻无效的申请不予支持。

（二）确认婚姻无效的程序

从世界各国的法律规定来看,婚姻无效从程序上可分为当然无效和宣告无效两种。当然无效是指结婚当事人只要具有法定禁止结婚的原因,无须经行政程序请求婚姻登记管理机关或经诉讼程序请求法院宣告婚姻无效,其婚姻自始无效,不产生婚姻的法律效力。宣告无效是指结婚当事人,虽具有婚姻无效的法定原因,但须经行政程序由婚姻登记管理机关或经诉讼程序由法院宣告婚姻无效后,该婚姻才自始无效。我国婚姻法采宣告无效制,即根据当事人申请,由人民法院依诉讼程序确认后宣告婚姻无效。

1. 请求权人。根据《婚姻法解释(一)》第 7 条规定,有权依据《婚姻法》第 10 条的规定向人民法院申请宣告无效的请求权人,是婚姻当事人及其利害关系人。利害关系人的范围,因无效原因不同而有区别:(1)以重婚为由申请宣告婚姻无效的,为当事人的近亲属及基层组织;(2)以未达法定婚龄为由申请宣告婚姻无效的,利害关系人为未达法定婚龄者的近亲属;(3)以有禁止结婚的亲属关系为由申请宣告婚姻无效的,利害关系人为当事人的近亲属;(4)以婚前患有医学上认为不应当结婚的疾病,婚后尚未治愈为由申请宣告婚姻无效的,利害关系人为与患病者共同生活的近亲属。

2. 宣告程序。根据《婚姻法》第 12 条和《婚姻法解释(一)》第 8 条、第 9 条、第 14 条的规定,请求权人依法可以向人民法院申请宣告婚姻无效。人民法院审理婚姻无效案件,对婚姻效力的审理,应当作出判决,不适用调解;有关婚姻效力的判决一经作出,即发生法律效力。对财产分割和子女抚养争议,可以调解。调解达成协议的,另行制作调解书。不服财产分割和子女抚养问题的判决,当事人有权上诉。当事人依据《婚姻法》第 10 条规定向人民法院申请宣告婚姻无效的,人民法院根据当事人的申请,依法宣告婚姻无效的,应当收缴双方的结婚证,并将生效判决书寄送至原婚姻登记机关。婚姻登记机关收到人民法院宣告婚姻无效的判决书副本后,应当将该判决书副本收入当事人的婚姻登记档案。

根据《婚姻法解释(二)》第 2 条、第 3 条、第 4 条、第 5 条、第 6 条、第 7 条的规定,人民法院受理申请宣告婚姻无效案件后,经审查确属无效婚姻的,应当依法作出宣告婚姻无效的判决。原告申请撤诉的,不予准许。人民法院受理离婚案件后,经审查确属无效婚姻的,应当将婚姻无效的情形告知当事人,并依法作出宣告婚姻无效的判决。人民法院审理无效婚姻案件,涉及财产分割和子女抚养的,应当对婚姻效力的认定和其他纠纷的处理分别制作裁判文书。此外,夫妻一方或者双方死亡后一年内,生存一方或者利害关系人依据《婚姻法》第10条的规定申请宣告婚姻无效的,人民法院应当受理。利害关系人依据《婚姻法》第10条的规定,申请人民法院宣告婚姻无效的,利害关系人为申请人,婚姻关系当事人双方为被申请人。夫妻一方死亡的,生存一方为被申请人。夫妻双方均已死亡的,不列被申请人。人民法院就同一婚姻关系分别受理了离婚和申请宣告婚姻无效案件的,对于离婚案件的审理,应当待申请宣告婚姻无效案件作出判决后进行。即便婚姻关系被宣告无效,涉及财产分割和子女抚养的,仍应当继续审理。

(三)无效婚姻的法律后果

《婚姻法》第12条规定,无效或被撤销的婚姻,自始无效。当事人之间不产生配偶身份,不具有夫妻的权利和义务。但当事人之间毕竟有同居生活的事实,会涉及有关子女抚养、财产处理等问题。根据《婚姻法》第12条和最高人民法院《关于适用〈中华人民共和国婚姻法〉的若干问题的解释(一)》第15条、第16条的规定,婚姻无效的法律后果如下:

1. 当事人所缔结的婚姻依法宣告无效,当事人之间不产生配偶身份,不具有夫妻的权利和义务。

2. 子女的抚养问题。婚姻无效,并不影响父母子女间的权利和义务。无效婚姻当事人双方所生育的子女与其父母的关系,适用婚姻法关于父母子女关系的规定。子女抚养,由双方协商处理;协商不成的,法院应根据子女利益和双方的具体情况判决。

3. 财产处理问题。当事人同居期间所得的财产,属于双方共同所有的财产,但有证据证明为当事人一方所有的除外。对同居生活期间所得的财产,由无效婚姻当事人双方协议处理;协议不成时,由法院根据照顾无过错方的原则判决。但对重婚导致的婚姻无效当事人财产的处理,不得侵害合法婚姻当事人的财产权益。人民法院审理重婚导致的无效婚姻案件时,涉及财产处理的,应当准许合法婚姻当事人作为有独立请求权的第三人参加诉讼。同居生活前,一方自愿赠送给对方的财物,可比照赠与关系处理;一方向另一方索取的财物,如果同居时间不长,或者因索要财物造成对方生活困难的,可酌情返还。同居生活期间所生债权债务,按共同债权债务处理。一方在共同生活期间患有严重疾病未治愈的,分割财产时,应予以适当照顾,或者由另一方给予一次性的经济帮助。

4. 同居生活期间一方死亡的,另一方无继承权。但根据相互扶养的具体情况,生存一方按照我国《继承法》第14条规定,可作为法定继承人以外的人适当分得对方遗产。

5. 其他法律后果。如当事人构成重婚罪的应承担刑事责任。

三、我国可撤销婚姻制度

可撤销婚姻,是指不具备结婚的实质要件或形式要件,导致婚姻效力不确定,可由当事人申请撤销的瑕疵婚姻形式。根据我国《婚姻法》第12条、第13条以及最高人民法院《婚姻法解释(一)》第13条、第15条的规定,可撤销婚姻制度的内容有:

1. 婚姻被撤销的原因。在我国,受胁迫而结婚是请求撤销婚姻的唯一理由。胁迫是指行为人以给另一方当事人或者其近亲属的生命、身体健康、名誉、财产等方面造成损害为要挟,迫使另一方当事人违背其真实意愿结婚的情形。

2. 请求权人。因受胁迫而请求撤销婚姻的权利,只能由婚姻关系中受胁迫的当事人本人享有和行使。受胁迫而结婚的当事人提出撤销婚姻的请求,应当自结婚登记之日起一年内提出。被非法限制人身自由的当事人请求撤销婚姻的,应当自恢复人身自由之日起一年内提出。一年时间届满,受胁迫而结婚的当事人本人未行使撤销请求权的,该撤销请求权归于消灭。可见,该一年时间为除斥期间,不适用诉讼时效中止、中断或者延长的规定。

3. 撤销的程序。申请撤销婚姻请求权人,依法应当向婚姻登记机关或者人民法院提出,当事人向婚姻登记机关请求撤销其婚姻的,应当出具下列证明材料:(1)本人的身份证、结婚证;(2)能够证明受胁迫结婚的证明材料。婚姻登记机关经审查认为受胁迫结婚的情况属实且不涉及子女抚养、财产及债务问题的,应当撤销该婚姻,宣告结婚证作废。人民法院审理婚姻当事人请求撤销婚姻的案件,应当适用简易程序或者普通程序。人民法院根据当事人的申请,依法撤销婚姻的,应当收缴双方的结婚证书并将生效的判决书寄送当地婚姻登记管理机关。婚姻登记机关收到人民法院宣告婚姻撤销的判决书副本后,应当将该判决书副本收入当事人的婚姻登记档案。

4. 法律后果。从我国现行法的规定看,婚姻依法被撤销的,自始无效,其法律后果与婚姻依法被宣告无效完全相同。可撤销婚姻在被撤销之前以婚姻的形式存在,可撤销婚姻在依法被撤销后,才确定该婚姻自始不受法律保护。

四、我国无效婚姻与可撤销婚姻制度的完善

自 2001 年我国《婚姻法》增设无效婚姻制度和可撤销制度以来,出台了大量司法解释及法律配套文件,极大地完善了瑕疵婚姻制度,丰富了司法实践内容。但随着社会与法律的不断进步与发展,许多新的情况出现,对法律制度提出了更高的要求,此时我国婚姻法规定的无效与可撤销婚姻制度自身存在的许多不足也随之出现,如可撤销婚姻仅限于"因胁迫结婚的"情形,法定事由不够周延;申请宣告婚姻无效的主体范围过窄;无效婚姻与可撤销婚姻的效力形态单一;婚姻宣告无效后财产处理规则过于简单,忽视对善意相对人的保护等等。因此建议:(1)扩大可撤销婚姻的范围,将欺诈婚、重大误解、虚假婚等意思表示不真实的情形同胁迫婚一起归为可撤销婚姻的事由。(2)适当拓宽申请婚姻无效的主体范围,应对"利害关系人"作扩大解释,有关国家机关或组织,比如法律监督部门、婚姻登记机关、一些相关基层组织等可申请婚姻无效。(3)将申请宣告婚姻无效的主体区分善意和恶意。结婚时故意隐瞒自己具有无效婚姻情形的恶意当事人,在事后以相同理由申请宣告婚姻无效的,不予支持。但是善意一方当事人主动提出申请的,应当尊重其意愿。(4)应明确确认婚姻无效和撤销婚姻的主体只有人民法院。(5)单纯溯及既往的效力形态没有体现无效婚姻与可撤销婚姻的区别,与实行双轨制国家的惯例不符。这些国家一般规定婚姻撤销的效力不溯及既往,即从撤销之日起始无效。因此建议被撤销的婚姻从撤销之日起无效,撤销之前有效。(6)考虑过错因素,设置无效婚姻中的损害赔偿制度和财产分割时的救济制度。

第六章　离婚制度

离婚是具有合法有效的婚姻关系的当事人双方在法律上终止婚姻关系的行为。离婚不仅改变了具有夫妻的当事人双方之间的法律关系,同时还涉及家庭财产分割、未成年子女监护以及抚养等诸多问题。离婚法作为调整人们离婚行为的法律,在婚姻制度中占据相当重要的地位。

第一节　概述

一、婚姻终止的概念及原因

(一)婚姻终止的概念

婚姻终止,或称婚姻关系的消灭,是指合法有效的婚姻关系基于一定法律事实的发生而归于消灭的社会制度。引起婚姻关系终止的原因有两种:一是婚姻当事人一方死亡(包括宣告死亡);二是婚姻当事人双方离婚。这两种原因尽管有不同的条件和特征,但无论出现哪种情况,其后果都使原有的婚姻效力不复存在。

(二)婚姻终止的原因

1. 婚姻当事人一方死亡

婚姻关系的自然属性决定了一旦婚姻关系失去了主体,即夫妻一方的死亡,使得客观上因婚姻关系失去继续存在的意义而自然结束,即婚姻关系自然终止。对此法律无须另行明文规定。

死亡有两种情况:一种是自然死亡,多属患有某种疾病医治无效死亡或发生意外事故而死亡;另一种是宣告死亡,宣告死亡是在法律上推定失踪人已经死亡。法律上推定死亡与自然死亡有相同的法律效果。以自然死亡和宣告死亡为婚姻关系终止的原因,是世界各国立法的通则。我国《民法总则》第46条规定:"自然人有下列情形之一的,利害关系人可以向人民法院申请宣告该自然人死亡:(一)下落不明满四年;(二)因意外事件,下落不明满二年。因意外事件下落不明,经有关机关证明该自然人不可能生存的,申请宣告死亡不受二年时间的限制。"第48条规定:"被宣告死亡的人,人民法院宣告死亡的判决作出之日视为其死亡的日期;因意外事件下落不明宣告死亡的,意外事件发生之日视为其死亡的日期。"

对于宣告死亡后,婚姻关系何时终止,有关亲属法著作说法不一,各国立法例也不相同。有的国家规定,宣告死亡之日起,婚姻关系当然终止,生存一方再婚是合法的。有的国家则规定,配偶一方被宣告死亡后,生存方再婚时,婚姻关系才视为终止。我国《民法总则》第51条规定:"被宣告死亡的人的婚姻关系,自死亡宣告之日起消灭……"根据该规定,夫妻一方自宣告死亡之日起,生存一方再婚是合法的。

需要指出的是,宣告死亡只是在法律上推定失踪人已经死亡。宣告死亡后,有两种可能性出现:一是被宣告死亡者确实死亡;二是被宣告死亡者仍然活着,或又重新出现。对被宣告死亡人重新出现的,其配偶一方已再婚问题的处理,大多数国家法律认为,生存一方再婚关系应受保护,但也有国家允许生存一方对配偶再婚提出异议,如《意大利民法典》第68条规定,如果被宣告死亡人重新出现或有被宣告死亡人尚生存的证明,则再婚无效。对于被宣告死亡一方生还后,生存一方尚未再婚的处理,有的国家规定,婚姻关系自行恢复,有的国家则规定应当履行一定法定程序后才可恢复。对此,《民法总则》第51条规定:"……死亡宣告被撤销的,婚姻关系自撤销死亡宣告之日起自行恢复,但是其配偶再婚或者向婚姻登记机关书面声明不愿意恢复的除外。"因此,人民法院应对本人或利害关系人申请撤销死亡宣告的,依法作出撤销的判决。同时,法律的原则是保护原配偶再婚后的婚姻关系的,因而,被宣告死亡人死亡宣告撤销后,原配偶未再婚的,夫妻关系自行恢复;原配偶已再婚的,是否恢复前婚,应视具体情况而定。若原配偶不愿恢复前婚的,后婚有效;若原配偶愿意恢复前婚的,应先行离婚,尔后再办理复婚;若原配偶再婚后又离婚或丧偶的,则原婚姻关系不再自行恢复。

2. 婚姻当事人双方离婚

离婚即解除当事人之间的婚姻关系,是终止婚姻的形式之一,也是重要的民事法律行为,必须遵守法律规定的条件和程序。当事人的婚姻关系自离婚发生法律效力之日起解除。

二、离婚的概念及其分类

(一)离婚的概念和特征

1. 离婚的概念

离婚是夫妻双方在生存期间依照法律规定的条件和程序解除婚姻关系的法律行为,离婚的法律效果与婚姻成立相反,故又称婚姻解除。

2. 离婚的特征

离婚具有以下基本特征:(1)离婚双方当事人法律地位平等。夫妻中任何一方都不得将自己的意志强加给对方。(2)离婚的主体是具有婚姻关系的男女双方。离婚只能发生在具有夫妻合法身份的男女双方之间,任何人无权代替,更不能对他人的婚姻关系提出离婚主张。没有合法夫妻身份便没有离婚的资格和权利。(3)离婚是法律行为。作为民事法律行为,当事人离婚应符合法律规定的离婚条件,同时还必须按照法律规定的程序办理,得到国家法律的认可,才能发生法律效力。当事人之间未经法定程序的任何协议或一方当事人擅自宣告解除婚姻的行为,都不能发生离婚的法律效力。(4)离婚的法律后果是解除婚姻关系。离婚而导致的婚姻关系终止与配偶一方死亡而导致的婚姻关系终止的法律后果不同。离婚终止夫妻间一切权利义务关系,与对方亲属的姻亲关系也随之消灭,具有消灭对内对外亲属关系的效力,也被称为夫妻关系的绝对终止;配偶一方死亡的,只是终止婚姻关系的对内效力即因婚姻关系主体不存在而婚姻关系终止,但婚姻对外效力并不当然消失,如社会保障制度中对遗属的抚恤制度,生存一方与死亡配偶亲属之间的姻亲关系一般也不消灭,故被称为夫妻关系的相对终止。

(二)离婚与无效婚姻制度的区别

虽然离婚与婚姻被宣告无效及婚姻被撤销的结果都是当事人之间不再具有夫妻关系,但离婚制度与无效婚姻制度有根本的区别。婚姻被宣告无效和婚姻被撤销是国家处理违法婚姻或瑕疵婚姻的法律制度,统称为无效婚姻制度,世界上多数国家的法律都有相关规定,但各国在婚姻无效与婚姻撤销的具体制度上存在较大差异。我国现行婚姻法规定了无效婚姻制度,本书仅论述离婚制度与我国无效婚姻制度的关系。

1. 离婚与婚姻无效的区别

离婚与婚姻无效的主要区别为:(1)离婚制度是解除合法有效的婚姻关系的法律制度;而婚姻无效制度是对不具法律效力的"婚姻"关系进行制裁的法律制度。(2)离婚解除婚姻关系的效力自离婚生效之日起,没有溯及既往的效力,因为离婚的原因发生于合法婚姻缔结之后;婚姻被宣告无效后则自始无效,有溯及既往的效力,当事人之间自始不产生婚姻关系,因为无效的原因发生于当事人结合之时。(3)离婚诉讼只能由婚姻当事人提起;婚姻无效之诉不受此限,除可由一方当事人提出外,还可由其他与该婚姻有利害关系的人或有关机关提出。(4)离婚既可依诉讼程序进行,也可依行政程序进行;婚姻无效则只能通过诉讼程序经法院宣告进行。(5)离婚的诉讼只能发生在双方生存期间;婚姻无效的诉讼既可发生在双方生存期间,也可发生在双方或一方死亡之后。(6)离婚的法律后果在于解除合法婚姻关系,分割夫妻共同财产,父母子女间权利义务不受影响;婚姻无效是违法婚姻的解除,有关财产问题按一般共有财产处理,无效婚姻当事人所生子女为非婚生子女。

2. 离婚与婚姻可撤销的区别

离婚与婚姻可撤销的主要区别为:(1)离婚是对合法有效婚姻的解除;而婚姻撤销是对有瑕疵婚姻的纠正。(2)离婚解除婚姻关系的效力自离婚生效之日起,没有溯及既往的效力,因为离婚的原因发生于合法婚姻缔结之后;婚姻被撤销后则自始无效,有溯及既往的效力,当事人之间自始不产生婚姻关系,因为被撤销的原因发生于婚姻成立之时。(3)离婚的请求权仅限于婚姻当事人行使,双方当事人都有权提出离婚;撤销婚姻的请求权由无过错的一方当事人提出。[①](4)离婚既可依诉讼程序进行,也可依行政程序进行,且无时间限制;婚姻撤销虽然也可经诉讼程序或行政程序进行,但有除斥期间限制。

(三)离婚与别居制度的区别

1. 别居制度概述

别居是外国婚姻家庭法中的一项制度,源于宗教法规,是禁止离婚主义立法原则下为不堪共同生活的夫妻所设,用以补救禁止离婚之不足,缓和或改善夫妻关系。该制度的基本内涵是依法暂时或永久地解除夫妻之间同居义务,而仍保持双方的婚姻关系。具体来说,别居是由当事人申请,法院裁决,配偶双方暂时或永久地解除同居义务,仍保留其婚姻关系的法律行为,是一种正式的法律行为,产生变更双方权利义务的法律后果,这是别居的主要效力和基本特征。别居包括司法别居与协议别居,它不同于夫妻于日常生活中因主观或客观原因造成的单纯分居。

别居制度在欧洲实行了数百年之久,虽几经变迁,现仍有一些国家保有该制度,但是别居制度意义已大不同于往,成为离婚制度的补充。有些国家法律将别居视为离婚的准备阶段;有的国家法律把事实上分居达到一定期限作为法定的离婚理由;有的国家法律则规定,夫妻必须别居或实际分居满一定期间可以依法改判离婚。

---

① 《婚姻法解释(一)》第10条第2款规定:"因受胁迫而请求撤销婚姻的,只能是受胁迫一方的婚姻关系当事人本人。"但对因被非法限制人身自由而请求撤销婚姻的请求权未作规定。

我国历史上没有不许离婚的规定,因此在婚姻立法上也未重视设立别居这种变通离婚的制度,然而,这并不是说我国不存在夫妻因感情不和而分居的问题。任何国家在任何时期,不可能消除夫妻在婚姻持续期间因种种原因发生的暂时或永久的分居现象,即所谓"事实上的别居"。如我国台湾地区的"亲属法"没有明确规定别居制度,但基于台湾地区"民法"第 1001 条"夫妻互负同居之义务,但有不同居的正当理由者不在此限"的规定,学者认为法律承认事实上的别居,并将正当理由解释为不堪同居之虐待、妻受夫之家属虐待、妻受姑之虐待、夫之纳妾、夫之与人通奸、一方有过失之离婚原因等。① 我国现行婚姻法中没有别居制度,但是"因感情不和分居满二年"可准予离婚的规定,也暗含了在离婚纠纷中对夫妻分居事实的一定承认。然而,我国法律规定的"分居"与婚姻家庭理论及各国立法中的别居有很大的不同,使法律的规定在实践中如何具体掌握成了难题。因此,有一些学者建议,我国应建立别居制度,②其有利之处在于,该制度可为一些感情尚未彻底破裂的夫妻创设一个离婚的缓冲阶段;可预防和减少家庭暴力等犯罪行为;可进一步明确夫妻财产关系,为离婚时夫妻财产的分割提供依据;为法律规定的分居情形及分居期限提供证据。最重要的是,有利于兼顾夫妻双方与子女的利益,在一定程度上为子女的健康成长提供了一个相对完整和稳定的家庭环境,为子女提供了一个适应阶段,可以减少父母离异给子女带来的负面效应。

2. 离婚与别居的区别

虽然离婚与别居之间有一定的联系,如别居可以转换为离婚,而且许多国家把一定时间的别居作为离婚的法定理由,但离婚与别居的法律后果以及夫妻的权利义务关系仍有本质的不同。其主要区别为:(1)别居期间,婚姻关系仍处存续状态,双方只解除同居义务,双方不得另行结婚,否则构成重婚;离婚则完全解除婚姻关系,离婚后,双方均有再婚的权利。(2)别居期间夫妻仍负贞操义务;离婚后双方则无此法律义务。(3)别居期间夫妻仍有相互扶养的义务;离婚后双方此义务完全消灭。(4)别居期间夫妻间仍有相互继承财产的权利;离婚后双方则无此权利。

(四)离婚的分类

根据我国现行立法,可从不同角度将离婚分为以下几种类别:

1. 根据配偶双方对离婚的意愿来分,可分为双方自愿离婚和一方要求离婚

基于夫妻双方共同的离婚意愿而发生的离婚被称为双方自愿离婚;夫妻一方当事人同意离婚而另一方当事人反对离婚而发生的离婚称为一方要求离婚。由于婚姻关系是建立在婚姻契约的基础上,因此,根据契约自由的原则,婚姻当事人在缔结婚姻契约以后可以就婚姻契约的解除达成协议,依法解除彼此之间的婚姻关系,这就是双方自愿离婚制度的基础。

区分双方自愿离婚和一方要求离婚,其原因有二:其一,如果离婚是建立在夫妻双方当事人协议的基础上,则该种离婚要适用行政程序解决,否则应适用诉讼程序解决;其二,如果离婚是建立在双方自愿的基础上,则有关离婚涉及的财产及子女抚养等问题应由当事人通过离婚协议解决,无须通过法院裁决,否则有关问题应由法院裁决。

---

① 王丽萍.别居制度的比较研究[J].法学家,1998(5):第 84-89 页.
② 肖劲松,段文生.论分居权[J].法律适用,1999(11):25-28;董鸣.对我国设立分居制度的法律思考[J].人民司法,1999(2);罗思荣,马齐林.分居制度研究[J].政法论坛,2000(2):48-53;郭丽红.关于论分居问题与分居制度的探讨[J].汕头大学学报,2002(5):52-58.

2. 根据处理离婚问题的程序来分,可分为依行政程序办理的离婚和依诉讼程序办理的离婚

在我国,如果离婚是建立在夫妻双方当事人自愿的基础上,则应当向有关婚姻登记机关提出离婚申请,由婚姻登记机关通过行政程序进行审查,对符合条件的当事人颁发离婚证,双方的婚姻关系因此解除,即依行政程序办理的离婚;如果离婚是建立在一方当事人同意而另一方当事人反对的基础上,则要求离婚的一方当事人向法院起诉,要求法院依法作出裁判,由法院通过诉讼程序决定是否准许当事人离婚,即依诉讼程序办理的离婚。

区分依行政程序办理的离婚和依诉讼程序办理的离婚的原因在于,依行政程序办理的离婚没有依诉讼程序办理的离婚涉及的问题复杂,不仅程序相对简单,而且有关离婚的后果,如财产分割与子女抚养问题,当事人在双方的离婚协议中已经作出了规定,无须法院再行审查。

3. 根据解除婚姻关系的方式来分,可分为协议离婚和裁判离婚

所谓协议离婚,是指夫妻双方自愿签订解除婚姻关系的协议,使当事人之间的夫妻关系终止的法律制度;所谓裁判离婚,是指通过法院的裁判解除当事人之间夫妻关系的法律制度。

区分协议离婚和裁判离婚的原因在于,这两种离婚方式涉及的问题及其解决方式不同。关于协议离婚和裁判离婚,本书将在以下章节作详细说明。

应当指出,以上分类不是绝对的,而是有交叉的。比如,在我国,双方自愿离婚即协议离婚,应依行政程序办理。一方要求离婚可由有关部门进行调解或依诉讼程办理,在诉讼过程中经调解达成离婚协议时,其性质仍属协议离婚;调解不成时,法院依法判决。在有些国家的法律中,即使是双方自愿离婚也应经诉讼程序办理。

考察当代各国离婚法的立法特点,其主要区别为离婚的方式与离婚的后果不同。关于离婚的方式,从总体上看,两大法系国家均既有协议离婚方式,又有判决离婚方式。具体而言,在大陆法系国家中,法国、日本、俄罗斯三国是协议离婚和判决离婚两种方式并行,但判决离婚则是德国和瑞士两个唯一的离婚方式;英美法系中的英国和澳大利亚只允许判决离婚,但美国则是协议离婚与判决离婚两种方式兼采。尽管两大法系中的法国、日本、俄罗斯和美国是协议离婚与判决离婚并行,但四国的协议离婚在程序、性质等方面存在较大的差异,如法国和美国的协议离婚须经诉讼程序进行,而日本与俄罗斯的协议离婚是依行政程序,由户籍机关按照户籍法的规定进行离婚登记。[①] 关于离婚后果的差异,将在其后的内容中介绍。

三、离婚的立法原则

离婚的立法原则反映的是离婚制度的基本价值取向和立法者对离婚的态度。确立离婚的立法原则是社会的经济基础决定的,并受到该社会政治制度的影响和制约,因而在不同社会条件下,离婚立法原则的选择是不同的。纵观古今中外各国的离婚制度,其立法原则可归为两种:许可离婚主义原则和禁止离婚主义原则。许可离婚主义立法原则就是关于允许解除婚姻关系的原则。该原则的基本点就是:婚姻是男女两性为共同生活而自愿结成,不是自

---

① 陈苇.外国婚姻家庭法比较研究[M].北京:群众出版社,2006:438-439.

然而成,夫妻关系难以为继时,应当允许解除,这是婚姻本质所决定的。许可离婚主义原则的真正实现,经历了很长时期的发展,由于历史条件不同,每一阶段表现的内容也不同。在现代社会,许可离婚主义原则是离婚法的一般原则,禁止离婚主义原则是离婚法的例外。

（一）禁止离婚主义的立法原则

禁止离婚主义的立法原则就是禁止一切人解除婚姻关系的原则,即在夫妻双方生存期间,不论出于何种原因和理由,都不得解除婚姻关系的原则。这种原则源于基督教的寺院法,盛行于欧洲的中世纪。在公元10—15世纪基督教的鼎盛时期,欧洲各国普遍实行禁止离婚的制度。当时,统治阶级利用人们信奉教义的影响,由教会对人们的婚姻家庭进行直接干预,教会视婚姻为神作之合,应融为一体,不能违背神意而离异。禁止离婚主义的原则违背了婚姻关系的本质,由于现实社会中夫妻之间的矛盾和冲突从来没有停息过,为了克服夫妻关系恶化以至于不堪共同生活从而带来激烈冲突,许多国家迫不得已通过"别居"制度予以补救。后来,宗教改革运动兴起,禁止离婚原则逐步被各国所抛弃,并为许可离婚主义代替。现今除少数国家还实行禁止离婚制度外,绝大多数国家都实行许可离婚主义原则。

（二）许可离婚主义的立法原则

1. 专权离婚主义原则

专权离婚主义原则是指允许丈夫离婚而不允许妻子离婚的立法原则,因此也称夫权离婚主义原则。在这种立法原则的指导下,离婚是丈夫的特权,离婚与否完全取决于丈夫的意志,只要符合法定条件,丈夫可以单方决定解除婚姻关系,妻子则无单方提出离婚的权利。专权离婚原则是奴隶制社会和封建社会普遍通行的原则,其根源在于男尊女卑的社会制度。在古代法律中,如《汉谟拉比法典》《古兰经》及古罗马法中都有此规定。中国古代规定的丈夫对妻子的"七出"也是专权离婚主义原则的表现。

2. 限制离婚主义原则

限制离婚主义原则是指只有具备离婚所需法定理由时,当事人才能请求离婚的立法原则,其中的法定理由就是对当事人要求离婚进行限制。在这种立法原则的指导下,只有当夫妻一方发生法定的事由时,他方才有权提出离婚请求,而发生离婚法定理由事实的一方无权提出离婚。因此,该原则又称有因离婚原则、过错离婚原则或有责离婚原则。由于此类离婚须经过诉讼解决,亦称诉讼离婚或裁判离婚。早期的离婚法定理由,主要强调一方过错,诸如重婚、通奸、遗弃、虐待、谋害配偶、吸毒、嗜赌等。后来各国又扩大了离婚法定理由,将那些不能归责于一方的过错但又客观存在影响婚姻目的实现的事实列为可诉诸的理由,如一方生理缺陷、患严重疾病、生死不明、夫妻一定期限分居等,逐步由过错主义原则向目的主义原则发展。近代许多资本主义国家的离婚法都采用限制离婚主义原则,也有不少国家采取破裂主义离婚原则,不再具体列举各种理由,只要有夫妻双方婚姻关系破裂,无法维持共同生活的理由,夫妻双方或一方均可要求离婚,因此离婚作为制裁手段的功能逐渐退去,变成了只是对婚姻已经破裂的事实的确认。

3. 自由离婚主义原则

自由离婚主义原则是指依当事人一方或双方意愿而离婚的原则。自由离婚主义原则赋予当事人有自行决定是否解除婚姻关系的自由,符合缔结婚姻的实质,无疑是一种进步的立法思想。但是,目前自由离婚主义原则只在各国的协议离婚制度中有体现,在一方要求离婚的制度上则只是程序意义上的,即当事人均享有离婚请求权,实体方面并未能贯彻,各国仍然实行限制主义原则,离婚权利能否实现并不决定于当事人的自由意志,仍有赖于法院的裁判结果。

四、我国离婚制度的发展

(一)我国古代的离婚制度

我国没有禁止离婚的立法史,古代社会婚姻立法以维护父权家族利益为核心,实行男尊女卑、婚姻不自由、一夫多妻、漠视子女利益的原则。男女婚姻完全以家族为中心,男女结婚的主动权操纵在家长手中,离婚则由男性及其家长决定,女性根本没有离婚自由可谈,这是古代社会封建经济生产关系的必然结果。由于结婚是"合两姓之好",离婚就是"绝两姓之好",故离婚也称绝婚。古代的离婚主要有以下四种方式:

1. 法定休妻

构成弃妻的法定理由叫"七出"或"七去",这是中国古代最主要的离婚方式。在这种离婚方式中,夫家根据自己的意愿可以随意将妻弃去,名义上弃妻要有一定的理由,实际上这些理由可随意解释。"七出"最早是礼制上的规范,见于《大戴礼记·本命》,它说"妇有七去:不顺父母,去;无子,去;淫,去;妒,去;有恶疾,去;多言,去;盗窃,去",并解释"不顺父母,为其逆德也",意指妻子不能得到丈夫父母的欢心,就违反了夫家利益和封建伦理要求的孝道,公婆可令丈夫休妻;"无子,为其绝世也",意指妻子不能生育儿子,断了夫家的香火,违背了传宗接代、继承宗祖的家族利益,丈夫可以休妻;"淫,为其乱族也",意指妻子与别人发生奸情的不贞行为,乱了夫家血统,违背封建伦理,丈夫可以休妻;"妒,为其乱家也",意指妻子有妒忌心理或行为,会妨碍丈夫纳妾,影响家庭和睦相处,丈夫可以休妻;"有恶疾,为其不可与共粢盛也",意指妻子罹患严重疾病,便不能与家人共同祭祀祖先,丈夫可以休妻;"口多言,为其离亲也",意指妻子在家中遇事多言多语,违反"妇德"的要求,离间了家庭关系,丈夫可以休妻;"盗窃,为其反义也",意指妻子擅自动用了家庭财产,视为盗窃行为,违反了封建伦理道德"义"的要求,丈夫可以休妻。中国古代的礼制不仅是一般道德规范,实是法的渊源和灵魂,正是"法本于礼""法出于礼",礼制规范成为立法与司法依据,自汉代以后,唐、宋、元、明、清法律都将"七出"纳入法律中,虽然前后顺序和用词略有些差异,但基本内容都是一致的。"七出"成为出妻的法定理由。妇女具备了"七出"之一种情形,不需经官府,丈夫亲自写成休书就可弃去。

作为例外情况,封建礼法也以"三不去"对"七出"加以限制。《大戴礼记》说:"妇有三不去,有所娶无所归,不去;与更三年丧,不去;前贫后富贵,不去。"意指妻子休后无处可去,不去;曾为公婆服丧三年的可不去;夫家曾经贫穷,娶妻后来富贵可不去。

2. 协议弃妻

协议弃妻,又称和离,是指在不具备"七出"条件的情况下,男方发起离婚提议,女方也同意,法律允许离婚。《唐律·户婚》规定:"若夫妻不相和谐而离者,不坐。"自唐律之后,各朝历代律例也沿此制。古代的协议弃妻,不同于现代意义的协议离婚,因为"即妻弃擅去者,徒二年,因而改嫁者加二等",如具有法律效力的宋代案例集《清明集》中说:"夫有出妻之理,妻无弃夫之条。"可见法律是不承认妇女离婚请求权的。"夫妻不相和谐而离者",不能作现代意义理解而只能是丈夫单方面的好恶,所以和离的前提必须是由男方作出决定,不一定要取得女方同意。

3. 强制离异

强制离异,也称义绝,是指夫妻之间因一方与他方一定亲属之间或双方亲属之间发生某种情事而情义断绝,法律规定双方婚姻关系应当解除。发生义绝情事时,夫妻如果不自动解除婚姻,国家就要强迫解除,并给予惩罚。如《唐律·户婚》规定:"诸犯义绝者,离之,违者徒一年。"明、清律亦规定,"若犯义绝应离而不离者,亦杖八十"。据《唐律疏议》记载,有下列几种义绝条件:(1)夫殴妻之祖父母、父母,及杀妻之外祖父母、伯叔父母、兄弟、姑、姊妹。(2)夫妻祖父母、外祖父母、伯叔父母、兄弟、姑、姊妹自相杀。(3)妻殴詈夫之祖父母,杀伤夫外祖父母、伯叔父母、兄弟、姑、姐妹。(4)妻与夫之缌、麻以上亲奸,或夫与妻母奸。(5)妻欲害夫。从义绝的构成条件看,主要是亲属之间互相侵犯的行为,因此,义绝的规定仍然是以家族为中心,为维护封建伦常观念和封建家庭秩序所设。

4. 官府断离

官府断离又称呈诉离婚,是指由夫妻双方中一方基于特定缘由向官府提起离婚诉讼,由官府判令离异。除上述几种离婚方式外,不同朝代的法律也有关于出于某些特定原因夫妻一方可呈诉官府断离的规定,男方呈诉离婚的法定理由有"妻背夫在逃""男妇虚执翁奸""妻杀妾子""妻魇魅其未"等;女方呈诉理由有"夫抑勒或纵容其妻与人通奸""夫逃亡三年以上不归""夫典雇其妻""翁欺奸男妇""夫强奸前夫男妇或前夫女"等。

(二)近代民国政府的离婚制度

1930 年 12 月 26 日国民党政府颁布了《中华民国民法》,其亲属编中关于离婚的规定,集中反映了我国半殖民地半封建社会的离婚制度。根据该法规定,离婚制度分为两愿离婚和判决离婚。

1. 两愿离婚

两愿离婚是指双方当事人合意而解除婚姻,但未成年人应征得法定代理人同意。《中华民国民法》第 1049 条规定:"夫妻两愿离婚者,得自行离婚。但未成人应得法定代理人同意。"第 1051 条规定:"两愿离婚后,关于子女监护,由夫任之。但另有约定者,从其约定。"两愿离婚虽然允许当事人自愿离婚,但是在当时男女经济地位不平等的条件下,该制度对要求离婚的女方是不利的,说明婚姻决定权还是在男方。

2. 判决离婚

判决离婚又称裁判离婚,是指夫妻双方不能达成一致意见或夫妻一方违反法定理由时,另一方向法院提请离婚,法院依法判决解除其婚姻关系。《中华民国民法》第 1052 条列举了离婚的 10 条理由:(1)重婚者;(2)与人通奸者;(3)夫妻之一方,受他方不堪同居之虐待者;(4)妻对于夫之直系尊亲属为虐待,或受夫之直系尊亲属之虐待,致不堪为共同生活者;(5)夫妻一方以恶意遗弃他方在继续状态中者;(6)夫妻一方意图杀害他方者;(7)有不治之恶疾者;(8)有重大不治之精神病者;(9)生死不明已逾 3 年者;(10)被处 3 年以上之徒刑,或因犯不名誉之罪被处徒刑者。当事人的婚姻若符合其中一条者,另一方可以诉至法院请求判决离婚。

国民党政府民法亲属编中规定的离婚理由,比起封建社会把离婚权片面授予丈夫的"七出"制度有很大的进步,但是在当时的社会条件下,男女双方在离婚问题上所处的实际地位是不平等的,而且由于封建主义的婚姻家庭习惯仍然占支配地位,所以中华民国民法中有关离婚规定所起的作用是有限的。

（三）中华人民共和国的离婚制度

中华人民共和国的离婚制度，渊源于中华人民共和国成立前我党革命根据地时期的离婚立法，始创于1950年的婚姻法，在1980年的婚姻法中得到了进一步发展。1950年婚姻法奠定了新中国离婚制度的法律基础，对废除封建主义婚姻制度，改造旧中国遗留下来的婚姻关系，起了极大的推动作用。该法对双方自愿离婚和一方要求离婚都作了明确规定：对于男女双方自愿离婚的，准予离婚；对于男女一方坚决要求离婚的，经区人民政府和司法有关调解无效时，亦准予离婚。1950年婚姻法创设了离婚的行政程序和诉讼程序，但是没有规定判决离婚的条件。1980年婚姻法在此基础上第一次确立了准予离婚的法定条件，并修改补充了离婚的程序。此后，在对婚姻法有关离婚条款的适用问题上，最高人民法院还作了大量司法解释，对加强离婚的法律调整起到了非常重要的作用。2001年修改后的婚姻法对判决离婚的法定条件作了进一步规定，并增设了离婚损害赔偿等制度，使我国现行的离婚制度得到了完善。

五、我国现行离婚法的基本精神

我国现行离婚法主要体现了保障离婚自由、反对轻率离婚的基本精神，这一精神也是我国离婚制度的重要特征。

（一）保障离婚自由

保障离婚自由就是保障当事人决定解除婚姻关系的合法权利，是婚姻自由的重要内容之一，同结婚自由一起构成了婚姻自由的整体，缺少离婚自由的保障，就不能实现真正的婚姻自由。保障离婚自由是婚姻关系的本质要求。婚姻既然能通过法律制度予以建立，也就应该能通过法律制度予以解除，让那些夫妻感情或关系已经死亡的婚姻通过法律程序予以解除。离婚可能使个别家庭破碎，当事人感情受伤，但在宏观上则会使婚姻和家庭因此而得到改善和巩固。因此，法律保障离婚自由，对符合法定条件依法要求离婚的，应准予离婚。

（二）反对轻率离婚

保障离婚自由并不等于可以轻率对待离婚问题。我国婚姻法在保障离婚自由的同时，坚决反对那些对婚姻的不严肃态度以及滥用离婚自由权利的行为。夫妻在长期共同生活中，发生这样或那样的矛盾都是难免的，也很正常，但彼此都应珍惜感情，互相尊重，互相体谅，主动改善关系。夫妻间的矛盾不能都用离婚办法来解决，只有在感情完全破裂，又无和好可能的情况下，才应动用离婚这一法律手段，而不能在尚无离婚必要的时候轻率离婚。这并不是否定当事人离婚自由的权利，而是立法反对轻率离婚的态度。婚姻关系作为一种重要的伦理关系和法律关系，当事人双方相互承担着明确的道德责任和法律义务，这种责任和义务是不能随意抛弃的。任何轻率的离婚都是对道德责任和法律义务的违反，对那些歪曲理解离婚自由、滥用离婚自由权利的行为要加以限制和反对。

保障离婚自由，反对轻率离婚，其基本精神是一致的，是一个问题的两个方面，是相辅相成的，不能有所偏颇或片面强调。

第二节　行政程序离婚

一、行政程序离婚的概念

行政程序的离婚,是指婚姻当事人双方自愿达成解除婚姻关系的合意,并就离婚所涉及的后果作出约定,经有关行政部门认可而解除婚姻关系的法律制度。行政程序的离婚采取协议的形式离婚,所以也称协议离婚,是一种较自由、合理、文明的离婚方式,它能使不愿继续保持婚姻关系的当事人理智和平地分手,减少彼此之间进一步伤害,防止个人隐私扩散,同时,在没有外力干扰的情况下,当事人之间就子女的抚养和财产分割达成解决的方案也会较为合理,利于执行。行政程序的离婚方式手续简便易行,契合现代人的心理状态,因此是多数人愿意接受的方式。协议离婚作为一项法律制度已有为数不少的国家采纳,比如,日本、比利时、卢森堡、墨西哥、泰国等国家都建立了这一制度,与判决离婚制度并行发挥作用,但仍有许多国家目前仍采取单一的诉讼离婚制度。

我国《婚姻法》第 31 条规定:"男女双方自愿离婚的,准予离婚。双方必须到婚姻登记机关申请离婚。婚姻登记机关查明双方确实是自愿并对子女和财产问题已有适当处理时,发给离婚证。"可见,协议离婚制度是我国离婚制度的重要组成部分,是婚姻自由原则的一个重要表现,当事人在婚姻关系无法继续维持的情况下,平心静气地解决矛盾,可以避免冲突进一步升级,造成双方的敌视和仇恨。同时,法律规定办理行政程序离婚时,既要求当事人合意解除婚姻,也要求当事人对子女的抚育教育、财产分割和债务清偿等问题作出妥善安排。法律做这样规定,既有利于维护当事人和第三人的合法权益,也有利于生产生活和正常的财产流转,稳定社会秩序。目前,更多的离异男女趋向选择这种方式,这一状况体现了我国离婚法发展的新趋向。

二、我国行政程序离婚的条件

根据我国现行《婚姻法》《婚姻登记条例》的有关规定,行政程序离婚必须符合以下条件:

（一）双方当事人须有合法的夫妻身份

离婚时双方当事人必须是依法办理了结婚登记的婚姻关系当事人。无婚姻关系的同居、无效婚姻的"离婚",婚姻登记机关不予受理。

（二）双方当事人须有婚姻的行为能力

离婚是重要的身份法上的行为,只有当事人具有婚姻行为能力时,才能独立自主地处理自己的婚姻问题。被宣告为无行为能力或限制行为能力的人,以及虽未被宣告为无行为能力但在申请离婚时处于无意识状态或精神错乱中的人,不能作为双方自愿离婚的当事人。这不仅是协议离婚本身的必然要求,而且也是保护那些不具有完全民事行为能力的当事人合法权益的需要。

根据我国婚姻登记条例的规定,一方或双方为无民事行为能力人或限制民事行为能力人的离婚,婚姻登记机关不予受理,应依诉讼程序处理。《婚姻法解释（三）》第 8 条规定:"无民事行为能力人的配偶有虐待、遗弃等严重损害无民事行为能力一方的人身权利或者财产权益行为,其他有监护资格的人可以依照特别程序要求变更监护关系;变更后的监护人代理无民事行为能力一方提起离婚诉讼的,人民法院应予受理。"

（三）双方当事人须有离婚的合意

离婚协议应当是双方意思表示一致的结果,这种意思表示必须是真实自愿的,而不是受对方或他人的欺诈、胁迫或重大误解而作出的。

（四）双方须对离婚后的子女和财产问题已有适当处理

对子女问题有适当处理,就是双方在保护子女合法权益的原则下,对离婚后未成年子女或不具有独立生活能力的子女作出合理的、有切实保障的安排,包括离婚后子女随哪一方生活,子女的抚养和教育费用如何负担以及不直接抚养子女的一方对子女的探视问题等,不能因父母离婚而影响子女的健康成长。

对财产问题有适当处理,则是双方在男女平等、保护妇女合法权益的原则下,对夫妻共同财产作出合理的分割,对共同债务的清偿以及对经济困难一方的帮助等问题作出处理。

行政程序的离婚必须同时符合以上几个条件,缺一不可。如果离婚虽系出于双方自愿,但是对子女和财产等问题不能达成协议的,婚姻登记机关不予受理。

三、我国行政程序离婚的程序

行政程序的离婚,依法必须办理离婚登记,才能产生解除婚姻关系的法律后果。

（一）离婚登记的机关

我国《婚姻登记条例》第10条规定,内地居民自愿离婚的,男女双方应当共同到一方当事人常住户口所在地的婚姻登记机关办理离婚登记。确定婚姻登记机关的管辖范围,以地域管辖原则来确定。当事人协议离婚的,双方户口在一地的,到当地婚姻登记机关申请离婚登记,双方当事人户口不在一地的,到任何一方户籍所在地的婚姻登记机关申请离婚登记。

根据我国《婚姻登记条例》第2条的规定,内地居民办理婚姻登记的机关是县级人民政府民政部门或者乡(镇)人民政府,省、自治区、直辖市人民政府可以按照便民原则确定农村居民办理婚姻登记的具体机关。中国公民同外国人,内地居民同香港特别行政区居民(以下简称香港居民)、澳门特别行政区居民(以下简称澳门居民)、台湾地区居民(以下简称台湾居民)、华侨办理婚姻登记的机关是省、自治区、直辖市人民政府民政部门或者省、自治区、直辖市人民政府民政部门确定的机关。因此,内地居民离婚的登记机关是县级人民政府的民政部门或者乡(镇)人民政府;涉外离婚的登记机关是省、自治区、直辖市人民政府民政部门或者省、自治区、直辖市人民政府民政部门指定的机关,一般是地区或市一级人民政府的民政局。

（二）离婚登记的程序

离婚登记的程序由申请、审查和登记组成。

1. 申请

男女双方自愿离婚的,必须双方亲自共同到一方户籍所在地的婚姻登记机关提出离婚登记申请,不得委托他人代理。在民政部《婚姻登记条例》颁布之前,当事人要离婚,除了要提交1994年民政部发布的《婚姻登记管理条例》要求提供的材料外,还要提交所在单位、村民委员会或者居民委员会出具的介绍信。由于这种规定可能导致当事人的隐私公开,因此遭到社会的质疑与反对,为此,2003年10月1日实施的《婚姻登记条例》废除了此种制度,当事人离婚无须提交所在单位、村民委员会或者居民委员会出具的介绍信。

根据我国《婚姻登记条例》第 11 条的规定,办理离婚登记的内地居民应当出具下列证件和证明材料:本人的户口簿、身份证;本人的结婚证;双方当事人共同签署的离婚协议书。离婚协议书应当载明双方当事人自愿离婚的意思表示以及对子女抚养、财产及债务处理等事项协商一致的意见。《婚姻登记条例》第 12 条规定,办理离婚登记的当事人有下列情形之一的,婚姻登记机关不予受理:未达成离婚协议的;属于无民事行为能力人或者限制民事行为能力人的;其结婚登记不是在中国内地办理的。

2. 审查

在婚姻登记条例颁布之前,原《婚姻登记管理条例》对离婚审查采取实质审查和形式审查的原则,要求离婚登记机关在一个月内严格认真地进行审查当事人的离婚申请,包括:查明当事人所提供的证件和证明是否真实有效;查明当事人的申请是否符合登记离婚的法定条件,即当事人是否具有婚姻行为能力、是否确系双方自愿离婚,对子女抚养、财产分割及债务处理等问题是否作出妥善安排,离婚协议的内容是否合法,有无规避法律的情形。在登记机关审查过程中,当事人应如实提供真实情况,不得隐瞒或欺骗。如果登记机关发现离婚当事人有违反婚姻法的行为,应给予批评教育或不准予登记,触犯刑律的要交由司法机关依法追究刑事责任。由于此种严格的审查原则行政管理色彩极浓,政府大包大揽,违反了婚姻的私法属性与当事人责任自负的民法原则,为此,学界及公众均要求废除此种审查制度。新的《婚姻登记条例》反映了社会公众的要求,对审查采取形式审查的原则,放弃了实质审查的原则,由当事人对自己的离婚行为负责。

根据我国《婚姻登记条例》第 13 条规定,婚姻登记机关应当对离婚登记当事人出具的证件、证明材料进行审查并询问相关情况。即离婚登记机关仅仅审查当事人提交的有关材料是否齐备,不再审查双方离婚的实质性内容。

3. 登记

原《婚姻登记管理条例》规定,离婚登记机关应在一个月内审查当事人的离婚申请,符合条件的予以登记。现行《婚姻登记条例》第 13 条则规定,如果离婚登记机关经过上述形式审查后认为,对当事人确属自愿离婚,并已对子女抚养、财产、债务等问题达成一致处理意见的,应当当场予以登记,发给离婚证。

(三)登记离婚的效力

当事人自取得离婚证之日起解除婚姻关系,双方不再有夫妻的权利与义务关系。

至于登记离婚后当事人双方又有纠纷,要求法院重新处理的问题,根据《婚姻法解释(二)》第 8 条的规定,离婚协议中关于财产分割的条款或者当事人因离婚就财产分割达成的协议,对男女双方具有法律约束力。当事人因履行上述财产分割协议发生纠纷提起诉讼的,人民法院应当受理。如《婚姻法解释(二)》第 9 条规定,男女双方协议离婚后一年内就财产分割问题反悔,请求变更或者撤销财产分割协议的,人民法院应当受理。人民法院审理后,未发现订立财产分割协议时存在欺诈、胁迫等情形的,应当依法驳回当事人的诉讼请求。

第三节　诉讼程序离婚

一、诉讼离婚的概述

（一）诉讼离婚的概念

诉讼程序离婚，又称诉讼离婚，是指婚姻当事人一方基于一定理由，向法院提起离婚之诉，经法院审理并裁决离婚的法律制度。在当代，尽管协议离婚有日渐发展的趋势，但诉讼离婚仍是各国主要的离婚方式，而且目前仍有很多国家规定，裁判离婚是唯一合法的离婚方式。在我国，夫妻一方要求离婚或夫妻双方对子女抚养或财产分割有争议的离婚，须经过人民法院的审判裁决。

（二）诉讼离婚的特点

诉讼程序的离婚与行政程序的离婚相比，具有以下特点：

1. 诉讼离婚的适用范围广

诉讼离婚适用于夫妻双方不能达成离婚协议的离婚，包括：一方不同意离婚的；双方虽同意离婚，但子女抚养未达成协议的；双方虽同意离婚，但财产问题未达成一致的；双方同意离婚，但一方不在中华人民共和国境内居住的。此外，诉讼离婚还适用于：离婚当事人一方下落不明或被宣告失踪的；一方正在被劳动教养或正在被监禁期间不能亲自去婚姻登记机关申请的离婚案件。随着我国经济发展、人才劳务的流动，当事人离开本人户籍所在地在异地发展时，如果要求离婚并对子女抚养和财产问题没有异议，回户籍所在地办理协议离婚确有困难的，原告向被告一方经常居住地人民法院提起离婚诉讼，人民法院也受理。

2. 诉讼离婚中法院对离婚真实性与合法性的审查较为严格

在离婚诉讼中，人民法院要对离婚双方的具体情况作全面详尽的审查，如：离婚的原因、当事人一方有无婚姻过错、子女由哪一方抚养更适合、夫妻财产状况、有无共同债务及债务如何分担等。经过法院审查裁判的离婚案件，可以使签署男女双方不公平离婚协议及借离婚逃避债务等不合理或不合法的情形得以减少。

3. 诉讼离婚的判决具有强制性

与行政程序离婚的离婚协议不同，诉讼离婚的判决具有强制性，当一方不履行法院离婚判决时，另一方可向人民法院申请强制执行。而离婚协议只是婚姻登记机关认可的当事人就双方婚姻关系、子女抚养及财产问题达成一种民事契约，契约当事人应当按照协议的约定行使自己的权利和承担自己的义务。如果男女一方不按照离婚协议履行义务时，另一方不能仅凭双方达成的离婚协议直接要求人民法院强制执行。由于当事人的离婚协议本身不具强制执行的效力，如果要迫使一方履行协议约定的义务，只能向人民法院提起民事诉讼，请求人民法院确认该离婚协议的效力并予以强制执行。

4. 诉讼离婚的结果取决于司法机关的裁量

与行政程序的离婚过程相比，诉讼程序离婚的当事人之间对抗性更强，诉讼中当事人可依法行使抗辩权、上诉权；同时，与行政程序离婚的结果相比，诉讼离婚的结果是当事人不能控制的，法院不仅可能作出不准离婚的判决，而且在判决离婚时，有权对离婚后果做全面的审查,对子女的抚养、财产的分割及债务的清偿等问题,即使当事人意见一致也可依法变更。

(三)外国法中诉讼离婚立法例

诉讼离婚是外国法上通行的一种离婚方式,但在外国法中关于诉讼离婚立法例也不尽相同。从立法原则看,有过错离婚主义、目的离婚主义和破裂离婚主义之分。过错离婚主义坚持以对方违背婚姻义务的特定过错行为作为提出离婚的法定理由,也称有责主义的离婚;目的离婚主义是指并非一方的主观故意或过错行为,但有客观原因使婚姻目的无法达到而提出离婚的法定理由,又称无责主义的离婚;破裂离婚主义则是指以婚姻关系破裂作为离婚的法律依据。不少国家采取上述两种或三种原则相结合的立法原则,也有的国家仅采取破裂离婚主义原则。从离婚理由的表现方式来看,有列举主义、概括主义和例示主义的区别。列举主义是在法律中详尽列出具体离婚理由,无法定事由不得请求离婚;概括主义则在法律中不列举离婚理由,仅概括性规定一个是否准予离婚的法定界限;例示主义是混合型立法方式,是列举性规定和概括性规定相结合。例示主义与列举主义最重要的区别是,对于法定的离婚理由,前者除有列举准予离婚的具体情形,还有概括性的条款规定,而后者则无概括性的条款规定。[①] 目前,世界各国立法常见的法定离婚理由有婚姻关系破裂、家庭共同生活解体、重婚、通奸、虐待、遗弃、谋害配偶、患有精神病或重大不治之疾、不能人道、一定期间分居、一方失踪、被判刑、酗酒、吸毒、叛教、嗜赌等几十种之多。

二、我国诉讼离婚中的调解与裁判

我国《婚姻法》第 32 条规定:"男女一方要求离婚的,可由有关部门进行调解或直接向人民法院提出离婚诉讼。""人民法院审理离婚案件,应当进行调解;如感情确已破裂,调解无效,应准予离婚。"即我国诉讼离婚制度中,调解与裁判是解决离婚的两大程序性制度。目前在我国的司法实践中,当事人一方要求离婚的,可以通过诉讼前有关部门调解或人民法院直接审理来解决。

(一)诉讼外调解

诉讼外调解,是指男女一方要求离婚的,在人民法院以外的有关部门主持下进行调解的程序。这里的有关部门包括当事人所在单位、群众团体、基层组织和行政主管部门,也称非诉讼离婚调解或行政调解。诉讼外调解是我国处理民间纠纷的有效方式,在有关部门主持下,能及时、合理地解决当事人的婚姻家庭纠纷,及时消解矛盾,有利于当事人生活和社会秩序安定,减少诉讼,减轻法院工作量。因此,该制度有着重要的意义和积极的作用。

需要强调的是,诉讼外调解程序并非诉讼离婚的必经程序,不具有法律强制性,应遵循自愿、合法的原则。任何组织和机关均不得强迫当事人接受诉讼外调解。当事人可以先经过诉讼外调解,也可以不经过诉讼外调解,直接向人民法院提起离婚诉讼。

经过有关部门调解,一般有三种结果:一是经过调解,双方当事人和好,纠纷消除,矛盾化解,这自然是皆大欢喜的结局;二是经过调解,双方当事人同意离婚,达成离婚协议,由一方要求离婚转化为双方自愿离婚,这时当事人双方应到婚姻登记机关办理离婚登记;三是调解无效,当事人双方对离婚达不成协议,和好又不可能,或者双方虽然同意离婚,但对子女、财产或其他事项达不成一致意见,此时要求离婚的一方当事人应向人民法院提起离婚诉讼,

---

① 宋豫,陈苇.中国大陆与港、澳、台婚姻家庭法比较研究[M].重庆:重庆出版社,2002:389.

通过司法途径解决。

（二）离婚诉讼程序

离婚诉讼程序,是指夫妻一方以解除婚姻关系为目的而提起诉讼,由人民法院依法审理并作出裁判所适用的法定程序。根据我国婚姻法及民事诉讼法的相关规定,离婚诉讼程序具体包括以下几个阶段:起诉、受理、调解、判决、上诉。

1. 起诉与受理

根据民事诉讼法及其司法解释规定,第一审离婚案件由被告住所地的基层人民法院管辖,被告住所地与经常居住地不一致的,由经常居住地的基层人民法院管辖;在某些特殊情况下,①也可由原告住所地的基层人民法院管辖。因此,男女一方向人民法院起诉离婚的,一般须向被告户籍所在地人民法院起诉。被告户籍所在地与居住地不一致的,则可以向居住地人民法院起诉。被告一方如果为现役军人、正在被劳教的人员或正在被监禁劳改的人员,原告可以向自己户籍所在地人民法院起诉。双方均为现役军人的离婚诉讼,向被告所在部队团以上政治机关所在地人民法院起诉。

起诉时,原告须向人民法院递交起诉书和副本,写明原被告的一般情况、起诉的理由和要求、依据的事实和证据。

符合上述规定的,人民法院应立案受理,但对人民法院已经判决不准离婚的案件,或经人民法院调解和好、原告撤诉的离婚案件,如果没有新情况或新理由,6 个月之内不得再起诉,即使起诉,人民法院也不予受理。

2. 调解

调解是人民法院审理离婚案件的必经程序,是人民法院行使审判职能的一个重要方面。根据婚姻法及民事诉讼法的规定,人民法院审理离婚案件应当调解。这里的调解是诉讼内调解,是由人民法院主持下的对当事人离婚纠纷的调解。人民法院适用调解,有利于对当事人进行法制教育和思想疏导,促使当事人互谅互让,促成和好或达成某种协议,使案件得到及时妥善的处理。诉讼中的调解活动应贯穿于人民法院审理离婚案件的整个过程,在第一审程序、第二审程序和审判监督程序中都可以进行。调解活动应当坚持自愿、合法原则。所谓自愿是指当事人双方在人民法院主持下,通过协商自愿达成协议,在达成协议时不能违背当事人意愿,强迫命令;所谓合法则是指经过调解所达成的协议内容不违反法律规定和社会

---

① 《最高人民法院关于适用〈中华人民共和国民事诉讼法〉若干问题的意见》规定:"11. 非军人对军人提出的离婚诉讼,如果军人一方为非文职军人,由原告住所地人民法院管辖。离婚诉讼双方当事人都是军人的,由被告住所地或者被告所在的团级以上单位驻地的人民法院管辖。12. 夫妻一方离开住所地超过一年,另一方起诉离婚的案件,由原告住所地人民法院管辖。夫妻双方离开住所地超过一年,一方起诉离婚的案件,由被告经常居住地人民法院管辖;没有经常居住地的,由原告起诉时居住地的人民法院管辖。13. 在国内结婚并定居国外的华侨,如定居国法院以离婚诉讼须由婚姻缔结地法院管辖为由不予受理,当事人向人民法院提出离婚诉讼的,由婚姻缔结地或一方在国内的最后居住地人民法院管辖。14. 在国外结婚并定居国外的华侨,如定居国法院以离婚诉讼须由国籍所属国法院管辖为由不予受理,当事人向人民法院提出离婚诉讼的,由一方原住所地或在国内的最后居住地人民法院管辖。15. 中国公民一方居住在国外,一方居住在国内,不论哪一方向人民法院提起离婚诉讼,国内一方住所地的人民法院都有权管辖。如国外一方在居住国法院起诉,国内一方向人民法院起诉的,受诉人民法院有权管辖。16. 中国公民双方在国外但未定居,一方向人民法院起诉离婚的,应由原告或者被告原住所地的人民法院管辖。"

道德要求。在调解过程中,要力克勉强,当事人不愿继续调解的,法院应及时作出判决。调解不能久调不决,以免出现不良后果。

法院主持下诉讼内的调解,也有三种结果:一是经调解双方当事人达成和好的协议,原告撤诉的,法院将调解和好的笔录存卷,结束诉讼活动,无须制作调解书发给当事人。二是当事人达成离婚协议的,离婚协议经双方当事人签字确认后,发生法律效力。此时的离婚调解协议和离婚判决书有同等的法律效力,不经法定程序,不得随意变更。如果一方当事人不履行协议内容时,另一方可申请人民法院强制执行。三是调解无效,当事人既不同意和好,又达不成离婚协议的,人民法院不应久拖不决,应该立即进入判决阶段。

3. 判决

根据我国婚姻法的规定,人民法院审理离婚案件,应当进行调解;如感情确已破裂,调解无效,应准予离婚。因此,判决是人民法院在调解无效时,对当事人的婚姻关系是否解除作出的强制性决定。此时的判决有两种结果:一种是判决离婚;另一种是判决不准予离婚。无论是哪种判决,都是人民法院以事实为根据,按照婚姻法及其相关规定的标准作出的,即属于"夫妻感情确已破裂,调解无效的,准予离婚";夫妻感情尚未破裂或未完全破裂,即使调解无效的,也不准离婚。当事人对一审法院的判决不服,在一审判决后 15 日内,有权向上一级人民法院提起上诉;二审法院作出的判决为终审判决。

判决一经生效,即具有法律的强制力,当事人必须执行。对于已经生效的解除婚姻关系的判决书,不得申请再审,因为婚姻关系涉及当事人身份关系的变化,一旦婚姻关系解除后一方再婚则原婚姻关系无法恢复。但是,当事人就离婚案件中财产分割问题申请再审的,如涉及判决书中已分割的财产,符合再审条件的,可以申请再审;如涉及判决书中未处理的夫妻共同财产,则应另行起诉。

三、我国诉讼离婚的特别规定

(一)对现役军人配偶离婚权的限制性规定

《婚姻法》第 32 条规定:"现役军人配偶要求离婚,须得军人同意,但军人一方有重大过错的除外。"我国婚姻法的这一规定是对现役军人配偶离婚胜诉权的一种限制,在法律上给予现役军人婚姻以特别保护,是我国婚姻立法的传统,有利于稳定军心,增强人民解放军的战斗力,体现了国家对现役军人家庭的关怀和爱护。《婚姻法修正案(草案)》向社会公众征求意见时,有人建议取消军人的离婚特权,认为:表面上看,军人离婚特权有利于保护军婚,实则不然,因为军人的配偶与军人离婚难,有时可能导致军人找对象难、结婚难,而且用法律强制维系军婚的外壳,既对军人无益,又有害于其配偶,否定了军人配偶在婚姻关系中的平等权。[①] 为此,修改后的《婚姻法》增加了"军人有重大过错"时对其婚姻不适用特殊保护的规定,体现了法律的公正性,避免机械追求形式上对军婚保护,而损害非军人配偶的合法权益。

在适用该条规定时,应注意以下几个问题:

1. 本条规定的"现役军人",是指具有军籍,正在中国人民解放军或者武装警察部队服役的男女军人,包括:中国人民解放军部队的现役军官、军士长、军士、兵;中国人民武装警察

---

① 王胜明,孙礼海.《中华人民共和国婚姻法》修改立法资料选[M].北京:法律出版社,2001:38.

部队的警官、警士长、专业警士、警士;中国人民武装警察部队的文职干部等。退伍军人、转业军人和在军事单位内工作但没有取得军籍的职工不属于现役军人的范围。另外,正在被劳动教养或服刑的军人,不享受现役军人的待遇。

2. 本条规定的"现役军人配偶",是指同现役军人履行了登记结婚手续并领取结婚证、确立了合法婚姻关系的夫或妻,其身份是非现役军人。现役军人的配偶要求离婚,是指非军人一方向现役军人一方提出离婚的情形,如男女双方均为现役军人或现役军人一方向非军人一方提出离婚,则不适用该条特别规定,应按一般离婚处理。这条规定也不适用双方合意离婚的情况。

3. 处理军人离婚纠纷时,既要对现役军人的婚姻进行特殊保护,又要根据具体情况保护军人配偶的合法权益。现役军人的配偶提出离婚而军人不同意离婚的,人民法院应当与有关部门相互配合对军人配偶进行说服教育,劝其珍惜军属的荣誉,改善夫妻关系,尽量调解和好或者判决不准离婚。对夫妻感情确已破裂,无法再维持婚姻关系的,经调解无效,人民法院可以通过军人所在部队团以上政治机关,在做好军人的思想工作以后准予离婚,对离婚应严格掌握,慎重处理。

4. 现役军人的配偶提出离婚,如系第三人插足破坏军人婚姻家庭所造成且构成犯罪的,应依照《刑法》第 250 条规定,"明知是现役军人的配偶而与之同居或者结婚的,处三年以下有期徒刑或者拘役。利用职权,从属关系,以胁迫手段奸淫现役军人妻子的,依照本法第 236 条规定定罪处罚"。依法追究第三人法律责任。军人不同意离婚的,判决不准离婚。

5. 本条对现役军人配偶离婚胜诉权的限制有例外规定。即现役军人的配偶要求离婚,须得军人同意,但军人一方有重大过错的除外。何为重大过错?根据《婚姻法解释(一)》第 23 条的规定,可以依据《婚姻法》第 32 条第 3 款前三项规定及军人有其他重大过错导致夫妻感情破裂的情形予以判断。即:重婚或有配偶者与他人同居的;实施家庭暴力或虐待、遗弃家庭成员的;有赌博、吸毒等恶习屡教不改的,以及其他重大过错(如长期通奸或嫖娼等行为)导致夫妻感情破裂的情形。但是,如果军人一方不具有上述过错而是一般过错,其配偶要求离婚的,仍"须得军人同意"。

(二)对法定期间内男方离婚请求权的限制规定

《婚姻法》第 34 条规定:"女方在怀孕期间,分娩后一年内或中止妊娠后六个月内,男方不得提出离婚。女方提出离婚的,或人民法院认为确有必要受理男方请求的,不在此限。"该条规定是保护妇女儿童正当权益的特别需要。妇女在怀孕期间、分娩后 1 年内,或中止妊娠后 6 个月内,在生理及心理上都有一定的负担,特别虚弱,需要加以保护,因此在上述期间内对男方离婚请求权暂时限制是必要的,这是保护孕、产妇和中止妊娠术后妇女的身心健康及胎、婴儿发育成长的需要。

在适用该条规定时,应注意以下几个问题:

1. 这是一项在特定时期针对特定主体的限制,非特定时期或非特定主体不受限制。因为:(1)被限制离婚请求权的主体只能是男方,而不是女方;(2)它是在特定时期内对男方起诉权的限制,是一种程序法上的规定,对婚姻实体权利的处分没有影响,在上述期限届满后,男方仍可依法行使离婚的起诉权;(3)被限制的权利是有期限的,即女方怀孕期间,女方分娩后 1 年内,女方中止妊娠后 6 个月内,超过此期限则不再发生限制的效力。

2. 女方在上述三个期间内提出离婚的,不受限制。因为在此期间女方如果提出离婚,往往多因为自身或者胎儿、婴儿受到损害而迫不得已提出,即使基于其他原因,一般情况下女方对其离婚及后果也都有了思想准备,因此法院应当受理女方提出的离婚诉讼。否则,可能更加不利于保护妇女、胎儿、婴儿的利益。当然如果男女双方在这些期间自愿离婚(但没有达成其他方面的协议)而起诉至法院,法院也应受理。

3. 人民法院认为确有必要受理男方离婚请求的,不受此限制。这主要是指在女方怀孕期间,或女方分娩后 1 年内,或女方中止妊娠后 6 个月内,如果女方有重大过错,例如女方婚后与他人发生性关系而怀孕,男方生命受到女方威胁或者合法权益受到女方侵害,女方对婴儿有虐待、遗弃等行为,男方坚持要求离婚时,如不及时受理,可能使矛盾激化,甚至引发流血冲突。因此,人民法院可以受理男方的离婚请求,至于是否准予离婚,仍应根据具体情况和法律的规定来处理。

四、我国裁判离婚的条件

人民法院对调解无效的离婚案件必须作出判决,判决包括不准离婚判决和准予离婚判决。法院判决所依据的标准是什么?对此,我国原《婚姻法》对离婚条件采取的是概括主义的立法方式,仅规定"感情确已破裂,调解无效,应准予离婚",即原则性的规定离婚条件。但是,由于该准则过于抽象、原则,缺乏可操作性,在实践中较难把握,影响了审判质量,最高人民法院只能通过司法解释的方式逐项列举规定了具体标准。为了解决原则性与操作性缺乏的矛盾,更好地贯彻执行夫妻感情确已破裂准予离婚的规定,修改后的《婚姻法》采取了例示主义的立法方式,即将概括性的原则与列举的条件结合起来,进而说明离婚原则的内容,既原则规定了准予离婚的法定条件,也具体规定了准予离婚的法定理由。

(一)夫妻感情确已破裂是准予离婚的法定条件

《婚姻法》第 32 条规定:"人民法院审理离婚案件,应当进行调解,如感情确已破裂,调解无效,应准予离婚。"该规定表明了裁判离婚的法定条件包括以下两个方面内容:

1. 夫妻感情确已破裂

夫妻感情确已破裂是指夫妻感情确已达到了真实、完全、长久地不可挽回的程度。也就是说,夫妻感情已经破裂而不是将要破裂或者可能破裂;夫妻感情已真正破裂而不是虚假现象或者第三人猜测臆断;夫妻感情完全破裂而不是刚刚产生的裂痕或没有完全破裂。

2. 调解无效

感情确已破裂与调解无效两者之间是不可分割的有机统一体,其中感情是否破裂是准离或不准离的实质要件,而调解是否无效则是程序要件。二者均为准予离婚的法定条件,前者是主要条件,后者是从属条件。感情是夫妻关系的基础,感情有无是婚姻关系存废的前提,感情确已破裂是夫妻关系破裂、难以继续维持下去的重要标志;而调解是必经程序,未经调解,不得判决,即尽管夫妻感情已完全破裂,但尚未进行调解和调解程序还未结束的案件,是不能判决离婚的。

适用这一法定条件时,要注意感情确已破裂与调解之间的关系。一般来说感情确已破裂,调解是无效的,但也不是绝对无法调解的;有时感情没有破裂,也有调解无效的情况,调解无效不能作为"感情确已破裂"的标志。夫妻感情没有破裂或没有完全破裂,即使调解无效,也不应准予离婚。所以,无论是调解,还是判决,核心问题在于把握夫妻感情是否确已破裂。

我国在裁判离婚的条件上采用了破裂主义的立法原则。然而对于我国现行立法将"感情确已破裂"作为准予离婚的法定条件,学界认为值得商榷,因为:第一,"感情"是一种心理状态,属于伦理学而不是法律调整的范畴,法律调整的是婚姻关系而不是感情关系;第二,感情是复杂易变的,极易受客观因素的影响,在实践中难以识别和判断,执法者难以把握"破裂"的标准;第三,婚姻的维系,除了有感情因素外,还有经济因素、子女因素和家庭责任等;第四,"感情破裂"不能反映出所有离婚的理由。有的夫妻从结婚之日就无感情,离婚时谈何"感情破裂";有的夫妻感情甚深,但一方因长期患病不能履行夫妻义务,不愿拖累对方而坚决要求离婚,这时准予离婚的标准就不是"感情破裂"。可见,只考察有无感情就认定婚姻能否存续,确实过于片面。在采取破裂主义立法原则的国家中,多以"婚姻关系确已破裂""夫妻共同生活破裂"作为离婚的法定条件,[①]为此,学界建议,将"感情确已破裂"改为"婚姻关系确已破裂"或"婚姻关系不能维持",[②]只要夫妻的婚姻关系在事实上已经破裂,调解无效,即便夫妻之间仍然存在感情,法院也应当解除双方之间的婚姻关系。

(二)夫妻感情确已破裂的法定理由

现行婚姻法在最高人民法院有关司法解释的基础上对"夫妻感情确已破裂"的标准作了进一步确认,《婚姻法》第 32 条第 3 款明确规定:有下列情形之一,调解无效的,应准予离婚:(1)重婚或有配偶者与他人同居的;(2)实施家庭暴力或虐待、遗弃家庭成员的;(3)有赌博、吸毒等恶习屡教不改的;(4)因感情不和分居满 2 年的;(5)其他导致夫妻感情破裂的情形。

根据《婚姻法解释(一)》第 22 条规定:"人民法院审理离婚案件,符合第三十二条第二款规定应准予离婚情形的,不应当因当事人有过错而判决不准离婚。"即是否准予离婚,不应是作为惩罚过错方的手段,即使当事人一方有造成夫妻感情确已破裂的法定过错,且该过错方本人提出离婚诉讼,法院也不应因当事人有过错而判决不准离婚。至于无过错方因离婚导致的损害,可以在离婚时通过适当多分得夫妻共同财产得到一些补偿,也可以通过离婚损害赔偿制度进行索赔。

《婚姻法》第 32 条第 4 款还规定,一方被宣告失踪,另一方提出离婚诉讼的,应准予离婚。

(三)认定夫妻感情确已破裂的概括性标准

为了弥补婚姻法原则性规定的不足,1989 年最高人民法院发布了《关于人民法院审理离婚案件如何认定夫妻感情确已破裂的若干具体意见》(以下简称《认定夫妻感情确已破裂的若干意见》),对如何判断夫妻感情确已破裂,规定"判断夫妻感情是否确已破裂,应从婚姻基础、婚后感情、离婚原因、夫妻关系现状和有无和好可能等方面综合分析"。可以视为判断《婚姻法》第 32 条第 3 款第(5)项"其他导致夫妻感情破裂的情形"的概括性标准:

1. 婚姻基础

考察分析双方缔结婚姻时的感情基础,即双方的结合是包办强迫的还是自主自愿的;是基于相互爱慕而结合的还是基于其他利益,如金钱、地位、容貌而草率结合的。因为婚姻基础对婚姻质量有直接或间接的影响。强迫包办的结合或基于其他利益需要的结合,夫妻感情基础差,易发生矛盾造成关系不和,产生问题也不易调解。自主自愿的结合以及两情相悦、互相爱慕的结合,感情基础较好,一般不易发生重大矛盾,有了纠纷也易调解。但是必须看到,婚姻基础只说明过去,情况也在不断变化,感情基础好或自愿结合的夫妻,也不一定都

① 陈苇.外国婚姻家庭法比较研究[M].北京:群众出版社,2006:439-442.

② 王胜明,孙礼海.《中华人民共和国婚姻法》修改立法资料选[M].北京:法律出版社,2001:61.

能白头偕老;而婚姻基础不好的夫妻,在长期共同生活中也可以建立发展为美好的婚姻。所以在判断分析时不能一概而论,应分别一般和特殊,还要结合其他因素一起判断。

2. 婚后感情

考察分析夫妻在共同生活期间的感情状况:一要看婚后夫妻是否建立起了夫妻感情,夫妻感情好的时间和坏的时间有多长,夫妻感情发展是由好的向坏的方向发展,还是从坏的向好的方向发展;二要看夫妻感情变化的原因,是自身的原因还是外界的原因,是可以克服排除的原因还是不可以克服排除的原因。总之,要从婚后感情变化的总体上判断婚后感情是较好的、一般的,还是差的、比较差的,从感情变化的趋势得出正确结论。在考察夫妻感情状况时,还要重视分析考量双方思想修养、道德品质、所受教育、生理心理状况、性格特点等诸方面因素,透过事物表象发现真实情况。

3. 离婚原因

考察分析原告提出离婚的真正理由。离婚原因对判断夫妻感情是否破裂至关重要,往往在诉讼中也是争执的焦点。原告为了达到离婚的目的,可能会夸大其词,制造假象,捏造事实,掩饰其离婚的真正动机;而被告为阻止原告的要求,也尽可能辩解,否定原告离婚的理由,扩大对方错误,甚至编造虚假事实,掩盖其他事实真相。因此,首要任务是去伪存真,查清导致提出离婚诉讼的远因、近因、主要原因、其他原因等真实原因,在此基础上区分造成离婚原因是本质的还是非本质的,是内部的还是外部的。抓住案件的主要矛盾,有针对性地做好调解工作。

4. 夫妻关系现状和有无和好可能

考察分析夫妻一方提出离婚时婚姻关系的状况,这是在婚姻基础、婚后感情的又一个阶段上考察夫妻感情是否确已破裂,并结合其他方面因素的分析,对今后婚姻关系的发展前景作出恰当的估计和判断,作为最后判决的根据。从夫妻关系实际状况看,夫妻尚未破裂、有和好希望的,法院应尽量努力劝说当事人和解,帮助他们改善关系,使双方和好的可能变成现实。对那些感情确已破裂,已没有和好希望的,应依法准予离婚。

以上四点是相互联系和影响的整体,不能割裂开来看,应全面综合进行分析判断。需要注意的是,以上四点只是审判实践中总结出来的经验,是一种参考的因素。每个具体案件形态各异、各有特点,不能死搬硬套,应视不同情况区别对待。

(四)夫妻感情确已破裂的酌定理由

最高人民法院在关于《认定夫妻感情确已破裂的若干意见》中列举了14种夫妻感情确已破裂的具体情形,凡符合其中之一的,可视为夫妻感情确已破裂,一方要求离婚,经调解无效,可依法判决准予离婚。该司法解释的颁布实施推动了离婚案件审理质量的提高,对当事人更为公正、效果良好。然而,随着2001年婚姻法的修改与实施,该14种具体情形中的某些情形或已被新法所取代,或因不符合婚姻法的精神而作废,但目前仍有一些情形可以作为夫妻感情确已破裂的酌定理由,属于《婚姻法》第32条第3款第(5)项"其他导致夫妻感情破裂的情形"的具体情形,应结合实际调解结果,判断是否准予离婚:(1)配偶一方婚后患有法定禁止结婚疾病,如果达到了妨害婚姻目的实现的程度的;(2)配偶一方有生理缺陷或其他原因不能发生性行为,且难以治愈的;(3)男女双方婚前缺乏了解,草率结婚,婚后未建立起夫妻感情,难以共同生活的;(4)双方办理结婚登记后,未同居生活,无和好可能的;(5)一方被依法判处长期徒刑,或者违法、犯罪行为严重伤害夫妻感情的。

第七章　离婚的效力

离婚的效力,是指夫妻双方解除婚姻关系的行为在法律上所产生的后果,故离婚的效力也称离婚的法律后果。离婚产生的法律后果涉及离婚当事人的人身关系、财产关系以及子女抚养等多方面,根据我国婚姻法的规定,离婚最直接的后果包括:夫妻身份关系的消灭;夫妻之间相互的权利义务终止;子女抚养责任的分担;夫妻共同财产的分割;对一方的经济补偿;共同债务的清偿;对生活困难一方的经济帮助以及离婚损害赔偿等问题的处理。这些问题关系到离婚纠纷的圆满妥善地解决。

离婚的效力产生于离婚的法定程序完成之后,它只对将来发生效力,不发生溯及既往的效力。离婚的效力在离婚协议有效成立时(登记领取离婚证之日),或在法院调解协议达成时,或在法院判决生效之日起产生。

第一节　夫妻身份关系的消灭

夫妻身份关系因结婚而发生,因离婚而消灭。离婚使夫妻身份关系解除,双方当事人基于夫妻身份而产生的一切权利义务关系随之消灭。

一、我国婚姻法的效力

（一）扶养义务终止

我国婚姻法规定,在婚姻关系存续期间夫妻有相互扶养的义务。离婚后,随着夫妻身份关系的消灭,夫妻间互相扶养的义务同时解除,任何一方均不再享有要求对方扶养的权利,任何一方亦不再存在扶养对方的义务。

（二）忠实义务消除

我国《婚姻法》在总则中提出了"夫妻应当互相忠实"的要求,可视为夫妻忠实义务的确认。离婚后,随着夫妻关系的终止,相应的夫妻忠实义务也随之消除。

（三）法定继承人的资格丧失

我国《婚姻法》和《继承法》均规定了夫妻有互相继承遗产的权利。离婚后,配偶的身份关系解除,同时丧失了互为法定继承人的资格,彼此无权再以配偶的身份继承对方的遗产。

（四）再婚自由

婚姻关系解除后,夫妻身份消除,男女双方恢复了无配偶的身份,均享有重新缔结婚姻的自由权利,彼此不得加以干涉。

（五）姻亲关系的消灭

姻亲关系因婚姻的成立而发生,但婚姻关系终止时是否消灭,依终止的原因有所区别。当婚姻因配偶一方死亡而终止时,姻亲关系并不当然消灭,如我国《继承法》第12条"丧偶儿媳对公、婆,丧偶女婿对岳父、岳母,尽了主要赡养义务的,作为第一顺序继承人"的规定,说明配偶一方死亡后,生存方与直系姻亲间的关系依然存在。但是,婚姻关系若因当事人双方离婚而终止,其与对方亲属的姻亲关系亦随之消灭。

二、外国法比较

外国法中关于离婚的法律后果既有相同也有不同。以大陆法系与英美法系为例,由于离婚的必然后果的内在本质规律和其相应的法律机制的特点,以及两大法系法文化背景的某些相通性,其离婚的法律后果有许多共同之处:夫妻人身关系方面的权利义务消灭,包括同居、忠实、互为代理人的资格、监护职责等消灭;双方恢复再婚自由;夫妻财产关系发生变化,如扶养义务的终止、婚姻共同财产的清算和分割、法定继承权的丧失等;对子女的监护权、亲权、抚养方式发生变化,但父母与子女的关系不因离婚而解除;对子女探视权的行使;离婚后一方有权在一定条件下要求另一方提供扶养或经济帮助等。两大法系的规定都体现出保护弱者、保护妇女和未成年子女利益的精神。但是,由于两大法系对婚姻效力、法定离婚理由、夫妻的财产制度等方面的规定存在差异,导致其在离婚的法律后果方面也有很大差异,主要体现在:姓氏的恢复与保留;夫妻财产的分割;离婚后一方对另一方的经济帮助、离婚损害赔偿制度等。[①] 此外,一些国家对离婚制度也有一些特殊规定,如对离异者的再婚权设定了某些限制,相奸者禁婚,女方在禁婚期内禁婚。

第二节 夫妻共同财产的分割

离婚不仅终止了夫妻的人身关系,也终止了夫妻间原有的财产关系。在夫妻财产制度方面,各国均采取法定财产制与约定财产制两大财产制度,我国的法定财产制包括夫妻财产共有制和夫妻个人财产所有制,夫妻共同财产制其实主要是婚后所得共有制。因此,离婚时,如果夫妻有共同财产,则应当依法予以分割。

一、分割的原则

分割夫妻共同财产直接关系到离婚双方当事人的切身利益,依照我国《婚姻法》第39条规定:"离婚时,夫妻的共同财产由双方协议处理;协议不成时,由人民法院根据财产的具体情况,照顾子女和女方的权益的原则判决。"人民法院在审理离婚案件、分割夫妻共同财产时,应当遵守以下原则:

(一)男女平等的原则

男女平等原则是我国婚姻制度的根本原则之一,在财产分割上表现为夫妻双方对共同财产有平等分割的权利。在现实社会的家庭中,夫妻双方的收入比例可能是有差别的,男方往往高于女方,但是在进行财产分割时,双方应有平等的权利,不能区别对待。原则上,夫妻共同财产应由夫妻双方均等分割,因为夫妻共同财产是属于夫妻共同共有的财产,双方的权利和利益是均等的。

---

① 陈苇.外国婚姻家庭法比较研究[M].北京:群众出版社,2006:443-447.

此外,由于我国农村有些地区在女方离婚后,其责任田、口粮田和宅基地等土地权益得不到保障,在家庭承包经营中享有的权益受到损害,造成了生活上极大困难,故修改后的《婚姻法》特别增加一款,强调"夫妻在家庭土地承包经营中享有的权益等,应当依法予以保护",从立法上对损害离婚夫妻享有的农村土地承包经营权的行为作出禁止性规定。

(二)照顾子女和女方利益的原则

该原则是对男女平等原则的重要补充,强调的是男女双方享受平等分割共同财产的权利时,应当照顾子女和女方利益。首先,由于父母离异会给未成年子女今后的生活成长带来一些不利影响,为了使子女能在一个较好的环境里学习成长,在分割夫妻财产时,应根据子女的学习和生活需要,给直接抚养子女的一方适当地多分一些财产,以照顾子女的实际需要;其次,目前在我国许多家庭中,夫妻双方的经济实力还存在着实际差别,女方在经济地位和生活能力上总体上相对较弱,短时期内还不能与男方完全平等,因而在离婚分割夫妻共同财产时,适当照顾女方多分财产是必要的,在司法实践中也是可行的。

(三)照顾无过错方原则

该原则是对离婚中无过错方的损害通过给其适当多分财产进行补偿的做法,虽然婚姻法未直接规定,但在我国理论界和司法实践中,一直是主张这一原则的。就是说,如果离婚纠纷是因一方的过错而引起的,虽然现行立法并不会因此而以不准离婚来限制过错方,但并不代表过错方就可以不必为自己的过错行为负责。法院在分割夫妻共同财产时,应对无过错方给予必要的照顾,如根据财产的实际情况,在数量上可以适当地多分,在具体物品的选择上给予优先等。

需要注意的是,对无过错方的照顾原则与离婚损害赔偿的适用完全不同,应加以区别:首先,对无过错方的照顾不是一种民事责任,照顾的程度要根据过错方过错程度的大小和共同财产的状况由法官酌定,如果双方没有共同财产,即使一方有过错也无法援用这一原则;离婚损害赔偿是一种民事责任,不受夫妻有无共同财产的存在、共同财产的状况和过错方生活状况的影响,符合法定过错条件的应依法给予赔偿。其次,适用照顾无过错方的原则时,目前法律对该过错行为没有限制性规定,严重过错行为与一般过错行为均可适用,如一方违反夫妻忠实义务发生婚外性行为导致的离婚等;而离婚损害赔偿制度的适用法律规定了严格的条件,目前仅限于一方有重婚行为,有配偶者与他人同居,实施家庭暴力行为,虐待、遗弃家庭成员等四种过错行为。此外,照顾无过错方的原则只是一项财产分割的方法,在分割夫妻共同财产时由当事人提出,或由法官酌定,数额上也不会过大;而离婚损害赔偿是一项法律制度,有严格的程序法要求,赔偿的数额既包括无过错方的财产损失,也包括精神损失。所以,司法实践中,既不能以照顾无过错一方的财产分割原则代替离婚损害赔偿制度,也不能以离婚损害赔偿取代在分割夫妻共同财产时对无过错一方的照顾。

(四)有利于生产生活的原则

随着近年来城乡人民生活水平的提高,财产内容有了很大的变化,除了生活资料外,还涉及生产资料。因此,在分割夫妻共同财产时,应注意从有利于生产经营和生活的需要出发,尽量不损害财产的效用和价值,对生产资料或一方从事职业所必需的工具、图书资料等应尽可能分给需要的一方;对当年无收益的种植业或养殖业,应尽可能分给继续经营的一方;对特定物包括有经济价值的纪念物不宜分割的,可根据财产来源分给获得者一方,对未分得该项财产的另一方可分给其他财产或作价补偿。对于各种生活资料则应考虑双方和子女的实际生活需要,实事求是地合理分割。

（五）尊重当事人意愿的原则

目前,尊重婚姻当事人的意思自治、契约自由的精神已在大多数国家的婚姻家庭法中得到了体现,多数国家的立法均允许夫妻用协议的方式,对夫妻在婚前和婚姻关系存续期间,所得财产的归属、管理、使用、收益和处分及对第三人债务的清偿、婚姻解除时财产的分割等事项作出约定。允许双方根据自己的意愿,依法对共同财产的分割作出约定,既有利于充分发挥财产的各项权能,又有利于满足当事人各自的要求,还有利于财产的妥善处置,促使纠纷及时解决。因此,《婚姻法解释(二)》第8条规定,离婚协议中关于财产分割的条款或者当事人因离婚就财产分割达成的协议,对男女双方具有法律约束力。

需要注意的是,夫妻离婚财产分割协议不属于夫妻财产约定的范畴,因为它是夫妻双方离婚时对夫妻共同财产的归属的约定,而不是夫妻双方对于婚姻关系存续期间夫妻财产归属的约定。离婚财产分割协议是附条件的协议,即该协议的生效以双方离婚为条件,如果夫妻关系未解除,既不能借此主张分割财产,也不能将离婚财产分割协议作为夫妻财产的约定。一般情况下,夫妻只有在离婚时才讨论订立财产分割协议,但实践中也有一些夫妻在婚姻关系存续期间就约定,一旦离婚双方将如何处理财产。我们认为,如果夫妻在财产约定中写进了离婚时财产的处理方式,这部分内容就只能作夫妻离婚财产分割协议认定,而不能认为是夫妻财产约定。

（六）不损害国家、集体和他人利益的原则

离婚分割夫妻共同财产时,要注意保护国家、集体的财产和他人的合法权益,不能把属于国家、集体和他人所有的财产当作夫妻共同财产分割;不得借分割夫妻共同财产而损害他人的利益,如利用财产协议约定债务从而恶意逃避债务;对当事人贪污、受贿、盗窃等非法所得必须依法追缴。

二、分割范围

离婚时分割的财产应当是夫妻共同财产。属于夫妻个人的财产、子女的财产和其他家庭成员的财产,不能作为夫妻的共同财产加以分割。因此,明确夫妻共同财产的范围,是正确处理财产分割的前提。

（一）婚姻法规定的夫妻共同财产范围

我国《婚姻法》第17条规定,夫妻在婚姻关系存续期间所得的下列财产,归夫妻共同所有:(1)工资、奖金。(2)从事生产、经营的收益。(3)知识产权的收益。根据《婚姻法解释(二)》第12条的规定,"知识产权的收益"是指婚姻关系存续期间,实际取得或者已经明确可以取得的财产性收益。(4)因继承或赠与所得的财产,但遗嘱或赠与合同中确定只归夫或妻一方的财产除外。如《婚姻法解释(二)》第22条规定,当事人结婚前,父母为双方购置房屋出资的,该出资应当认定为对自己子女的个人赠与,但父母明确表示赠与双方的除外。当事人结婚后,父母为双方购置房屋出资的,该出资应当认定为对夫妻双方的赠与,但父母明确表示赠与一方的除外。(5)其他应当归共同所有的财产。根据《婚姻法解释(二)》第11条的规定,"其他应当归共同所有的财产"是指一方以个人财产投资取得的收益;男女双方实际取得或者应当取得的住房补贴、住房公积金;男女双方实际取得或者应当取得的养老保险金、破产安置补偿费。

夫妻共同财产是指在婚姻关系存续期间取得的财产。当然,夫妻在婚姻关系存续期间所得的财产并不一定属于夫妻共有,如《婚姻法》第 18 条规定的夫妻各有财产制以及第 19 条规定的夫妻约定财产制涉及的财产,都可能是在夫妻婚姻关系存续期间所得的但性质属于个人财产。但由于第 18 条规定的个人所有财产的范围并不全,还有"其他应当归一方的财产",对于除婚姻法明确列举属共同财产或个人财产以外的财产,以及夫妻约定财产时约定不明的那部分财产到底是属夫妻双方还是属一方所有,目前立法不明确,实践中也有争议。夫妻共同财产在所有权性质上属共有财产,只有夫妻共同财产的范围确定,夫妻各方对共有财产所拥有的权利和利益才能确定,考虑到我国现行夫妻财产制以婚后收入共有制为主,因此如果对在夫妻关系存续期间取得的财产不能证明为属于夫妻一方所有的财产时,均应推定为夫妻共同财产。①

(二)最高人民法院司法解释规定的夫妻共同财产

对于婚姻法未明确规定的具体财产状况和某些特殊财产权利及其分割方法,最高人民法院曾先后多次颁布司法解释,指导司法实践,包括:1993 年颁布《关于人民法院审理离婚案件处理财产分割问题的若干具体意见》(以下简称《财产分割问题的若干意见》)、1996 年颁布《关于人民法院审理离婚案件中公房使用、承租若干问题的解答》(以下简称《公房使用、承租问题解答》)、2001 年颁布《婚姻法解释(一)》、2003 年颁布《婚姻法解释(二)》、2011 年颁布《婚姻法解释(三)》。除了后面将要讨论的夫妻某些特殊财产的分割问题外,我们将有关司法解释的内容整理后,对有关夫妻共同财产的范围及其分割作以下说明:

1.夫妻双方在婚姻关系存续期间所得的财产,为夫妻共同财产,包括:一方或双方由劳动所得的收入和购置的财产;一方或双方继承受赠的财产,一方或双方由知识产权取得的经济利益;一方或双方从事承包、租赁等生产、经营活动的收益;一方或双方取得的债权;一方或双方的其他合法所得。

2.复员军人与转业军人所得的复员费、转业费的权属性质应具体情况具体对待。对此问题,《财产分割问题的若干意见》曾规定,在婚姻关系存续期间结婚 10 年以上的,应按夫妻共同财产进行分割。但是目前该项规定已经因为《婚姻法解释(二)》的颁行而废除。《婚姻法解释(二)》第 14 条规定,人民法院审理离婚案件,涉及分割发放到军人名下的复员费、自主择业费等一次性费用的,以夫妻婚姻关系存续年限乘以年平均值,所得数额为夫妻共同财产。年平均值是指将发放到军人名下的上述费用总额按具体年限均分得出的数额,其具体年限为人均寿命 70 岁与军人入伍时实际年龄的差额。

3. 夫妻分居两地分别管理、使用的婚后所得财产,应认定为夫妻共有同财产。《财产分割问题的若干意见》中规定的条款目前仍然有效。有学者认为,在夫妻双方分居期间,财产处于分离状态,双方各自以自己的收入维持生活和对外进行经济交往,形成了独立的经济生活单位,此时双方实际上只剩下单纯的身份关系,如果将此期间双方各自的财产认定为共同财产,于情于理皆有不合理的,而且在实践中造成许多纠纷。并且,世界上多数国家对夫妻分居时的财产关系作了明确规定,认为夫妻别居时其共同财产关系消灭,变为分别财产制。② 我们在学理上赞同上述意见,但在目前司法解释规定的情况下,司法实践仍应将夫妻

①　郭丽红.完善夫妻财产制度的若干建议[J].中华女子学院学报,2017(2):21.
②　王胜明,孙礼海.《中华人民共和国婚姻法》修改立法资料选[M].北京:法律出版社,2001:234.

分居时的财产作为共同财产处理,否则将无法律依据。

4. 已登记结婚但尚未共同生活,一方或双方受赠的礼金、礼物应认定为夫妻共有财产。《财产分割问题的若干意见》中该条规定目前仍然有效。

5. 一方的婚前财产除有约定,不得视为共同财产。对此问题,《财产分割问题的若干意见》曾规定,一方婚前个人所有的财产,婚后由双方共同使用、经营、管理的房屋和其他价值较大的生产资料经过8年,贵重的生活资料经过4年,可视为夫妻共同财产。但是,有学者认为,由于婚前财产的个人财产属性,如果没有约定而将之在婚后转化为夫妻共同财产,实际上是改变了所有权的权利人,因为结婚行为并不能改变物权的属性,如果强行规定改变,无异于剥夺所有权人的部分所有权,从而使结婚成为改变物权的方式,这不仅与民法原理相悖,而且与我国宪法保护公民合法财产权的原则相背离。① 修改后的《婚姻法》明确规定一方的婚前财产为个人财产,同时,为防止原司法解释的影响尚存,《婚姻法解释(一)》第19条特别规定,《婚姻法》第18条规定为夫妻一方的所有的财产,不因婚姻关系的延续而转化为夫妻共同财产,但当事人另有约定的除外。需要注意的是,对个人财产还是夫妻共同财产难以确定的,主张权利一方有责任举证。当事人举不出有力证据,人民法院又无法查实的,按夫妻共同财产处理。

6. 婚后购置的贵重首饰、价值较大的图书资料以及生产、生活资料虽然属于个人专用,也视为夫妻共同财产。《财产分割问题的若干意见》中的该条规定目前仍然有效。

(三)不得分割的财产

对家庭财产中明确不属于夫妻共同财产范围的财产,不得进行分割。我国《婚姻法》第18条的规定,有下列情形之一的,为夫妻一方的财产:(1)一方的婚前财产。根据《婚姻法解释(一)》第19条规定,为夫妻一方所有的财产,不因婚姻关系的延续而转化为夫妻共同财产。但当事人另有约定的除外。(2)一方因身体伤害获得的医疗费、残疾人生活补助费等。同时,《婚姻法解释(二)》第13条规定,军人的伤亡保险金、伤残补助金、医药生活补助费属于个人财产。(3)遗嘱或赠与合同中确定只归夫或妻一方的财产。如《司法解释三》第7条第1款规定,婚后由一方父母出资为子女购买的不动产,产权登记在出资人子女名下的,可按照《婚姻法》第18条第3项的规定,视为只对自己子女一方的赠与,该不动产应认定为夫妻一方的个人财产。(4)一方专用的生活用品。(5)其他应当归一方的财产。

三、分割的方法

对夫妻共同财产的分割,人民法院应尽量促使双方当事人在自愿、合法的基础上,就财产分割问题达成协议;协议不成时法院应根据上述财产分割的原则,结合财产的实际情况,来确定财产的归属。离婚时,夫妻共同财产分割原则上均等分割,根据生产或生活的实际需要以及财产的来源等情况,具体处理时也可以有所差别。分割方法包括:实物分割、价金分割、价格的补偿。

夫妻对财产的归属以书面形式加以约定的,如约定合法有效,按约定处理;以口头形式约定的,双方无争议或者有其他证据可以证明的,可确认其效力。《婚姻法解释(二)》第8条规定,离婚协议中关于财产分割的条款或者当事人因离婚就财产分割达成的协议,对男女双

---

① 郭丽红.冲突与平衡:婚姻法实践性问题研究[M].北京:人民法院出版社,2005:120.

方具有法律约束力。当事人因履行上述财产分割协议发生纠纷提起诉讼的,人民法院应当受理。同时,《婚姻法解释(三)》第14条规定:当事人达成的以登记离婚或者到人民法院协议离婚为条件的财产分割协议,如果双方协议离婚未成,一方在离婚诉讼中反悔的,人民法院应当认定该财产分割协议没有生效,并根据实际情况依法对夫妻共同财产进行分割。

根据最高人民法院历次司法解释的相关规定,分割夫妻共同财产时,应注意以下几点:

1. 属于夫妻共同财产的生产资料,可分给有经营条件和能力的一方。分得该生产资料的一方对另一方应给予相当于该财产一半价值的补偿。

2. 对夫妻共同经营的当年无收益的养殖、种植业务等,离婚时应从有利于发展生产、有利于经营管理考虑,予以合理分割或折价处理。

3. 离婚时一方尚未取得经济利益的知识产权,归一方所有。在分割夫妻共同财产时,可根据具体情况,对另一方予以适当的照顾。

4. 婚前个人财产在婚后共同生活中自然毁损、消耗、灭失,离婚时一方要求以夫妻共同财产抵偿的,不予支持。

5. 借婚姻关系索取财物以及按照习俗给付的彩礼,离婚时,如结婚时间不长,或者双方办理结婚登记手续但确未共同生活的,或者因婚前给付并导致给付人生活困难的,当事人请求返还时,人民法院应当予以支持。对取得财物的性质是索取还是赠与难以认定的,可按赠与处理。

6. 离婚时夫妻共同财产未从家庭共同财产中析出,一方要求析产的,可先就离婚和已查清的财产问题进行处理,对一时确实难以查清的财产的分割问题可告知当事人另案处理;或者中止离婚诉讼,待析产案件审结后再恢复离婚诉讼。

7. 离婚时夫妻一方尚未退休、不符合领取养老保险金条件,另一方请求按照夫妻共同财产分割养老保险金的,人民法院不予支持;婚后以夫妻共同财产缴付养老保险费,离婚时一方主张将养老金账户中婚姻关系存续期间个人实际缴付部分作为夫妻共同财产分割的,人民法院应予支持。[①]

1. 婚姻关系存续期间,夫妻一方作为继承人依法可以继承的遗产,在继承人之间尚未实际分割,起诉离婚时另一方请求分割的,人民法院应当告知当事人在继承人之间实际分割遗产后另行起诉。[②]

2. 夫妻之间订立借款协议,以夫妻共同财产出借给一方从事个人经营活动或用于其他个人事务的,应视为双方约定处分夫妻共同财产的行为,离婚时可按照借款协议的约定处理。[③]

3. 离婚后,一方以尚有夫妻共同财产未处理为由向人民法院起诉请求分割的,经审查该财产确属离婚时未涉及的夫妻共同财产,人民法院应当依法予以分割。[④]

4. 对经人民法院确认为事实婚姻关系的离婚,其共同财产分割的原则和方法与上述原则、方法相同;双方当事人属于无效婚姻、被撤销婚姻或婚前同居关系的,其财产的分割按我

---

① 《婚姻法解释(三)》第13条规定。
② 《婚姻法解释(三)》第15条规定。
③ 《婚姻法解释(三)》第16条规定。
④ 《婚姻法解释(三)》第18条规定。

国现行《婚姻法》、《婚姻法解释(一)》[①]以及最高人民法院《关于人民法院审理未办结婚登记而以夫妻名义同居生活案件的若干意见》的有关规定处理。

四、夫妻共有财产投资产生的权益的分割

婚姻关系存续期间,夫妻以共有财产投资的形式多样,由于财产的表现形式及投资转让法律规定有无限制的不同,离婚时夫妻财产分割的方法也不同。在离婚分割夫妻财产时,应根据夫妻财产投资的不同形式,结合公司法、证券法、合伙企业法、独资企业法等民商事法律法规以及婚姻法法律法规,考虑夫妻财产的性质,根据方便生产、有利生活和公平合理的原则进行分割,同时,还应根据投资企业的形式,依法对企业债务承担清偿责任。具体来说,可以分为以下三大类:

1. 可以直接分割的投资

包括有价证券、股份公司非流通的股份。《婚姻法解释(二)》第 15 条规定,夫妻双方分割共同财产中的股票、债券、投资基金份额等有价证券以及未上市股份有限公司股份时,协商不成或者按市价分配有困难的,人民法院可以根据数量按比例分配。

2. 不受转让制度限制的投资权益的分割

包括夫妻双方投资设立的独资企业、夫妻双方为合伙企业合伙人或有限公司的股东。《婚姻法解释(二)》第 18 条规定,夫妻以一方名义投资设立独资企业的,人民法院分割夫妻在该独资企业中的共同财产时,应当按照以下情形分别处理:(1)一方主张经营该企业的,对企业资产进行评估后,由取得企业的一方给予另一方相应的补偿;(2)双方均主张经营该企业的,在双方竞价基础上,由取得企业的一方给予另一方相应的补偿;(3)双方均不愿意经营该企业的,按照我国《个人独资企业法》等有关规定办理。

但是,司法解释没有规定夫妻共同投资企业或有限责任公司的财产如何分割。我们认为,[②]对该两类投资形式的财产,应根据夫妻双方经营企业的意愿分割:首先,无论是夫妻共同投资还是以一方名义投资设立的独资企业,在离婚时都应该对企业财产进行分割。在具体分割时,如果双方均主张经营该企业,应在划分个人的份额后共同经营、按份共有,而不必实际分割财产。这种分割方式既考虑了企业利益和社会经济利益,也考虑了夫妻双方当初的投资意愿,不会对任何一方的利益造成损害,应该是分割夫妻企业财产的首选方式。其次,如果双方不愿意共同经营该企业的,可以在双方竞价的基础上,由取得企业的一方给予另一方相应的补偿。一方主张经营该企业的,应对企业资产进行评估,由取得企业的一方给予另一方相应的补偿。双方均不愿意经营该企业的,应按照我国关于个人独资企业法等的有关规定,办理企业注销手续,注销企业后的财产为夫妻共同财产。

此外,如果有限责任公司中股东仅为夫妻二人,离婚时如何分割公司资产,上述司法解

---

① 如《婚姻法》第 12 条规定,无效或被撤销的婚姻"同居期间所得的财产,由当事人协议处理;协议不成时,由人民法院根据照顾无过错方的原则判决。对重婚导致的婚姻无效的财产处理,不得侵害合法婚姻当事人的财产权益。……"《婚姻法解释(一)》第 15 条规定:"被宣告无效或被撤销的婚姻,当事人同居期间所得的财产,按共同共有处理。但有证据证明为当事人一方所有的除外。"第 16 条规定:"人民法院审理重婚导致的无效婚姻案件时,涉及财产处理的,应当准许合法婚姻当事人作为有独立请求权的第三人参加诉讼。"

② 郭丽红.夫妻财产中投资权益和股权分割问题研究[J].湖北社会科学,2006(6):131-133.

释也未明确规定。我们认为,正常情况下,设立有限责任公司前,夫妻应已依法达成了财产归属协议,确定了各自的财产范围,并以自己所有的财产出资,因此,公司章程中约定的夫妻各自的出资额就是夫妻的个人财产。在双方向公司投入认缴的出资额后,双方根据章程按出资比例享有全部股东权利,包括分取红利权、公司清算时剩余财产的分配权等。公司发生债务时,夫妻以出资额为限对公司债务承担清偿责任。但是实践中,许多夫妻在公司注册时并未进行真正的财产分割,夫妻股权比例的设置仍较随意。虽然法律规定夫妻设立有限公司时应约定出资比例,①但不能因为法律有这样的规定而且夫妻已经成立了公司,就直接推定双方的股权比例分配是真实的或自愿的。如果有确切证据证明投资比例未约定或约定不真实的,仍应将公司全部资本作为夫妻共同财产,重新分配公司财产的份额。重新分配后,双方若不愿意继续共同经营的,可能发生一人股东的情形,依照我国现行公司法规定,一人股东的公司仍然可以继续经营;若双方均不愿意继续经营的,应对公司进行清算或拍卖,对公司的负债以公司财产清偿,清算后的剩余资产或拍卖所得,可以作为夫妻共有财产分割。

3. 受转让制度限制的投资权益的分割

包括夫妻以一方名义在合伙企业或有限责任公司的出资等两类投资权益的分割:(1)夫妻一方为合伙企业的合伙人时共有财产的分割。根据《婚姻法解释(二)》第17条的规定,人民法院审理离婚案件,涉及分割夫妻共同财产中以一方名义在合伙企业中的出资,另一方不是该企业合伙人的,当夫妻双方协商一致,将其合伙企业中的财产份额全部或者部分转让给对方时,按以下情形分别处理:其他合伙人一致同意的,该配偶依法取得合伙人地位;其他合伙人不同意转让,在同等条件下行使优先受让权的,可以对转让所得的财产进行分割;其他合伙人不同意转让,也不行使优先受让权,但同意该合伙人退伙或者退还部分财产份额的,可以对退还的财产进行分割;其他合伙人既不同意转让,也不行使优先受让权,又不同意该合伙人退伙或者退还部分财产份额的,视为全体合伙人同意转让,该配偶依法取得合伙人地位。(2)夫妻一方为有限责任公司股东时共有财产的分割。根据《婚姻法解释(二)》第16条的规定,人民法院审理离婚案件,涉及分割夫妻共同财产中以一方名义在有限责任公司的出资额,另一方不是该公司股东的,按以下情形分别处理:夫妻双方协商一致将出资额部分或者全部转让给该股东的配偶,过半数股东同意、其他股东明确表示放弃优先购买权的,该股东的配偶可以成为该公司股东;夫妻双方就出资额转让份额和转让价格等事项协商一致后,过半数股东不同意转让,但愿意以同等价格购买该出资额的,人民法院可以对转让出资所得财产进行分割。过半数股东不同意转让,也不愿意以同等价格购买该出资额的,视为其同意转让,该股东的配偶可以成为该公司股东。用于证明前款规定的过半数股东同意的证据,可以是股东会决议,也可以是当事人通过其他合法途径取得的股东的书面声明材料。

以上规定的合理之处在于,合伙企业是典型的人合性质的企业,企业的经营活动建立在合伙人相互信任的基础上,因此,转让出资必须征得其他合伙人的同意,如果其他合伙人不同意,或者其他合伙人行使优先受让权,或者本人退伙;有限责任公司是兼具人合兼资合性质的公司,对股东的出资额转让,各国法律均有限制性规定,即出于人合的原因,股东之间的

---

① 1998年1月7日国家工商行政管理总局发布的《公司登记管理若干问题的规定》第23条规定:"家庭成员共同出资设立有限责任公司,必须提交拥有的财产作为注册资本,并各自承担相应的责任,登记时需提交财产分割的书面证明或协议。"

股权转让不受限制,但股东向股东以外的人转让出资时受其他股东的优先购买权的限制,因此转让须征得过半股东的同意;出于资合的原因,如果过半股东不同意转让时则应以同等价格购买该出资,不购买则视为其同意转让出资。

但是,所谓优先受让权是指原合伙人或股东在"同等价格"条件下的优先买受权,而非无条件的转让。而夫妻在分割共同财产时,非合伙人或股东的一方并不是要"购买"对方的出资额,而是根据财产分割的数额,"无偿"取得一方出资额的一部或全部,根本不存在转让价格的问题。在这种情况下,其他合伙人或股东如何以"同等价格"购买出资?这是婚姻法与合伙法或公司法中的矛盾问题,也是《婚姻法解释(二)》中存在的一个悖论。

上述司法解释的规定也与夫妻财产共有制度的性质存在冲突。因为,夫妻共有的财产属于共同共有,一方虽以其个人名义出资入伙,但财产是属于夫妻二人的,且经过了另外一方的同意或授权,这种关系类似隐名合伙或隐名股东的关系,也类似委托投资的关系。如果夫妻已达成分割出资额的协议而被其他合伙人拒绝加入,则违背了夫妻双方出资的本意;而如果其他合伙人优先购买其出资,就会使原持有人的投资比例发生变化,进而影响其在公司的控制力。

基于这一原理,我们认为,在合伙企业的投资分割问题上,如果其他合伙人不同意转让则应同意该合伙人退伙或者退还部分财产份额的,夫妻可以对退还的财产进行分割。实际上同意退伙或退还部分财产份额,就是其他合伙人优先权的一个体现,通过这种方式,其他合伙人可以取得夫妻一方意图转让给另一方的出资份额,而无须直接行使优先权。在有限责任公司的投资分割问题上,有学者认为,如果股东名册上只登记一方,考虑到有限责任公司的人合因素,一般应由股东名册登记一方继续持有公司股份,另一方按股份在离婚时的实际价值得到补偿。[①] 对实际补偿价值的计算,有学者认为,应尽量由离婚双方协商确定,协商不成的,一般以股权所在公司当年每股净资产额确定其价值。[②] 我们认为,考虑到夫妻共同财产的性质和双方的投资意愿,除非夫妻中的非股东方同意,不能将股权直接分割给原持有人所有。而且以公司当年每股净资产额计算股权价值,会损害另一方的投资利益,尤其是当夫妻所投资的公司正处于高速发展时期的时候,可能严重低估了股权的价值。所以,应建立有限责任公司股权的无偿转让制度,针对夫妻一方以共有财产投资有限公司后,该共有财产分割的特殊性,对其他股东的优先购买权加以限制。[③]

此外,现行《公司法》允许设立一人有限责任公司。由于这种公司形式灵活,没有其他股东的制约,因此今后夫妻采用这种形式设立公司的也会较多,分割夫妻财产时必然涉及此类财产。按照公司法原理,非股东加入有限公司时应取得股东的同意,然而我们认为,在分割属于夫妻共同财产的一人公司时不应受此限制。也就是说,应允许非股东的夫妻一方根据自己的意愿,决定或取得公司资产相应的折价或加入公司成为股东。

五、离婚时住房的处理

我国实行住房制度改革后,家庭住房的权利形式日趋复杂化,夫妻实际居住或购买的房

---

① 王建东.离婚诉讼中的股权分割问题研究[J].政法论坛,2003(3):116.
② 胡康生.中华人民共和国婚姻法释义[M].北京:法律出版社,2001:65-66.
③ 郭丽红,纪金标.论有限责任公司股权的无偿转让[J].太平洋学报,2008(6):74-75.

屋权属形式多样。其中,有些形式已经逐渐减少并最终将彻底消失,如使用和租住单位公房、购买单位房改房和集资房;有些形式则方兴未艾,如一次性付款或以按揭方式分期付款购买的商品房;有些形式以后还会陆续增多,如购买经济适用房、承租政府廉价公房,等等。在房价日益高涨的今天,由于夫妻离婚时对房屋的分割与居住问题产生的纠纷日益增多,因此,如何认定上述房屋在夫妻财产中的性质以及夫妻离婚时如何分割上述房产,是一个比较复杂的问题。

修改后的《婚姻法》对夫妻共同财产列举了五项,但对房屋未列专款规定,目前执行的主要是最高人民法院先后颁布的有关夫妻在房屋权利方面的规定,包括:(1)1996年2月5日,《最高人民法院关于审理离婚案件中公房使用、承租若干问题的解答》(以下简称《公房使用、承租问题解答》),但是其适用范围将随着承租单位公房的减少向承租政府廉价公房转换;(2)1993年《最高人民法院关于人民法院审理离婚案件处理财产分割问题的若干具体意见》(以下简称《财产分割问题的若干意见》),但是其中部分内容因与现行夫妻财产制度相抵触而无效,如婚前个人房产婚后转变为共同财产的规定等;(3)2003年《婚姻法解释(二)》对房屋产权及分割问题的具体规定;(4)2011年《婚姻法解释(三)》结合我国《物权法》的内容,用大篇幅的内容规定了夫妻房屋产权性质的认定办法。

综合最高人民法院先后颁布的若干司法解释的规定,我们认为,离婚时的房屋分割应注意区分处理以下几类房产。

(一)对公租房的处理

根据最高人民法院《关于审理离婚案件中公房使用、承租若干问题的解答》的通知,人民法院审理离婚案件对公房使用、承租问题应当依照《中华人民共和国民法通则》《中华人民共和国婚姻法》《中华人民共和国妇女权益保障法》和其他有关法律规定,坚持男女平等和保护妇女、儿童合法权益等原则,考虑双方的经济收益,实事求是,合情合理地予以解决。当事人对公房的使用、承租问题发生争议,自行协商不成,或者经当事人双方单位或有关部门调解不成的,人民法院应依法予以妥善处理。

该司法解释针对的公房是指夫妻一方或双方租赁单位公房的情形而规定。由于承租单位公房的情形将逐渐减少,我们认为,可以将该规定适用于夫妻承租政府提供的廉租房的领域,并且在适用时还应考虑适用地方政府关于廉租房的相关规定。我们认为,从根本上解决夫妻对公租房的租赁权问题,必须在建立健全社会保障体制的前提下,使每一个没有经济能力购买房屋的公民都有承租政府廉租房的权利,使当事人离婚后不至于无家可归。

1. 夫妻均可承租的公房

具有下列情形之一的,离婚后,双方均可承租公房:(1)婚前由一方承租的公房,婚姻关系存续5年以上的;(2)婚前一方承租的本单位的房屋,离婚时,双方均为本单位职工的;(3)一方婚前借款投资建房取得的公房承租权,婚后夫妻共同偿还借款的;(4)婚后一方或双方申请取得公房承租权的;(5)婚前一方承租的公房,婚后因该承租房屋拆迁而取得公房承租权的;(6)夫妻双方单位投资联建或联合购置的共有房屋的;(7)一方将其承租的本单位的房屋,交回本单位或交给另一方单位后另给调换房屋的;(8)婚前双方均租有公房,婚后合并调换房屋的;(9)其他应当认定为夫妻双方均可承租的情形。

2. 承租公房的使用与补偿

(1)夫妻均可承租的公房,如其面积较大能够隔开分室而居住使用的,可由双方分别租住。(2)对可以另调房屋分别租住或承租方给另一方解决住房的,可予准许。(3)离婚时,一方对另一方婚前承租的公房无权承租而解决住房确有困难的,人民法院可调解或判决其暂时居住,暂住期限一般不超过 2 年;暂住期内,暂住方应交纳与房屋租金等额的使用费及其他必要的费用。(4)夫妻均可承租的公房而由一方承租的,承租方对另一方可给予适当的经济补偿。(5)离婚时,一方对另一方婚前承租的公房无权承租,另行租房经济上确有困难的,如承租公房一方有负担能力,应给予一次性经济帮助。

3. 承租权利人的变更登记

人民法院在调整和变更单位自管房屋(包括单位委托房地产管理部门代管的房屋)的租赁关系时,一般应征求自管房单位的意见。经调解或判决变更房屋租赁关系的,承租人应依照有关规定办理房屋变更登记手续。

(二)对夫妻有产权房屋的处理

如果夫妻没有对房屋产权进行约定,根据双方取得房屋产权的时间,可以将房产分为两类:一类为婚前购买的房产,另一类为婚后购买的房产。一般情况下,夫妻一方婚前购买的房产为一方所有。但是,由于房屋价值较高,购买的情形也较复杂,有时购买房屋双方均有出资,有时取得房屋全产权的时间延续到了婚后,因此,不能将所有婚前购买的所有房产直接认定为个人财产,或者将婚后购买的所有房产认定为夫妻共有房产,实践中应根据法律规定以及实际情况加以确定。[①]

1. 夫妻共有房产的认定

结合历次司法解释中目前仍有法律效力的内容,夫妻共有房产应包括:(1)由一方婚前承租、婚后用共同财产购买的房屋,房屋权属证书登记在一方名下的,应当认定为夫妻共同财产,作为夫妻共同财产分割。(2)婚后以共同财产取得房改房产权的,应认定为夫妻共同财产。(3)婚后以共同财产购买,已经取得或尚未完全取得产权的,应认定为夫妻共同财产。(4)婚后双方对婚前一方所有的房屋进行过修缮、装修、原拆原建、离婚时未变更产权的,房屋仍归产权人所有,增值部分中属于另一方应得的份额,由房屋所有权人折价补偿另一方;进行过扩建的,扩建部分的房屋应按夫妻共同财产处理。(5)当事人结婚前,父母为双方购置房屋出资的,该出资应当认定为对自己子女的个人赠与,但父母明确表示赠与双方的除外。当事人结婚后,父母为双方购置房屋出资的,该出资应当认定为对夫妻双方的赠与,但父母明确表示赠与一方的除外。[②] 由于房屋价值较高,父母的赠与意愿应以房屋产权登记

[①] 《婚姻法解释(三)》第 10 条规定:"夫妻一方婚前签订不动产买卖合同,以个人财产支付首付款并在银行贷款,婚后用夫妻共同财产还贷,不动产登记于首付款支付方名下的,离婚时该不动产由双方协议处理。依前款规定不能达成协议的,人民法院可以判决该不动产归产权登记一方,尚未归还的贷款为产权登记一方的个人债务。双方婚后共同还贷支付的款项及其相对应财产增值部分,离婚时应根据婚姻法第三十九条第一款规定的原则,由产权登记一方对另一方进行补偿。"第 12 条规定:"婚姻关系存续期间,双方用夫妻共同财产出资购买以一方父母名义参加房改的房屋,产权登记在一方父母名下,离婚时另一方主张按照夫妻共同财产对该房屋进行分割的,人民法院不予支持。购买该房屋时的出资,可以作为债权处理。"

[②] 《婚姻法解释(二)》第 22 条规定。

在何方名下为准。① （6）婚后由双方父母出资购买的不动产，产权登记在一方子女名下的，该不动产可认定为双方按照各自父母的出资份额按份共有，但当事人另有约定的除外。②

2. 夫妻共有房产的处理

夫妻离婚时对房屋产权的分割额问题较一般夫妻财产的分割问题复杂得多。因为对于大多数人来说，房屋只有一套，如果属于一方的个人财产，其所有权不存在分割的问题；但如果属于夫妻共同所有，由于无法分割房屋，只能采取归一方所有、给另一方补偿的办法。最高人民法院《公房使用、承租问题解答》中分割夫妻共有房屋的一些原则，如根据双方住房情况和照顾抚养子女方或无过错方等原则，可以适用于夫妻对房屋租赁权和使用权的分割上，但不能再适用于夫妻拥有产权的房产分割。目前，一些夫妻在离婚时，约定将房屋所有权留给子女，双方均不保留所有权，这种做法应予准许。留给子女的房屋应视为子女受赠的个人财产，可由直接抚养人行使管理及使用权，并且非为子女利益不得处分。

当夫妻双方对共同拥有的房屋产权归属不能达成协议时，应依以下步骤解决：(1)双方对夫妻共同财产中的房屋价值及归属无法达成协议时，人民法院按以下情形分别处理：双方均主张房屋所有权并且同意竞价取得的，应当准许；一方主张房屋所有权的，由评估机构按市场价格对房屋作出评估，取得房屋所有权的一方应当给予另一方相应的补偿；双方均不主张房屋所有权的，根据当事人的申请拍卖房屋，就所得价款进行分割。(2)离婚时双方对尚未取得所有权或者尚未取得完全所有权的房屋有争议且协商不成的，人民法院不宜判决房屋所有权的归属，应当根据实际情况判决由当事人使用。当事人就此种房屋取得完全所有权后，有争议的，可以另行向人民法院提起诉讼。③ （3）婚姻关系存续期间夫妻一方擅自处分共同共有的房屋造成另一方损失，离婚时另一方请求赔偿损失的，人民法院应予支持。④

3. 对无房一方的经济帮助

经济帮助是我国婚姻法传统的离婚救济方式，以前主要是采取金钱等物质帮助，后《财产分割问题的若干意见》增加了无房方可以暂住对方房屋的规定。由于实际生活中较多的是一方准备结婚住房，一方准备婚后家庭使用的生活用品，因此，一旦双方离婚，根据现行婚姻法规定的几种夫妻财产制度，可能造成一方无房居住的问题。为此，2001年《婚姻法》修改时第42条增加了"离婚时，如一方生活困难，另一方应从其住房等个人财产中给予适当帮助。具体办法由双方协议；协议不成时，由人民法院判决"的规定，《婚姻法解释（一）》第27条对生活困难及经济帮助的方式进行了解释，强调离婚后一方无房居住也属于生活困难，另一方应当予以帮助，同时规定，"离婚时，一方以个人财产中的住房对生活困难者进行帮助的形式，可以是房屋的居住权或者房屋的所有权"。

有学者认为，如果以房屋所有权进行帮助，不仅超越了一般意义上"帮助"的含义，而且侵犯了公民的私有财产权利，所以应以居住权予以帮助，而不应以所有权帮助；也有学者认

---

① 《婚姻法解释（三）》第7条第1款规定，婚后由一方父母出资为子女购买的不动产，产权登记在出资人子女名下的，可按照婚姻法第18条第3项的规定，视为只对自己子女一方的赠与，该不动产应认定为夫妻一方的个人财产。

② 《婚姻法解释（三）》第7条第2款规定。

③ 《婚姻法解释（二）》第21条规定，该规定与《婚姻法解释（三）》第10条的规定并不矛盾。因为前者是对夫妻共同享有部分产权房产的处理；后者是被认定为夫妻一方个人房产的处理。

④ 《婚姻法解释（三）》第11条第2款规定。

为,以房屋进行经济帮助的,可以是临时居住权、长期居住权,也可以是房屋所有权。[①] 但调查显示,离婚后一方住房有困难的较多,但实际以住房予以帮助者甚少。我们认为,是否侵犯公民的私有财产应以是否符合侵权行为的构成要件决定,而不以行为客体的价值和形式决定,如同以金钱等物质帮助方式不会侵犯公民财产的所有权一样,以房屋所有权进行帮助也不会侵犯公民财产的所有权。如前所述,真正解决离婚后一方无房居住的问题,则应该依靠政府建立社会保障体制,为社会提供更多的经济适用房或廉租房。在目前情况下,一方对另一方适当给予帮助是完全必要的,是符合人道主义的。至于以何种形式帮助,则应以另一方需要的程度和对方能承受的能力,应结合当事人的具体情况而定。对大多数家庭而言,房屋确实是一项价值极高的重大财产,一般家庭只有一处房产,如果以房屋所有权的方式帮助了对方,自己也成了无房居住者,因此多数情况下不可行。但对少数富裕人群而言,根据上述房屋产权的确认和分割方法,如果一方取得了两处或两处以上的房产,另一方却一无所获且生活困难时,可以要求有多处房产者将其中一处价值较小的房产无偿给予无房居住的一方,这也是一种经济帮助的形式。如果有多处房产者不愿意采用这种方法,也可以采取出钱帮助对方购买或租赁住房的方式,解决对方的住房困难问题。但是对方应该确属经济困难且无处可居者。司法实践中,一方以离婚后无房居住为由要求暂住另一方房屋的,经查实可据情予以支持,但一般不超过2年。

六、离婚时对一方的补偿

(一)补偿请求的性质及意义

补偿请求是指在夫妻双方实行分别财产制的条件下,因承担主要家务劳动尽了较多义务的一方,依法享有向另一方要求补偿的权利。补偿请求权是我国法律赋予尽家庭义务较多一方的一项独立请求权,是对一方承担家务劳动的价值补偿不是离婚分割财产时要考虑的情形,也不是赔偿。

我国《婚姻法》第40条规定:"夫妻书面约定婚姻关系存续期间所得的财产归各自所有,一方因抚养子女、照顾老人、协助另一方工作等付出较多义务的,离婚时有权向一方请求补偿,另一方应予补偿。"这项新增规定,肯定了一方为家庭付出较多时有获得回报的权利,在一定程度上弥补了一方为对方付出、期待回报的心理失落感,实质上从法律上对家务劳动的价值予以承认,它体现了民法公平公正原则和权利义务相一致原则的基本精神。因为在实际生活中,夫妻双方对婚姻家庭的贡献和从中获得的利益往往是不平衡的。承担家务较多的一方或作出牺牲的一方,往往其职业发展和其他方面受到了较大的牵制,社会地位与谋生能力相对较弱;而配偶他方,则基于对方的奉献和牺牲从中获得巨大利益,如学业的进步、事业的发展,以及经济地位的提高等。一旦双方离婚,付出较多义务的一方因没有谋生能力或谋生能力较低,原有的生活水平必然会急剧下降,或无法达到预期的生活水平。多数情况下,为了家庭整体利益牺牲自己发展机会、尽职尽心服务家庭的往往多是女性,家务劳动不计报酬的话,将直接损害她们的合法利益,而且会使她们在离婚问题上顾虑重重。婚姻法的规定,有助于保护妇女的合法利益,保障其离婚的自由,家庭秩序也会更加稳定。

---

① 夏吟兰.离婚救济制度之实证研究[J].政法论坛,2003(6):155.

（二）补偿请求权的条件

离婚时一方向另一方主张补偿请求权是有条件的，根据婚姻法的规定，应具备以下条件：

1. 补偿请求权适用于夫妻分别财产制的情形，不适用夫妻财产实行共同财产制情况

一般来说，在共同财产制下夫妻离婚时双方的利益能够得到相对公平的保护，夫妻共有财产在离婚时是均等分割的，而且在分割共同财产时，法院比较注意保护妇女和儿童的利益，尤其是重视对家务劳动付出较多，经济收入较少一方的妇女的权益的维护，尽量判得公平公正。在分别财产制的情形下，男女各自管理各自的个人婚前、婚后财产，看似重视个人权利的维护，保证双方独立财产权，实质上一方因繁重家务劳动付出的不计报酬，一旦离婚，付出较多义务的一方因没有谋生能力或谋生能力较低，原有的生活水平必然会急剧下降，或无法达到预期的生活水平，使貌似平等的权利变成了事实上的不平等。因此，法律作为婚姻家庭关系调节器，予以矫正是必要的。但是，目前在我国夫妻约定实行分别财产制的家庭数量仍然很少，将离婚时的补偿请求权局限于采取分别财产制的当事人，限制了这一救济制度的适用范围。

2. 主张补偿请求权的一方应对家庭尽了较多的义务

尽了较多的义务是主张补偿请求权的基础，婚姻法列举了三种：(1)抚育子女。为抚育子女比对方付出了较多的精力。(2)照顾老人。如长年照顾年老体弱、有病的老人。(3)协助另一方工作，如参与对方工作付出了劳动。当然不仅限于此三种，还包括在其他家务劳动中付出较多的情形。

（三）补偿请求权的行使

尽义务较多一方主张补偿请求权时可以直接向另一方提出，由双方协议解决补偿问题；双方不能协商一致的，享有请求权的一方可以向人民法院提起诉讼，也可以直接向人民法院起诉。人民法院依法作出补偿裁决，另一方应执行。

另一方补偿给对方的财产来源于自己拥有的财产。

七、夫妻债务的清偿

债是按照合同的约定或者依照法律的规定，在当事人之间产生的特定的权利和义务关系。享有权利的人是债权人，负有义务的人是债务人。债权人有权要求债务人按照合同的约定或者依照法律的规定履行义务。一般情况下，发生债权债务关系的都是具有相应民事行为能力的成年人，这使得大量的民事行为发生在婚姻家庭中，使得相应的债权债务关系或者与婚姻家庭中的人有关，或者与婚姻家庭的财产有密切的关系。同时，由于婚姻家庭中主体的人身属性，还有必要研究涉及婚姻家庭关系中特殊的债务清偿问题。

总的来说，婚姻家庭中涉及的债务问题主要有两类：一类是对第三人的债务问题，另一类是夫妻之间的债务问题。无论是哪一类债务，也无论债务人是否离婚，只要是到期债务，债权人就有权要求债务人予以清偿；而对于未到期债务，当债务人离婚时，就会涉及债务如何承担的问题。特别是家庭对第三人所负之债应如何认定以及如何清偿，由于关系到第三人的合法利益和社会交易的公平与诚信，也成为最重要的问题。在处理离婚纠纷时，不仅要对离婚夫妻的共同财产进行分割，还要对债务问题进行妥善处理，以维护债权人的合法权益。

我国《婚姻法》第 41 条规定:"离婚时,原为夫妻共同生活所负的债务,应当共同偿还。共同财产不足清偿的,或财产归各自所有的,由双方协议清偿;协议不成时,由人民法院判决。"从该规定中可以看出,对夫妻债务性质的认定是正确处理离婚时债务清偿的关键。

(一)夫妻共同债务的认定和清偿

在解决第三人的债务如何清偿时,首先应解决该债务在夫妻关系中如何认定的问题。因为夫妻债务清偿遵循的原则是夫妻共同债务以夫妻共同财产清偿,夫妻一方的个人债务则以其个人财产偿还。因此,在离婚确定分担债务时,首先应分清该债务是夫妻的共同债务还是夫妻一方的个人债务。

1. 夫妻共同债务的认定

夫妻共同债务,是指夫妻双方或一方为共同生活需要或为履行抚养、赡养义务以及治疗疾病所负的债务。虽然各国法律的表述不尽相同,但均认为夫妻为共同生活所负债务为共同债务。如美国规定,在婚姻存续期间配偶一方所负债务,包括由作为、不作为行为所致债务,均推定为因婚姻利益或家庭利益所负之共同债务。俄罗斯规定,对于夫妻共同债务追索夫妻共同财产,对于夫妻一方的债务,如果法院确定,夫妻一方的债务全部用于家庭需要,也追索夫妻共同财产。瑞士规定,下列债务为夫妻共同债务:(1)夫妻一方在行使婚姻生活的代表权或者管理夫妻共同财产期间所欠的债务;(2)夫妻一方在进行日常经营或者从事某项职业期间所负的债务,如果其在从事这些活动过程中使用了夫妻共同财产,或者所得收益已经成为夫妻共同财产的一部分;(3)夫妻双方与第三人约定,除欠债配偶的个人财产外,以夫妻共同财产作为担保财产的债务。

从共同债务的含义和偿还原则可以看出,夫妻共同债务与夫妻共同财产的关系既有联系又有区别。虽然夫妻共同债务与夫妻共同财产的发生原因不同,即夫妻共同财产的发生源于法定或约定,夫妻共同债务的发生源于法定、约定和第三人的认定,但它们都是在婚姻关系存续期间产生的,而且即使夫妻间没有共同财产,也必须偿还共同债务,并在夫妻之间产生连带清偿的责任,这也是夫妻共同债务与夫妻共同财产发生冲突的地方。因此,认定共同债务的标准主要是考虑债务的发生原因,也应该参考夫妻的共同财产关系(以第三人知道为限)和夫妻的人身关系。

2. 夫妻共同债务的范围

根据我国《婚姻法》、《婚姻法解释(二)》、《财产分割问题的若干意见》、《关于适用〈中华人民共和国婚姻法〉若干问题的解释(二)的补充规定》[①]、《关于审理涉及夫妻债务纠纷案件适用法律有关问题的解释》[②]中的规定,结合司法实践,夫妻共同债务大体包括以下内容:

(1)夫妻为共同生活或为履行抚养、赡养义务等所负债务,应认定为夫妻共同债务。

(2)个体工商户、农村承包经营户夫妻双方共同经营所欠的债务以及一方从事经营,其收入主要用于家庭共同生活的,所欠债务为共同债务。

(3)在婚姻关系存续期间,一方因继承所得债务属于共同债务,但双方另有约定或为一方所有的除外。

(4)夫妻对婚姻关系存续期间所得的财产约定归各自所有的,但第三人不知道该约定

① 最高人民法院 2017 年 2 月 20 日通过,2017 年 3 月 1 日实施。
② 最高人民法院 2018 年 1 月 8 日通过,2018 年 1 月 18 日实施。

的,夫或妻一方对外所负的债务,以夫妻双方的财产清偿;如果第三人知道该约定的,则夫或妻一方对外所负的债务,以夫妻一方的财产清偿。主张"第三人知道该约定的"夫妻一方对此负有举证责任。

(5)夫妻双方在婚前合资筹办结婚用品所欠的债务,视为共同债务。

(6)债权人就婚姻关系存续期间夫妻一方以个人名义所负债务主张权利的,如果夫妻双方共同签字或者夫妻一方事后追认等共同意思表示所负的债务,应当认定为夫妻共同债务。夫妻一方在婚姻关系存续期间以个人名义为家庭日常生活需要所负的债务,债权人以属于夫妻共同债务为由主张权利的,人民法院应予支持。夫妻一方在婚姻关系存续期间以个人名义超出家庭日常生活需要所负的债务,债权人以属于夫妻共同债务为由主张权利的,人民法院不予支持,但债权人能够证明该债务用于夫妻共同生活、共同生产经营或者基于夫妻双方共同意思表示的除外。

概括起来,我们可以将共同债务的范围归纳为:[①](1)为夫妻共同生活或家庭共同生活所负的债务;(2)夫妻为履行法定抚养和赡养义务等所负债务;(3)如果债务虽为夫妻个人所负,但善意第三人有证据证明该债务用于夫妻共同生活、共同生产经营或者基于夫妻双方共同意思表示的;(4)夫妻共同签字或事后追认等共同意思表示所负的债务。

同时,不能认为超出上述范围所负的债务就不是共同债务,因为:其一,共同债务的认定标准主要是债务的实际受益人而不是举债人以一方或双方的名义举债,即使夫或妻一方负债但实际使双方共同受益的债务,应属于夫妻共同债务,但是债权人应当有证据证明。最高人民法院《关于审理涉及夫妻债务纠纷案件适用法律有关问题的解释》将原规定夫妻一方举证的证明责任修改为债权人的证明责任。其二,未成年子女对他人侵权造成的损害赔偿,也为夫妻共同债务。严格来说,该债务的发生并非夫妻双方或一方所为,也不是夫妻所负债务,但作为法定监护人的父母有义务承担未成年子女所负的债务。其三,夫妻分居期间各自所负债务,如果是因抚养子女、赡养老人以及维持本人正常生活和治病的需要的,仍属夫妻共同债务。此外,从理论上说,夫妻共同债务是夫妻一方或双方在婚姻关系存续期间,为共同生活或者为履行抚养及赡养义务所负的债务,但是,夫妻一方或双方在婚前为结婚后共同生活所负债务,也可以认定为共同债务。就是说,夫妻一方在婚前所负的债务,若该负债产生的利益为婚后共同享有或转化为共同财产的,可以认定为夫妻共同债务;若该负债产生的利益为一方个人财产(如转化为一方婚前财产或婚后个人所有的财产),则应认定为一方的债务。

值得注意的是,《婚姻法解释(二)》原第 24 条规定:"债权人就婚姻关系存续期间夫妻一方以个人名义所负债务主张权利的,应当按夫妻共同债务处理。"实践中对此条规定存在较大争议。据统计,中国裁判文书网以"24 条"判夫妻共同承担债务的案件:2014 年、2015 年分别超过 7 万件,覆盖全国 31 个(未包括香港特别行政区、澳门特别行政区和台湾省)省市自治区。2016 年适用"24 条"判定夫妻共同债务的案件中,有至少 1.5 万件的被告声称,自己是"被负债"、对原配偶的举债并不知情。这些非举债方的配偶称自己是"24 条受害者",甚至有人大代表和政协委员提议废除或修改该条内容。对此,最高人民法院于 2017 年 3 月 1 日在第 24 条的基础上增加两款,分别作为该条第 2 款和第 3 款:"夫妻一方与第三人串

---

① 郭丽红,何群.论夫妻的债务清偿问题[J].广州大学学报,2009(8):29.

通,虚构债务,第三人主张权利的,人民法院不予支持。夫妻一方在从事赌博、吸毒等违法犯罪活动中所负债务,第三人主张权利的,人民法院不予支持。"同时,最高人民法院在《关于审理涉及夫妻债务纠纷案件适用法律有关问题的解释》中规定:"夫妻一方在婚姻关系存续期间以个人名义超出家庭日常生活需要所负的债务,债权人以属于夫妻共同债务为由主张权利的,人民法院不予支持……"

我们认为,法律的价值取向是当内部关系与外部关系发生冲突时,优先保护外部关系,这是偿债的基本规则,而夫妻关系相较于债权人来说显然是内部关系。在市场经济活动中,债权人应当尽审慎(即不得恶意串通、虚构债务等)、善意(不知晓夫妻约定财产关系)的义务,同时不应再附加其他义务。夫妻财产关系是基于身份关系产生的财产关系,若无约定则法定(即婚后所得共有)。所以,夫妻一方若要免责,就要自己证明夫妻有财产约定在先以及债权人知道这种约定,或能够证明举债一方的财产收入并未用于共同生活,而不能苛责债权人自己推定债务人的财产状况。现实中,除非约定各自所有,夫妻一方的收入都是拿回家共同生活的,这是老百姓生活中的常识。一般家庭债务关系的发生都是有对价的,债务人不能在享受权利的同时豁免债务,这是债权人权利的来源,也是其正常认知。

有人提出,对于夫妻大额借贷应采取共同签字的方式,否则不予承认。实践中如果能够夫妻共同签字举债是最好的,但一方在商业交易时总是叫另一方前来签字,有多少可行性?如果当一方赚了钱(没共同签字赚来的)拿回家花没意见,亏了钱要偿债就不干,债权人的权利谁来保护?此外,有许多人对外隐瞒已婚身份,债权人不知情的情况下签订协议时,如何要求夫妻共同签字举债?如果据此认定债权不受保护,债权人权利谁来保护?婚姻关系不同于一般男女感情,作为两个完全行为能力人,双方都要承担婚姻后果,包括有利或不利的后果。

也有人建议夫妻婚姻关系和财产关系均应公开,使得债权人可以查询得知。我们认为,在商业时代,如果每一项交易都要进行烦琐的查询,不仅交易成本巨大,而且丧失商业机会。所以,即使这些都可以通过技术手段解决,也不会有多少人使用。虽然现在房产交易可以做到查询后再交易,但房产交易的登记属性决定了可以对各方出资进行约定,但实际操作中夫妻房屋产权及财产数额的认定仍存在大量问题,如按揭还款的财产性质、离婚时的分割计算、证据、婚前一方举债婚后共同登记姓名的债务认定、未出资但加名登记的产权纠纷等。另外,所谓"大额交易"的"大额"究竟是多少?对于不同家庭条件的夫妻来说含义不同,法律如何规定"大额"的数额?而且对于多次"小额"累加的债务怎么解决?

其实民事法律不可能做到尽善尽美,人人满意。有时法律也是把双刃剑,如侵权责任法中加害人的免责理由之一"紧急避险",再如基于公平原则的责任分担等制度设计,都是价值取向和利益权衡的考量。婚姻关系中,非举债方还债可能不公平,但不优先保护债权人不仅不利于社会交易安全,而且是更大的不公平。在市场经济前提下,每个人的行为都应该是理性的,除非有意为之,举债一方也不会冒着被追逃的风险一味将债务甩给另一方,何况只要举债人存活于世,其夫妻之间(即使已离婚)的债务迟早都应当偿还。

如何能够准确地认定夫妻共同债务与个人债务,关系到夫妻债务清偿的公平问题,是婚姻家庭法学界和司法实务界需要认识和厘清的问题。我们认为,应该给法官一定的自由裁量权,由法官根据个案判断债务的性质,因为具体案情不同,法律只能原则性地规定清偿原则,具体实施还要由法官裁断。

3. 夫妻共同债务的清偿

夫妻共同债务的偿还原则是"共同偿还"。根据民法原理,所谓共同偿还,即债务人所负的债务为连带债务,双方无论是否有共同财产,均须共同偿还,共同债务人对以共同财产不足清偿的部分,以个人财产承担连带清偿责任。

夫妻共同债务的连带责任具体表现在以下几个方面:首先,如果夫或妻对于夫妻共同债务以共同财产不足清偿的,应以各自的个人财产连带清偿;其次,在婚姻关系存续期间或离婚后,如果双方约定由一方偿还而该方履行不能或拒绝履行时,另一方仍须承担偿还责任;再次,夫妻在离婚分割夫妻财产和夫妻债务时,不能仅由双方约定一方来偿还,还应承担连带清偿责任,防止利用离婚逃避债务;最后,由于共同债务的不可分性,"夫或妻一方死亡的,生存一方应当对婚姻关系存续期间的共同债务承担连带清偿责任",[①]而不能仅偿还共同债务的一半。

婚姻法规定,离婚时,原为夫妻共同生活所负的债务,应当共同偿还。共同偿还方式有三种:一是财产归夫妻共同所有的,由夫妻以共同财产来进行清偿。清偿完毕,共同债务宣告终结。二是双方虽有共同财产,但不足以清偿共同债务的,由双方协议清偿;协议不成的,由人民法院判决。三是财产归各自所有的,由双方协议清偿;协议不成时,由人民法院判决。当事人的离婚协议或者人民法院的判决书、裁定书、调解书已经对夫妻财产分割问题作出处理的,债权人仍有权就夫妻共同债务向男女双方主张权利。一方就共同债务承担连带清偿责任后,基于离婚协议或者人民法院的法律文书向另一方主张追偿的,人民法院应当支持。

人民法院在处理离婚案件分割财产时,有共同债务的,应先清偿债务,再分割财产,以免造成不必要的纠纷。对于离婚时未到期债务,如果夫妻双方同意提前清偿的,应当允许。如果不同意提前清偿的,可以保留与债务相应价值的共同财产,到期再予清偿;也可以分割共同债务,由双方各自清偿。由于共同债务是为家庭共同生活而发生,其与共同财产一样具有共同共有的性质,实践中不宜将共同财产绝对地分成均额等份,由夫妻各方按份承担。因此,夫妻共同债务一般以夫妻共同财产偿还,但双方共同财产不足清偿时,或者财产约定归各自所有时,或夫妻离婚时不能达成一致意见的,应由人民法院根据双方的经济状况、经济能力及照顾女方和直接抚养子女一方的原则,判令双方按一定比例承担债务,或者让具有较强经济能力的一方单独承担债务。如果确属因不具有对外效力的个人债务转化为共同债务的,可以判令实际债务人承担。当然,由一方单独承担夫妻共同债务的,另一方应承担连带赔偿责任。

(二)夫妻个人债务的认定和清偿

1. 夫妻个人债务的认定

夫妻个人债务是指夫妻一方婚前所负债务以及婚后与共同生活无关,为满足个人需要或资助个人亲友所负的债务。修改后的婚姻法对个人债务的范围未作具体规定,并不意味着没有个人债务的存在。

夫妻一方个人债务与夫妻共同债务之间既有区别又有联系,其区别为发生原因不同,夫妻共同债务的发生原因是为家庭共同生活,夫妻个人债务的发生原因是为个人需要;其联系为债务可以相互转换,无论是通过约定还是通过法定,个人债务可以转换为夫妻共同债务,

---

① 《婚姻法解释(二)》第 26 条规定。

共同债务也可以转换为夫妻个人债务。

在确定夫妻个人债务的时候,应区别这种个人债务划分的对内效力和对外效力,即关于夫妻共同债务和夫妻个人债务的划分,仅对夫妻双方产生效力,对善意第三人没有实际意义。因为,如果第三人不知道夫妻之间存在债务的特别约定,基于对夫妻关系的认定和一方举债时的表述,符合表见代理的民法原理,构成善意第三人,可以认定该笔债务为夫妻共同债务,此时的夫妻财产约定和债务约定就不发生法律效力。

2. 夫妻个人债务的范围

确定夫妻个人债务的方法,主要不是看举债的目的,而是其发生原因及双方是否受益,即凡未经双方同意的,也未为家庭共同生活所负之债,应认定为个人债务。包括:

(1)夫妻对共同债务协议各自清偿的。如《婚姻法》第 41 条规定:"离婚时,原为夫妻共同生活所负的债务,应当共同偿还。共同财产不足清偿的,或财产归各自所有的,由双方协议清偿;协议不成时,由人民法院判决。"其中"由双方协议清偿"包括协议由一方或双方的个人财产清偿。协议以个人财产清偿的债务是个人债务,但是,该协议不得对抗债权人,仅约束离异后的原夫妻。

(2)债权人与债务人约定为个人债务的。如《婚姻法解释(二)》第 24 条规定:"债权人就婚姻关系存续期间夫妻一方以个人名义所负债务主张权利的,应当按夫妻共同债务处理。但夫妻一方能够证明债权人与债务人明确约定为个人债务,或者能够证明属于婚姻法第十九条第三款规定情形的除外。"

(3)一方未经对方同意,也未为家庭共同生活所负的债务。如《财产分割问题的若干意见》规定:"下列债务不能认定为夫妻共同债务,应由一方以个人财产清偿:……②一方未经对方同意,擅自资助与其没有抚养义务的亲朋所负的债务。③一方未经对方同意,独自筹资从事经营活动,其收入确未用于共同生活所负的债务。④其他应由个人承担的债务。"

3. 夫妻个人债务的清偿

夫妻个人债务的清偿原则是,夫妻个人债务应由本人以其个人财产清偿,他方无代偿义务;如负债一方确实无力偿还的,也可说服他方代为清偿,但应以自愿为原则,不得强迫。但是,如果夫妻的个人债务性质为第三人所不知道的,仍须以夫妻共同财产偿还一方的个人债务,或者以个人财产承担对方个人债务的连带责任。

4. 夫妻之间债务的清偿

夫妻之间也能发生债权债务关系。夫妻之间的债务关系既可能因一方代为偿还了对方与他人的个人之债而发生,也可能因约定或法定而直接在夫妻之间发生。既可能是约定之债,也可能是法定之债。这些债务也属于夫妻个人债务的性质。

(1)约定债务的清偿。如《婚姻法解释(三)》第 16 条规定,夫妻之间订立借款协议,以夫妻共同财产出借给一方从事个人经营活动或用于其他个人事务的,应视为双方约定处分夫妻共同财产的行为,离婚时可按照借款协议的约定处理。

(2)法定债务的清偿。如《婚姻法解释(二)》第 25 条第 2 款规定,当夫妻一方就共同债务承担连带清偿责任后,可以基于人民法院的法律文书向另一方主张追偿的。再如依照我国婚姻法的规定,在夫妻婚姻关系存续期间,夫妻一方因身体受到伤害获得的损害赔偿金为其个人财产,当另一方恶意侵占为自己所有或共同所有时,获得赔偿金的一方有权提起侵权之诉,要求对方返还财产。

八、离婚时一方对另一方的经济帮助

经济帮助是指夫妻离婚时，一方生活有困难，经双方当事人协议或法院判决，有条件的一方给予有困难的一方适当的财物资助的行为。我国《婚姻法》第42条规定："离婚时，如一方生活困难，另一方应从其住房等个人财产中给予适当帮助。具体办法由双方协议，协议不成时，由人民法院判决。"

（一）经济帮助的性质和必要性

离婚时的经济帮助，与夫妻共同生活期间的扶养义务性质是完全不同的。夫妻共同生活期间的扶养义务是基于夫妻之间人身关系而发生的，是无条件的，随着夫妻人身关系的解除而终止。离婚时的经济帮助也不同于西方国家的离婚扶养制度。离婚扶养制度是指离婚后夫妻一方基于双方合意而达成的扶养协议或司法机构的裁判，从其个人财产中给予原配偶另一方满足其生活等经济需要的合理费用，这是婚姻关系存续期间夫妻之间所负扶养义务在离婚后的一种延伸，也是离婚导致的婚姻生活上保持请求权的丧失之填补与救治，[①]还是各国较多采取的离婚救济方式之一。而我国婚姻法规定的离婚时的经济帮助，不是夫妻间法定扶养义务的延伸，而是离婚时从原来婚姻关系中派出来的一种责任，是一方对另一方有条件的帮助。男女双方虽然因离婚而终止了夫妻间的扶养义务，但离婚时如一方生活困难的，另一方仍有给予经济帮助的责任，这是民法公平原则的要求，也是保护妇女合法权益原则在离婚制度上的体现，充分显示了法律扶助弱势的人道主义精神。

婚姻法虽规定对离婚时处于弱势的一方予以帮助适用于男女双方，但是其实质意义在于保护妇女的离婚权益。由于历史和现实的原因，我国男女的经济能力事实上仍存在一定差距，离婚时，生活困难的一方以女方居多。所以，立法的目的是帮助女方解决离婚时的生活困难，消除其在离婚问题上存在的经济顾虑，使其离婚自由的权利得到保障。当然，离婚时，如果男方生活有困难，女方有较强的经济能力，女方也应给男方适当的经济帮助。

（二）经济帮助的条件

离婚时，一方给予另一方的经济帮助不是无条件的，根据我国婚姻法及最高人民法院的司法解释，接受帮助须符合下列条件：（1）要求帮助的一方必须生活困难而自己又无力解决的。我国《婚姻法》第42条所称"一方生活困难"，是指依靠个人财产和离婚时分得的财产无法维持当地基本生活水平。一方离婚后没有住处的，属于生活困难。（2）提供帮助的一方须有负担能力。无负担能力的，可以不帮助。（3）经济帮助具有严格的时限性。经济帮助仅限于离婚时，而非离婚后任何时候出现生活困难都可以要求帮助。

（三）经济帮助的具体方法

经济帮助的具体方法是指帮助的具体数额，给付期限及其步骤方法。经济帮助的方式可以多种多样，既可以是现金，也可以是实物。一次给予困难的，也可以约定多次给付。离婚时，一方生活确实困难需要帮助的，其帮助的具体方法由双方当事人协商，协商不成，可诉请人民法院裁决。人民法院在审理这类纠纷时应当按最高人民法院的有关规定依不同情况分别处理：（1）离婚时，一方年轻有劳动能力，生活暂时有困难，包括一时无职业或者分到的财产不足维护日常生活等，另一方可给予短期的或一次性的经济帮助。（2）结婚多年，一方

---

①　陈苇.中国婚姻家庭法立法研究[M].北京：群众出版社，2000：271.

年老病残、失去劳动能力又无生活来源的,另一方应当在居住、医疗以及生活等方面给予适当的安排。(3)在执行经济帮助期间,受帮助的一方另行结婚的,或有经济收入足够维持其生活时,帮助一方即可终止给付。(4)原定经济帮助执行完毕后,一方又要求对方给予经济帮助的,一般不予支持。

九、对离婚时一方侵犯共有财产的惩处

顺应建立市场经济的社会要求,我国的民营经济发展迅速,交易活动频繁,人口自由流动,其给家庭带来的好处是经济收入迅速增长,生活质量大幅提高,但给家庭带来的负面影响是使双方无法确切了解对方实际的经济收入和财产经营状况,这在实践中成为一个难题。有时,一方即使知道存在某些家庭共同财产,也因社会保护个人隐私而难以取得充足的证据,并因此使自己的合法权益在离婚时得不到保护。生活中不乏这样的事例,当夫妻一方产生离婚念头时,其可能已经开始进行隐匿、转移财产的活动,有的人甚至伪造虚假借据,编造债务。由于另一方事先没有财产保护意识,查找不到对方的真实财产,有时不但分割不到财产,反而承担了许多"共同债务"。现实生活中,上述情况以不利于女方的为多数,而造成这种局面的原因较多。从经济层面分析,目前一些家庭中共同财产的数额巨大且来源复杂,有些人经济收入不固定,使一方无法掌握确切的财产数额。从制度上分析,一是我国的公民纳税制度不完备,法庭无法掌握公民的确切收入;二是民事诉讼法"谁主张,谁举证"的证据规则不利于法庭了解双方真实的财产状况。

为了防范和打击这种侵害共同财产权的行为,现行《婚姻法》第47条规定:"离婚时,一方隐藏、转移、变卖、毁损夫妻共同财产,或伪造债务企图侵占另一方财产的,分割夫妻共同财产时,对隐藏、转移、变卖、毁损夫妻共同财产或伪造债务的一方,可以少分或不分。离婚后,另一方发现有上述行为的,可以向人民法院提起诉讼,请求再次分割夫妻共同财产。人民法院对前款规定的妨害民事诉讼的行为,依照民事诉讼法的规定予以制裁。"

在离婚分割夫妻财产时,如发现一方有非法隐藏、转移、变卖、毁损夫妻共同财产的可能时,法院可根据当事人的申请或依职权,对财产采取查封、扣押、冻结等诉讼保全措施,对非法隐藏、转移、变卖、毁损夫妻共同财产的一方,根据我国《民事诉讼法》第102条的规定,人民法院可根据情况予以罚款、拘留,依法追究其刑事责任。如果夫妻一方申请对配偶的个人财产或者夫妻共同财产采取保全措施的,人民法院可以在采取保全措施可能造成损失的范围内,根据实际情况,确定合理的财产担保数额。具体处理时,应把隐藏、转移、变卖、毁损的财产作为隐藏、转移、变卖、毁损财产一方的分得的财产份额,对另一方的应得份额应以其他夫妻共同财产折抵,不足折抵的,差额部分由隐藏、转移、变卖、毁损财产的一方折价补偿对方。离婚后,另一方发现有这些行为的,可以向人民法院提起诉讼,请求再次分割夫妻共同财产。当事人向人民法院提起诉讼,请求再次分割夫妻共同财产的诉讼时效为2年,从当事人发现之次日起计算。

针对取证难的问题,有学者建议,"赋予妇女了解丈夫财产状况的知情权。对已经发生的婚姻纠纷,男方名下的财产,女方有权进行调查取证。如果男方阻挠调查,如拒绝提供开户行、银行账户等,则实行举证责任倒置,即由男方证明自己没有那么多财产"[1]。我们认

---

[1] 陈宝珍,王丹峰.离婚案件妇女财产权的保护[J].人民检察,2004(8):56.

为,离婚时一方基于合理怀疑又无法正常得到证据时,可以向法庭提供基本线索,由法庭调查取证,法庭应当根据我国《民事诉讼法》第 64 条第 2 款"当事人及其诉讼代理人因客观原因不能自行收集的证据,或者人民法院认为审理案件需要的证据,人民法院应当调查收集"的规定,由当事人和法院共同收集证据,而不能因为已经有《婚姻法》第 47 条的规定,就将举证的责任完全推到当事人身上。此外,如果一方没有确切证据证明对方有某项财产但有合理怀疑时,可以根据双方的优势地位、双方与证据距离远近等实际情况,在必要情况下将举证责任转移给对方。当然,不能为了保护某一方合法权益(尽管司法实践中蒙受财产损失的几乎都是女性),只要是其证据不足的,都允许举证责任倒置,这样规定显然有违公平。

第三节　离婚后子女的抚养教育

一、离婚后的父母子女关系

我国《婚姻法》第 36 条规定:"父母与子女间的关系,不因父母离婚而消除。离婚后,子女无论由父或母直接抚养,仍是父母双方的子女。离婚后,父母对于子女仍有抚养和教育的权利和义务。"这是确定离婚后父母子女关系的基本原则。

离婚后,父母与子女的关系不受影响,是因为父母子女关系是基于出生或法律拟制的事实而形成的血亲关系。其中,自然血缘的亲属关系不能通过法律程序人为地加以消灭,至于法律拟制的血亲关系原则上也不因离婚而解除。养父母与养子女间的身份关系及权利义务关系,也不因养父母离婚而消除。养父母离婚后,养子女无论由养父或养母抚养,仍然是养父母双方的养子女,但特殊情况下依法解除收养关系的除外。继父母与继子女间事实上已经形成抚养和教育关系的,继父母离婚时,如果子女未成年并且随生父或生母生活的,该继父母与继子女关系可自然消除。但受继父母长期抚养和教育的继子女,在已经成年的情况下,继父母和继子女已经形成的身份关系和权利义务关系就不能因继父(母)与生母(父)离婚而自动解除,只有继父母或继子女一方或者双方提出解除继父母子女关系并符合法律要求的情况下,才可以解除。但由继父母抚养成人并独立生活的继子女,对于生活困难、无劳动能力的继父母的晚年生活费用应当继续承担,而不能推脱。

基于父母子女关系不可消灭的性质,婚姻法关于父母子女权利义务的规定,在父母离婚后都同样适用。离婚只改变父母对子女的抚养方式,或由父方直接抚养,或由母方直接抚养。以离婚为由不履行抚养教育子女的义务,或以父母离婚为由不履行赡养扶助父母的义务,都是违反法律规定的,是对离婚后父母子女关系性质的严重误解。

二、子女的直接抚养和变更

(一)离婚后子女直接抚养的确定

离婚后,父母子女关系不变,但是父母对子女的抚养方式有变,一般情况下子女只能随父或母一方生活,由他方给付抚养费并通过享有探望权来行使抚养教育子女的权利和义务。子女随父方共同生活还是随母方共同生活,直接关系到子女的切身利益,因此,应将未成年子女的最佳利益原则作为处理父母子女关系的原则,作为离婚后子女直接抚养权、抚养费用确定的指导准则,特别是当父母对未成年子女重大事项的权利行使意见不一致时,法院应以子女最佳利益为裁量原则,从而真正切实地保护未成年人的利益。[①]

我国《婚姻法》第 36 条第 3 款规定:"离婚后,哺乳期内的子女,以随哺乳的母亲抚养为原则,哺乳期后的子女,如双方因抚养问题发生争执不能达成协议时,由人民法院根据子女的权益和双方的具体情况判决。"1993 年 11 月 3 日最高人民法院《关于人民法院审理离婚案件处理子女抚养问题的若干具体意见》(以下简称《子女抚养问题的若干意见》)对子女抚养问题作出了具体的规定,即允许父母双方协议解决子女的抚养问题,对不能达成协议的,根据子女不同的年龄段提出不同的解决办法。

1. 2 周岁以下的子女,原则上随母方生活

2 周岁以下的子女,原则上随母方生活。但如有例外情况,母方不宜或不能与子女共同生活时,子女也可以随父方生活,此时父亲也不得推卸责任。根据《子女抚养问题的若干意见》的规定,母方有下列情形之一的,可随父方生活:(1)母亲患有久治不愈的传染病或其他严重疾病,子女不宜与其共同生活的;(2)母亲有抚养条件不尽抚养义务;(3)而父亲要求子女随其生活的;(4)因其他原因,子女确无法随母亲生活的;等。父母双方协议 2 周岁以下子女随父方生活,并对子女健康成长无不利影响的,可予准许。

2. 2 周岁以上子女的直接抚养权由父母协议

2 周岁以上子女的直接抚养权由父母协议。协议不成时,由人民法院根据子女的利益和双方的具体情况来判决。无论是协议还是判决,都应综合考量父母双方的思想品质、道德修养、抚养能力、生活环境及子女感情联系等诸方面条件。对于父母双方均要求子女随其共同生活的,如果有下列情形之一的,可以优先予以考虑:(1)已做绝育手术或因其他原因丧失生育能力的;(2)子女随其生活的时间较长,改变生活环境对子女健康成长明显不利;(3)一方无其他子女而另一方有其他子女的;(4)子女随其生活,对子女成长有利,而另一方患有久治不愈的传染性疾病或其他严重疾病或者有其他不利于子女身心健康的情形,不宜与子女共同生活的;(5)子女单独随祖父母或外祖父母共同生活多年,且祖父母或外祖父母要求并有能力帮助照顾孙子女或外孙子女。

3. 10 周岁以上未成年子女的直接抚养权应考虑该子女的意见

由于 10 周岁以上子女已经具备初步辨识能力及责任能力,在子女随父或随母生活发生争执时,应考虑该子女的意见。但是,子女意愿应仅为确定直接抚养权的一个重要因素,特别是当子女不愿表述意愿时,前述综合考量因素同样可以适用。

4. 允许父母以协议方式轮流直接抚养

在有利于保护子女的前提下,父母双方协议轮流抚养子女的,可予准许。轮流抚养子女,可以使子女同父母均保持较密切的父母子女关系,感受来自父母双方的照顾和关怀,享有完整的父爱和母爱,得到情感的满足,有利于子女身心健康,同时也可以避免父母因为离婚而丧失直接抚养子女的权利的痛苦,防止争抢直接抚养子女的僵局发生。但是轮流抚养应便于履行,避免给子女造成生活动荡及不安定的困难。

此外,在由于一方的过错而导致的离婚案件中,若双方发生争养子女的纠纷时,不应一概剥夺过错方对子女的抚养权。抚养教育子女是父母双方的法定权利义务,子女的利益不

[①]　王洪.论子女最佳利益原则[J].现代法学,2003(6):31-35.

能因父母婚姻的破裂而受到损害。那种不顾当事人的实际情况,将未成年子女一律判归无过错方直接抚养,以此作为对过错方的惩罚和对无过错方的补偿的做法是错误的,其实是在漠视子女的利益。当然,如果父母一方曾经存在对子女的不当行为或不法行为,如虐待或伤害子女、恶意不履行抚养义务等,则不宜令其直接抚养子女。

(二)离婚后子女直接抚养方的变更

子女归一方直接抚养的关系确立后,双方都应按照协议和法院判决执行,但是,在一定条件下,子女抚养关系是可以变更的,比如,父母的抚养条件发生重大变化,或者子女要求变更抚养关系的。变更抚养关系可由父母双方协议,协议不成时,人民法院应根据子女利益和双方的具体情况判决。根据《子女抚养问题的若干意见》第16条的规定,一方要求变更子女抚养关系有下列情形之一的,应予支持:(1)与子女共同生活的一方因患严重疾病或因伤残无力继续抚养子女的;(2)与子女共同生活的一方不尽抚养义务或有虐待子女行为,或其与子女共同生活一方不尽抚养义务或有虐待子女行为,或其与子女共同生活对子女身心健康确有不利影响的;(3)10周岁以上未成年子女愿随另一方生活,该方又有抚养能力的;(4)有其他正当理由需要变更的。

(三)离婚后子女抚养费的负担和变更

我国《婚姻法》第37条规定:"离婚后,一方抚养的子女,另一方应负担必要的生活费和教育费的一部或全部,负担费用的多少和期限的长短,由双方协议;协议不成时,由人民法院判决。关于子女生活费和教育费的协议或是判决,不妨碍子女在必要时向父母任何一方提出超过协议或判定原定数额的合理要求。"这说明,夫妻离婚后,父母对子女有相同的抚养责任,所需抚育费用原则上应由父母双方共同负担,对于随一方生活的子女,另一方应负担必要的生活费的一部或全部。当然如果一方具有能够又愿意承担子女全部的生活费和教育费,也可以由一方承担,由父母双方作出协议。对于父母双方协议子女随一方生活并由该方负担子女全部抚育费,但该方的抚养能力明显不能保障子女所需费用,影响子女健康成长的,人民法院不应准许,以免损害子女利益。处理抚育费的负担问题,首先应由父母双方协议,协议不成的,由人民法院判决;不管是协议还是判决,都要以子女的实际需要,父母双方的实际负担能力和当地的实际生活水平为依据。

1. 子女抚养费数额的确定

确定子女抚育费数额,既要根据子女的实际需要,也要考虑父母负担能力和当地的实际生活水平。根据《子女抚养问题的若干意见》规定,给付抚育费的一方有固定收入的,抚育费一般可按其月总收入的20%～30%比例给付,负担2个以上子女抚育费的,比例可适当提高,但一般不得超过月总收入的50%。无固定收入的,抚育费依据当年总收入或同行业平均收入,参照上述比例确定。有特殊情况的,可适当提高,或降低上述比例。

2. 子女抚育费的给付期限

抚育费的给付期限,一般至子女18周岁为止。16周岁以上不满18周岁,能够以其劳动收入为主要生活来源,并能维持当地一般生活水平的,父母可停止给付抚养费。尚未独立生活的成年子女有下列情形之一,父母又有给付能力的,仍应负担必要的抚育费:(1)丧失劳动能力或虽未完全丧失劳动能力,但其收入不足以维持其生活的;(2)尚在校就读的;(3)确无独立生活能力和条件的。

3. 子女抚养费的给付方法

子女的抚养费应定期给付,有固定收入的,可以按月给付;无固定收入的,亦可以按收益的季节、年度给付。当事人有充分经济能力,也可一次性给付,对于一方无经济收入或下落不明的,可用其财物折抵子女的抚养费。为了便于给付费用的执行,人民法院在离婚调解协议书或判决书中都应将子女抚养的数额,给付的期限和办法具体载明,以免发生执行困难。

4. 离婚后子女抚育费的变更

关于子女生活和教育费的协议或判决,不妨碍子女必要时向父母任何一方提出超过协议或者判决原定数额的合理要求,因为协议或判决中原定的数额是根据子女当时的实际需要和父母双方的经济状况确定的,但是随着时间的推移,子女的实际需要和父母双方收入情况都会有变化,有时不作出合理变更就无法保障子女的日常生活和教育的需要。所以在情况有变的情况下,合理的变更是必要的。这里所说的变更,包括抚育费的增加、减少或免除三种情况。依照《子女抚养问题的若干意见》的规定,离婚后,子女要求增加抚育费有下列情形之一,父或母有给付能力的,应予支持:(1)原定抚养费数额不足以维持当地实际生活水平的;(2)因子女患病、上学,实际需要已超过原定数额的;(3)有其他正当理由应当增加的,如一方收入明显增加等。

子女的抚养费不仅在一定条件下可以增加,而且在一定条件下也可以减少或免除。抚养费的给付既要考虑子女的实际需要,也要照顾父母的负担能力,如果负有给付义务的一方确有困难,无力按判决或协议给付抚育费时,可以通过协议或判决,减少或免除其负担。减少或免除抚育费是有条件的,通常有以下几种情况下:(1)有给付义务的父方或母方,因长期疾病或丧失劳动能力,失去经济来源,确实无力按原协议或判决确定的数额给付,而抚养子女的一方又能够负担大部分或全部子女生活费和教育费的;(2)有给付义务的一方,因为犯罪被收监改造,无力给付抚育费的;(3)与抚养子女的一方再婚,其配偶愿意负担继子女生活费和教育费的一部或全部,有给付义务的一方,可要求减少或免除子女抚养费。需要指出抚养费的减少或免除直接关系到子女的切身利益,所以在决定减免时要慎重考虑,严格掌握。在负有义务一方经济能力好转的情况下,应当恢复给付。

三、离婚后不直接抚养子女方的探望权

(一)探望权概念及特征

1. 探望权的概念

探望权,是指父母离婚后不直接抚养子女的父或母一方享有的与未成年子女的联系、会面、交流等权利。探望权是基于血缘关系产生的权利,是亲子关系自然流露的权利,具有高度的专属性,属于父母照顾权中人身照顾权的一部分,但又与人身照顾权分离,成为并存的权利。目前,多数国家规定了夫妻离异后一方探望子女的权利。如德国民法典规定,无人身照顾权的父或母,保留与子女个人的交往权、请求告知子女的个人情况权、对子女财产利益承担必要的财产照顾权,父母双方不得为任何损害子女与他人的关系或造成教育困难的行为。美国统一结婚离婚法规定,法庭审理后认为进行探望不会严重危害子女的身体、精神、道德和感情的健康,可以准予无子女监护权的父母一方享有合理探望子女的权利,不允许有一方不让另一方探望或有探望权一方的探望行为危害子女或其监护人。我国香港《未成年

人监护条例》规定,父母离婚,可以确定未成年子女由哪一方监护。一方监护不影响履行抚养义务和享有探视的权利。我国台湾地区"民法亲属编"第1055条第5项规定,法院得依请求或依职权,为未行使或负担权利义务之一方酌定其与未成年子女会面交往之方式及期间。但其会面交往有妨碍子女之利益者,法院得依请求或依职权变更之。

建立探望权制度,是当代婚姻立法发展趋势的必然要求。随着各国对亲子关系法律制度的逐渐完善,探望权制度日益显示出其积极的作用:一方面可以满足父母双方对子女关心、爱护的情感需要,并及时了解子女的生活及学习情况,使父母更好地履行其抚养教育子女的权利义务;另一方面,可以增加子女与未直接抚养的父或母之间沟通和交流的机会,从而降低离异家庭对子女的伤害程度,有利于子女的健康成长。在这个意义上说,探望权对离异后的父母和子女都十分重要。

我国现行《婚姻法》增加了探望权制度,赋予离婚后不直接抚养子女的一方以探望子女的权利。《婚姻法》第38条第1款规定:"离婚后,不直接抚养子女的父或母,有探望子女的权利,另一方有协助的义务。"由于离婚后父母双方对于子女都有抚养和教育的权利与义务,因此在将监护权判给一方配偶的情况下,法律赋予没有监护权的一方以探望权利是其作为父母的基本权利,无正当理由不容剥夺,另一方有义务协助和配合。由于探望权是父母享有的重要权利,因此,如果原当事人的离婚协议或离婚判决中未涉及对子女的探望权,当事人就探望权问题单独提起诉讼的,人民法院应予受理。

2. 探望权的特征

父母对于未成年子女的亲权及派生的探望权的基础是父母子女之间的血亲关系,父母离婚后,双方仍为子女的亲权人,权利义务关系未变,只是行使方法发生了改变,其中一方为直接抚养权,另一方的权利则转化为与直接抚养权相对应的探望权。因此,探望权具有权利属性,是专属于未直接抚养子女的父或母一方的权利。根据我国法律的规定,探望权具有以下特征:(1)探望权行使的主体是未与子女共同生活的父或母。包括亲生父母、养父母、尽了抚养义务的继父母等。法律未规定其他近亲属(如祖父母或外祖父母等)能否行使探望权,学者认为,其他近亲属的探望权应该从属于父母的探望权,在父母探望权能够正常行使的情况下,其探望权不单独行使。① (2)探望权行使的时间是离婚后。法律规定行使探望权的时间是离婚后,但基于探望权的性质应该可以推断,当婚姻被宣告无效或被撤销后,一方对所生子女也可以行使探望权。(3)探望权的内容是父或母与未成年子女联系、会面、交流等交往的权利,是法律为满足未共同生活的父或母与子女亲情交流和交往的需要设置的权利。不能将探望权的内容等同于亲权或监护权的内容。

(二)探望权的行使

我国《婚姻法》第38条第2款规定:"行使探望权的方式、时间由当事人协议,协议不成时,由人民法院判决。"探望权行使的关键因素是直接抚养子女的一方是否给予协助。作为直接抚养子女的一方,应尊重对方的探望权,为对方行使探望权提供方便的及必要的条件。彼此应从有利子女身心健康出发,在探望的时间、探望的方式上作出协商,包括回答对方询

---

① 　郭丽红.探望权之性质探析[J].河南师范大学学报,2010(4):135.

问子女近况的问题,提供对方看望、交往、交流、互通书信、电话以及旅行度假或短期的共同生活的机会,并将这些作为自己法律上的义务。

目前,在实践中行使探望权的方式一般有两种:一种为探望性探望,即不与子女共同生活的一方到对方家中或者指定的地点进行探望。这种方式时间短,方式灵活且没有脱离直接抚养方能够监护的范围,容易为直接抚养方所接受。另一种为逗留性探望,即一种较长时间的探望,探望权人可在约定时间内或法院判定的探望时间内,由探望权人领走并按时送回未成年子女。为了使探望能够顺利进行,首先应以双方都能接受的方式协商决定探望的方式。协商不成时,则应考虑子女意愿和父母双方的具体情形,由法院判决。

对于拒不执行探望子女判决的,应依法强制执行,有关个人和单位应负协助执行的责任。但是,《婚姻法解释(一)》第32条规定,"对拒不执行有关探望子女等判决和裁定的,由人民法院依法强制执行的规定",是指对拒不履行协助另一方行使探望权的有关个人和单位采取拘留、罚款等强制措施,不能对子女的人身、探望行为进行强制执行。

(三)探望权的中止与恢复

由于探望权是法定权利,非有法定事由和非经法定程序,任何人不得擅加限制或剥夺。在探望权阻却事由消失后,经当事人申请,法院应当及时恢复其权利。

1. 探望权的中止

依我国《婚姻法》的规定,父或母探望子女,不利于子女身心健康的,由人民法院依法中止其探望的权利。《婚姻法解释(一)》规定,当事人请求中止行使探望权的,人民法院在征询双方当事人意见后,认为需要中止行使探望权的,依法作出裁定。

所谓"不利于子女身心健康"的事由,婚姻法及其司法解释均未明确规定,根据《预防未成年人犯罪法》第14条的规定,未成年人的父母或者其他监护人和学校应当教育未成年人不得有下列不良行为:(1)旷课、夜不归宿;(2)携带管制刀具;(3)打架斗殴、辱骂他人;(4)强行向他人索要财物;(5)偷窃、故意毁坏财物;(6)参与赌博或变相赌博;(7)观看、收听色情、淫秽的音像制品、读物;(8)进入法律法规规定未成年人不适宜进入的营业性歌舞厅等场所;(9)其他严重违背社会公德的不良行为。因此,当一方以探望子女为由,教唆、胁迫、引诱未成年子女实施以上不良行为,就足以构成"不利于子女身心健康"。同时,针对实践中已发生的事例,为保护子女与双方亲属的良好关系,防止损害任何一方的合法权益,中止探望的情形还应包括一方挑唆破坏子女与直接抚养人及近亲属关系的情节严重的行为。此外,《婚姻法解释(一)》对有权中止行使探望权的主体作了规定,其第26条规定,未成年子女、直接抚养子女的父或母及其他对未成年子女负担抚养、教育义务的法定监护人,有权向人民法院提出中止探望权的请求。

2. 探望权的恢复

人民法院在出现不利于子女身心健康的情况下,作出的判决仅仅是对探望权的中止而非剥夺。当上述不利子女身心健康的情形消除后,经人民法院确定其行为不会再不利于子女时,可以恢复非直接抚养子女一方原来享有的探望权。

第四节　离婚损害赔偿制度

一、离婚损害赔偿制度概述

（一）离婚损害赔偿的概念

离婚损害赔偿，是指因婚姻关系的一方有法定过错行为而导致离婚，无过错一方有权要求对方赔偿自己因离婚而遭受的损失的法律制度。离婚损害赔偿制度不仅可消除无过错方的离婚顾虑，保障其离婚权益，获得财产补偿和精神抚慰，而且对拒不履行婚姻义务、造成他方财产和精神损害的过错方进行民事惩罚，从而实现法律的正义和公平。目前这一制度在法国、瑞士、墨西哥等国家都有规定，美国的部分州和日本则通过判例予以承认。[①]　如《法国民法典》第266条规定，如离婚被判为过错全在夫或妻一方，则该方得判赔偿损害，以补偿他方因解除婚姻而遭受的物质或精神损失；《墨西哥民法典》第288条规定，如果因离婚导致无过错的一方的利益遭受损害或侵害时，有过错的一方及违法行为的行为人应负赔偿责任；《瑞士民法典》第151条规定，因离婚致无过失之配偶，其财产权或继承权受损害者，有过失之配偶，应予以相当之赔偿。因离婚而导致无过失之配偶一方的生活有重大损害者，法庭可允许其向他方要求一定的抚慰金。

修改后的我国《婚姻法》增加了离婚损害赔偿制度，其第46条规定："有下列情形之一，导致离婚的，无过错方有权请求损害赔偿：（一）重婚的；（二）有配偶者与他人同居的；（三）实施家庭暴力的；（四）虐待、遗弃家庭成员的。"

（二）离婚损害赔偿的构成要件

离婚损害赔偿的构成要件是婚姻过错方承担损害赔偿责任的条件和根据，其构成要件包括以下几方面：

1. 一方有法定过错行为并因此导致离婚

《婚姻法》第46条规定，婚姻中一方实施重婚、有配偶者与他人同居、家庭暴力或虐待、遗弃家庭成员行为导致离婚的，无过错方有权请求损害赔偿。因此在适用损害赔偿责任时，只需证明行为人有上列行为之一就足以。

需要强调的是，请求离婚损害赔偿的无过错本人应无上述法定过错行为，如因双方均有上述法定过错导致离婚的，双方均不得要求对方予以离婚损害赔偿。《婚姻法解释（三）》第17条规定："夫妻双方均有婚姻法第四十六条规定的过错情形，一方或者双方向对方提出离婚损害赔偿请求的，人民法院不予支持。"

2. 无过错方有损害事实

离婚损害的直接事实是配偶一方的法定过错行为导致双方离婚，无过错方因离婚而遭受的财产损害和非财产的损害。其中，财产损害包括受害方所遭受的直接财产减损，如个人财产被损害或数量上减少，但不包括将来期待利益的损失，如遗产继承权、保险受益权的损失；非财产上的损害包括人身损害和精神损害，如身体机能毁损、器质改变以及悲伤、恐惧、

---

①　李志敏.比较家庭法[M].北京:北京大学出版社,1988:191-192.

怨恨、绝望、羞辱等精神苦痛。

3. 过错行为与损害事实之间有因果关系

即有配偶一方实施的法定过错行为是导致婚姻关系解除,并造成无过错配偶遭受财产上损害和非财产上损害的直接原因。法定过错行为与离婚损害事实之间有因果关系。

至于过错方的主观方面是否属于构成要件的问题,一方面,现行法律及司法解释并没有明确要求;另一方面,上述法定过错非因主观过错不可能造成,因此,只要过错方实施了上述法定过错行为,就可以推定其主观上是有过错的,无须证明是否存在主观过错。

(三)建立离婚损害赔偿制度的意义

对我国婚姻法增加离婚损害赔偿制度的做法,虽然有人提出"无过失离婚在全球普及之时,这条法律的制定是一种历史的倒退",[①]但学界与社会各界的绝大多数人均肯定了这一制度的积极作用,认为建立侵害配偶权损害赔偿制度的意义,既是婚姻关系中配偶法定义务的内在要求,又是婚姻关系民法属性的直接反映,还是保护离婚当事人合法权益的需要;可以有效地运用民事制裁手段制裁婚姻当事人的重婚、同居、家庭暴力、赌博及吸毒等违法行为,并在经济上予以制裁,对受害方给予一定的补偿,以有效保障婚姻家庭关系及妇女、儿童的合法权益。

二、离婚损害赔偿的诉讼问题

现行《婚姻法》第46条规定了离婚损害赔偿制度的基本框架,《婚姻法解释(一)》和《婚姻法解释(二)》也先后作了较详尽的规定,从而形成了一个相对完整的诉讼制度体系。

(一)离婚损害赔偿制度的主体

1. 权利主体

离婚损害赔偿的主体,法律规定为合法婚姻中的无过错方。即有权提起离婚损害赔偿的主体是离婚当事人中过错方的配偶,包括当事人在婚姻登记机关办理离婚登记手续后,以《婚姻法》第46条规定为由向人民法院提出损害赔偿请求的。权利限制:(1)人民法院判决不准离婚的案件,对于当事人基于《婚姻法》第46条提出的损害赔偿请求,不予支持。(2)在婚姻关系存续期间,当事人不起诉离婚而单独依据该条规定提起损害赔偿请求的,人民法院不予受理。(3)当事人在协议离婚时已经明确表示放弃该项请求,或者在办理离婚登记手续一年后提出离婚损害赔偿请求的,不予支持。

2. 义务主体

离婚损害赔偿的义务主体,婚姻法未直接规定,司法解释则限定较严。如《婚姻法解释(一)》第29条规定,承担离婚损害赔偿的责任主体,是离婚诉讼中无过错方的配偶。对该限定应理解为不包括婚姻过错方的所谓"第三者"。

(二)提起诉讼时间

1. 作为原告时

无过错方作为原告基于我国《婚姻法》第46条规定向人民法院提起损害赔偿请求的,必须在离婚诉讼的同时提出。

---

① 马春华.公共权力不应干涉私人领域[M]//李银河,马忆南.婚姻法修改论争.北京:光明日报出版社,1999:307-311.

2. 作为被告时

在离婚诉讼中,如果无过错方作为被告,既不同意离婚,也不基于《婚姻法》第46条规定提起损害赔偿请求的,可以在离婚后一年内单独提起离婚损害赔偿的诉讼。如果一审时作为被告未提出损害赔偿请求,二审期间提出的,人民法院应当进行调解;调解不成的,告知当事人在离婚后一年内另行起诉。

(三)提起诉讼的方式

1. 离婚之诉与离婚损害赔偿之诉的关系

依诉讼法理论,构成诉的要素应该有诉讼当事人、诉讼标的和诉讼理由三要素,而且一个诉的存在或消灭并不以另外一个诉的存在或消灭为转移,法院也可以就该诉的请求独立作出判决,这样的诉应该成为一个独立的诉。由于在婚姻关系存续期间,该诉讼请求不能提起,只有在离婚时或离婚后才可提起,所以离婚损害赔偿之诉不是一个独立的诉讼。若当事人在离婚时提出损害赔偿,则是在一个诉讼中提出了两个或两个以上的诉讼请求;若当事人在离婚后提出,则是对离婚之诉未尽事宜的处理,如同离婚后一方发现另一方有隐匿财产等行为,要求重新分割财产的诉讼,仍是离婚之诉的延续,而不是一个新的诉讼。[①]

2. 审理方式

提起离婚损害赔偿的无过错方,如果在离婚诉讼中属原告地位的,两个诉讼请求合并审理;如果在诉讼中是被告的,应提起反诉,与对方的本诉合并审理。[②]

(四)离婚损害赔偿的赔偿方法

1. 赔偿的范围

离婚的"损害赔偿",包括物质损害赔偿和精神损害赔偿。涉及精神损害赔偿的,适用《最高人民法院关于确定民事侵权精神损害赔偿责任若干问题的解释》的有关规定。

2. 赔偿的金额

关于离婚过错损害赔偿的金额目前司法界尚无定论,我们认为可参考以下几方面因素:(1)过错方的过错程度;(2)无过错方所受到的实际损害;(3)双方用于子女教育及未来生活需要的支出;(4)双方年龄及健康状况;(5)双方的谋生能力;等。

3. 赔偿金的给付方式

原则上应一次给付;如一次性给付有困难的,可以分期给付;无过错方可以要求分期给付的一方提供相应的财产担保。

① 郭丽红.论离婚损害赔偿之诉[J].河北法学,2002(5):77-78.
② 高洪宾.《婚姻法》强化对违法犯罪的惩治[J].法律适用,2001(3):18.

第三编

家庭制度

第八章 夫妻关系

第一节 夫妻关系概述

一、夫妻关系的概念

夫妻关系即夫妻法律关系,它是夫妻之间的权利和义务的总和。夫妻关系的内容包括人身关系和财产关系两个方面。人身关系是指与夫妻的身份相联系而不具有经济内容的权利义务关系,财产关系是指夫妻间具有经济内容的权利义务关系。夫妻人身关系决定夫妻财产关系,夫妻财产关系从属于夫妻人身关系。

我国《婚姻法》有关夫妻关系的规定,主要集中在第13条至第20条,以及第9条、第24条的规定。其内容有夫妻人身关系和财产关系两个方面。夫妻人身关系包括姓名权,参加生产、工作、学习和社会活动的自由,计划生育义务,忠实义务等。夫妻财产关系包括夫妻财产制、夫妻间的扶养权利义务及夫妻间的遗产继承权等。

二、夫妻关系的立法例

夫妻双方在家庭中的地位,是与男女两性的社会地位相一致的。不同历史时期、不同社会制度,夫妻在家庭中的法律地位不同。夫妻关系的性质和特点,归根结底取决于一定社会的经济基础,并受上层建筑诸多部门的影响和制约。从立法例上说,夫妻关系主要有以下两种类型:

1. 夫妻一体主义。夫妻一体主义,又称夫妻同体主义,是古代法以家庭为本位的夫妻关系的立法原则。男女因结婚后合为一体,人格相互吸收,实际上是妻的人格被夫所吸收。在夫妻一体主义之下,女子婚后没有独立的姓名权,其财产权和行为能力受丈夫的支配或限制。中国古代和欧洲中世纪都实行夫妻一体主义。

2. 夫妻别体主义。夫妻别体主义,也称夫妻异体主义,是指男女结婚后各自保持独立人格,法律地位平等,独立享有和承担平等的权利和义务。这种立法例以个人为本位,源于古罗马万民法的无夫权婚姻,在近现代国家立法中逐渐得以确立。早期的婚姻家庭立法,如法国、英国、德国等,逐渐摆脱"夫妻一体主义"的影响,开始赋予妻子独立的权利。如1804年《法国民法典》规定,妻子未经其夫同意或法院许可,不能从事任何法律行为,并规定由夫单独管理夫妻财产。到了1893年,法律终于确认妻子有从事一切法律行为的能力。1900年《德国民法典》规定,丈夫有权决定婚姻内一切事务,而妻子则无独立的人格权和财产权。1957年德国颁布《男女平等权利法》,将男女平等原则引入婚姻家庭领域,对原有的夫妻关系法作了重大调整。在财产关系方面,该法以剩余共同财产制取代由夫管理夫妻财产的联合财产制,规定夫妻双方享有同等的财产权。在日本,1947 年第 222 号法律对民法亲属编作出全面修改,确立了夫妻权利平等的内容。《日本国宪法》中设专条,即第 24 条对家庭生活中个人的尊严与两性平等作出规定,指出:"在权利平等基础上,夫妻双方应当相互协力,维持婚姻。有关配偶的选择、财产权、继承权、住所选定、离婚以及婚姻与家族其他事项的法律规定,应当以个人的尊严与两性平等为基础。"在英美法系,根据 1935 年英国通过《法律改革法(已婚妇女和侵权人)》与 1962 年通过《法律改革法(丈夫与妻子)》的规定,夫妻各自享有独立的法律人格。这意味着他们对各自取得的财产独立享有所有权,以及独立提起诉讼的权利和彼此签约的权利和对外签约的权利。

三、我国《婚姻法》对夫妻关系法律地位的规定

我国自 1950 年《婚姻法》开始,即以男女平等为指导夫妻关系立法的基本原则。现行《婚姻法》第 13 条规定"夫妻在家庭中地位平等",这是对夫妻法律地位的原则性规定,是男女平等原则在夫妻关系中的具体体现。我国《婚姻法》对夫妻关系的其他具体规定,都体现了这一原则的精神。我国目前尚处于社会主义初级阶段,妇女在家庭中的地位,与法律的要求还有一定的差距。因此,保障夫妻在法律上的平等地位,以实现实质意义上的男女平等还任重道远。

我国《婚姻法》规定夫妻在家庭中地位平等,一方面强调夫妻在人格上的平等,夫妻具有独立的人格,夫妻双方应当互相尊重对方的人格独立,不得剥夺对方享有的权利;另一方面夫妻双方在人身关系和财产关系的权利和义务是完全平等的。其内容主要包括:夫妻间人身权利义务平等、对夫妻共同财产有平等的处理权、对子女有平等的抚养权、相互间有平等的扶养义务与继承权等。

夫妻在家庭中地位平等,既是确定夫妻间权利和义务的总原则,也是司法实践中处理夫妻间权利和义务纠纷的基本依据。现实生活是复杂多变的,在法律没有具体规定的情况下,对夫妻关系的处理,应按夫妻在家庭中地位平等这一原则予以处理。

第二节　夫妻人身关系

一、我国《婚姻法》确定的夫妻人身关系

夫妻人身关系,是指没有直接财产内容的夫妻人格、身份方面的权利和义务关系。我国《婚姻法》确定的夫妻人身关系的内容有夫妻姓名权(第 14 条)、婚姻住所决定权(第 9 条)、夫妻人身自由权(第 15 条)、夫妻计划生育义务(第 16 条)、夫妻忠实义务(第 4 条)。

（一）夫妻姓名权

所谓姓名,是姓与名的合称。在传统意义上,姓是表示家族的标志,名是代表个人的标志。就法律意义而言,姓名是使自然人特定化的社会标志,有无姓名权是有无独立人格的重要标志。姓名权是人格权的重要组成部分,是一项重要的人身权利。夫妻有无独立的姓名权是夫妻在家庭中有无独立人格和地位的重要表现。

在我国封建社会,婚姻多实行男娶女嫁,女子婚后即加入夫宗,冠以夫姓而丧失姓名权

（赘夫则冠以妻姓）。1930年《中华民国民法·亲属编》第1000条规定:"妻以其本姓冠以夫姓。赘夫以其本姓冠以妻姓。但当事人另有订定者,不在此限。"这里虽有但书的规定,但仍带有明显的封建残余。我国台湾地区1998年将此条修正为:"夫妻各保有其本姓,但得以书面约定以其本姓冠以配偶之姓,并向户政机关登记。冠姓之一方得随时回复其本姓。但于同一婚姻关系存续中以一次为限。"大陆1950年和1980年两部《婚姻法》均规定:"夫妻双方都有各用自己姓名的权利。"这里虽然是夫妻并提,但其针对性主要是保护已婚妇女的姓名权和男到女家落户的婚姻中的男方的姓名权。在解释上,此规定并不妨碍夫妻就姓名问题另作约定。只要夫妻双方自愿,夫妻别姓、夫妻同姓、或相互冠姓,均为法律允许。

（二）夫妻人身自由权

人身自由权是指自然人依法享有的本人的人身和行动完全由自己支配,不受任何组织和个人非法限制或侵害的权利。人身自由权是每个公民都平等享有的权利。我国《婚姻法》第15条规定:"夫妻双方都有参加生产、工作、学习和社会活动的自由,一方不得对他方加以限制或干涉。"该条规定的夫妻人身自由权主要强调公民的人身自由权不因结婚而受限制,已婚男女仍然享有以独立身份、按照本人意愿参加社会活动、进行社会交往、从事社会职业的自由权利,都适用于夫妻双方。从立法的针对性来看,主要是保护妇女参加社会活动的自由权利,禁止丈夫或其他人横加干涉或限制。

（三）夫妻计划生育义务

我国《婚姻法》第16条规定:"夫妻双方都有实行计划生育的义务。"其基本精神有三个方面:

1. 实行计划生育是夫妻的法定义务。国家用法律形式将计划生育确定为夫妻双方的法定义务,具有一定的强制性。育龄夫妻应当按照国家有关计划生育的政策和法律规定生育子女,不得计划外生育。如果夫妻的生育行为违反计划生育法规,应承担法律责任。

2. 实行计划生育是夫妻双方的法定义务。实行计划生育是夫妻双方的职责,夫妻双方应自觉履行此法定义务。为了实行计划生育,必须破除重男轻女和只有男子才能传宗接代的旧传统观念。认为"计划生育只是妇女的事,与男子无关"的观点,不仅违背了男女平等原则,也不符合生育的实际情况,以至于妨碍计划生育工作的推行。夫妻任何一方都不得拒绝履行该项义务,更不得将计划生育仅视为妻子单方面的义务。夫妻双方应共同协商、互相配合,采取有效的措施,自觉履行这一义务。

3. 实行计划生育也是夫妻双方的法定权利。实行计划生育是夫妻双方的法定义务,也是一项法定权利。2002年我国颁布的《人口与计划生育法》第17条规定:"公民有生育的权利,也有依法实行计划生育的义务,夫妻双方在实行计划生育中负有共同的责任。"夫妻享有依有关计划生育规定生育子女的权利,并应受国家法律的保护,任何人不得侵犯。同时,夫妻也有不生育的自由,任何人不得强迫或干涉。

（四）夫妻忠实义务

婚姻的忠实义务并非现代婚姻法才有的概念,早期的罗马法和日耳曼法都规定了妻子对丈夫的忠实义务,丈夫发现妻子不忠时,有权将其杀死而不认为是犯罪。我国古代在户婚律中对婚姻忠实义务均有涉及。如唐律规定:"诸奸者徒一年半,有夫者徒二年。"元律规定:"诸和奸者杖七十七,有夫者,杖八十七,诱奸妇逃者加一等,男女同罪。"明律规定:"凡和奸者杖八十,有夫者杖九十,刁奸杖一百。"近现代许多国家将配偶违反忠实义务、与他人通奸,作为无过错方提起离婚之诉或请求损害赔偿的法定理由和依据。

我国《婚姻法》第 4 条规定"夫妻应当忠实,互相尊重"。"夫妻忠实义务"的确立,对于规范和完善婚姻制度、有效制止社会不正之风、填补损害和抚慰受害者有着非常积极的意义。但是,《婚姻法解释(一)》第 3 条规定,当事人仅以第 4 条即夫妻忠实义务为依据提起诉讼,人民法院不受理。司法解释认为根据婚姻家庭关系自身的特点以及法律精神,忠实义务还要更多地通过提高人们的道德水平来最终解决,而不宜直接通过公共权力加以硬性地处理。司法解释的这一立场并未能解决司法实践的困惑,以"忠实协议的法律效力"案件为例,各地法院的判决并不一致,认定有效的理由多为协议符合意思自治的精神,符合民事法律行为的有效要件;认定无效的理由多为忠实义务系道德义务,不能以之为对价进行约定。[①]

本书认为夫妻双方互相忠实既是夫妻二人的感情问题,同时也是婚姻道德问题,是婚姻关系的最低道德标准和道德义务,完全可以使之法律化,在道德的内在自觉约束失灵的情况下,发挥婚姻法的外在的约束作用。在夫妻感情尚未破裂、婚姻关系尚有挽回可能的情形下,我国婚姻法应为违反婚姻忠实义务的行为人设定相应的民事责任,赋予无过错配偶一方一定的救济权利,即明确规定一方的损害赔偿责任,鲜明地表明我国立法对违反婚姻忠实义务的否定性评价。

二、域外立法确定的夫妻人身关系

纵观各国立法,大陆法系国家通常规定,夫妻人身关系包含同居义务、忠实义务、相互帮助义务、婚姻住所决定权、夫妻姓氏权、夫妻就业权、家庭事务管理权、日常家事代理权、家庭生活方式决定权等。英美法系国家中,其中英国夫妻人身关系包括夫妻姓氏权、同居义务、婚姻住所决定权、日常家事代理权。美国夫妻人身关系法规定了夫妻姓氏权、同居义务、忠实义务、相互帮助义务、婚姻住所决定权、日常家事代理权和夫妻生育权等方面的内容。

(一)夫妻姓氏权

夫妻姓氏权是大部分国家夫妻人身关系所包含的内容,唯独法国民法典未将其囊括其中。有无独立的姓名权,是有无独立人格的一种标志。在不同的国家,夫妻姓氏权采用的立法原则不一。当今各国关于夫妻姓氏权的立法大致有以下三种:

第一,妻从夫姓。瑞士和意大利均采取这种原则。《瑞士民法典》第 160 条规定,婚后,夫妻以夫的姓氏为双方的姓氏。妻子可以向户籍管理机关官员声明,表示愿意将自己的原姓氏中的第一个姓氏置于夫妻姓氏之前。《意大利民法典》第 143 条附加条规定,婚后,妻子的姓氏前要加上丈夫的姓氏。即使丈夫死亡,妻子在孀居期间仍须保留该姓氏直到其再婚时为止。第二,协商以一方的姓氏为夫妻姓氏。《德国民法典》第 1355 条规定,夫妻双方应当确定一个共同的婚姻姓氏。夫妻可以通过相对于户籍官员的声明确定以夫妻一方的出生姓氏为婚姻姓氏。夫妻应使用由他们确定的婚姻姓氏。《日本民法典》规定,夫妻可以在结婚时就夫妻姓氏进行协商,可以约定以丈夫的姓氏作为夫妻姓氏,也可以妻子的姓氏作为夫妻姓氏。夫妻离婚时,双方均有权恢复其婚前姓氏。此外,《俄罗斯联邦家庭法典》也作了相同规定。第三,自由原则。英美法系国家则明显不同于大陆法系国家,英国和美国均采用了自由原则,即缔结婚姻后,妻子可以自主决定自己的姓氏,可以保留原姓,可以在其原姓前冠

---

① 王超.论夫妻忠诚协议的法律效力[D].南京:南京大学,2016:3-8.

以夫姓,也可以变更其原姓而改用夫姓。在离婚后或丈夫死后,以夫姓为自己姓氏的妻子仍可以保留夫姓。

从上述各国立法看,瑞士和意大利规定妻必须随夫姓,妻子作为女性没有任何的选择权,实际上折射出了男女不平等的思想。英美法系虽然选择自由,但是也没规定夫可以选择妻子的姓氏作为其姓氏,实则妻子人格不独立。而德国、日本和俄罗斯联邦采取的方式则更为可取,将共同姓氏的选择权赋予夫妻双方,体现了男女平等的进步意义。

(二)住所决定权

从历史发展来看,关于婚姻住所决定权的立法例,各国法律规定不同。(1)丈夫权利主义。《瑞士民法典》规定:"夫决定婚姻住所并应以适当方式扶养妻及子女。"(2)丈夫义务主义。英国1967年《婚姻住房法》和1970年《婚姻程序及财产法》规定,即使夫对婚姻住房并无产权,未经司法裁判也不得强令妻迁移。(3)协商一致主义。《法国民法典》规定:"家庭住所应在夫妻一致同意选定的处所。"(4)自由主义。《俄罗斯联邦家庭法典》规定:"夫妻各方都有选择工作类型、职业、居所和住所的自由。"《越南婚姻家庭法》规定:"夫妻的住所由夫妻选择,不受风俗、习惯的拘束。"《蒙古国家庭法典》规定:"夫妻在蒙古人民共和国境内有选择工作、职业及居所的权利。"

当代各国实行夫妻平等,多数立法例采取婚姻住所"协商一致主义",即夫妻通过协商方式选择婚后经常居住和生活场所。如法国和瑞士等国民法均规定婚姻住所应由夫妻双方共同决定,一方不同意他方的决定时,并无服从的义务。关于婚姻住所的选择,有三种形式:从夫居、从妻居和从新居。

(三)同居义务

域外婚姻法理论一般认为,因婚姻关系的成立,夫妻应以配偶身份共同生活,这是婚姻本质上的当然效果。所谓共同生活,是指夫妻在同一婚姻居所内共同起居饮食以及满足双方合理的性生活要求。如《日本民法典》第752条规定:"夫妻须同居,相互协力,相互扶助。"《法国民法典》第215条规定:"夫妻相互负共同生活的义务。"《意大利民法典》第143条规定:"夫妻双方因婚姻负有同居、忠实、扶养之相互义务。"《瑞士民法典》第159条第1款规定:"结婚后,夫妻双方互负婚姻共同生活的义务。"

夫妻得因法定事由而豁免同居义务。这些事由包括,一方擅自将住所迁至国外或在不适当的地点定居,一方的健康、名誉或经济状况因夫妻共同生活受到严重威胁,一方提起离婚或分居的诉讼以及婚姻关系已破裂等。如《墨西哥民法典》第163条规定:如果一方并非出于公务需要或社团业务需要将自己的住所迁移至国外,或是在不卫生或不恰当的地点定居,法院可以因此免除配偶他方的这种(同居)义务。《瑞士民法典》规定:配偶一方,在其健康、名誉或者经济状况因夫妻共同生活而受到严重威胁时……有权停止共同生活;提起离婚或分居的诉讼后,配偶双方在诉讼期间均有停止共同生活的权利。此外还有客观不能同居的情形,即一方有正当理由时,可以暂停同居义务的履行。这些理由包括:因公事或职业需要外出、身体有疾病、无婚姻住所、有不堪同居之虐待等事实、依法被禁止同居(如当兵、入狱)、被判别居等。在有正当理由下的停止同居,不是对同居义务的违反。

从域外立法例看，夫妻同居均以义务规范的形式出现，而不是将同居规定为夫妻的权利。① 而且，该项义务一般仅为宣誓性规范，并无形成效力。公开而长期同居应当是结婚所要追求的一种合法目标，至于婚后是否同居，应当属于个人及家庭生活隐私的范畴，法律不宜过问，故配偶双方是否同居不影响婚姻的法律效力。当夫妻一方无正当理由不履行同居义务时，基于其人身性义务的属性，对方不得请求强制履行。而各国司法实践中，对于同居义务之诉的判决，略有不同的立场：一是义务免除说。该说认为配偶一方如果不履行同居判决，另一方相应地免除对对方的生活保障义务，无须继续照顾其生活和支付抚养费。二是离婚事由说。该说认为配偶一方如果拒绝履行同居义务，则构成法律上的遗弃，作为法定离婚事由，另一方有权提起离婚之诉予以救济。三是损害赔偿说。该说认为一方如果违反夫妻同居义务，即构成婚姻法上义务之违反，另一方可提起损害赔偿之诉，该种赔偿主要是精神损害赔偿。②

（四）忠实义务

域外法中的夫妻忠实义务，狭义理解为贞操义务，即专一的夫妻性生活义务。广义的解释还包括不得恶意遗弃配偶他方以及不得为第三人的利益而牺牲、损害配偶他方的利益。

古代社会，忠实义务仅片面地要求妻子承担贞操义务。早期的资本主义法律，虽然基于男女平等原则规定贞操为夫妻双方的权利与义务，并规定通奸、重婚为离婚的法定事由，不允许通奸者结婚，不过，法律对贞操的态度仍是严于妻宽于夫。直到19世纪40年代以后各国才逐渐意识到忠实义务是婚姻关系的最本质的要求，夫妻权利义务对等的规定对婚姻家庭的发展及妇女地位的提高具有重要意义。因此，各国立法都做了不同程度的平等对待。除伊斯兰教国家和非洲的一些国家允许一夫多妻外，世界上绝大多数国家都规定，有配偶者不得再婚，即结婚必须符合一夫一妻制原则，夫妻双方必须相互忠诚。

近代社会，忠实义务最先规定夫妻有同等之贞操义务者，为普鲁士之州法。该法规定："夫妻互负贞操之义务。"法国法最初的贞操义务，唯对妻课。其1804年民法典第229条、第230条规定，夫得以妻与他人通奸为由诉请离婚，而妻只能以夫与他人通奸，并在婚姻住所姘居为由诉请离婚。且沿袭日耳曼古法，法国还规定夫于发现妻之通奸时，当场杀之不以为罪。直至1884年，法国才实现贞操义务夫妻平等。③

现代许多国家在民法上明确规定了夫妻之间应当相互忠实，如《瑞士民法典》第159条第3款规定："配偶双方互负诚实与扶助的义务。"《意大利民法典》第143条规定："根据婚姻的效力，夫妻之间互负忠实的义务、相互给予精神和物质扶助的义务、在家庭生活中相互合作和同居的义务。"有些国家虽未在民法上明确规定忠实义务，但将重婚规定为阻却结婚的事由之一，如《日本民法典》第732条规定："有配偶者不得重婚。"《德国民法典》第1306条规定："相互缔结婚姻的人中的一人与第三人之间存在婚姻的，不得结婚。"《德国民法典》第1309条规定："任何人不得在前婚解除或宣告无效前再行结婚。"《罗马尼亚家庭法》第5条规定："已婚男子或已婚女子不能再行结婚。"也有国家将通奸等不贞行为规定为离婚的理由

① "婚内强奸"案件的裁判逻辑大都认定"性行为既是权利也是义务"。马特.论同居权与婚内强奸[J].山东社会科学,2014(7):130.

② 邵世星.夫妻同居义务和忠实义务剖析[J].北京:法学评论,2001(1):113.

③ 栗生武夫.婚姻法之近代化[M].胡长清,译.北京:中国政法大学出版社,2003:76.

之一,甚至在某些国家判例上亦认为夫妻一方违反忠实义务而与人通奸者,应负债务不履行的责任,他方配偶得对其请求损害赔偿。至于被害配偶因通奸所受侵害的权利,究竟属于何种性质,有的认为是"夫妻共同生活之圆满安全及幸福之权利","基于配偶关系而生之身份法益",有的认为是人格利益,还有的认为是名誉权。①

（五）日常家事代理权

日常家事代理权,简称家事代理权,又称相互代理权,是指配偶一方在与第三人就家庭日常事务为一定法律行为时,享有代理对方权利的行使,其法律后果由配偶双方承担连带责任的权利。家事代理权起源于古罗马法,既是夫妻共同生活的法律要求和日常生活顺利进行的必要保障,也是维护交易安全,保障善意第三人利益的重要措施。

就日常家事代理权的范围来说,法国、德国、瑞士和日本都认为限于日常家庭生活所必需。如《法国民法典》第220条规定"夫妻各方均有权单独订立旨在维持家庭日常生活与子女教育方面的合同",其家事代理强调的是家庭日常生活和子女教育。《德国民法典》第1357条规定"夫妻任何一方均有权处理使家庭的生活需求得到适当满足并且其效力也及于婚姻对方的事务",其家事代理的范围以是否能使家庭的生活需求得到适当满足为标准。美国所规定的范围,则仅限于生活必需品的购买,比大陆法系国家的范围狭窄得多。

就日常家事代理权的主体而言,不但适用于合法缔结婚姻的夫妻之间,而且有扩张至非婚同居、事实婚姻等情形的当事人之趋势。如在英美法系国家认为,因同居关系而构成的代理是基于男女同居关系这一事实中推断出来,而非婚姻的当然效力。"贝蕾兹诉弗里"案表明,非夫妻之间,只要外界认为当事人是以夫妻关系同居在一起,那么情妇就处于和妻子同样的地位,即情夫必须对情妇的购买行为为第三人负责。反之,即使是合法夫妻,如果双方分居,那就不能适用代理关系让丈夫承担妻子订立合同的义务。在大陆法系国家,日常家事代理权均限定在具有合法夫妻关系的男女之间才能享有。日本有的学者认为由于事实婚姻关系在实践中从外部难以判断,为保护第三人利益,事实婚姻中的男女双方也应推定适用日常家事代理权。

对于代理所产生的效力,一般给予被代理人即夫妻关系的另一方,但是法国、德国、日本和瑞士还规定了例外,包括如果被代理一方明确表示相反意见或代理结果无益于家庭且属明显过分的开支,则不产生有效代理的法律后果。

在各国立法上一般有对日常家事代理权的限制规定,即夫妻一方在滥用日常家事代理权时,另一方可对此加以限制,但这一限制能否对抗第三人,则应根据不同的情况而定。如《瑞士民法典》第164条规定:"妻对于家务,滥用法律上赋予的代表权或被证明无行使该权利的能力时,夫可全部或部分地剥夺其代表权。妻被剥夺代表权,并经主管官厅公告该权利被剥夺后,始有对抗善意第三人的效力。"我国台湾地区"民法"第1003条第2款规定:"夫妻一方滥用前项代理权(指日常家事代理权)时,他方得限制之。但不得对抗善意第三人。"《日本民法典》第761条也有类似的规定。《德国民法典》第1357条第2款规定:"婚姻一方可以限制或排除婚姻另一方处理其效力及于自己的事务的权利;如果此种限制或排除无充分理由,则经申请,由监护法院撤销之。此种限制或排除仅依照本法第1412条的规定(即登记于夫妻财产登记簿或为第三人所知)相对于第三人有效。"上述规定的共同之处在于:一方滥用

① 马忆南.论夫妻人身权利义务的发展和我国《婚姻法》的完善[J].法学杂志.2014(11):47-48.

日常家事代理权,他方有权对对方的行为予以限制,这种限制如经过登记或正式通知第三人,他方不承担连带责任。反之,这种限制如未经登记或不为第三人所知,则不可对抗第三人,他方应承担连带责任。这种做法的合理性在于,能够比较合理地平衡夫妻一方和第三人之间的利益关系,值得我国未来立法借鉴。

2001 年修订后的我国《婚姻法》以及《婚姻法解释(一)》首次涉及日常家事代理权的规定,这是对我国传统配偶身份权的一大突破。我国《婚姻法》第 17 条第 2 款规定:"夫妻对共同所有的财产,有平等的处理权。"《婚姻法解释(一)》对该法条作了进一步阐释:"婚姻法第 17 条关于'夫妻对共同所有的财产,有平等的处理权'的规定,应当理解为:(1)夫或妻在处理夫妻共同财产上的权利是平等的。因日常生活需要而处理夫妻共同财产的,任何一方均有权决定。(2)夫或妻非因日常生活需要对夫妻共同财产做重要处理决定,夫妻双方应当平等协商,取得一致意见。他人有理由相信其为夫妻双方共同意思表示的,另一方不得以不同意或不知道为由对抗善意第三人。"由此我们可以认为,日常家事代理权制度在我国婚姻立法中已初步得到确立,但这两个法条对家事代理权规定得过于笼统,如适用范围仅限于夫妻财产制,内容简单,可操作性不强。再如对家事代理权的主体范围、"日常家事"的概念及除外情况、夫妻一方超越日常家事范围进行代理的法律后果、家事代理权的行使与限制情况等,均未规定。此外,就效力等级来看,因其来自于最高人民法院的司法解释,如与全国人大其他基本法相冲突,其效力将受到影响。[①] 鉴于家事代理制度的重要性,应由法律以明确条文加以规定。

(六)家庭事务管理权

家庭事务管理权的规定要求夫妻双方在家庭事务的管理当中要共同负责,由夫妻双方协商进行。这里的家庭事务的内容,应包括子女的教育及未来规划等。法国民法典规定,一般情况下,家庭事务由夫妻双方共同商议进行。如果一方处于不能表达意志或者拒绝一方的合理行为,另一方可经法院批准单独进行家庭事务的管理。德国民法典规定,夫妻双方可以自由约定承担家庭事务的管理。意大利民法典要求夫妻双方在家庭事务管理中相互合作,无正当理由不得拒绝或阻挠。瑞士民法典规定得比较详细,除了夫妻双方要共同照顾子女和家庭外,尤其对金钱的支付、家务的料理、子女的照顾或协助他方从事职业或经营事业要作出一致意见。所有国家几乎一致规定家庭事务由夫妻共同管理,但是在一方因特殊原因无法管理的情况下,只有法国做了规定,即经过法院批准,可以由一方进行管理。

三、我国夫妻人身关系立法的完善

1. 夫妻人身关系的立法结构

《婚姻法》有关夫妻人身关系的内容,散落于不同的章节,表明立法技术上还有待提高。大陆法系国家均将夫妻人身关系规定在民法典亲属编或是人法部分的婚姻的效力中,我国可参照这种立法模式,在结婚与离婚之间,单列一章,名为夫妻关系,以使夫妻人身关系在立法结构上具有系统性、内在严谨的逻辑性。

2. 夫妻人身关系的内容

如上述,我国目前夫妻人身关系的内容狭窄,仅有五方面,并且每一内容仅是概况式列

---

① 江滢.日常家事代理权的构成要件及立法探讨[J].法学杂志,2011(7):105.

举,过于简单,使得司法实践中处理具体问题时常常缺少明确的法律依据,以致现实生活中许多矛盾和问题得不到解决。虽然不断出台的司法解释对夫妻人身关系的内容有所丰富,但并没能填补现行制度中存在的许多空白。近年来,学者们就确立夫妻同居权、夫妻忠实义务、夫妻日常家事代理权及生育权等提出了诸多立法建议,但遗憾的是,并没有被婚姻法所采纳。针对上述情况,完善夫妻人身关系的内容,如将夫妻同居权、夫妻忠实义务、夫妻日常家事代理权和生育权等写进婚姻法,有其理论与实践意义。

第三节 夫妻财产关系

夫妻财产关系是指基于夫妻身份而在夫妻之间产生的具有财产内容的权利义务关系。其主要涉及夫妻财产制、夫妻相互间的扶养权利义务、夫妻间的遗产继承权等内容。我国《婚姻法》第 17 条至第 20 条、第 24 条对此作出了具体规定。

一、夫妻财产制

(一)夫妻财产制的概念和种类

因结婚产生夫妻人身关系,并随之产生夫妻财产关系。法律为确保夫妻地位平等和婚姻生活的圆满,并保障夫妻与第三人交易安全、维护社会秩序,设立夫妻财产制,调整夫妻财产关系。夫妻财产制又称婚姻财产制,是关于夫妻婚前财产和婚后所得财产的归属、管理、使用、收益、处分,以及家庭生活费用的负担、夫妻债务的清偿,婚姻终止时夫妻财产的清算和分割等问题的法律制度。

从历史的角度而言,早期的夫妻财产制是吸收财产制,即除夫的财产为其本人专有外,妻携入财产及婚后所得财产的所有权、管理权及用益权归属于夫,只有在个别情况下,婚姻关系解除时,夫应将妻的婚前财产返还妻家。它是"夫妻一体主义"下妻的人格被夫的人格所吸收的这一理念在财产制度中的体现。古巴比伦、古罗马前期以及欧洲中世纪、亚洲封建社会的法律皆采取这种制度。因其公开奉行男女不平等原则,资产阶级革命后被逐渐摒弃。直至近现代,夫妻财产制随社会的发展而变化,同时受立法传统、风俗习惯、思想文化等因素影响,出现了多种形式。

1. 依夫妻财产制的发生根据,可分为法定财产制与约定财产制

(1)法定财产制。它是指在夫妻婚前或婚后均未就夫妻财产关系作出约定,或所作约定无效时,依法律规定而直接适用的夫妻财产制。由于各国政治、经济、文化及民族传统习惯不同,不同时代不同国家规定的直接适用的法定财产制形式也不尽相同。目前,各国采用的法定夫妻财产制主要有分别财产制、共同财产制、剩余共同财产制等形式。

(2)约定财产制。它是相对于法定财产制而言的,是指由婚姻当事人以约定的方式,选择决定夫妻财产制形式的法律制度。许多国家的立法都规定了约定财产制,它具有优先于法定财产制适用的效力。但苏联等一些国家的立法,则不允许夫妻就财产关系作出约定,法定财产制是唯一适用的夫妻财产制。在允许约定财产制的国家,立法内容不尽相同,有详略之分和宽严之别。从立法限制的程度看,大体可分为两种情况:一种是立法限制较少的,即对婚姻当事人约定财产关系的范围和内容不予严格限制,立法既未设立几种财产制形式供

当事人选择,也未在程序上作特别要求,如英国、日本等国立法即属此类。另一种是立法限制较多的,即在约定财产制的范围上,明定约定时可供选择的财产制,如规定当事人只能在管理共同制、一般共同制、分别财产制等类型中选择;在约定的内容上明列不得相抵触的事由;在程序上,还要求夫妻订立要式契约,如要求书面形式并经登记或公证。法国、德国、瑞士等国立法即属此类。

2. 依夫妻财产制的适用情况,可分为普通财产制与非常财产制

在通常情况下,依婚姻当事人双方的约定或依法律的直接规定而适用某种财产制处理财产问题,又称普通财产制,包括约定的财产制和法定的财产制。在有些国家和地区,为了克服共同财产制的某些缺陷,法律规定在特殊情况下,当出现法定事由时,依据法律之规定或经夫妻一方(或夫妻之债权人)的申请,由法院宣告撤销原依法定或约定设立的共同财产制,改设为分别财产制。由于在特殊情况下才能改设为分别财产制,所以此时的分别财产制又称非常财产制(包括瑞士立法中的特别财产制,法国、德国立法中的共同财产制之撤销制度)。

依产生的程序不同,非常财产制分为当然的非常财产制和宣告的非常财产制。前者是指夫妻一方受破产宣告或已有持清偿不足证书的债权人之时,基于法律的规定,其夫妻财产制当然设定为分别财产制。后者是指依据法定事由,经夫妻一方或债权人申请,由法院裁决宣告撤销原共同财产制,改为分别财产制。撤销法定事由,一般包括:夫妻一方无能力管理共同财产或滥用管理共同财产的权利;夫妻分居;夫妻不履行扶养家庭的义务;夫或妻的财产不足清偿其债务或夫妻财产不足清偿其总债务;夫妻一方无正当理由,拒绝对共同财产的通常管理予以应有的协作或拒绝他方为夫妻财产上之处分;配偶一方受禁治产宣告等。此外,这些国家在程序上还规定了诉请分别财产制的程序;分别财产制的开始及其对夫妻和第三人的效力;分别财产制的终止与原夫妻财产制的恢复(须依法定程序恢复原夫妻共同财产制。这区别于因夫妻约定而采取分别财产制,可依原约定程序而变更)等,形成了一套较为完整的制度。

3. 按夫妻财产的范围,可分为特有财产制与共同财产制

所谓夫妻特有财产,又称夫妻保留财产,是指夫妻婚后在实行共同财产制的同时,依法律规定或夫妻约定,夫妻各自保留的一定范围的个人所有财产。特有财产制是对夫妻共同财产制的限制和补充。特有财产制不同于分别财产制。分别财产制是全部夫妻财产(包括婚前财产和婚后全部财产)分别归属夫妻各自所有;特有财产是在依法或依约定实行夫妻共同财产制的前提下,夫妻各自保留一定范围的个人财产。因此,特有财产制是与共同财产制同时并存的,是共同财产制的限制和补充。根据特有财产的发生依据是法律规定还是当事人约定,可分为法定的特有财产和约定的特有财产。前者一般包括:①夫妻日常生活用品和职业必需用品;②具有人身性质的财产和财产权,包括人身损害和精神损害赔偿金、补助金、不可让与的物及债权等;③夫妻一方因指定继承或受赠而无偿取得的财产;④由特有财产所生的孳息及代位。约定的特有财产是夫妻双方以契约形式约定一定的财产为夫妻一方个人所有的财产。

特有财产为夫妻婚后分别保留的个人财产,独立于夫妻共同财产之外,是共同财产制的限制和补充,意在保护夫妻个人财产所有权,并满足夫妻在婚姻生活中的个人特殊经济需要。它弥补了夫妻共同财产制下夫妻一方无权独立支配共同财产的缺憾,是共同财产制不

可缺少的补充。两者相辅相成,维护和保障夫妻关系和睦及婚姻生活圆满。

4. 按夫妻财产制的内容,可分为共同财产制、分别财产制、剩余共同财产制、统一财产制和联合财产制。

(1)共同财产制

共同财产制是夫妻双方财产的一部分或全部依法合并为共同财产,按共同共有原则行使各种有关权利,承担有关义务。共同财产关系因夫妻一方死亡、宣告失踪、离婚、别居、财产制的变更而解体。任何一方可以因对方经营无方、行为不端而要求分割共同财产。相较其他财产制度,共同财产制更能反映夫妻关系的本质和特征,在当代婚姻立法中具有日益重要的地位。总体上说,大陆法系的国家多数采用共同财产制,它又可分为两大类:其一是一般共同制。即不论是夫妻婚前财产还是婚后所得财产,也不论是动产还是不动产,一律属于夫妻共有,但法律另有规定者除外。有的国家将其作为法定财产制,如巴西。有的国家将其列为约定财产制,如联邦德国。其二是婚后所得共同制,即婚姻存续期间所得的一切财产属于夫妻共有的财产。大致包括:①夫妻在婚姻期间共同或分别取得的财产(如法国、意大利、西班牙、苏联等),有的国家强调为双方通过劳动取得的财产。②夫妻在婚姻期间取得的利益、建立的商业(如意大利、西班牙等)。③夫妻一方在婚姻期间对他方财产进行了大大超过该财产原来价值的投资,如苏联。但许多国家对共同财产设有除外规定,即规定部分财产不属于夫妻共有财产:①具有严格个人性质的财产或个人从事职业所使用的财产(如法国、意大利、苏联等);②配偶通过继承或赠与或遗赠所得的财产(如法国、意大利、西班牙、民主德国等);③保险金、因受害得到的补偿金(如意大利);④用自己的钱购买的财产或出卖个人财产取得的价金(如意大利、西班牙等);⑤奖品、奖金、科学或文学手稿及类似的物品。

(2)分别财产制

分别财产制是结婚后男女双方各自为婚前财产和婚后个人取得财产的独立所有者,但也不排斥夫或妻以契约形式将其财产的管理权交于对方,或双方拥有一部分共同财产。大部分英美法系的国家和地区,包括美国的绝大多数州、加拿大、巴拿马以及大洋洲各国以及个别属于大陆法系的国家采用分别财产制。

早在1882年,《英国已婚妇女财产法》就规定:凡1883年1月1日后结婚的妇女,有权以其婚前所有或婚后所得的动产及不动产作为分别财产,单独行使所有权及处分权。此后历次的婚姻程序法、婚姻财产法都继续肯定上述制度。1982年美国纽约州《家庭关系法》第50条规定:"已婚妇女现在所有的或其在婚姻关系存续期间取得的,或者按本章规定取得的财产,不论是动产还是不动产,以及由这些财产产生的租金、利息、收入和利润,如同婚前一样,是她个人的独有财产,既不受丈夫的支配或处分,也不对其债务承担责任。"个别属于大陆法系的国家也以分别财产制为法定夫妻财产制。例如,日本1947年修正后的《民法典》第762条规定:"夫妻一方的婚前财产及婚姻中以自己名义所得财产,为其特有财产,惟夫妻间归属不明的财产,推定为属其共有。"

同样,分别财产制也对夫妻共同财产作了规定,如英国法律规定,为满足婚姻共同生活及抚养教育子女的需要,夫妻之间可用明示或默示的方法订立协议,作出婚姻财产的设定。1970年《婚姻诉讼和财产法》规定,一方用货币或货币的价值的方式对他方财产的增加作出了明显贡献的,有权占有该项财产的相当份额。另外,还有相当多的国家把分别财产制作为约定财产制的一种规定在法律中。如《法国民法典》第1536条规定,夫妻双方在其夫妻财产契约中已约定双方分别财产时,夫妻各方保有管理、用益及自由处分其个人财产的权利。夫妻各方对以其个人名义在婚前或婚姻期间所产生的债务单独负责,但为维持子女教育及共同生活所负的债务除外。《德国民法典》第 1414 条规定,如契约撤销法定财产制,而无其他规定的,应适用分别财产制。在普遍实行这种制度的国家,法律常常限制拥有产权的配偶一方对房屋和家具作任意处分。

分别财产制有利于妇女在经济上的独立,也有利于提高妇女在家庭和社会上的地位,就反对夫权主义而言具有积极意义。但也存在着明显的弊端,其主要表现是,在实际生活中妇女的就业机会和经济收入大多低于男子,因而双方拥有财产的数量会出现巨大差距。同时,由于女方在家庭生活中承担着较多的义务,而在法律上男方仅负扶养的责任,这种报偿与相应的从业活动所得的报酬相比悬殊甚大,这就不可避免地形成实际上的不平等状况。

(3)剩余共同财产制

剩余共同财产制是指夫妻对于自己的婚前财产及婚后所得财产,各自保留其所有权、管理权、使用收益权及有限制的处分权,夫妻财产制终止时,以夫妻双方增值财产(夫妻各自最终财产多于原有财产制的增值部分)的差额为剩余财产,归夫妻双方分享。大陆法系的德国以剩余共同财产制作为法定财产制,法国则为约定财产制之一。此制在一定程度上兼具共同财产制和分别财产制的优点,在保障夫妻地位平等、维护婚姻共同生活和谐的同时,亦利于维护第三人利益和交易安全。

(4)统一财产制

统一财产制是指婚后除特有财产外,将妻的婚前财产估定价额,转归丈夫所有,妻则保留在婚姻关系终止时,对此项财产原物或价金的返还请求权,为早期资本主义国家所采用。其中又有两种不同的立法例:一种是妻婚前财产既包括动产,也包括不动产;另一种是以动产为限。显然,这种财产制在局部上注意了妻子一方一定的权益,比起吸收财产制来有明显的进步,但它又将妻对婚前财产的所有权转变为对夫的一种债权,使女方处于十分不利的地位。这种带有浓厚夫权主义色彩的财产制度多为早期资本主义立法所采用,如 1804 年《法国民法典》将它规定为约定财产制的一种。因其将对婚前财产的所有权转变为婚姻终止时对夫的债权,使妻处于不利地位,有悖男女平等原则,现代已少有国家采用。

(5)联合财产制

联合财产制又称管理共同制,是指婚后夫妻的婚前财产和婚后所得财产仍归各自所有,但除特有财产外,将夫妻财产联合在一起,由夫管理;夫对妻的原有财产有占有、使用、管理、收益权,必要时有处分权,而以负担婚姻生活费用为代偿;婚姻关系终止时,妻的财产由其本人收回或其继承人继承。

联合财产制源于中世纪日耳曼法,被近现代一些西方国家所沿用并发展。如 1900 年《德国民法典》规定:"妻的财产,因结婚而归夫管理及用益";"妻未得夫的同意而以单独行为处分其携入财产者无效";"妻未得夫的同意而以契约处分携入财产者,此种契约非经夫的追认不生效力"。联合财产制较统一财产制有明显的进步,但夫妻在财产关系上仍处于不平等地位,有悖男女平等原则。所以当代各国中原采此制的一些国家有的已废止此制,另采新制,如德国、日本,但也有的国家仍沿用此制,如瑞士。

（二）我国的法定夫妻财产制

1. 夫妻共同财产

《婚姻法》第 17 条规定："夫妻在婚姻关系存续期间所得的下列财产,归夫妻共同所有：(1)工资、奖金；(2)生产、经营的收益；(3)知识产权的收益；(4)继承或赠与所得的财产,但本法第 18 条第 3 项规定的除外；(5)其他应当归共同所有的财产。夫妻对共同所有的财产,有平等的处理权。"可见,我国的法定夫妻财产制是婚后所得共同制,在夫妻对其财产未作约定或约定不合法、不明确的情况下,当然适用法定财产制。

（1）夫妻共同财产的概念和范围

夫妻共同财产是指夫妻双方或一方在婚姻存续期间所得,除法律另有规定或夫妻另有约定外,归夫妻共同所有的财产。从夫妻共同财产所有权的主体上看,只能是具有婚姻关系的夫妻。无效婚姻、被撤销婚姻、同居关系的男女不能作为其主体。从时间范围上看,夫妻共同财产的范围只限于婚姻关系存续期间所得的财产,即从男女登记结婚之日起,到夫妻离婚或配偶一方死亡时为止,这一特定期间内夫妻所得的财产。

依照《婚姻法》第 17 条的规定,下列财产视为夫妻共同财产：

①工资、奖金。工资、奖金泛指工资性收入。目前我国职工的收入除基本工资之外,还有各种形式的补贴、奖金、福利等,甚至还存在着一定范围的实物分配。在一些现代企业中,还存在着年薪、股份期权等收入形式,这些都属于工资性收入,属于夫妻共同财产的范围。

②生产、经营的收益。生产、经营的收益既包括生产劳动收入,也包括投资于股票、债券市场,投资于公司、企业经营等的资本性收入。婚姻关系存续期间的这些生产经营收益属于夫妻共同财产。实践中,在个体工商户、农村承包经营户、股份制企业的股东和私营企业主的家庭中,夫妻财产关系比较复杂,应结合投入资金的时间是在婚前还是婚后、投入资金是个人财产抑或是夫妻共同财产、是否有约定收益归属等进行综合断定。

③知识产权的收益。知识产权是指民事主体对其创造性的智力劳动成果依法所享有的专有权利。它既是一种财产权,也是一种人身权,具有很强的人身性、专属性。婚后夫妻一方取得的知识产权权利本身归一方专有,但其取得的经济利益,属夫妻共同财产。根据《婚姻法解释(二)》第 12 条的规定,《婚姻法》第 17 条第 3 项规定的"知识产权的收益",是指婚姻关系存续期间,实际取得或者已经明确可以取得的财产性收益。例如,婚姻关系存续期间,作品因出版、上演、播映后取得的报酬或允许他人使用而获得的报酬,专利权人转让专利权或许可他人使用其专利所取得的报酬,商标所有人转让商标权或许可他人使用其注册商标所取得的报酬,都属于知识产权的收益,归夫妻共同所有。

但此处强调一方取得的知识产权收益是否属于夫妻共同财产,应以该知识产权的财产性收益取得是否在婚姻关系存续期间为判断标准,而不应以该知识产权权利本身的取得的时间为判断依据。夫妻离婚时只能对现有财产进行分割,对没有实现其价值的财产性收益不能估价予以分割,智力成果只有转化为具体的有形财产后才属于夫妻共同财产,而对其配偶在共同生活中付出的劳动,可从其他财产中给予适当补偿。

④因继承或赠与所得的财产,但在遗嘱或赠与合同中指明归一方的财产除外。因继承所得的财产是指依据《继承法》的规定所继承的积极财产,即以遗产清偿被继承人所欠的税款和债务后所剩余的财产,包括公民个人的财产所有权、与所有权有关的财产权、债权、知识产权中的财产权等。因赠与所得的财产是指基于赠与合同而取得的财产。因继承或赠与所

得的财产,一般归夫妻共同所有,因为共同财产制关注的是夫妻共同组成的生活共同体。在这一制度下,夫妻一方婚后继承或受赠与的财产,同个人的工资收入一样,都是满足婚姻共同体存在的必要财产,应当归夫妻共同所有。条文但书中指出:"在遗嘱或赠与合同中指明归一方的财产则应归该方个人所有",这是尊重遗嘱人、赠与人对其财产的处分权。

在司法实践中,遇有继承人放弃继承时,是否会侵害其配偶的财产权益,常有争议。一种观点认为,放弃继承的表示无效。我国《物权法》第 29 条规定:"因继承或者受遗赠取得物权的,自继承或者受遗赠开始时发生效力。"而《继承法》第 2 条则明确规定:"继承从被继承人死亡时开始。"最高人民法院《关于贯彻执行〈中华人民共和国继承法〉若干问题的意见》第 46 条规定:"继承人因放弃继承权,致其不能履行法定义务的,放弃继承权的行为无效。"故放弃继承权属于规避法律的行为,有违诚信原则与权利不得滥用原则。① 另一种观点认为,作为继承人的配偶一方有权放弃,不构成侵权。因为继承人作为完全民事行为能力人,有权独立地对自己的民事权利进行处分,这里的民事权利当然也包括继承权,不因其缔结婚姻而被剥夺或者受到限制。我国《继承法》并无明确规定放弃继承的表示应当在何时作出。根据最高人民法院《关于贯彻执行〈中华人民共和国继承法〉若干问题的意见》第 49 条的规定,即继承人放弃继承的意思表示,应当在继承开始后、遗产分割前作出。遗产分割后表示放弃的不再是继承权,而是所有权。因此,在其未作为继承人实际占有遗产中的动产或者办理不动产变更登记手续之前作出的放弃继承的意思表示,均应视为有效。

本书认为,放弃继承权之立法宗旨不仅在于尊重继承人的意思自治、保障继承人的正当权益,也在于维护遗产债权人的合法权益,追求继承人与遗产债权人之间的利益平衡。我国关于继承人有放弃继承的自由与夫妻法定共同财产制中将继承所得认定为夫妻共同财产的问题,实乃制度上的冲突,除了有待明确的司法解释外,还在于各个制度自身合理性的探讨。如在夫妻财产制上将继承所得划入夫妻共同财产范围的规定,学界存在诸多争议,其合理性值得商榷;我国放弃继承制度规定亦过于笼统,而与之相关的无条件限制继承,以及继承制度之间的衔接亦存在诸多不合理、不完善之处。我国放弃继承制度的构建,应当完善以下几个方面的规定:一是对放弃继承本身的规定,如放弃继承的期限、方式、效力,放弃继承意思表示的撤回与撤销以及其他限制(如是否部分放弃、是否附条件或期限等);二是通过对相关制度的完善,促进放弃继承制度功能的实现,包括无条件限定继承制度的改革、以遗产清册建立为前提的有限继承的确立、继承承认选择权内容的完善、遗产管理与清算制度的确立等。

⑤其他共同所有的财产。这是对不符合上述各款的规定,但应当属于夫妻共同所有的其他财产的概括性规定。随着社会的发展和人们生活水平的提高,夫妻共同财产的范围不断扩大,共同财产的种类不断增加,上述四项只是列举了现已较为明确的共同财产的范围,但难以列举齐全。例如婚后对个人财产加以改良后所增加的价值部分、夫妻共同所有的动产的添附等。此外,夫妻在婚后所得的财产权,除了依其性质,如具有严格人身属性的财产权,或者法律有特别规定或者夫妻双方约定应归夫妻一方享有之外,均应解释为夫妻共同财产。根据《婚姻法解释(二)》第 11 条的规定,婚姻关系存续期间的下列财产,属于《婚姻法》第 17 条规定的"其他应当归共同所有的财产":a.一方以个人财产投资取得的收益;b.男女

---

① 张彬.论放弃继承与继承所得夫妻共有[D].上海:华东政法大学,2014:4-6.

双方实际取得或者应当取得的住房补贴、住房公积金；c.男女双方实际取得或者应当取得的养老保险金、破产安置补偿费。

值得一提的是，对养老保险金虽认定为夫妻共同财产，但离婚分割时，应遵循《婚姻法解释（三）》第13条的规定，离婚时夫妻一方尚未退休、不符合领取养老保险金条件，另一方请求按照夫妻共同财产分割养老保险金的，人民法院不予支持；婚后以夫妻共同财产缴付养老保险费，离婚时一方主张将养老金账户中婚姻关系存续期间个人实际缴付部分作为夫妻共同财产分割的，人民法院应予以支持。

（2）夫妻对共同财产有平等的所有权

我国《妇女权益保障法》第43条规定："妇女对依照法律规定的夫妻共同财产享有与其配偶平等的占有、使用、收益和处分的权利，不受双方收入状况的影响。"《婚姻法》第17条也规定："夫妻对共同所有的财产，有平等的处理权。"夫妻在婚姻存续期间，双方对夫妻共同财产拥有平等的所有权，其性质是法定共同共有，即夫妻双方对共同财产平等的、不分份额的享有占有、使用、收益和处分的权利。其中处分权是所有权中最重要的权能。

夫妻对共同所有的财产，有平等的处理权应从两方面理解：一方面，因日常生活需要而处理夫妻共同财产的，任何一方均有权决定。这说明夫妻之间相互享有日常家事代理权。由于日常家事非常烦琐，夫妻在家庭生活中关系密切，赋予夫妻日常家事的决定权，可以扩张夫妻的意思自治能力，方便社会经济交往。同时，由于夫妻对一方作出的财产决定负连带责任，所以，对第三人来说也是公平的。另一方面，夫或妻非因日常生活需要对夫妻共同财产做重要处理决定，夫妻双方应当平等协商，取得一致意见。他人有理由相信其为夫妻双方共同意思表示的，另一方不得以不同意或不知道为由对抗善意第三人。依照民法关于共同共有的原理，夫妻双方在行使处分权时，应当协商取得一致意见。凡是重大财产问题，未经双方同意，任何一方不得擅自处理。当然在涉及善意第三人的问题上，法律保护善意第三人的程度要高于保护夫妻对共同财产的处理权，所以如果第三人有理由相信其为夫妻双方共同意思表示的，即使事实上是单方的擅自处分，也应保护善意第三人的利益，而在夫妻之间由擅自处分方赔偿另一方的损失。依据最高人民法院《关于适用〈中华人民共和国婚姻法〉若干问题的解释（三）》第11条规定，一方未经另一方同意出售夫妻共同共有的房屋，第三人善意购买、支付合理对价并办理产权登记手续，另一方主张追回该房屋的，人民法院不予支持。夫妻一方擅自处分共同共有的房屋造成另一方损失，离婚时另一方请求赔偿损失的，人民法院应予支持。该规定体现优先保护第三人利益，维护交易安全的精神。

此外，最高人民法院《关于适用〈中华人民共和国婚姻法〉若干问题的解释（三）》第16条规定，夫妻之间订立借款协议，以夫妻共同财产出借给一方从事个人经营活动或用于其他个人事务的，应视为双方约定处分夫妻共同财产的行为，离婚时可按照借款协议的约定处理。

（3）婚内夫妻共同财产分割限制制度

婚姻关系存续期间，夫妻一方请求分割共同财产的，人民法院不予支持，但有下列重大理由且不损害债权人利益的除外：①一方有隐藏、转移、变卖、毁损、挥霍夫妻共同财产或者伪造夫妻共同债务等严重损害夫妻共同财产利益行为的；②一方负有法定扶养义务的人患重大疾病需要医治，另一方不同意支付相关医疗费用的。

我国对婚内夫妻共同财产原则上不允许分割的做法，突破了《物权法》中传统民法的共有理论，是对夫妻关系中处于弱势一方进行保护的立法重大突破。而允许在两种特定情形下分割婚内夫妻共同财产,则体现了我国婚姻法针对现实生活的发展与时俱进的表现。但总体而言,司法解释规定的婚内夫妻共同财产分割的法定情形过于狭窄,法律效力没有明确,没有对相关制度的衔接作出规定,第三人交易安全无法保障,远不能妥善地解决现实婚姻家庭生活出现的各种问题,夫妻婚内共同财产分割制度期待完善。为此,本书有以下设想:

首先,应明确夫妻婚内共同财产分割的适用情形:因感情不和分居;夫妻一方拒绝承担家庭义务;夫妻一方无清偿债务能力、配偶破产、在共同财产中属于配偶一方的应有份额已被司法机关扣押;其他重大事由。其次,明确婚内夫妻共同财产分割的法律效力,即在婚姻关系存续期间分割夫妻共同财产后,实行夫妻分别财产制,分割前实行的夫妻共同财产制撤销,夫妻一方对自己将来的劳动所得的有形和无形财产、继承或赠与所得的财产等享有完全所有权,另一方无权以任何理由干涉,对于未来夫妻一方发生的债务以自己的财产进行清偿。同时,实行分别财产制后,夫妻双方应根据各自财产的实际情况,承担法定的家庭义务,以保障家庭职能的实现。最后,完善债权人利益的救济途径,如规定债权人有权参加婚内夫妻共同财产分割的诉讼。

2. 夫妻个人特有财产

夫妻个人特有财产是指夫妻在婚后实行共同财产制时,依据法律的规定或约定,夫妻保有个人财产所有权的财产。法定的夫妻特有财产的性质属于公民个人财产的范畴,依法受法律保护,作为夫妻一方个人所有的财产,应由其本人占有、管理、支配和处分,他人无权干预;在离婚时,归个人所有,他人无权分割;在财产所有人死亡时,应划入遗产的范围,按继承法处理。

依照我国婚姻法的规定,夫妻个人财产主要由两部分组成,一部分是根据夫妻之间的约定归夫妻个人所有的财产,另一部分则是《婚姻法》第18条列举的内容,具体如下:

(1)一方的婚前财产。婚前财产是指夫妻在结婚之前各自所有的财产,包括婚前个人劳动所得财产、继承或赠与所得财产以及其他合法财产。财产的形式可以是存款、婚前购置的用于个人使用的生活用品,也可以是普通的生产资料、生活资料,还可以是动产或不动产。一方的婚前财产属于夫妻个人财产,无论婚姻存续期间有多长,都不能转化为夫妻共同财产,除非当事人另有约定。

对于一方婚前财产在婚后取得的收益,按照最高人民法院《关于适用〈中华人民共和国婚姻法〉若干问题的解释(三)》第5条的规定,夫妻一方个人财产在婚后产生的收益,除孳息和自然增值外,应认定为夫妻共同财产。但对于如何认定孳息、自然增值等,学者们普遍认为有以下几点:①股票、基金等,在婚姻关系存续期内无操作,宜判定为个人财产;婚姻关系存续期内有操作则为共同财产。②房屋租金为共同财产。③存款利息、借款利息为个人财产。④对于彩票中奖,如果双方当事人没有事先约定,该收益应认定为夫妻共同财产。⑤房屋、古董、字画、珠宝、黄金等由于市价发生的自然增值属于个人财产。⑥房屋投资收益为共同财产。[①]

(2)因一方身体受到伤害获得的医疗费、残疾人生活补助费等费用

医疗费、残疾人生活补助费是致害人因其侵害行为而向受害人个人支付的费用,用于保

---

① 此处主要参照吴晓芳法官在《民事审判指导与参考》(2014年第1期)"郭某诉冯某案"一文的结论。

障受害人的就医和生活,具有人身性质,属于专供一方个人使用的财产,应归一方个人所有。这样有利于维护受害人的合法权益,为受害人能够得到有效治疗、残疾人能够正常生活提供了法律保障。

（3）遗嘱或赠与合同中指明归一方的财产

根据我国《婚姻法》第17条第4项的规定,夫妻关系存续期间,因继承或赠与所得的财产,归夫妻共同所有,但立遗嘱人或赠与人在遗嘱或赠与合同中指明遗产或赠与的财产归夫妻一方个人所有的除外。这主要是为了尊重遗嘱人或赠与人的个人意愿,保护公民对其财产的自由处分权。

（4）一方专用的生活用品

夫妻一方专用的生活用品是指婚后以夫妻共同财产购置的供夫或妻个人使用的生活消费品,具有专属于个人使用的特点。如夫妻一方因身体、生活、工作等特殊需要由个人使用的包括个人的衣服、鞋帽、化妆品;残疾人使用的轮椅或其他辅助器械;专业书籍等物品。但夫妻一方使用的金银首饰不属于生活用品,不是个人财产。如果属于"一方专用的生活用品"价值较高,或者在家庭财产中所占比重较大的,在离婚时分割其他共同财产时应当对另一方的份额或比例予以适当考虑。但该"专用的生活用品"为婚前购置或者双方另有约定的除外。

（5）其他应当归一方所有的财产

如根据最高人民法院《关于适用〈中华人民共和国婚姻法〉若干问题的解释（二）》第13条的规定,军人的伤亡保险金、伤残补助金、医药生活补助费属于个人财产。再如夫妻一方获得的代表着优胜者荣誉的奖章、奖牌、奖杯,带有明显纪念意义的奖品等,因具有一定的人身属性,应归获得该荣誉的夫妻一方个人特有。但在婚姻关系存续期间,该荣誉获得者因此所获得的奖金或其他物质奖励,如当事人之间没有约定,应依法认定为夫妻共同财产。指定受益人为夫妻一方的保险利益（保险金）,由于保险利益具有特定的人身关系,应属于夫妻一方的个人财产,不属于夫妻共同财产。

3. 其他

（1）复员费、自主择业费及买断工龄款,参照《婚姻法解释（二）》第14条中有关军人复员费、自主择业费的规定处理。即人民法院审理离婚案件,涉及分割发放到军人名下的复员费、自主择业费等一次性费用的,以夫妻婚姻关系存续年限乘以年平均值,所得数额为夫妻共同财产。年平均值,是指将发放到军人名下的上述费用总额按具体年限均分得出的数额。其具体年限为人均寿命70岁与军人入伍时实际年龄的差额。

（2）由一方婚前承租、婚后用共同财产购买的房屋,房屋权属证书登记在一方名下的,应当认定为夫妻共同财产。

（3）夫妻一方的铺位承租权、转租权具有财产权的性质,可带来财产性的收益,根据租赁关系的法律特征,应认定为夫妻一方或双方的其他共同所有财产的其他形式,也属于夫妻共同财产。在审判时,可从有利生产、方便生活、方便管理的原则进行处理。

（4）股票期权。没有实际价值或没有确定利益的可期待权利,而是让当事人可期待权利有确定价值或行权时,再另行起诉。

（5）父母为子女购房

《婚姻法解释（二）》第22条规定,当事人结婚前,父母为双方购置房屋出资的,该出资应当认定为对自己子女的个人赠与,但父母明确表示赠与双方的除外。当事人结婚后,父母为双方购置房屋出资的,该出资应当认定为对夫妻双方的赠与,但父母明确表示赠与一方的除外。

此外,《婚姻法解释(三)》第7条规定,婚后由一方父母出资为子女购买的不动产,产权登记在出资人子女名下的,可按照《婚姻法》第18条第(3)项的规定,视为只对自己子女一方的赠与,该不动产应认定为夫妻一方的个人财产。由双方父母出资购买的不动产,产权登记在一方子女名下的,该不动产可认定为双方按照各自父母的出资份额按份共有,但当事人另有约定的除外。

(6)夫妻一方婚前签订不动产买卖合同,以个人财产支付首付款并在银行贷款,婚后用夫妻共同财产还贷,不动产登记于首付款支付方名下的,离婚时该不动产由双方协议处理。不能达成协议的,人民法院可以判决该不动产归产权登记一方,尚未归还的贷款为产权登记一方的个人债务。双方婚后共同还贷支付的款项及其相对应财产增值部分,离婚时应根据《婚姻法》第39条第1款规定的原则,由产权登记一方对另一方进行补偿。

(7)婚姻关系存续期间,双方用夫妻共同财产出资购买以一方父母名义参加房改的房屋,产权登记在一方父母名下,离婚时另一方主张按照夫妻共同财产对该房屋进行分割的,人民法院不予支持。购买该房屋时的出资,可以作为债权处理。

(三)我国的约定夫妻财产制

《婚姻法》第19条规定:"夫妻可以约定婚姻关系存续期间所得的财产以及婚前财产归各自所有、共同所有或部分各自所有、部分共同所有。约定应当采用书面形式。没有约定或约定不明确的,适用本法第17条、第18条的规定。夫妻对婚姻关系存续期间所得的财产以及婚前财产的约定对双方具有约束力。夫妻对婚姻关系存续期间所得的财产约定归各自所有的,夫或妻一方对外所负的债务,第三人知道该约定的以夫或妻一方所有的财产清偿。"这是我国婚姻法对夫妻约定财产制的规定。随着社会的发展,夫妻财产日益增多,财产关系日趋复杂多样,人们的价值观念和婚姻家庭观念也发生了很大的变化,个人权利意识和独立意识不但增强,约定财产制更能适应复杂多样的夫妻财产关系,更能适应现代社会丰富多样的生活方式,也更能体现当事人的真实意愿和个性化的需要。目前世界各国都愈来愈重视约定财产制的意义和作用。我国的约定夫妻财产制主要有以下几方面的内容:

1. 夫妻之间财产约定的有效条件

(1)约定的主体须具有合法的夫妻身份,且双方须具有完全民事行为能力。不具有夫妻身份者如未婚同居、婚外同居者之间的财产约定不属于夫妻财产约定。夫妻双方应具有完全民事行为能力,一方无行为能力或限制行为能力,如精神病患者在发病期不能约定。

(2)当事人必须自愿、意思表示真实。约定必须双方自愿,以欺诈、胁迫手段或乘人之危使对方在违背真实意愿的情况下作出的约定,对方有权请求变更或者撤销。

(3)约定的内容必须合法,不能损害国家、集体、他人的利益,不得违背社会公共利益。例如,不得为逃避对第三人的债务,而将本属于夫妻双方共有的财产约定为一方个人所有。再如约定的财产范围不得超出夫妻财产的范围,不得将国家、集体或他人的财产列入约定财产的范围。

(4)约定应以书面形式。采用书面形式,能够促使当事人谨慎约定,且内容确定,避免争议,发生纠纷时也易于举证,同时利于将书面约定公开,以保护善意第三人的利益,维护交易安全。当然,如夫妻双方有口头约定,事后对约定没有争议的,该约定也有效。

2. 约定的时间

约定的时间可以是婚前、结婚登记时,也可以是婚后。约定可以附条件和期限,但所附条件和期限不得违背国家法律和社会公德的要求。婚前缔结的约定于结婚时或约定的其他时间发生效力,婚后缔结的约定于约定当时或约定的其他时间发生效力。约定生效后,因夫妻一方或双方的情况发生变化,可以依法撤销原约定,适用法定财产制;亦可对原约定的内容进行部分或全部变更。如原约定采用部分分别财产制,即部分共同所有、部分各自所有,可变更为采全部分别财产制,即全部财产均各自所有。变更或撤销原约定的,如果订立时采取书面形式或经过公证,变更和撤销时也要采取相同的形式。

3. 约定的内容

约定的财产范围包括夫妻婚前与婚姻关系存续期间的财产。夫妻可以仅就婚前财产或婚姻关系存续期间财产的归属作出约定,也可以就婚前财产以及婚姻关系存续期间的财产的归属均作出约定;可以是夫妻的全部财产,也可以是夫妻的部分财产,法律不加限制。当事人对财产制度的选择,可以是共同财产制,也可以是分别财产制,还可以是部分共同、部分分别的财产制形式,即可以约定归共同所有或各自所有,也可以约定部分共同所有、部分各自所有。约定的内容必须符合法律及社会公共道德,不得损及国家、集体和第三人的利益。

4. 夫妻财产约定的效力

(1)对内效力

依照《婚姻法》第19条的规定,约定财产制与法定财产制二者可以同时并用,但前者的效力高于后者,即有约定从约定,无约定或约定无效的从法定。该条第2款规定:"夫妻对婚姻关系存续期间所得的财产以及婚前财产的约定,对双方具有约束力。"约定一经生效,对夫妻双方具有法律约束力,夫妻双方即应按约定的内容享受权利、承担义务。婚姻终止分割财产时,有约定的按约定处理;约定不符合法定条件部分无效的,有效部分适用约定;全部无效的,适用法定财产制。如夫妻一方或双方要求变更或撤销原约定,必须经双方协商同意,并采用法定形式予以变更或撤销。

以夫妻间不动产赠与为例,夫妻在婚前或婚姻关系存续期间约定将一方个人所有的房产赠与另一方,但没有办理房产过户手续后赠与房产的一方反悔主张撤销赠与,另一方主张继续履行赠与合同。对此问题的处理上,有两种完全不同的观点:一种观点认为,将一方所有的财产约定为另一方所有,属于夫妻之间的赠与行为,并不属于约定财产制。我国婚姻法规定的三种约定财产制的类型,不包括将一方所有财产约定为另一方所有的情形。按照合同法和物权法的规定,所有权未转移之前,权利人有权撤销赠与。还有一种观点认为,夫妻之间有关财产的约定,是夫妻双方真实意思表示,应认定为有效且对双方产生法律约束力。相对于物权法和合同法的规定,婚姻法对夫妻财产关系的规定属于特别法,不应适用赠与合同有关撤销权的规定。[①]

《婚姻法解释(三)》采用前一种观点,其第6条规定,婚前或者婚姻关系存续期间,当事人约定将一方所有的房产赠与另一方,赠与方在赠与房产变更登记之前撤销赠与,另一方请求判令继续履行的,人民法院可以按照《合同法》第186条的规定处理。而有学者对此提出

---

① 奚晓明.最高人民法院婚姻法司法解释(三)理解与适用[M].北京:人民法院出版社,2011:27.

异议,认为夫妻间赠与行为既不同于夫妻关于财产制的约定,也不同于一般赠与合同,而是以婚姻为基础的特殊赠与,适用特殊规则。其一,关于夫妻间赠与行为的性质,此观点将夫妻财产约定情形区别为夫妻财产制约定和一般财产约定(包括夫妻间赠与),认为前者针对夫妻全部财产,后者只针对特定财产。夫妻间无论是将一方的某项财产约定为对方所有还是共同所有,抑或将某项双方共同财产约定为一方所有都是针对特定财产,是夫妻间的赠与而非夫妻财产制的约定。同时,夫妻间的赠与又不同于一般赠与:夫妻间的赠与大多建立在当事人对未来或现有婚姻关系的考虑之上,夫妻间赠与的性质应当界定为以婚姻为基础的特殊赠与。其二,在法律适用上,在排除了《婚姻法》第19条的适用后,夫妻赠与对于符合一般赠与之处仍可适用《合同法》有关一般赠与合同的规定:如物权变动规则、法定撤销权规则等;此外,也排除一般赠与规则之适用,如在婚姻关系存续期间,不适用赠与人任意撤销权之规定;在婚姻没有缔结或离婚时,借鉴德国司法实践的做法,将《德国民法典》第313条法律行为基础障碍理论作为解决夫妻间赠与纠纷的依据,提出无论赠与合同是否已履行完毕,均适用情事变更规则,允许赠与方变更或者撤销赠与;法官应当在综合考虑当事人婚姻持续时间、受赠人对婚姻的付出、赠与财产的价值及双方收入等因素的情况下,作出妥当判决。[①]

(2)对外效力

为了维护交易安全和第三人的利益,《婚姻法》第19条规定:"夫妻对婚姻关系存续期间所得的财产约定归各自所有的,夫或妻一方对外所负的债务,第三人知道该约定的,以夫或妻一方的财产清偿。"夫妻财产约定是特定主体间的法律行为,其效力不当然及于第三人,只有在第三人明知的情况下,才对第三人具有抗辩力。换言之,在第三人与夫妻一方发生债权债务关系时,如果第三人明知该对夫妻适用分别财产制,且以夫妻之一方名义举债,则债务人仅为举债之一方,只能要求以该方的财产清偿。如果第三人不知道其财产约定状况的,无论是否以夫妻个人名义举债,对所欠之债均应以夫妻共同财产清偿。夫妻一方对"第三人知道该约定的"负举证责任。

(四)我国的夫妻共同债务制度

我国对夫妻共同债务的认定标准,主要有三种学说:用途说(又称目的说、共同生活之用途规则)、日常家事代理说(又称家事代理之权限推定规则)、时间说(又称婚姻期间借款之时间推定规则),以下沿时间轴进行简单梳理。

1.《最高人民法院关于贯彻执行〈中华人民共和国民法通则〉若干问题的意见(试行)》第42条规定:以公民个人名义申请登记的个体工商户和个人承包的农村承包经营户,用家庭共有财产投资,或者收益的主要部分供家庭成员享用的,其债务应以家庭共有财产清偿。第43条规定:在夫妻关系存续期间,一方从事个体经营或者承包经营的,其收入为夫妻共有财产,债务亦应以夫妻共有财产清偿。这两条规定虽然并没有直接界定夫妻共同债务制度,但以"个体工商户"和"农村承包经营户"为特例,试图以投入资金的来源或投入资金的去向来判断债务的清偿规则,本质乃是"用途说"。

2.《最高人民法院关于人民法院审理离婚案件处理财产分割问题的若干具体意见》第17条规定:夫妻为共同生活或为履行抚养、赡养义务等所负债务,应认定为夫妻共同债务,离婚时应当以夫妻共同财产清偿。下列债务不能认定为夫妻共同债务,应由一方以个人财

---

① 田韶华.夫妻间赠与的若干法律问题[J].法学,2014(2):71-80.

产清偿:(1)夫妻双方约定由个人负担的债务,但以逃避债务为目的的除外。(2)一方未经对方同意,擅自资助与其没有抚养义务的亲朋所负的债务。(3)一方未经对方同意,独自筹资从事经营活动,其收入确未用于共同生活所负的债务。(4)其他应由个人承担的债务。该条规定首次以列举之方式认定个人债务,仍是采用"用途说"之认定标准。

3. 我国《国婚姻法》第 19 条第 3 款规定:……夫妻对婚姻关系存续期间所得的财产约定归各自所有的,夫或妻一方对外所负的债务,第三人知道该约定的(夫妻一方对此负有举证责任),以夫或妻一方所有的财产清偿。此条从夫妻约定财产制的对外效力角度,解读分别财产制下,夫妻一方举债的仍是共同债务,除非第三人(债权人)明知的。同时司法解释还规定,对"第三人知道该约定的",夫妻一方对此负有举证责任。

4. 我国《婚姻法》第 41 条规定:离婚时,原为夫妻共同生活所负的债务,应当共同偿还。共同财产不足清偿的,或财产归各自所有的,由双方协议清偿;协议不成时,由人民法院判决。该条显然是"用途说"。

5.《婚姻法解释(一)》第 17 条规定:婚姻法中"夫或妻对夫妻共同所有的财产,有平等的处理权"的规定,应当理解为:(1)夫或妻在处理夫妻共同财产上的权利是平等的。因日常生活需要而处理夫妻共同财产的,任何一方均有权决定。(2)夫或妻非因日常生活需要对夫妻共同财产做重要处理决定,夫妻双方应当平等协商,取得一致意见。他人有理由相信其为夫妻双方共同意思表示的,另一方不得以不同意或不知道为由对抗善意第三人。该条试图以"家事代理权"来推定夫妻举债行为的属性。据此,婚姻关系存续期间内,一方举债推定为行使家事代理权,效力及于配偶另一方,除非第三人(债权人)知道或应当知道非为夫妻共同意思表示。夫妻互享家事代理权规则的实质是将共同生活之用途规则与婚姻期间借款之时间推定规则融合为一体。[①]

6.《婚姻法解释(二)》第 23 条规定:债权人就一方婚前所负个人债务向债务人的配偶主张权利的,人民法院不予支持。但债权人能够证明所负债务用于婚后家庭共同生活的除外。该条从债权人角度出发,澄清"时间说"中"婚前"与"用途说"中"共同生活"交叉重合时,债务性质如何判定的问题,即对婚前一方负债,确用于婚后家庭共同生活的,应认定为共同债务,采用的是"用途说"标准。

7.《婚姻法解释(二)》第 24 条规定:债权人就婚姻关系存续期间夫妻一方以个人名义所负债务主张权利的,应当按夫妻共同债务处理。但夫妻一方能够证明债权人与债务人明确约定为个人债务,或者能够证明属于《婚姻法》第 19 条第 3 款规定情形的除外。该条企图回归"时间说",通过但书列明两种例外情形,一定程度上缓解了夫妻共同债务认定标准抽象、难操作的问题,并遏制了实践中存在的夫妻假离婚以逃避债务的现象。但近年来其漏洞逐渐显现,招致各方批评。根据中国裁判文书网的公开数据,由于民间借贷纠纷案件频发,被判定为夫妻共同债务的案件大量爆发,2014 年和 2015 年连续两年高达 7 万余件,2016 年更是猛增至 12 万余件。其中,一些案件中,非举债方配偶或前配偶往往对借债及其借款去向、下落并不知情。与此同时,此类案件中,上诉率居高不下。[②] 多位人大代表、政协委员呼吁

①　陈法.我国夫妻共同债务认定规则之检讨与重构[J].法商研究,2017(1):130.
②　婚姻法司法解释第 24 条引争议离婚被负债纠纷频发.[N/OL].http://www.chinanews.com/gn/2017/01-17/8126228.shtml.

修正或废除"第 24 条",认为"'第 24 条'几乎免除债权人的一切审慎注意义务,忽视了对夫妻关系中无辜一方合法权利的保护,在利益平衡上过于倾向保护债权人,有可能严重侵害了夫妻一方作为弱者(多数情况下是妇女)的民事合法权益,导致夫妻一方当事人利益得不到应有的保障"①。

8. 各类批复和规定

(1)《最高人民法院民一庭关于婚姻关系存续期间夫妻一方以个人名义所负债务性质如何认定的答复》(2014)民一他字第 10 号复函,"在不涉及他人的离婚案件中,由以个人名义举债的配偶一方负责举证证明所借债务用于夫妻共同生活,如证据不足,则其配偶一方不承担偿还责任"。在债权人以夫妻一方为被告起诉的债务纠纷中,对于案涉债务是否属于夫妻共同债务,应当按照《婚姻法解释(二)》第 24 条规定认定。如果举债人的配偶举证证明所借债务并非用于夫妻共同生活,则其不承担偿还责任。

(2)《最高人民法院民一庭关于夫妻一方对外担保之债能否认定为夫妻共同债务的复函》(2015)民一他字第 9 号复函,"夫妻一方对外担保之债不应当适用《婚姻法解释(二)》第 24 条的规定认定为夫妻共同债务"。

(3)(2017)《最高人民法院关于适用〈中华人民共和国婚姻法〉若干问题的解释(二)的补充规定》,第 24 条新增两款:夫妻一方与第三人串通,虚构债务,第三人主张权利的,人民法院不予支持;夫妻一方在从事赌博、吸毒等违法犯罪活动中所负债务,第三人主张权利的,人民法院不予支持。

(4)(2018)《最高人民法院关于审理涉及夫妻债务纠纷案件适用法律有关问题的解释》(法律[2018]2 号)规定:"夫妻双方共同签字或者夫妻一方事后追认等共同意思表示所负的债务,应当认定为夫妻共同债务。夫妻一方在婚姻关系存续期间以个人名义为家庭日常生活所负的债务,债权人以属于夫妻共同债务为由主张权利的,人民法院应予支持。夫妻一方在婚姻关系存续期间以个人名义超出家庭日常生活需要所负的债务,债权人以属于夫妻共同债务为由主张权利的,人民法院不予支持,但债权人能够证明该债务用于夫妻共同生活、共同生产经营或者基于夫妻双方共同意思表示的除外。"

对第 24 条的批判和司法指导意见的不断查漏补缺,尤显研究上的务实态度,学者对完善我国夫妻共同债务认定规则亦提出一系列建议:①建立家事代理权制度,并将主张共同债务的举证责任分配给举债一方与债权人共同承担。②授予婚姻当事人以一定形式的债务防卫权,并尽可能将婚姻当事人的个人财产(尤其是离婚后的收入)与非本人行为所造成之债务隔离。③建立与夫妻共同债务认定规则相配套的夫妻财产登记公示制度。④推定夫妻分居期间实行约定财产制。⑤建立大额举债夫妻共同签字制度。⑥增设"双重推定规则",即在婚姻期间借款之时间推定规则的基础上,推定夫妻举债一方实施了欺诈行为,其需证明自己没有实施欺诈等过错行为,才能将婚姻关系存续期间以其个人名义所负债务认定为共同债务。⑦设立夫妻共同债务与个人债务范围界定之专门条款,并明确夫妻一方的违法债务为个人债务。②

---

① 刘玉林.夫妻一方以个人名义举债应按个人债务处理[N].中国妇女报,2017-01-25(01).
② 陈法.我国夫妻共同债务认定规则之检讨与重构[J].法商研究,2017(1):132.

二、夫妻相互扶养的义务

夫妻扶养义务,是指夫妻双方在婚姻关系存续期间所负有的对另一方在物质上、生活上、精神上相互帮助、相互照顾、相互扶养的法定义务。我国《婚姻法》第20条规定:"夫妻有互相扶养的义务。一方不履行扶养义务时,需要扶养的一方,有要求对方付给扶养费的权利。"确立夫妻间扶养的权利和义务,对保障夫妻正常生活,保护婚姻关系的稳定,加强夫妻间在物质上帮助、生活上相互照料的责任,具有重要意义。

夫妻间的扶养义务作为夫妻个体之间一项基本义务,不同于国家扶助或社会扶助,其特征集中表现为:一是身份性与财产性。夫妻扶养义务具有明显的人身性。夫妻扶养义务的财产性,是夫妻人身关系的物化表现和经济载体,而且在夫妻实际家庭生活中常常以财产给付为内容或具体表现形式,如经济能力的一方有义务向无独立生活能力或生活困难的另一方支付扶养费,正是夫妻财产关系的重要体现。二是法定性、双向性和对等性。夫妻扶养义务是道德义务的法律化。夫妻间的扶养义务是对等的,都有扶养对方的义务,也都有要求对方扶养的义务。

夫妻扶养的内容,除了物质供养外,精神慰藉、生活扶助也是必不可少的。生活扶助是否包括夫妻生活中的相互救助义务,也是学界争论的焦点。理论上有两种对立的观点:一种观点认为,虽然婚姻法明文规定夫妻间有相互扶养的义务,但并未规定有相互救助的义务,而且夫妻扶养义务的内容是"金钱给付义务",即"经济上的相互供养义务",而救助义务是在危难情况下救助生命的义务,二者是两种内容与性质截然不同的义务。① 另一种观点则认为扶养义务包含救助义务,如赵秉志教授认为:"我国婚姻法所规定的'夫妻有相互扶养的义务'这一规定必然包含了夫妻双方相互救护生命的作为义务。"②本书认为无论是基于法理角度还是基于伦理道德角度,扶养义务不仅包括物质层面的金钱给付义务,还包括精神层面的相互照料生活和一方在另一方处于重大或紧迫的人身危险时的救助义务。

许多国家还规定夫妻扶养义务的例外情形,如《俄罗斯联邦家庭法典》第119条规定:"如果确定,成年的有行为能力的人对应给付扶养费的人实施了故意犯罪或者在家庭中行为不端,法院有权拒绝该人索取扶养费。"《德国民法典》第1579条规定:如果发生"显失公平的"情形,扶养义务人有权拒绝、减少或在时间上限制扶养请求的权利。"显失公平"的情况主要包括:①婚姻存续期间较为短暂;②权利人对义务人或义务人的亲属之一实施犯罪行为或严重的故意违法行为;③权利人有意造成自己贫困的;④权利人有意漠视义务人的重大财产利益的;⑤权利人在离异前长期严重违反其协助扶养家庭的义务的;⑥显然重大且原因明显在于权利人方面的、对义务人而犯的错误行为;⑦有第12项至第6项同样严重的原因的。再如,我国澳门地区《民法典》第1854条第1款规定:"扶养义务在下列任一情况下或期间终止:……c)扶养权利人严重违反其对扶养义务人之义务。"我国亦可以借鉴,对于严重违反夫

---

① 朱云霞.简论夫妻间的扶养与救助义务:由"台湾医师杀妻案"引发的法理和伦理思考[J].郧阳师范高等专科学校学报,2013(8):87.

② 赵秉志,肖中华.不纯正不作为犯的认定:上[N].人民法院报,2003-04-07.

妻忠实义务、同居义务①等人身义务,除法律另有规定外,有过错方无权向无过错方请求扶养。有不履行夫妻扶养义务在先、擅自处分重大财产、隐瞒收入秘密储蓄等严重违背财产义务的行为;有吸毒、赌博、酗酒、同性恋等不名誉行为;有谋杀、故意伤害、绑架、拐卖、性犯罪等严重的故意犯罪行为,应限制或者剥夺其扶养请求权。

在认定和把握夫妻扶养义务时,结合婚姻法的规定,应当考虑两个因素:一是扶养需要;二是扶养能力。只有在这二者同时具备的情况下,才能认定夫妻一方存在扶养义务并要求其履行。所谓扶养需要,是指已经无法独立维持基本生活又无谋生能力,如一方患病或者伤残、年老丧失劳动能力、缺乏生活来源等事由导致生活困难或无独立生活能力而需要另一方扶养。随着社会的发展,在现实生活中,扶养需要已经不仅仅表现为在物质供养方面,新近出现的如生活扶助和精神扶养等需要已经越来越引起关注和重视。而扶养能力则要综合考量扶养义务人财产状况和劳动能力两个方面。财产状况,主要指其动产、不动产、收入和可移转权益扣除债务后的状况;劳动能力,主要依据义务人本身的素质、受教育水平、职业技能、工作年限、劳动目的等来判断。

此外,对夫妻间扶养义务的理解应注意:

一是夫妻双方因感情不和,暂时分居的或者感情时好时坏,在感情处于恶劣期间等情形下,夫妻双方的扶养义务并不免除。

二是离婚后的救助性扶养。一般而言,夫妻扶养义务仅限于夫妻婚姻关系存续期间,这是认定夫妻扶养义务的前提和基本原则,但是根据我国法律规定和司法实践存有例外,即离婚后,夫妻之间仍在符合一定条件时负有对另一方的扶养义务。我国《婚姻法》第42条规定:"离婚时,如一方生活困难的,另一方应从其住房等个人财产中给予适当帮助。"考察司法实践,确实存在一些夫妻由于各种原因离婚导致一方陷入生活困境甚至丧失独立生活能力的情形。因此,夫妻关系虽然在离婚后终止,但夫妻间的扶养义务并不绝对随之终止。这种情形下的夫妻扶养义务履行的内容主要是物质供养方面,并不涉及生活扶助和精神扶养两方面的义务。

三是再婚夫妻之间的扶养义务。再婚作为一种婚姻形式,与其他一次性婚姻方式并无本质不同,扶养义务乃应有之义。

三、夫妻间相互继承遗产的权利

配偶则是家庭关系中最基本的成员,相互之间有着最为密切的人身关系和财产关系。当配偶中的一方死亡后,另一方于情于理应取得继承对方财产的权利。因此,各国法律都规定了配偶之间享有相互继承遗产的权利。我国《婚姻法》第24条明确规定:"夫妻有相互继承遗产的权利。"我国《妇女权益保障法》针对妇女继承权容易受到侵犯的现实,还特别强调"妇女享有的与男子平等的财产继承权受法律保护。在同一顺序法定继承人中,不得歧视妇女"。

域外的配偶继承权立法显示:(1)在法定继承顺序上,有三种立法模式:一是以英国为典型代表的独立规定生存配偶继承顺序的立法模式。二是以中国为代表的规定固定的生存配

---

① 别居期间婚姻关系仍然存在,一般情况下夫妻扶养义务亦应存续,只要受扶养方有必要和扶养方有能力,就应互负扶养义务。但在一方严重违反夫妻同居义务的情况下,应当根据公平原则,对过错方的生活费请求权可以予以削减。吴琼.论我国夫妻扶养义务的履行与例外[D].海口:海南大学,2012:28.

偶继承顺序的立法模式。三是以德国为代表的不规定生存配偶的继承顺序的立法模式。(2)关于生存配偶的继承份额,参照上述法定继承顺序,除以德国为典型的不规定具体的继承顺序外,其余两种立法模式生存配偶都有固定的继承份额。另外,为了避免生存配偶的生活质量因配偶一方的死亡而遭到降低的情形,以英国为典型的一种做法是规定生存配偶终身享有遗产的用益权和先取权。(3)在遗嘱继承中,为了避免立遗嘱人所立遗嘱侵犯生存配偶的权利,使生存配偶得不到应得的财产份额,以德国、日本为典型代表的国家都对遗嘱自由进行了必要的限制,以达到保护配偶继承权的目的。

第九章　亲子关系

第一节　亲子关系概述

一、亲子关系与亲子法

亲子关系即父母子女关系,在法律上是指父母和子女之间的权利、义务关系。父母和子女是血缘最近的直系血亲,为家庭关系的重要组成部分。

亲子关系形成初期,亲权具有家长权的实质,罗马法上的父权一词原意是家长权。在奴隶社会和封建社会,亲子关系以家族为本位,父母子女的关系完全从属于宗族制度,表现为父系、父权和父治。亲子关系受家族法的支配,养育子女是为了家族利益,父母子女的利益被淹没在家族利益之中。随着生产力的发展,家族的范围逐渐缩小,宗族制度逐步衰落,父亲成为一家之长。这一时期亲子关系法的主流是维护父权即亲权的权利。社会发展到现代,亲权从单纯的父权演变成父母对子女之间平等的权利和义务关系,并且亲子关系的内容也越来越重视对子女的尊重、保护和强调对子女的教育,从而发展到子女本位的亲子法。

我国古代奉行家族主义,亲子关系法长期实行"家本位"制度。"父为子纲"是天经地义的,子女受家长和其他尊亲属的支配,对父母绝对服从。发展到近现代,1930年国民党政府民法亲属编在形式上完成了中国亲属法从古代型向现代型的过渡,有关亲子关系的立法以保护子女权益为原则。

新中国成立后,1950年《婚姻法》对父母子女关系设专章规定,以全法1/6的篇幅规定了以保护子女利益为原则的、父母子女之间平等的相互抚养的权利义务关系。1980年《婚姻法》又以全法1/5的篇幅重申了1950年《婚姻法》的有关规定,而且增加了关于子女姓氏问题、抚养请求权及父母对子女的管教、保护方面的规定,确立了以保护未成年人权益为原则、父母子女间平等、相互抚养和继承的权利义务关系。2001年《婚姻法》修改时,关于亲子关系的规定又在原来规定的基础上,增加了禁止家庭暴力和离婚父母中不直接抚养子女对子女的探视权的规定,使以保护未成年人权益为原则、父母子女间平等的亲子关系在法律上得到了进一步的体现。

综观亲子关系法演变的历史,大体可以看出亲子关系法经历了古代的"家本位的亲子法"、近代的"亲本位的亲子法"和现代的"子本位的亲子法"的发展进程。

二、亲子关系种类

我国古代法父母子女关系的分类,为了确认纳妾制度和继承宗祧制度,除基于自然血亲而产生的父母子女关系以外,还有拟制的各种名分恩义相关联的父母子女关系。其中又可以分为嗣父与嗣子、养父母与养子女以及各种名义上的父母子女关系。在封建礼俗中有"三父八母""五父十母"之说。根据《元典章》中三父八母图的记载，三父是指：同居继父、不同居继父、从继母嫁之继父。八母是指：嫡母、继母、养母、慈母、嫁母、出母、庶母、乳母。在子女方面，有嫡子、庶子、婢生子、奸生子、嗣子、养子。子女的地位由其生母的地位来决定。

现代亲子关系的分类，主要根据父母子女关系产生的原因，将父母子女关系分为两大类：

一是自然血亲的亲子关系。这是基于子女出生的法律事实而发生的，其中包括生父母和婚生子女的关系、生父母和非婚生子女的关系。其特点为：自然血亲的父母子女关系，只能因依法送养子女或父母子女一方死亡的原因而终止。在通常情况下，他们之间的相互关系是不允许解除的。

二是法律拟制血亲的亲子关系。这是基于收养或再婚的法律行为以及事实上抚养关系的形成，由法律认可而人为设定的。包括养父母和养子女的关系、继父母和受其抚养教育的继子女的关系。其特点为：拟制血亲的父母子女关系，可因收养的解除或继父（母）与生母（父）离婚及相互抚养关系的变化而终止。

三、亲权

（一）亲权的概念

亲权，是指父母对未成年子女在人身和财产方面的管教和保护的权利和义务。亲权是一种身份权，不得任意抛弃。亲权源于罗马法和日耳曼法。罗马法的家父权以亲权人的利益为出发点，而日耳曼法的父权以子女的利益为出发点。近代许多国家的亲权制度多继受了日耳曼法，以保护、教育未成年子女为中心。

（二）亲权的内容

1. 国外立法的规定

（1）父母对未成年子女的人身上的权利和义务。按外国的立法例，父母对未成年子女人身上的权利包括以下几种：①法定代理权和同意权。根据各国的法律规定，无民事行为能力人须由法定代理人为意思表示，限制民事行为能力人为法律行为须经过法定代理人同意。父母为子女当然的法定代理人。《德国民法典》第1629条规定："父母共同行使亲权时，共同代表子女；一方独立行使亲权时，由行使亲权方代表子女。"②子女交还请求权。当未成年子女被别人诱骗、拐卖、劫持和隐藏时，亲权人依法有交还子女的请求权，如《罗马尼亚家庭法》第103条的规定。③惩戒权。当未成年子女不听从父母的管教，犯有劣迹，法律赋予亲权人在必要的范围内对子女进行适当的惩戒。如《日本民法典》第822条规定，既允许行使亲权人亲自惩戒，还允许经法院的同意送往惩戒场惩戒。④职业许可权。如《日本民法典》第823条规定："子女非经过行使亲权人许可，不得经营职业。"有的国家则在劳动就业法和青少年保护法中加以规定。⑤居所指定权。许多外国法规定了亲权人对未成年子女的居所享有指定权，子女不得随意离开父母指定的居所，另住他处。如《日本民法典》第821条规定："子女应于行使亲权人指定的处所定其住所。"《瑞士民法典》第301条第3款规定："子女非经过父母同意，不得离父母他去。"

（2）父母对子女财产上的权利和义务。父母对子女在财产上的亲权，是指父母对于未成年子女的财产依法享有管理、使用、收益和必要的处分权利。①管理权。各国法律均规定了父母对子女的财产保管的权利。如《日本民法典》第824条、《瑞士民法典》第318条的规定。②使用收益权。各国法律大多数规定,父母有合理地支配利用未成年子女的财物和收取孳息的权利。如《日本民法典》第824条、第828条的规定;《瑞士民法典》第319条、第320条的规定。③处分权。各国法律规定,亲权人原则上不享有对未成年子女财产的处分权,但是为了子女利益的需要,经过法院或监护机关的批准,父母始得处分子女的财产。如《瑞士民法典》第320条第2款规定:"为支付子女的抚养、教育或者职业训练费用时,监护官厅得许可父母动用子女财产中的一定款项。"《德国民法典》第1641条规定:"禁止父母代子女为赠与行为,但合乎道义的代赠不在此限。"

2. 我国现行法律的规定

(1)父母对子女有抚养教育的权利和义务

我国《婚姻法》第21条规定,抚养教育子女既是父母应尽的义务,又是对子女享有的权利。抚养是指父母从物质上、经济上对子女的养育和照料,这是子女健康成长的物质基础。父母对未成年子女的抚养是无条件的,即使父母离婚,仍应对未成年子女履行抚养义务。一般情况下,父母对未成年子女的抚养至18周岁为止,但是对于尚未独立生活的成年子女有下列情形之一,父母又有给付能力的,仍应负担必要的抚育费:一是丧失劳动能力或虽未完全丧失劳动能力,但其收入不足以维持生活的;二是尚在校就读的;三是确无独立生活能力和条件的。

(2)父母对未成年子女有保护和教育的权利和义务

我国《婚姻法》第23条规定,父母有保护和教育未成年子女的权利和义务。在未成年子女对国家、集体或他人造成损害时,父母有承担民事责任的义务。本条规定兼有亲权和监护的含义,父母应按照法律的要求,对未成年子女进行管理和教育,对其言行给予必要的约束,是积极性的措施。一方面保障子女的安全和健康;另一方面是为了防止未成年子女损害他人和社会的利益。父母作为未成年子女的法定监护人,有义务防范和排除来自自然界或社会对未成年子女人身和财产权益的非法侵害,当未成年子女从事与其年龄不相适应的民事活动时,应当征得父母的同意或由父母代理。当未成年子女的人身或者财产权益遭受他人的侵害时,父母有代为赔偿损失的义务。

(3)子女对父母的义务

我国《婚姻法》第21条规定:子女对父母有赡养扶助的义务。子女不履行赡养扶助义务时,无劳动能力的或生活困难的父母,有要求子女给付赡养费的权利。我国《老年人权益保障法》中明确规定:赡养人是指老年人的子女以及其他依法负有赡养义务的人。老年人赡养主要依靠家庭,家庭成员应当关心和照料老人。

赡养,是指子女对父母的供养,即在物质上和经济上为父母提供必要的生活条件。扶助,是指子女对父母在精神上和生活上的关心、帮助和照料。老年人在其一生里对社会和家庭都作出了自己的贡献,尽到了责任,他们理应得到社会和家庭的尊敬和照顾。因此,当公民年老、患病或者丧失劳动能力时,有从国家和社会获得物质帮助的权利。但由于我国目前社会福利事业相对不足,国家和社会对老年人的物质帮助还不能取代家庭的职能,我国现阶段赡养老人仍然主要依靠家庭。父母抚养了子女,当父母年老体弱的时候,子女也应当对父母尽赡养扶助的义务,这是子女对家庭和社会应尽的责任。现代的养老育幼是建立在亲子关系平等的基础之上的,而尊老、敬老也一直是中华民族的传统美德。

赡养扶助义务的主体是有独立生活能力的成年子女。未成年子女或没有独立生活能力的成年子女不在法律规定范围内。赡养和扶助义务的具体内容是：子女应对无劳动能力和生活困难的父母提供必要的生活保障。依据《老年人权益保障法》的规定，包括：①赡养人应当对老年人经济上供养、生活上照顾和精神上慰藉的义务，照顾老年人的特殊需要。②赡养人对患病的老年人应当提供医疗费用和护理。③赡养人应当妥善安排老年人的住房，不得强迫老年人迁居条件低劣的房屋。对于老年人自有的或者承租的住房，赡养人有维修的义务。④赡养人有义务耕种老年人承包的田地，照管老年人的林木和牲畜等，收益归老年人所有。

（4）父母子女之间有相互继承遗产的权利

我国《婚姻法》第 24 条规定，父母和子女有相互继承遗产的权利；《继承法》第 10 条规定，父母、子女为第一顺序的法定继承人。

（三）亲权与监护的区别联系

我国《民法总则》和《婚姻法》中都没有规定亲权制度，亲权和监护不分，统称监护。学术界所谓的亲权是指父母对未成年子女在人身和财产方面的管教和保护的权利义务的总称。大陆法系各国民法对亲权和监护分别进行了规定，均认为亲权和监护是两种不同的制度，在有亲权人的情况下，监护则不生效力，只有在没有亲权人、亲权人不能行使亲权或被剥夺亲权的情况下，才能设立监护。监护是亲权的延伸和补充。要把握两者的关系，应注意它们的区别：

1. 性质不同。亲权确定的是父母与未成年子女的身份权，属于亲属法上的身份权，规定在婚姻家庭法中。监护在我国立法体例上属身份权，但不是亲属法上的身份权，而是亲属法外的身份权，是我国民法民事主体制度的组成部分。

2. 权利主体的范围不同。亲权的权利主体仅以父母为限，而监护权的权利人范围比较宽泛，可以是父母，也可以是父母以外的其他亲属、朋友或法定的监护机构、组织，其范围远远超过亲权的权利主体范围。

3. 权利内容和范围不同。亲权的内容包括父母对其未成年子女的教养保护权，内容广泛，包括住所指定权、子女交还请求权、惩戒权、职业许可权、法定代理权和同意权。监护法的内容只具有保护权，而不具有教养的内容，其权利的内容窄于亲权。由于亲权的对象是限制民事行为能力人和无民事行为能力人，所以监护权在权利范围上却比亲权要宽。

4. 采取的立法原则不同。亲权成立的基础是亲子关系，法律对未成年人的父母的高度信任，故亲权立法原则采取放任主义，而监护立法原则采限制主义。

5. 产生的原因不同。亲权关系因父母子女的特定身份自然产生，即父母与子女之间具有法定的权利与义务关系，无须特别程序。而监护人与被监护人之间有时不存在这种特定的身份关系，因此需经法律规定的程序才能产生。

6. 请求报酬的权利不同。许多国家均有规定，监护人可以根据法律的规定因其监护活动要求相应的报酬。但获得报酬权通常要受到一定的限制，如《秘鲁民法典》第 529 条规定："监护人有得到报酬的权利，其数目由法官确定，但是不得超过已消耗纯收入或纯收益的百分之八，不得超过资本化财产的百分之十。"也有国家规定履行监护职责，不得以经济回报作为前提。但是父母则肯定不能因其行使照顾权请求获得相应的报酬。

大陆法系国家均从狭义的角度理解监护，分设监护与亲权制度；英美法系国家从广义上理解监护,对亲权与监护不作具体的区分,统称监护。但是,亲权和监护权既然都是身份权,它们还具有共同之处和相应的联系。这主要表现在,亲权和监护权都表明人与人之间的身份关系,亲权表现的是父母与未成年子女之间的身份关系,监护权表明的是监护人与被监护人之间的身份关系,亲权与监护权的客体都具有身份利益的性质。

第二节　婚生子女

一、婚生子女的概念

　　婚生子女,是指在婚姻关系存续期间受胎或者出生的子女。《日本民法典》称为嫡出子,《韩国民法》称为亲生子。当人类社会进入一夫一妻制社会后,生育行为就开始由法律调整。早期法律区分婚生子女和非婚生子女的目的:一是在传宗接代时避免血缘关系的混乱;二是在家庭财产继承时确认继承人的需要。现代社会立法的意义更多的是保障婚姻当事人的合法权益以及未成年人的利益。

　　从各国的立法上看,关于婚生子女的定位大多较为宽松,即凡是在婚姻关系存续期间受胎或者出生的子女均为婚生子女。如英国法规定,子女在婚姻关系存续期间出生,不问其是否婚前受孕,只要在出生时父母之间有合法的婚姻关系,子女就已经取得婚生子女的身份;如果在婚姻关系存续中受胎,则不问子女出生前婚姻关系是否已经解除,子女均可取得婚生子女的身份,但英国普通法却不承认婚后的准正。同样,《德国民法典》也规定,妻子婚前或者婚姻关系存续中受胎,而夫与妻子受胎期间与妻子有同居的事实,其结婚后所生育的子女为婚生子女。《日本民法典》规定,妻于婚姻中怀孕即自婚姻成立起 200 日后,或自婚姻解除或者撤销之日起 300 日内所生的子女为婚生子女。从大多数国家的立法上看,婚生子女应当具备三个要件:(1)该子女应为具有合法配偶的男女所生;(2)该子女的血缘关系来自具有合法配偶的男女双方;(3)该子女出生于合法的婚姻关系存续期间或者婚姻关系消灭后的法定期限内。

二、婚生子女的推定和否认

　　(一)婚生子女的推定

　　婚生子女的推定,是指妻子在婚姻关系存续期间受胎或者所生子女推定为夫的婚生子女的制度。婚生子女的推定制度,是对子女婚生性和合法性的法律认定,目的是保护子女的合法权益,以及善意当事人的合法权益,维护家庭的和睦与稳定。

　　由于婚生子女的父母之间存在婚姻关系,其须为生父之妻所生,同时其受胎必须是在婚姻关系存续期间或者有同居事实期间,要求婚生子女必须有生母之夫的血缘。作为一项法律制度,应当如何认定这一事实,目前在世界各国设立的婚生子女的推定制度中,大致有三种推定的方法:一是子女在婚姻关系存续期间受胎的,推定为婚生子女;二是子女在婚姻关系存续期间出生的,推定为婚生子女;三是子女在婚姻关系解除后 300 天内出生的,推定为婚生子女。如《法国民法典》规定:子女系在婚姻关系存续期间受胎者,夫即为父。受胎期为子女出生前的 300 日至 180 日,其间的 121 日为受胎期。结婚满 180 日以上出生的子女为婚生子女。《德国民法典》规定:从子女出生之日起,回溯 181 日起至 302 日止,为受胎期。而《瑞士民法典》则不以受胎期为限,其规定在婚姻关系存续期间或者婚姻解除后的 300 日内出生的子女,推定夫为父。在英国普通法中,婚姻关系存续期间受胎或者出生的子女皆推定为婚生子女。

我国未设婚生子女推定制度。实践中一般认为,有婚姻关系的夫妻双方在婚姻关系存续期间,妻子受胎所生子女或婚姻关系存续期间受胎在婚姻关系终止后所生子女,推定夫为父。

(二)婚生子女的否认

婚生子女的否认,是指当事人享有否认婚生子女为自己亲生子女的诉讼请求权的制度。婚生子女的否认,又称否认权,是对婚生子女推定的一种限制制度,目的是保障当事人合法权益及其子女的利益,避免应尽义务的当事人逃脱抚养责任,体现了法律的公正性。

由于确认婚生子女是依据法律的条文来推定的,因此,婚生推定的结果是否为真正的婚生子女,就必须允许当事人依据一定的事实进行否认。各国设立的婚生子女否认制度是对婚生推定制度的一种合理的限制。否认婚生子女的事实依据,大多数国家法律采取概括主义,即凡是能够提供证据推翻子女为婚生的即可。否认的基本原因,主要是能够证明在其妻受胎期间未与之同居,或者能够证明妻受胎与夫无关,即所生的子女与夫没有血缘上的关系。一般可以分为两种情况:一是夫妻在妻受胎期间没有同居的事实;二是夫有生理缺陷或者没有生育能力,包括时间不能、空间不能、肤色不能以及生理上的不能等。英国普通法规定,证据是夫有"不接近"的事实,即可推翻婚生,如仅能证明妻有与人通奸的事实,则不能推翻。除夫有生理缺陷或者丧失了生育能力外,在妻受胎期间,如夫妻有过一次同居的事实,夫就丧失了否认权。德国法律规定婚生子女的否认,只有在证明夫妻于受胎期间无同居的事实,才能否认;或者有明确的证据如血型或者遗传生物学的检查,才可以否认婚生的推定。

对婚生子女的否认权和时效问题,各国法律的规定也不尽相同。否认权人一般分为三类:一是丈夫享有否认权;二是丈夫和子女享有否认权;三是丈夫、妻子、子女和检察官均享有否认权。在婚生子女否认之诉的时效上,《德国民法典》规定为 2 年;《日本民法典》规定为 1 年;《法国民法典》规定为 6 个月。时效的计算,一般都从自知悉子女出生之日起计算。也有的国家是从丈夫知其妻子在受胎期间与第三人同居的事实之日起计算。婚生否认时效的限制,是为了促使当事人及时地行使权利,尽快地确立子女的法律地位。

我国目前尚无婚生子女否认的规定。实践中,丈夫如否认子女为婚生子女,可向人民法院提起确认之诉。诉讼中丈夫负有举证责任,其须证明在其妻受胎期间,双方没有同居的事实,或能够证明其没有生育能力。必要时人民法院也可委托有关机构进行亲子鉴定。如果婚生子女否认成立,丈夫可免除对该子女的抚养责任。我国现行法律没有对婚生子女否认权的时效限制,同时也没有丈夫可对该子女生父追偿已付抚养费的规定。

虽然我国婚姻法目前对此仍无明文规定,但根据民法及其他法律的规定,如果自权利人知道或应当知道受推定的子女非夫的亲生子女之日起算有 2 年之久,或者在知道否认事由后明确表示或者以自己的行为放弃否认权的,否认权消失。婚生子女的否认须以诉讼方式行使,并经法院裁决确认之后,才能否定婚生子女的推定,否认权人自行否认不生法律效力。如果否认之诉胜诉,则子女丧失婚生资格,为非婚生子女。如果否认之诉败诉,则应推定该子女为夫妻双方的婚生子女。婚生子女否认之诉经法院判决确定后,男方能否向女方或子女的生父追索在夫妻关系存续期间抚养非亲生子女的抚育费问题,对此,婚姻法及司法解释没有明确的规定。最高人民法院 1992 年 4 月 20 日《关于夫妻关系存续期间男方受欺骗抚养非亲生子女离婚后可否向女方追索抚育费的复函》指出了规定:"在夫妻关系存续期间,一方与他人通奸生育子女,隐瞒真情,另一方受欺骗而抚养了非亲生子女,其中离婚后给付的抚育费,受欺骗方要求返还的,可酌情返还;至于在夫妻关系存续期间受欺骗方支出的抚育费用应否返还,因涉及的问题比较复杂,尚需进一步研究。"因此,对于非亲生子女的抚育费的返还问题,应区别以下两种情形:(1)男方自愿承担非亲生子女的抚育费,即男方明知子女非亲生,仍然自愿承担该非亲生子女的抚育费,在男方知道子女非其亲生之日起 2 年内未提出否认之诉,男方在 2 年后才提出否认并请求返还子女抚育费的,其否认权已经消灭,法院应不予支持。男方在知道子女非其亲生之日起 2 年内提出否认之诉,并经法院确定子女非其亲生的,他原来自愿给付的抚育费因为已经丧失法律根据,无抚养义务之人支付的抚育费属不当得利,生父母应当返还不当得利给无抚养义务的人。(2)男方受欺骗而抚养非亲生子女,即女方明知子女非其丈夫的亲生子女,但故意隐瞒真相,另一方受欺骗而抚养了非亲生子女,男方在知道子女非其亲生后提出否认并请求返还子女抚养费的,如果否认之诉经法院确定,他原来自愿给付的抚育费因为已经丧失法律根据,无抚养义务之人支付的抚育费,属不当得利,生父母应返还不当得利给无抚养义务的人。

第三节　非婚生子女

一、非婚生子女的概念以及法律地位

（一）非婚生子女的概念

非婚生子女,是指没有婚姻关系的男女所生的子女,《韩国民法》称为婚姻外之子,《日本民法典》称为非嫡出子。未婚男女或者已婚男女与第三人发生性行为所生的子女;无效婚姻当事人所生的子女以及经过丈夫否认为婚生子女的子女;妇女被强奸后所生的子女,都属于非婚生子女。

（二）非婚生子女的法律地位

早期,在世界范围内,普遍对于非婚生子女以虐待、歧视。在古代东亚地区(中国、日本、朝鲜等),非婚生子女与妾所生的子女同样称为庶子或庶女,但正式妾所生子女和非婚生子女的实际地位可以相差很远。在中国古代,男性的宠婢如生下子女可纳为妾,但并非必然。有些宠婢即使生下子女,仍然得不到任何婚姻名分,她们所生的子女有时也会不容于家庭,常会于生父去世后被生父的正式妻妾逐出家门,有些则被视为奴婢看待,甚至生父也不把他们当作子女看待。在旧中国,非婚生子女被称为"私生子""奸生子",而倍受歧视。

早期资本主义国家立法也对非婚生子女加以歧视,例如英美等国也把非婚生子女视为耻辱,英国普通法规定,非婚生子女不属于任何人的子女,其父不负有抚养义务。1804 年《法国民法典》还规定:非婚生子女不得请求其父认领、不得主张婚生子女的权利,非婚生子女的应继份只为婚生子女的 1/3。自 20 世纪开始,特别是第二次世界大战以后,在人权思想、人道思想和平等思想的作用下,非婚生子女的法律地位有了很大的改善。特别是 1918

年《苏俄婚姻家庭法典》明确规定非婚生子女与婚生子女享有同等权利,从法律上根除了对非婚生子女的歧视。但就世界范围看,各国非婚生子女法律地位改善的时间先后及程度都不相同。时至今日仍有少数国家保留对非婚生子女的歧视性规定。

事实上非婚生子女的出现,由于父母的过错和责任造成的,歧视非婚生子女是一种不公平的社会现象。因此,自 20 世纪 60 年代以来,为防止遗弃非婚生子女导致社会不安定,从人道主义、人权思想、血统主义立场出发,各国逐步趋向于保护非婚生子女。综观世界各国关于非婚生子女法律地位的规定,是从否定出发,经过消极的肯定,而臻于今天的积极肯定——平等对待。

我国《婚姻法》第 25 条规定:"非婚生子女享有与婚生子女同样的权利,任何人不得加以危害和歧视。不直接抚养非婚生子女的生父或生母,应当负担子女的生活费和教育费,直至子女能独立生活为止。"

二、外国法关于非婚生子女的准正和认领的规定

现代世界各国普遍确立了"认领"和"准正"制度,从而确认非婚生子女与生父之间的关系,使非婚生子女婚生化。而非婚生子女与生母的关系只要基于分娩的事实即可确定。

（一）非婚生子女的准正

非婚生子女的准正是指已经出生的非婚生子女因生父母结婚或者司法宣告而取得婚生子女资格的法律制度。准正制度始于罗马法。现代大陆法系和英美法系国家大多设有准正制度,将尊重正式婚姻与保护非婚生子女的理念结合起来。

1. 准正的形式

准正的形式有两种:①因生父母结婚而准正。它本身又可以分为两种情况:一是仅以生父母结婚为准正的要件,如德国、比利时等国家。二是以生父母结婚和认领为准正的双重要件,如日本、瑞士民法。②因法官宣告而准正。这是指男女订立婚约后,因一方死亡或者有婚姻障碍存在,使婚姻准正不能实现时,可依婚约一方当事人或子女的请求,由法官宣告该子女为婚生子女。如《德国民法典》第 1722 条的规定。

2. 准正的要件

根据外国立法例,准正应具备:①须有血统上的非婚生父母子女关系;②须有生父母的婚姻或者司法宣告;③准正为法律事件,非法律行为,它为结婚附随效力,其发生无须生父具有何能力,也无须经过其他任何程序。

3. 准正的效力

根据世界上大多数国家民法典的规定,准正使非婚生子女取得婚生子女的资格。但在生效时间上有所不同,如法国民法典有此规定。有的规定从父母结婚或者法院宣告为婚生之日;有的规定有溯及力,自子女出生之日起发生法律效力,如瑞士、日本以及德国民法典有此规定。

（二）非婚生子女的认领

非婚生子女的认领是指通过法定程序使非婚生子女实现婚生化的法律行为。它通常是在非婚生子女无法准正的情况下出现的。非婚生子女的认领制度,使孩子因此而取得"准婚生子女"的身份,即相当于婚生子女。

1. 认领的特征

①须有生父自己承认为非婚生子女生父的单独的意思表示。②认领的权利,有形成权

的性质。一般不严格受消灭时效和起诉期间的限制,而且不论子女的年龄大小,均可行使认领权。③认领人和被认领人之间的关系,以生理上的父子女血缘关系为前提。

2.认领的形式

认领在立法态度上有主观主义和客观主义的对立态度。主观主义,又称意思主义或者认领主义,即生父在主观上承认自己为非婚生子女的生父,而又有领为自己子女的意思。客观主义,又称血缘主义或者事实主义,即只要有自然血缘的父子女关系,则当然为法律上的父子女关系,与生父的主观意思无关。从世界各国的立法例来看,认领制度正在由主观主义向客观主义转化,这两大主义正是与认领的两种形式相对应的。

3.任意认领

任意认领即生父承认自己为该非婚生子女的生父,并且自愿对其承担抚育义务的法律行为。有的国家规定认领须得非婚生子女的生母同意,如德国民法典。有的国家规定,认领须得子女本人的同意,如南斯拉夫(塞)。

自愿认领的方法可分为生父明示的意思表示和默示的抚养事实两种。外国法均以认领为要式行为,各国规定的方式大约可以分为以下几种类型:①须向户籍部门申报认领或者用遗嘱的方式认领;②认领除载入出生证书外,还须取得公证证明;③须向身份官声明或者以遗嘱方式认领;④由生父申请,经过监护法院宣告认领。此外,还有不要式认领:非婚生子女经生父抚育者,且有以该子女为己子女的意思表示,视为认领,如我国台湾地区。

4.强制认领

强制认领即指当非婚生子女的生父不自动认领时,有关当事人得诉请法院予以强制认领的制度。也称生父的寻认或者生父的搜索。

(1)强制认领的原因。确认非婚生子女生父的争议有两类原因:①未婚女子所生的子女,经过生母指认的生父不承认孩子是他所生;②已婚妇女与第三人通奸所生的子女,女方指认第三人为孩子的生父而遭到否认时,生母向法院提起确认生父之诉。我国现行《婚姻法》没有确立对非婚生子女强制认领的制度,但在审判实践中是受理此类案件的。起诉时通常由生母向人民法院提供有关证据材料,法院在必要时,可以委托专门的血液鉴定部门进行亲子鉴定。目前,科学的鉴定方法是用人体组织细胞核(简称 DNA)进行抗原实验,鉴定准确率达到 99.9%。最高人民法院 1987 年 6 月 15 日《关于人民法院在审判工作中能否采用人类白细胞抗原做亲子鉴定问题的批复》,采用此项技术进行亲子鉴定已经被批准。经过鉴定证据确凿的,人民法院可以强制孩子的生父对其认领并负担子女必要的生活费和教育费的一部分或者全部,直至子女独立生活时为止。

(2)强制认领的诉讼时效。强制认领的诉讼时效各国规定很不一致,一般是从子女出生时起算,时效为 1 年,如瑞士民法典。而法国民法典规定为 2 年。

(3)强制认领的效力。强制认领的效力与自愿认领所产生的效力基本相同,主要是使非婚生子女取得婚生子女的身份与资格,享有婚生子女的权利和义务。如我国《婚姻法》第 19 条、《比利时民法典》第 333 条、《日本民法典》第 789 条等都有规定。

此外,认领的效力还涉及生父对生母妊娠、生育等费用的补偿责任等。

三、我国非婚生子女的法律地位

我国《婚姻法》第 25 条规定,非婚生子女与婚生子女享有同等的权利,任何人不得加以危害和歧视。不直接抚养非婚生子女的生父或者生母,应当负担子女的生活费和教育费,直至子女能够独立生活为止。在此,法律强调了对非婚生子女的保护,我国的非婚生子女与婚生子女的法律地位完全相同,法律有关父母子女间的权利和义务,同样适用于非婚生父母子女间。

目前,我国现行《婚姻法》上无非婚生子女认领和准正的规定。实践中,非婚生子女一般以生父母结婚而自然地转化为婚生子女。但除此之外,非婚生子女与其生父的关系,则须由生父自己确认或者通过生母提出证据加以确认。需要注意的是:(1)非婚生子女的生父母负有抚养和教育非婚生子女的义务,对于不履行抚养义务的生父母,非婚生子女有要求给付抚养费的权利。非婚生子女的生母与他人结婚的,其丈夫愿意负担该子女的生活费和教育费的一部分或者全部的,则生父的抚养费的负担可以酌情减少或者免除。如生父要求领回自行抚养,可由生父母双方协商解决,协商不成的可以请求法院作出判决。(2)非婚生子女对生父母有赡养和扶助的义务。对于已经确认的生父母,除其对非婚生子女已构成虐待或者遗弃的以外,非婚生子女应对其生父母尽赡养的义务。(3)非婚生子女与生父母间有相互继承遗产的权利。非婚生子女继承生父母的遗产的应继份与婚生子女的应继份完全相同。

对非婚生子女,法律要求不得危害和歧视。如有遗弃、虐待非婚生子女或者有溺婴等危害婴儿的行为而构成犯罪的,应依法追究其刑事责任。

第四节　继子女

一、继父母子女关系的概念及类型

所谓继子女,是指配偶一方对他方与前配偶所生的子女。所谓继父母,是指子女对母亲或者父亲的后婚配偶,称继父或继母。

继父母与继子女的关系,是由于生父母一方死亡,另一方带子女再婚;或者父母离婚后,另行再婚而形成的。通常情况下,继父母子女之间的关系属于姻亲范围。如果继父母与继子女形成抚养关系,或者继父(继母)将继子女收养为养子女,他们才具有法律拟制血亲关系。

继父母与继子女关系有以下三种类型:

1. 名分型,即生父(母)与继母(父)再婚时,继子女已经成年独立生活;或者虽然未成年但仍由其生父母提供生活教育费,没有受继父或继母的抚养教育,也没有对继父或继母尽赡养义务。此类继父母子女关系为纯粹的姻亲关系。

2. 共同生活型,即生父(母)与继母(父)再婚时,继子女尚未成年,他们随父母一方与继父或继母共同生活时,继父或继母与继子女之间形成的关系。

3. 收养型,即继父或者继母经过不与子女共同生活的生父或者生母一方的同意,收养该继子女,这样,则继父或者继母与继子女之间建立了养父母子女关系。

二、继父母子女法律地位

在旧中国,由于封建宗法制度的影响,继子女的权益得不到应有的保护。新中国建立后,我国《婚姻法》第 27 条规定:"继父母与继子女间,不得虐待或歧视。继父或者继母和受其抚养教育的继子女间的权利和义务,适用本法对父母子女关系的有关规定。"

我国《继承法》第 10 条规定:"遗产按照下列顺序继承:第一顺序:配偶、子女、父母;……本法所说的父母子女,包括有扶养关系的继父母、继子女……"1985 年 9 月最高人民法院《关于贯彻执行〈中华人民共和国继承法〉若干问题的意见》第 21 条规定:"继子女继承了继父母的遗产的,不影响其继承生父母的遗产。继父母继承了继子女的遗产的,不影响其继承生子女的遗产。"

三、继父母子女间形成抚养关系的认定

继父母与继子女之间属于姻亲关系,继父母对继子女的抚养是基于一定亲属关系而发生的债的关系,民法没有将其规定于债法中,而规定在婚姻法中,纯粹是基于立法技术上的方便。① 我国婚姻法对于如何界定继父母与继子女形成抚养教育关系认定的要件却没有明确规定。在司法实践中,一般从两个方面来予以认定:一是从经济方面,继父母是否对继子女的教育或生活费用给付了一部分或是全部。二是从生活方面,继父母是否与继子女长期共同生活,并在生活上照顾、帮助继子女,在精神和思想品德上用心关怀和培养继子女的成长。如果继父母之间实行的是法定财产制的情况下,用共同财产支付了全部或部分抚养费,或是继父母之间实行的是分别财产制,用共同生活费支付全部或部分抚养费,均属于履行了抚养义务,属于完成抚养义务的范畴。即使未成年人的继子女依靠自己的能力为家庭生活提供了力所能及的劳动或提供一定的经济收入也是如此。所以,司法实践中一般是将继父母是否负担了继子女全部或部分的生活费和教育费作为继父母子女之间是否已经成立抚养关系的标准。

四、继父母子女关系的解除与终止

继父或继母与继子女之间关系的基础是姻亲关系。在姻亲关系之下,如果继子女的生父与继母或生母与继父的婚姻关系终止,继父和继母与继子女之间的姻亲关系因此终止。但在继父或继母对未成年继子女进行抚养而形成抚养关系的情况下,继父或继母与继子女关系则转化为拟制血亲关系,其地位与自然血亲的父母子女关系相同。在生父与继母或生母与继父离婚、生父或生母死亡时,继父或继母与继子女已经形成的拟制血亲关系继续存在,不能因婚姻关系的终止而自然解除。因此,在生父与继母或生母与继父离婚、生父或生母死亡时,继父或继母对形成抚养关系的未成年继子女仍有抚养教育的权利和义务;受继父或继母抚养长大的继子女,对无劳动能力、生活困难的继父母有赡养的义务。

在生父与继母或生母与继父离婚、生父或生母死亡时,继父或继母与继子女已经形成的拟制血亲关系原则上不能因婚姻终止而自然解除。但继父或继母与继子女之间权利义务产生的亲属基础毕竟是姻亲关系,因此,在姻亲关系因为离婚或一方死亡而解除的情况下,对已经转化为拟制血亲的继父或继母与继子女间的关系,允许基于一定的特殊原因终止:(1)生父与继母或生母与继父离婚时,若继子女为成年且继母或继父拒绝继续抚养的,继母或继父与继子女之间拟制血亲关系解除,已经形成的权利义务关系终止;(2)生父与继母或生母

---

① 王泽鉴.民法学说与判例研究:第 6 册[M].北京:中国政法大学出版社,1998:264.

与继父离婚,若继子女成年且继父或继母与成年继子女关系恶化,可协议或诉讼解除。

继父母子女关系终止后,未形成抚养教育关系的继父母与继子女间的姻亲关系消除,继父母与继子女的称谓关系也不再存在;已形成抚养教育关系的继父母子女关系解除后,双方之间拟制血亲关系消除,他们之间父母子女的权利和义务也不复存在。但受继父母抚养教育成年,并已独立生活的继子女,对年老丧失劳动能力又无生活来源的继父母,应承担给付生活费的义务。

关于形成抚养关系的继父母子女之间的权利义务能否解除的问题,我国《婚姻法》未作明文规定。审判实践中,当再婚婚姻关系存续期间,对于尚未成年的继子女与继父母的关系原则上不能解除。根据最高人民法院《关于人民法院审理离婚案件处理子女抚养问题的若干具体意见》(法发〔1993〕30号)第13条规定:"生父或生母与继父母离婚时,对受其抚养教育的继子女,继父或继母不同意继续抚养的,仍应由生父母抚养。"

通常情况下,受继父母抚养教育成人并独立生活的继子女,应当承担赡养继父母的义务,双方关系原则上不能自然终止。但是,如果双方关系恶化,经过当事人的请求,人民法院可以解除他们之间的权利义务关系。同时,成年继子女须负担丧失劳动能力、生活困难的继父母的晚年生活费用。

养子女与婚生子女、非婚生子女、有抚养教育关系的继子女相比,在法律上有其共同点,即他们的法律地位相同,均享有父母子女间的权利并承担相应的义务,但是他们也有不同点:(1)形成的条件不同。婚生子女、非婚生子女均因出生的事实而与父母自然形成亲子关系;有抚养教育关系的继子女,则因生父母与继父母再婚,并由继父或继母自愿承担对继子女的抚育责任,亲子关系也随之形成。养子女则不同,必须符合法定的收养条件、程序,才能形成与养父母的关系。(2)四类子女法律关系的解除规定不同。父母与婚生子女、非婚生子女为自然血亲关系,除法律另有规定外,其相互间的权利义务关系是不能任意解除的。有抚育关系的继父母子女关系,除生父母与继父母离婚外,也不能随意解除。而养父母子女之间的法律关系,可以依法解除。基于上述特点,养父母子女关系是一种独立的法律关系。

第五节　人工生育子女

一、人工授精技术

人工授精是指不同于人类传统基于两性性爱的自然生育过程,而是根据生物遗传学工程理论,采用人工方法取出精子或卵子,然后用人工方法将精子或受精卵胚胎注入妇女子宫内,使其受孕的一种新生殖技术。采用这一技术生育的子女,为人工授精儿。它给不孕夫妇带来了福音。

人工授精有体内与体外之分,人工体内授精,通常不孕的原因在于丈夫。因此,可将丈夫的精子或第三人的精子注入妻子体内进行授精。人工体外授精,是指以妻子或第三人的卵子提供给丈夫或第三人的精子,移入培养皿或者妇女阴道中,使其成为受精卵。然后,将受精卵分裂的胚胎移入孕母的子宫内着床发育而分娩。按照此过程而生育的子女,俗称试管婴儿。1978年7月25日,英国伦敦诞生了人类历史上第一名试管婴儿——路易斯·布朗。在以后的数十年中已经有上千名试管婴儿诞生。

人工生殖就其供体而言,一般可以分为两种情况:一是同质人工授精,即使用丈夫的精液或者妻子的卵子进行人工授精(Artificial insemination by husband,简称 AIH);另一种是异质人工授精,即使用第三人的精液或者卵子进行人工授精(Artificial insemination by donor,简称 AID)。

另外,人工生殖还涉及代孕问题,俗称借腹生子,是指用现代医疗技术将丈夫的精子注入自愿代理妻子怀孕者的体内受精,或将人工培育成功的受精卵或胚胎植入自愿代理妻子怀孕者的体内怀孕,等生育后由妻子以亲生母亲的身份抚养子女。代理母亲生育的子女也有同质和异质之分,但共同特点是由妻子以外的妇女代理怀孕分娩。

二、人工授精子女的法律地位

人工授精问题涉及伦理道德、婚姻、血统、法律等领域,生育上的单项关系变成了多重关系,向传统法律提出了一系列的挑战。目前,世界上大多数国家对人工生育子女尚无明确的法律规定,少数已立法的国家规定的内容不尽相同。对于在婚姻关系存续期间,因夫妻双方同意而进行人工生育的子女与该夫妻形成亲子关系,由接受人工生育的夫妇承担法律责任的规定,已基本达成共识。1990 年英国颁布的《人工授精与胚胎技术法案》第 27 条、第 28 条规定,孕育子女的妇女是子女的母亲,而对父亲身份确定的主要规则如下:当妻子接受异质人工授精或胚胎移植,丈夫被确定为孩子的父亲,除非其丈夫明确反对妻子所接受的人工授精或胚胎移植者。当妇女接受人工授精或胚胎移植,与该妇女一起但并非提供精子的男子申请了实施人工授精或胚胎移植的治疗,那么该男子被视为子女的父亲。

一般来说,采用同质人工授精方式生育的子女,与父母有血统关系,属于直系血亲并为婚生子女。而对于异质人工授精子女的法律身份的确认比较复杂,一般来说,夫妻双方的共同意向是十分重要的。

我国《婚姻法》对人工生育子女的法律地位问题没有作出规定。1991 年 7 月 8 日最高人民法院在《关于夫妻离婚后人工授精所生子女的法律地位如何确定的复函》中指出:"在夫妻关系存续期间,双方一致同意进行人工授精,所生子女应视为夫妻双方的婚生子女,父母子女之间权利义务关系适用《婚姻法》的有关规定。"据此,只要夫妻双方协议一致同意进行人工授精的,不论所生子女是否与父母有血缘关系,均应视为夫妻双方的婚生子女。关于代孕母亲与被代理夫妇以及分娩子女的法律关系更为复杂,因此,许多国家禁止以营利为目的的代孕行为。

另外,根据卫生部颁发的《人类辅助生殖技术管理办法》(2001 年 8 月 1 日起实施)第 3 条第 2 款的规定,禁止以任何形式买卖配子、合子、胚胎。医疗机构和医务人员不得实施任何形式的代孕技术。卫生部颁发的《人类精子库管理办法》(2001 年 8 月 1 日施行)第 3 条第 2 款规定,任何单位和个人不得以营利为目的进行精子的采集与提供活动。这说明我国立法不承认有偿和无偿代孕行为。值得注意的是,2015 年 12 月 27 日通过了《人口与计划生育法》修正案,获通过修正案删除了之前草案中提交的"代孕"条款,还删除了"违反规定实施代孕等将受到相应处罚"的规定。这一举动并非意味代孕合法,而是考虑到目前只有上述两部部门规章规范代孕行为,且位阶段低,对于代孕交易打击力度小,因而,希望通过此次《人口与计划生育法》的修订,未来能将规范代孕的制度上升到法律的层面。

我们不能否认,人工生殖技术既具有科学史上的空前创新价值,更有其多方面积极的社会价值。但是,新的生育方式和技术也带来了诸多法律问题,具体表现在以下几个方面:

(一)"父母"角色多元化,引发户政管理对亲子身份认定的现实矛盾

人类从只知其母、不知其父的群婚时代,过渡到个体婚制,双重亲子关系明晰化,社会确立了亲子身份认定的自然命题和推导原则。其中公认的有三条:第一,一个人生来在自然血缘上只有一父一母,非有法律拟制之特别,父母子女关系自然形成,权利义务终身相随。第二,基于供卵、受孕、妊娠、分娩集于母体,不可分离,母亲身份根据出生事实确定,罗马法为此设立了一条古老法则:"谁分娩谁为母。"第三,基于法律上生育与性、性与婚姻不可分离,父的身份根据与母的婚姻关系确定。此三条原理客观地反映了自然生殖的亲子规律,也是我国现行婚姻法和户政管理确认亲子关系的自然基础。但是,人工生殖的适用,打破了这些自然法则,使目前的亲子身份和户政管理无所适从。2015年上海闵行区人民法院公开审理了一起非法购买卵子后找人代孕诞下一对龙凤胎的抚养权纠纷案。[1] 案件中的丈夫因急病身亡,孩子的祖父母以孩子非女方亲生,与其无亲生血缘关系,并且未形成法律规定的拟制血亲关系,向法院诉请成为孩子的监护人。本案中,孩子为夫妻双方花高价非法购买卵子后找人代孕所生,女方非卵子提供者,因而不能形成生物学上的母亲;又非分娩的孕母,亦无法将两个小孩视为其婚生子女。那么,是否存在法律上的拟制血亲关系呢?我国婚姻法确认的拟制血亲,包括事实上形成抚养关系的继父母与继子女、继兄弟姐妹,很明显,本案不属于这种情形。那么,能否确认为收养关系呢?可根据法律规定,养父母子女关系的形成应当符合法律规定的条件,并办理收养登记手续。本案也不属于这种情形。据此可见,人工生殖技术不仅挑战了社会伦理常情,而且对现有的法律规定带来了冲击。

(二)亲属关系超时空,婚姻登记管理对近亲婚配疏漏难控

在传统法律意义上,亲属是因婚姻、血缘和收养而形成的一定成员间的社会关系,具有稳定的不可移转的时空界域。在自然生殖下,法律根据自然联结机制很容易把握亲属范围及其血缘系统,从而确立一整套科学合理的亲属制度。但人工生殖却在有意无意中改变了亲属的血缘纽带,使传统亲属制度难以接纳。据传媒介绍,苏联一女科学家用公元900多年前战死在西伯利亚的维系战士的精子(由于该处一向地冻天寒,所以尸体保存完好)做人工授精孕育出一个健康的男婴;南非有一名妇女借助技术手段为自己的亲生女儿充当"代孕母亲",结果替女儿生育出一个男孩。这两例的技术性推广,不仅提出了处于人工冷藏术控制下的精、卵元体及其胚胎是主体还是客体、是个人财富还是社会资源的论题,而且使人类个体乃至群体的血缘亲属关系不再受到特定时间、空间和辈分、年龄的限制。由此不可避免地形成近于混乱的扑朔迷离的亲属血缘关系,既使有关亲等、亲系和亲属范围、辈份、称谓、效力等现行亲属制度的基础性规则感到局促,又将近亲婚配置于两难的尴尬境地。

三、人工生殖合理使用的法律调控原则

人工生殖作为人类自身生产的历史性变革,其本身很难说是"善"还是"恶"。基于此,根据我国比其他任何国家具有更大的人工生殖临床适用的"市场"这一背景特点,应尽早进行

---

[1] 非法代孕产下龙凤胎:父亲离世后孩子母亲与祖父母争夺抚养权[EB/OL].[2015-11-16].http://test.thepaper.cn/newsDetail_forward_1397425.

有关人工生殖的行政立法,使之纳入规范化管理的使用轨道。就立法的总体构想来看应把握以下操作原则。

第一,专门行政机构核准登记原则。国家应以这些行政管理部门为依托,设立一个统一的专门管理机构负责审核、批准和监督用于严格控制该技术的应用。凡未经该主管机构核准登记,任何医疗单位和个人均不得擅用人工生殖技术,否则违者给予行政处罚。

第二,专项技术手段垄断的行政特许原则。即由专设的主管机构授权许可,指定可掌握和实施该项技术的特定医疗单位,原则上在一个行政区域内只能由一家医疗单位专门操作,并对操作人员进行统一的技术和职业道德上的培训考核,发给许可证书。

第三,有条件使用原则。现在和今后相当长时期,该生殖方式只能作为自然生殖之不足的补充或例外,是不得已情况下所实施的必要性医疗行为,这是考虑到人工生殖的初衷和医学目的。因此,为避免与现行婚姻管理、户政管理和计划生育相矛盾,对人工生殖在审核管理上必须给予严格的条件限制,统一规定人工生殖必须具备和应该禁止的各项要件,以期满足个体愿望和维护社会利益的双重需要。

第四,保护子女的原则。人工生殖以满足不能自然生育的夫妻的合理愿望为动因,以生育子女为目的和必然结果。由此有关子女的身份、地位和权益是人工生殖的核心问题,保护子女应作为其基本原则。而人工生殖技术又是非自然的拟制行为,自然生殖下的父母子女关系无法直接适用,所以在户政和计划生育管理上必须为此类亲子关系确立一套统一的规则。

第五,参与主体自愿合意原则。人工生殖属于合意性、和平性的协同行为,参与主体较多,动态关系复杂,法律后果涉及个人和民族切身的利害关系,因而在核准登记时不仅要求参与主体有完全的行为能力,而且应当自愿、合意。

第六,非商业化原则。人工生殖具慈善性、福利性医疗行为特点,不得带有任何商业盈利化的性质。为贯彻该原则,一方面,只能限定自愿捐赠提供精、卵、胚胎或代理孕母的行为,而不得进行商业上买卖行为,更不允许借此谋取不当利益;另一方面,医疗单位及其医务人员负责技术操作的应本着治病救人的医疗道德,在正常医疗事业的利益范围内尽力尽责开展这一业务,亦不得以此谋求商业营利。

第十章 收 养

第一节 收养概述

一、收养的概念和特征

（一）收养的概念

收养,是指自然人依照法律的相关规定,领养他人子女或孙子女作为自己的子女,从而在收养人与被收养人之间形成拟制血亲关系的一种民事法律行为。作为一种民事法律行为,收养行为产生具有法定权利义务为内容的关系,称之为收养关系。在该法律关系中,其核心的主体是收养人和被收养人,收养人为养父母,被收养人为养子女,二者之间形成法律拟制血亲关系。由于被收养人往往是未成年人,因此,作为一种民事法律行为,收养往往发生在收养人与送养人之间,即收养行为是收养人与送养人之间达成的一致的意思表示。特殊情况下,可以没有送养人,收养行为是收养人的单方意思表示行为。

收养形成法律拟制的血亲关系是亲属制度的重要组成部分。收养人与被收养人形成的养父母与养子女关系,构建其家庭成员关系。养父母与养子女之间形成亲属制度上的权利义务关系。

（二）收养的特征

收养是一种特定的民事法律行为,基于此而产生、消除特定的民事法律关系。因此,收养与国家收容、养育孤儿、弃婴是不一样的。国家收容养育或财政补贴从事收容、养育孤儿、弃婴的社会组织,是行政法的特定行为,体现了国家对社会和公民的保护责任,以及国家保障人权的责任。因此,收养与国家收容养育儿童是法律性质不同的行为,产生完全不同的法律关系。

收养作为一项民事法律行为,具有所有民事法律行为的共性,如其成立是基于当事人的意思表示,或者单方意思表示,抑或双方意思表示;其生效需要符合法定的条件;依法成立并生效的收养行为产生受法律保护的权利义务关系。除了这些共性以外,收养还具有不同于其他民事法律行为的特殊属性:

1. 收养是一种涉及身份关系的民事法律行为。收养与常见的一些民事法律行为不同,如合同是形成债权的民事法律行为,交付是形成物权法律关系的民事法律行为,而收养是形成身份关系的民事法律行为。收养形成养父母与养子女关系,而被收养人与自己的生父母之间的权利义务关系立即消除。作为一项重要的法律事实,收养形成一个身份关系的同时,消除了已经存在的另一个身份关系。这就是说收养行为确立与消除的都是一种亲属法上的身份关系,而不直接关涉财产关系。当然,收养消除的是法律上父母子女关系,并不能改变事实上的被收养者与其生父母、兄弟姐妹之间的血亲关系。这一事实,在其他制度中仍然具有法律上的意义,如婚姻法中直系血亲、三代以内旁系血亲之间禁止结婚,依然对被收养人有法律效力。

2. 行为主体与法律关系主体的不一致性

作为一项民事法律行为,收养的主体主要是收养人与送养人,而不是被收养人,因为作为被收养人通常是未成年人,没有行为能力,因而不能进行有效的意思表示,因此不能成为收养行为的主体。但是,作为收养行为所产生的收养关系,主体主要是收养人与被收养人之间的关系。尽管这一民事法律行为也会对送养人的权利义务产生影响,但主要是对其形成一种消极义务,即失去对被收养人的权利、解除其对被收养人的义务。真正形成积极权利义务关系的是收养人与被收养人。这与通常的债权法律行为、物权法律行为以及婚姻行为不一样,这些民事法律行为,行为主体与行为所产生的法律关系的主体往往前后是一致的。也就是说,收养行为为非行为者设定了权利义务,即被收养人的权利义务的产生是基于别人的意思表示,而不是基于自己的意志。

3. 收养关系主体的限定性

收养行为是亲属法上的行为,其用以创设身份关系。因此,收养只能发生在自然人之间,而排除法人与其他社会组织成为收养关系主体的可能性。同时由于直系血亲之间具有法定的亲属关系,因此无须通过收养来获得拟制血亲关系,因此,收养不可能也无必要发生在直系血亲之间。

4. 收养关系的法律拟制性

收养行为导致收养法律关系的产生,收养关系的权利义务内容归属于亲属法律关系。而亲属法律关系本身是人类基于血缘而发生的,是人类自然属性在法律制度上的确认。亲属关系的法律化本身是以人的自然血缘为基础的,它在人类不同的历史时期有着不同的权利义务内容。将收养关系中的权利义务归属到亲属关系中,是法律对收养关系进行拟制血缘的结果。因此收养所形成的养父母与养子女关系,也称为拟制血亲关系。就权利义务内容而言,拟制血亲关系与自然血亲关系并无本质区别。

5. 收养关系的可变性

作为民事法律行为之一的收养行为的法律效果,收养关系因收养行为所创立,从而形成法律拟制的血亲法律关系。尽管拟制血亲关系与自然血亲关系中的权利义务的内容,在本质上没有区别,但是毕竟拟制血亲关系是基于当事人的意愿而发生的,而非自然血缘的结果,因此各国法律都在一定程度上允许这种拟制的血亲关系在特定条件下可以解除。收养关系解除的原因,既可以是法定原因,也可以是基于收养法律关系主体的自愿。

二、收养制度的历史发展

(一)西方收养制度的发展历史

作为亲属制度的重要内容之一,收养制度源远流长。根据社会的历史发展形态,收养制度大概经历了以下几个阶段:

1. 古代社会的收养制度

在人类进入到父系氏族社会之后,人类逐步步入私有制,并演化为阶级社会。此时收养的目的主要在于家族之利益,为了确保私有财产在家族中的继承和维护家族的延续,收养制度解决了家族继承中最为重要的因素——继承人的存在。这也是家族得以延续的必要条件。

罗马人认为每个家庭应当至少有一个男孩,为的是家族的延续与财产继承,在罗马帝国时代,这种需求也为皇帝帝位的继承提供了解决途径,无子的罗马皇帝将帝位传于其养子。罗马法确认这种社会需求,对收养进行了完备的规定。罗马法中未成年人不具有法律上的人格,这就直接导致转让孩子是家父(pater familias)的一种法定权利。但是为了确保家族利益和社会等级,贵族收养平民,使得平民成为贵族,在共和国时代,是需要元老院批准的。古罗马的收养领养也是加强家族间联系和政治联盟的方法,因此,无须被领养者与原家族断绝关系。也正是因为收养具有解决这种家族利益与家族延续的作用,所以在古罗马,临死将孩子留给成年男子监护,不是收养。同样,在中世纪的欧洲,日耳曼法将收养视为被收养人加入另一个血族的重要途径。

2. 近代的收养制度

近代的收养制度,一方面受到资产阶级革命的影响,另一方面受到中世纪宗教法的影响。资产阶级革命将个人主义带入人类社会的思想库,个人利益超越家族利益,生养子女为了自身的物质利益与精神利益,而不再是为了家族利益。无子女的成年人收养子女为了晚年的依靠和精神上的慰藉。这在早期的资本主义国家的收养立法中,都体现了维护收养者的利益。从家族与宗族利益的藩篱中走出来,也受到中世纪宗教法的影响,中世纪宗教法已经基于其宗教精神打破家族与宗族的利益,而倾向于维护宗教的法统和保护当事人的利益。

3. 当代的收养制度

现代的收养制度已经从根本上改变了古代为了宗族利益与家族延续的目的。当西方社会在经历两次世界大战之际,由于大量儿童沦为孤儿,并随着西方开始对人权的重视,收养制度从维护收养者利益的立场转向保护儿童的合法利益,收养立法的主要目的是保护儿童。

(二)中国古代的收养制度

中国古代自出现私有制后,无论是奴隶社会还是封建社会,宗法制度是亲属制度中的核心。在以男性为中心的宗祧制度中,收养主要是收养男性儿童,目的在于继承宗祧、延续香火,维持家族的延续和家族私有财产在家族之内传续。这在本质上与以罗马法为代表的古代欧洲,并无二致。但中国更在意血亲关系,以立嗣为典型代表的收养制度,更加注重收养人与被收养人之间的血缘关系,以确保宗族的血族特征。

中国古代的收养,主要是"立嗣"和"乞养"两种形式。

1. 立嗣

立嗣,又称过继、过房,是为了传宗接代的目的,允许将与自己同宗且同辈份的他人的儿子收养为自己的儿子,以弥补自己没有儿子延续香火的问题。基于延续香火这一根本目的,中国古代的立嗣有着严格的限定:男子没有儿子才可以立嗣;立嗣必须是收养同宗同姓的晚自己一辈的男子,不得立女子为嗣,也不得立异姓为嗣;立嗣可以发生在生前,也可以发生在死后由妻子、父母或家长进行。这些严格的制度,都是为了保持血族、香火的延续。

2. 乞养

与"立嗣"的目的不同,"乞养"则是不具有血缘关系的人之间发生的一般的收养。乞养的目的在于抚养被收养之人,是基于怜悯之心而进行的,可以收养男子也可以收养女子。因此,在宗法制度之下乞养的法律效力低于立嗣。被立嗣之人在立嗣人去世之后,成为这一家庭的合法继承人,也是这一宗的传承人(即延续香火)。而乞养之下的被收养者成为义子或义女,但并不能获得继承财产的权利,尤其不能成为香火的延续者。

(三)中华人民共和国的收养制度

中华人民共和国成立以后,在废除旧法统的同时,也废除了中国传统的立嗣制度。早于1950年颁布的《婚姻法》确立了现代意义上的收养制度。该法明确规定,养父母与养子女之间的权利义务关系适用父母子女之间的关系,但是在一些重要制度上,如收养关系的成立、效力与终止,缺乏明确具体的规定。

改革开放以后,1980年颁布了新的《婚姻法》,并于2001年进行修正。从立法上进一步明确了养子女的法律地位,以及养子女与养父母之间的权利义务关系,并且也明确了养父母与生父母之间的权利义务关系。1991年我国颁布并于次年4月1日实施了《中华人民共和国收养法》(以下简称《收养法》)。1998年全国人大常委会通过《收养法》的修改决定,这一修改集中体现在适当放宽收养条件、统一收养程序、保护收养关系当事人尤其是保护被收养儿童的权利等方面。

总体而言,我国收养制度体现当代收养制度对于被收养儿童的权益保护的价值取向,也根据中国的特点,保证收养不得破坏计划生育国策与相关的法律制度。

第二节　收养制度的原则和意义

一、收养法的基本原则

作为民事法律制度的一个分支,收养法在制度上必须符合民法基本原则,也就是说,民法基本原则适用于收养法。由于收养制度在民法部门法中具有自己的特殊性,因此,它还具有自己特有的基本原则。收养法的基本原则,贯穿并适用于收养的立法、司法与守法活动之中。根据我国《收养法》以及收养关系的特殊性,收养法的基本原则包括五个方面。

(一)有利于未成年人成长原则

我国收养法的这一基本原则,并非是收养制度一开始就具备的。在我国历史上,收养制度很长一段时期内,都是为了家族的继承,而不是为了某个自然人的利益,既不是收养人的利益,也不是被收养人的利益,是为了整个家族能够得以继续,香火能够延续。

当代收养法首要原则是有利于未成年人成长原则。我国《收养法》第2条规定,收养应当有利于被收养的未成年人的抚养与成长。这意味着,未成年人的成长,是收养制度的重要价值取向。原因是未成年人,在法律上属于无行为能力的人或者是限制行为能力的人;在经济上是无或者缺少独立经济来源的人;在智力上是无或者缺少辨别和自我控制能力的人。因此,他们需要成年人抚养与帮助,也需要社会的帮助与关照。有利于未成年人的成长是收养法首要的价值取向。

这一原则对于收养法起指导作用。如我国《收养法》将未满14周岁的、丧失父母的,或者查找不到生父母的、生父母有特殊困难无力抚养的未成年人列为被收养的对象。原则上排除对14周岁以上的人进行收养(除非是收养同辈三代以内旁系血亲之子女);年满30周岁有抚养能力的人才能成为收养人。并且禁止借助抚养之名义进行买卖儿童的行为。这些重要制度都体现了有利于被收养未成年人的成长。

（二）保障被收养人和收养人的合法权益

虽然，通常被收养人是未成年人，是需要获得抚养以期健康成长的儿童；但是，收养关系也是民事关系之一，受到平等互利民法基本原则的支配。因此，被收养人与收养人双方的权益都要受到法律的平等保护，以实现收养关系中各自的权利与义务。收养关系形成拟制血亲关系、养父母与养子女之间的亲属权关系，双方的法定权利与义务必须得以实现，这就意味着双方的合法权益受到法律的保障。此外，《收养法》还规定，养子女成年后，存在虐待、遗弃养父母而解除收养关系的，养父母可以要求养子女赔偿收养期间所支出的生活费用和教育费用，这是对收养人权益的重要保障手段。

这一原则同样也体现在我国《收养法》的若干重要具体规则之中。如收养、送养年满 10 周岁以上儿童的，应当征得被收养人的同意；生父母送养的，应当父母双方共同送养；养父母与养子女间的权利义务关系，适用父母子女关系的规定等。这一基本原则打破了过继传统的习俗。在过继传统中，人们忽视了个人利益，将个人作为家族利益的工具而使用，过继制度中甚至无视收养人或被收养人的意愿。

（三）平等自愿原则

平等自愿的民法基本原则，也是收养法的重要基本原则。这一基本原则在收养制度中集中体现在以下三个方面：

一是收养人收养与送养人送养，须双方自愿。也就是说，收养关系的成立首先基于收养人与送养人之间的自愿和达成一致。

二是收养关系的解除也可以通过收养人与送养人自愿协商达成一致。法律上排除了一方欺诈、强迫、乘人之危等非平等自愿的行为。

三是如果被收养人是年满 10 周岁的未成年人，收养关系的成立与解除，都应当征得被收养人的同意。年满 10 周岁是限制行为能力人，在收养法中赋予其在收养、解除收养行为上的行为能力，体现了法律对被收养人意愿的尊重，以及平等地位的保护。①

（四）不违背社会公德原则

收养是发生在平等主体的自然人之间，直接关系到当事人的切身利益。同时，收养也关涉社会公共利益。这是因为其所涉及的人身关系，是社会道德领域中的重要事项，涉及社会基本价值观。因此，我国《收养法》第 2 条规定收养不得违背社会公德。这一原则在《收养法》中有以下体现：如通常只有在生父母没有能力抚养子女时，才可能送养子女；无配偶的男性收养女性的，收养人与被收养人之间必须相差 40 周岁以上；收养人不履行抚养义务，存在虐待、遗弃等侵害未成年被抚养人的行为的，送养人有权要求解除收养关系；养子女成年后，存在虐待、遗弃养父母而解除收养关系的，养父母可以要求养子女赔偿收养期间所支出的生活费用和教育费用等。

（五）不违反计划生育的法律、法规

实行计划生育是我国的基本国策，也是保障国家繁荣、人民生活幸福的重要政策。这一在宪法上得以确立，且已经通过大量法律法规予以具体制度化。因此，无论计划生育的具体

---

① 《民法总则》第 19 条规定：8 周岁以上的未成年人为限制民事行为能力人。《收养法》的规定以后也应相应修改。

实施方式如何,收养不得违反计划生育这一重要原则。虽然收养涉及自然血亲关系和拟制血亲关系,从而改变了父母子女关系,但利用收养规避计划生育义务,是不能被容许的。

我国《收养法》不仅在原则上要求收养不得违背计划生育,同时在相关制度上也予以保证。一是原则上,收养人应当为无子女者,除非收养孤儿、弃婴。二是送养人不得以送养子女为理由,违反计划生育的规定,超计划生育子女。如不能因为子女被送养,而生育多于2个子女。三是除非收养孤儿、残疾儿童或者社会福利机构抚养的查找不到生父母的弃婴和儿童,收养人只能收养一名子女。[①]

二、收养制度的意义

收养制度历史悠久,这是社会生活需要的一种制度应对。无论基于何种原因,在现实社会生活中父母子女关系的变化,使得不具有自然血亲关系的成年人与未成年人之间发生了事实上的父母子女关系,这些都需要获得法律的认可,以确保这种社会关系稳定与可靠。在当今的社会、经济、心理与文化背景下,我国收养制度具有以下几个方面的意义,而收养制度的意义恰恰就在于对收养的认可,从而使之获得法律效力而获得确定性与法律保障性。

(一)有利于被收养人成长的需要

从被收养人的角度来看,收养可以使丧失父母的孤儿、因特殊原因不能与父母共同生活的子女,在自己不能独立生活,需要抚养与教育的时候,获得养父母的培养与教育。这对于被收养人的儿童而言,无疑是其成长过程中最为重要的基础,可使被收养的儿童将获得养父母的抚养与教育,重新获得家庭的温暖,有利于其身心发育和健康成长。

(二)满足收养人心理与精神乃至经济需要

从收养人的角度来看,通过收养,使那些没有子女或丧失子女的人,在感情上得到慰藉,心理上得到满足,使养父母在晚年时老有所养,充分享受天伦之乐。尽管随着经济的发展,我国的养老日益脱离传统的"养儿防老"模式,而是通过现代社会保障体系来实现,但是受传统文化的影响,老人对子女在精神上的依赖是非常强烈的。因此,通过收养,收养人晚年能够实现在精神与经济方面的需求。

(三)减轻国家的经济负担、促进社会的安定团结

从行政管理与服务的角度来看,目前,由于我国经济尚不够发达,社会福利机构相对有限,国家财政还不能够对困难儿童提供充分的养育条件,而且即使能够在物质上提供充足的资金,也不能保证在精神上对困难儿童提供类似于父母的心理上的养育与慰藉。由于自然人之间天然的情感关系,是国家所无法解决的,收养却能够为儿童提供在情感上对父母的依恋、成年人对子女的抚爱之情,收养人年老后在精神上对子女的依赖,在较大程度上都可以获得实现。因此,公民之间的收养行为,可以减轻国家的经济负担,使包括经济、社会问题得到有效的解决,从而促进社会的安定团结。

(四)促进精神文明建设的需要

从社会的角度来看,收养制度是社会亲属关系中不可缺少的组成部分,任何类型的社会都需要有与其社会经济、文化和传统相适应的收养制度为其服务。通过收养,可以弘扬社会

---

① 在允许甚至是鼓励普遍实施二孩的计划生育政策背景下,《收养法》坚持只能收养1个孩子,是否妥当,有待探讨。

成员间相互扶助的道德风尚,实现幼有所育,老有所养的同时,促进人与人之间经济、精神上的互爱互助,形成和谐的家庭关系,对促进精神文明建设有着积极的意义。

第三节 收养关系的成立

一、收养关系成立的实质条件

收养关系必须依法成立,其成立要符合法律规定的实质性要件,其中包括被收养人、收养人、送养人以及收养行为等均符合法定条件,方可成立收养关系。

(一)当事人之间须达成合意

收养关系是基于收养行为而发生的法律关系,而收养行为并非单方民事法律行为,因此需要当事人之间就收养达成一致的意思表示。根据我国《收养法》的规定,收养人必须与送养人之间达成一致的,并且是真实自愿的意思表示,才可以成立收养。就自愿的意思表示一致而言,包括以下两个方面:

1. 收养人与送养人就收养协议达成完全自愿一致的意思表示。这一合意通过收养协议的形式表现出来,我国收养法要求通过书面形式达成协议。父母送养子女的,必须是夫妻双方自愿共同送养的,有配偶者收养子女的,必须是夫妻双方同意共同收养的。

2. 被收养人是年满 10 周岁的未成年人的,应当征得被收养人的同意。未满 10 周岁的,是限制行为能力的人,虽未成年,但已经具备一定的识别能力,可以进行与自己年龄和智力发展水平相当的民事活动。对于收养这种改变生活环境、对生活发生剧烈变化的情形,其应当具有识别能力,并且又涉及其切身重大利益,因此应当征得其同意,方成立收养关系。

(二)收养人的条件

根据 1998 年《收养法(修正案)》第 6 条的规定,收养人应当同时具备下列条件:

1. 无子女。"无子女"是指作为收养人的夫妻一方或双方无生育能力而没有子女,或虽有生育能力但夫妻不愿生育子女,或夫妻所生育的子女已死亡而导致没有子女。"无子女"的限制性规定,也意味着收养人只能收养一个子女。《收养法(修正案)》第 8 条对此也作出明确的规定,虽然已经不符合现行普遍二孩的计划生育政策,[①]但是,根据《收养法》,收养人收养孤儿或者残废儿童或者社会福利机构抚养的查找不到生父母的弃婴和儿童,可以不受收养无子女和收养 1 名的限制。

2. 有抚养教育被收养人的能力。收养的主要目的在于使未成年的被收养人能够健康成长,这是当今收养法的基本价值取向。因此,收养人应当具备抚养教育被收养人的能力。这种"抚养教育能力"要求收养人:首先应当是完全民事行为能力人,否则不具备抚养、教育被收养人的法律条件;同时在经济条件、道德品质、身体素质上也应符合具有抚养教育被收

---

① 1991 年《收养法》制定、1998 年《收养法》修改之时,我国计划生育政策,原则上是夫妻双方一般只能生育一胎小孩。为防止当事人借收养规避法律,要求收养人必须无子女。这里的"子女"是指包括婚生子女、非婚生子女、养子女,以及与继父母形成事实抚养关系的继子女。当然在当前实施普遍二孩计划生育政策的背景下,无子女的条件不能与新的计划生育政策相适应。

养人的实际条件。道德品质恶劣、好逸恶劳、自身不能维持生活的人,根本不具备保证被收养人的健康成长的基本条件,当然不能作为收养人。

3. 年满 30 周岁。在《收养法》未修改之前,要求收养人的最低年龄是 35 周岁,1999 年修改《收养法》后,为年满 30 周岁。夫妻共同收养子女的,夫妻双方均应达到年满 30 周岁。各国都对收养人的年龄进行必要的限制,如法国为 28 岁,英国更小,为 21 岁。对收养人年龄的规定,是基于稳定收养关系和便于收养人抚养被收养人的考虑。收养人达到一定年龄时,也具备了足够的经济来源和精力,有利于抚育被收养人。

我国立法规定收养人的最低年龄是比较大的,这是基于被收养人的抚养能力及计划生育原则的考虑。生育能力的缺陷有永久性和临时性之分,达到一定年龄而未生育的夫妻,在经确诊无生育能力之时,才会产生更为强烈的收养他人子女的心理需求,才能对所收养的子女更加疼爱;同时,既已明确无生育能力,就不可能在收养他人的子女后再生育自己的子女,也有利于计划生育原则的贯彻执行。

4. 未患有医学上认为不应当收养子女的疾病。收养人患有精神疾病或其他严重疾病,直接影响被收养子女的健康成长,这与当代收养制度的价值取向,即为了被收养人的健康成长不相符合。因此,世界各国普遍对收养人的疾病有限制性规定。同时,患有精神疾病或其他严重疾病的,多数丧失劳动能力,没有相应的经济来源,难以为被收养人的健康成长提供良好的环境和条件。

5. 其他条件。如《收养法(修正案)》第 9 条规定:"无配偶的男性收养女性的,收养人与被收养人的年龄应当相差四十周岁以上。"这一规定在于防止出现违反社会公德的事件。该法第 10 条规定:"有配偶者收养子女,须经夫妻共同收养。"这是为了收养关系的稳定,保证被收养者获得一个稳定的家庭环境,以利于被收养者的健康成长。

(三)送养人的条件

我国《收养法》确立了三大类送养人,不同类型的送养人,法律要求的条件有所不同。

1. 生父母作为送养人时,应当满足下列条件:

(1)有特殊困难无力抚养子女。抚养未成年子女是父母应尽的法定义务,但是,生父母因疾病、残障、经济困难或其中一方死亡等原因无法履行抚养义务的,为了让子女健康成长,可以"特殊困难无力抚养子女"为由送养子女。

(2)生父母送养子女的,须双方共同送养。即使是父母已离婚的子女或非婚生子女,也必须由生父母协商同意后共同送养。但是,生父母一方下落不明或查找不到的,可以单方送养。

(3)生父母一方死亡的,生存一方要求送养未成年子女时,死亡一方的父母(即未成年子女的祖父母或外祖父母)有优先抚养的权利。

(4)生父母不得以送养子女为理由违反计划生育规定再生育子女。

2. 生父母以外的监护人送养孤儿时,应当满足下列条件:

(1)未成年人的生父母均已死亡时,监护人送养孤儿的,应征得有抚养义务的人的同意。根据我国《民法总则》第 27 条的相关规定,未成年人的父母已经死亡或者没有监护能力的,由下列有监护能力的人按顺序担任监护人:祖父母、外祖父母;兄、姐;其他愿意担任监护人的个人或者组织,但是须经未成年人住所地的居民委员会、村民委员会或者民政部门同意。《民法总则》中删除了《民法通则》第 16 条中关于"未成年人的父、母所在单位"的规定。因此,以上监护人送养未成年孤儿时,应征求有抚养义务的人的同意。有抚养义务的人是指有负担能力的祖父母、外祖父母和成年兄姐。有抚养义务的人不同意送养,监护人不愿意继续履行监护职责的,按照《民法总则》与《民法通则》的相关规定变更监护人。

(2)如果未成年人的父母都不具备完全民事行为能力,那么,该未成年人的法定监护人不得将其送养。除非未成年人的父母对其有严重危害可能的,才有可能允许法定监护人将其送养。

(3)社会福利机构作为送养人。社会福利机构是指民政部门设立的专门收容、抚养父母已经死亡的、其他亲属无力抚养的孤儿以及查找不到生父母的弃婴、儿童的社会组织。符合法定条件的收养人,可以到社会福利机构收养未成年人。我国《收养法(修正案)》没有明确规定社会福利机构作为送养人时的资格条件。根据 1999 年 5 月 25 日颁布的《中国公民收养子女登记办法》(以下简称《收养登记办法》)第 3 条的规定,收养社会福利机构的未成年人需要登记;第 6 条规定,社会福利机构作为送养人的,应向收养登记机关提交有关证明,并且办理收养登记手续。

(四)被收养人的条件

被收养人应具备以下条件:

1. 应是不满 14 周岁的未成年人。《收养法》确定被收养人年龄的上限,目的在于稳定所建立的收养关系。虽然我国《民法通则》以 10 周岁,《民法总则》则规定 8 周岁作为划分限制民事行为能力人与完全没有民事行为能力人的年龄界限,但是通常不满 14 周岁的儿童,本身不具备独立生活能力,需要他人的抚育,而且到其可能能够独立生活的最早年龄 16 周岁还有 2 年以上的时间,也容易与收养人建立亲密的父母子女感情。所以,我国《收养法》规定被收养人必须是未满 14 周岁的未成年人。

2. 不能得到生父母的抚养。被收养人不能得到生父母的抚养,才需要他人收养。这些人包括:一是丧失父母的孤儿。《收养法(修正案)》所称的孤儿是指其父母死亡或人民法院宣告其父母死亡的不满 14 周岁的未成年人。二是查找不到生父母的弃婴和儿童。作为被收养的弃婴和儿童是指依法经公安机关查找后确认查找不到生父母的被遗弃的婴儿和儿童。三是生父母有特殊困难无力抚养的子女。生父母因疾病或其他原因而造成经济上、身体上、精神上无力抚养子女的,这些子女才能成为被收养人。

此外,《收养法(修正案)》还规定了特殊情况下的变通:

其一收养三代以内同辈旁系血亲的子女的,可以不受下列三个条件的限制:被收养人的生父母有特殊困难无力抚养子女;无配偶的男性收养女性的,收养人与被收养人的年龄应当相差 40 周岁以上;被收养人可以为年满 14 周岁的未成年人。华侨收养三代以内同辈旁系血亲的子女还可以不受计划生育的限制,即不受无子女这一条件的限制。

其二收养孤儿、残疾儿童或者社会福利机构抚养的查找不到生父母的弃婴和儿童的,不受收养人无子女和收养 1 名子女的条件的限制。

其三继父或者继母经继子女的生父母同意,可以收养继子女不受下列条件的限制:被收养人的生父母有特殊困难无力抚养子女;收养人无子女、有抚养教育被收养人的能力、未患有在医学上认为不应当收养子女的疾病、年满 30 周岁;以及被收养人不满 14 周岁;只能收养 1 名子女。之所以对继父母收养继子女大幅放宽条件,是因为继父母与继子女已生活在一个家庭之中,关系更加密切。同时鼓励继父母收养继子女,有利于家庭稳定,促进家庭和谐。

二、收养关系成立的形式要件

收养关系的成立,不仅需要符合实质要件,还需要符合形式要件。

就我国《收养法(修正案)》的规定而言,首先,收养关系的成立必须有书面收养协议;其次,收养必须经过行政登记。可见收养关系成立的形式要件包括书面协议和行政登记。

关于收养关系成立的法定方式,有的国家采取司法程序,如法国、德国、英国、美国等国;有的国家采取行政程序,如日本、瑞士等国。根据我国《收养法(修正案)》和《收养登记条例》的规定,收养关系自登记之日起成立,因此我国也是采取行政登记程序。行政登记成为收养关系成立的必要条件,主要包括以下几个方面的要求:

(一)须在法定的收养登记机关进行登记

我国《收养法(修正案)》第15条规定,收养应当向县级以上人民政府民政部门登记。因此,县级以上人民政府的民政部门是收养的登记机关。根据《收养登记条例》《外国人在中华人民共和国收养子女登记办法》(以下简称《外国人收养登记办法》),民政部门对收养登记的管辖,有以下五种不同情形:

1. 收养社会福利机构抚养的查找不到生父母的弃婴、儿童和孤儿的,在社会福利机构所在地的收养登记机关登记。

2. 收养非社会福利机构抚养的查找不到生父母的弃婴和儿童的,在弃婴和儿童发现地的收养登记机关办理登记。

3. 收养生父母有特殊困难无力抚养的子女或者由监护人监护的孤儿的,在被收养人生父母或者监护人常住户口所在地(组织作监护人的,在该组织所在地)的收养登记机关办理登记。

4. 收养三代以内同辈旁系血亲的子女,以及继父或者继母收养继子女的,在被收养人生父或者生母常住户口所在地的收养登记机关办理登记。

5. 外国人收养中国公民的,在送养人户籍所在地或送养社会福利机构所在地的省级人民政府的民政部门进行登记。

(二)依法定程序进行登记

收养是要式法律行为,因此收养关系的成立在形式要件上,还需要依照法律规定的程序与方式进行登记,方可成立。收养的法定程序包括三个环节:

1. 申请

收养关系的成立是需要法律关系当事人的申请的。从行政法理论的角度来看,收养登记属于依申请的行政确认行为。因此,必须有收养关系当事人的申请,方成立法律上的收养关系。当事人除了向登记机关提交收养申请书之外,根据《收养登记办法》的规定,申请人还需要提交法定的材料,申请方可被接受。这些材料分以下几个方面:

第一,收养人须提交的材料。收养人的居民户口簿和居民身份证;同收养人所在单位或者村民委员会或者居民委员会出具的本人婚姻状况、有无子女和抚养教育被收养人的能力等情况的证明;县级以上医疗机构出具的未患有在医学上认为不应当收养子女的疾病的身体健康检查证明。

收养查找不到生父母的弃婴、儿童的,还应当提交收养人经常居住地计划生育部门出具的收养人生育情况证明；其中收养社会福利机构抚养的查找不到生父母的弃婴、儿童的，收养人还应当提交经常居住地计划生育部门出具的无子女的证明、公安机关出具的捡拾弃婴或儿童报案的证明。

收养继子女的，可以只提供居民户口簿、居民身份证和收养人与被收养人生父或者生母结婚的证明。

第二，送养人须提交的材料。所有类型的送养人都需要提交：(1)相关身份证明，即自然人的居民户口簿和居民身份证，组织作监护人的要提交其负责人的身份证件；(2)《收养法》规定送养时应当征得其他有抚养义务的人同意的，并提交其他有抚养义务的人同意送养的书面意见；(3)被收养人是残疾儿童的，应当提交县级以上医疗机构出具的该儿童的残疾证明。

此外，不同类型的送养人，还需要提交不同的材料：生父母为送养人的，应当提交与当地计划生育部门签订的不违反计划生育规定的协议；有特殊困难无力抚养子女的，应当提交其所在单位或者村民委员会、居民委员会出具的送养人有特殊困难的证明。其中，因丧偶或者一方下落不明由单方送养的，应当提交公安机关出具的或者经过公证的与收养人有亲属关系的证明。

社会福利机构为送养人的，应当提交弃婴、儿童进入社会福利机构的原始记录，公安机关出具的捡拾弃婴、儿童报案的证明，或者孤儿的生父母死亡或者宣告死亡的证明。

监护人为送养人的，应当提交实际承担监护责任的证明，孤儿的父母死亡或者宣告死亡的证明，或者被收养人生父母无完全民事行为能力并对被收养人有严重危害的证明。

2. 审查

根据《收养登记办法》的规定，收养登记机关收到收养登记申请书以及相关材料后，依法进行审查。审查期限是 30 日之内。对符合《收养法》规定条件的，为当事人办理收养登记，发给收养登记证；对不符合《收养法》规定条件的，不予登记，并对当事人说明理由。审查的目的主要在于：收养申请人是否符合法律规定的条件，收养的目的是否合法正当；被收养人与送养人是否符合法律规定的条件以及收养关系当事人收养、送养的意思表示是否真实、自愿。

3. 登记

对于符合收养法律规定条件的，收养登记机关应当予以登记确认，并为收养人颁发收养证。收养关系自登记之日起成立。但是对于收养查找不到生父母的弃婴、儿童的，收养登记机关应当登记前公告查找其生父母。自公告之日起满 60 日，弃婴、儿童的生父母或者其他监护人未认领的，视为查找不到生父母的弃婴、儿童。公告期间不计算在登记办理期限内。

三、涉外收养关系的特殊规定

1. 外国人在中国收养未成年人的，应遵守我国《收养法》的规定，同时需要获得本国法律的同意。这意味着外国人收养中国未成年人需要遵守两个国家相关法律的规定。[①] 我国

---

① 我国《涉外民事关系法律适用法》第 28 条规定：收养的条件和手续，适用收养人和被收养人经常居所地法律。收养的效力，适用收养时收养人经常居所地法律。收养关系的解除，适用收养时被收养人经常居所地法律或者法院地法律。

法律对此作出规定,在于保护我国未成年人。如果得不到收养人所在国法律的认可,那么收养关系在收养人国家得不到法律保护,未成年人的利益就难以获得保障。

2. 外国人收养中国未成年人作为子女的,必须查明外国人的身份,其中包括年龄、婚姻、职业、财产、健康、有无受过刑事处罚等相关信息,外国收养人必须提供关于这些信息的证明材料。这些材料应当经其所在国外交机关或者外交机关授权的机构认证,并经中华人民共和国驻该国使领馆认证。

3. 外国人收养中国未成年人,需要在送养人所在地的省级民政部门办理收养登记,登记也是收养生效的条件。

第四节　收养的效力

一、有效收养的法律效力

通常意义上的"收养"具有两层含义:一是收养行为;二是收养关系。作为法律行为意义上的收养,其效力就在于引起收养民事关系的产生。在此我们讨论的是收养关系的法律效力,也就是合法成立的收养法律关系,即在当事人之间所发生的具有法律约束力的权利义务关系,以及法律上所承认与保护的相关当事人的法律地位。通常收养分为完全收养和不完全收养两大类,它们的法律效力是不一样的。但是我国现行的收养本质上是完全收养,而不承认不完全收养。[①] 因此我国法律上的收养,在法律效力上是单一的。

根据我国《婚姻法》第 26 条、《收养法(修正案)》第 23 条的规定,收养关系受法律保护,养父母与养子女之间的关系在法律上等同于生父母子女之间的关系;而养子女与其生父母的父母子女关系因收养关系的成立而解除。这就是说,养子女只能与一方父母保持父母子女关系,要么是与养父母,要么是与生父母,不能同时与养父母、生父母之间保持父母子女关系。这也体现在收养关系的解除上,一旦与养父母解除收养关系,自动与生父母恢复父母子女关系。因此,有效的收养关系产生两个方面的效力:一是拟制效力;二是解除效力。前者就是通常有效的收养关系产生拟制血亲效力,后者即为解除被收养人与其生父母之间的父母子女关系的效力。

(一)养父母与养子女之间的拟制血亲效力

我国《婚姻法》第 26 条、《收养法》第 23 条第 1 款的规定,都是旨在表明,合法有效的收养行为,使得收养人与被收养人之间产生的法律关系等同于生父母子女之间的法律关系。

根据我国《婚姻法》的相关规定,养父母与养子女之间具有亲生父母子女的权利与义务关系:养父母对养子女有抚养、保护、教育的义务,养子女成年后对养父母负有赡养、扶助的义务。根据《继承法》的规定,养子女属于养父母的第一顺序的法定继承人,享有如同子女一样的继承权。同样养父母也是养子女的第一顺序的法定继承人,享有如同亲生父母对亲生子女的继承权。

---

① 有理论认为我国婚姻继承制度上规定的存在实践抚养、赡养关系的继子女与继父母之间具有法定的继承权,实乃一种不完全收养关系。只不过没有在收养制度中予以确认罢了。

养父母与养子女之间的亲属权关系,也表现在姓氏的使用上,即养子女随养父、养母的姓。但是,基于民事关系的平等自愿原则,如果经过当事人各方协商一致,被收养人也可以保留原姓。

(二)养子女与养父母近亲属之间的拟制血亲效力

合法有效的收养关系,在法律上形成养子女与养父母之间的家庭亲属权关系,即在法律上养子女成为养父母的家庭成员。因此,养子女也就自然与养父母的近亲属之间产生实际上的亲属关系。我国《收养法(修正案)》第23条规定,养子女与养父母的近亲属之间的权利义务关系,适用于法律关于子女与父母的近亲属关系的规定。这就将实际上形成的养子女与养父母的近亲属之间的关系,比照子女与父母近亲属之间的法律关系。实际上是养子女与养父母关系在法律上基于亲属权关系的延伸。

具体而言,养子女与养父母近亲属之间的法律关系,体现在以下几个方面:

1. 养子女与养父母的父母之间,构成祖孙之间的法律关系,相互之间的权利义务关系与血亲祖孙关系相同;

2. 养子女与养父母的子女之间形成法律上的兄弟姐妹关系;

3. 养子女成年之后,养子女的子女与收养人之间形成祖孙关系。

上述关系的法律属性,决定了其继承关系同样适用基于血亲父母子女而发生的继承关系,即养兄弟姐妹之间、养祖父母与养孙子女之间、养外祖父母与养外孙子女之间为第二顺序的法定继承人。养孙子女、养外孙子女可以代位继承养祖父母、养外祖父母的遗产。

二、有效收养关系的解除效力

合法有效的收养关系,不仅形成养子女与养父母之间的父母子女关系,也具有解除被收养人与其生父母之间基于血亲而发生的法律上的父母子女关系。有效收养的这一解除效力是解除被收养人与其生父母之间的法律上的权利义务关系,而并不改变客观的自然血缘关系事实。由于我国的收养是完全收养而没有不完全收养制度,因此养子女与生父母及其近亲属之间法律上的权利义务关系,基于收养而被解除。在域外实行不完全收养制度中,养子女与其生父母及其近亲属之间仍然保留法定的权利义务关系。有效收养的解除效力主要体现在以下两个方面:

一是解除了被收养人与生父母之间法定的父母子女关系。双方之间不再存在法律上抚养与赡养关系,继承法上的相互间的继承权也不存在。但是,客观的血缘事实是不能被改变的,因此《婚姻法》中关于禁止直系血亲婚姻的制度仍然适用。

二是解除被收养人与生父母方其他近亲属之间法律上的权利义务关系,相关的继承权关系也不存在。但是客观的血缘事实并不能被法律所改变,禁止直系血亲和三代以内旁系血亲之间的婚姻制度,依然适用。

值得注意的是,我国法律规定继父母与继子女之间如果存在事实上的抚养、赡养关系,也可以产生相互之间的继承权。这一规定实际上是一种类似于国外的不完全收养关系,这种关系不具有解除效力,即不解除继子女与自己亲生父母之间的父母子女关系。

三、无效收养行为及其法律后果

（一）无效收养行为的概念和原因

所谓无效收养行为，是指已经成立的收养行为，因为缺少法律规定的合法要件，而在当事人之间不发生收养的法定效力的收养行为。我国《收养法（修正案）》第 25 条第 1 款规定："违反《中华人民共和国民法通则》第五十五条和本法规定的收养行为，无法律效力。"导致收养行为无效的主要原因包括以下几个方面：

1. 欠缺收养民事法律行为所必需的有效要件

根据《民法通则》第 55 条的规定，这其中又包括：

第一，行为人不具有相应的民事行为能力的收养。收养是一项重要的民事法律行为，收养人与送养人都应当具有完全的行为能力。收养方或送养方是夫妻收养或送养的，至少夫妻一方具有完全行为能力，有完全行为能力的一方作为限制行为或无行为能力的另一方法定代理人，可以进行收养行为。如果收养方或送养方的夫妻都是限制行为能力人或无行为能力人，那么，所进行的收养行为是无效的。至于被收养人，由于收养行为本身就是收养无民事行为能力或限制行为能力的儿童，因此，无须被收养人具有民事行为能力。

第二，有关当事人意思表示不真实的收养。意思表示真实是民事法律行为有效的必要条件之一，但是意思表示不真实，并不一定导致民事法律行为一定无效，意思表示不真实的民事法律行为有两种可能：一是无效；二是可撤销。但是我国《收养法（修正案）》只规定了单一的无效收养，而没有可撤销的收养的规定。任何原因（如胁迫、欺诈等）导致关于收养不真实的意思表示，其形成的收养都无效。

第三，违反社会公共利益的收养。任何违反社会公共利益的民事法律行为都是无效的，收养也不例外。

第四，违反法律强制性规定的收养。除了《收养法》的强制性规定外，违反其他法律的强制性规定也是无效的。如以收养的形式进行买卖儿童的，是无效的，因为其违反了《妇女儿童权益保护法》《刑法》等法律的强制性规定。

值得注意的是，《民法总则》关于法律行为无效的规定，与《民法通则》第 55 条的规定，不尽相同。未来在法律实践中，《收养法》以《民法通则》第 55 条为依据来判定收养行为的有效性问题，显然是不够的。因此，将来有必要对《收养法》第 25 条进行修改。

2. 违反《收养法（修正案）》规定的收养

《收养法（修正案）》对收养进行了实质性有效要件的规定，违反这些规定，导致收养行为无效。其包括：违反计划生育的收养；单身男性收养的女性儿童并非是同辈分的三代以内旁系亲属的子女，而年龄相差小于 40 岁的等。

3. 不符合法定形式要件的收养

对于没有书面形式、送养协议而言是毫无疑问的。但是对于收养是否登记导致有效与否值得商榷。根据《收养法（修正案）》以及《收养登记办法》的规定，没有进行合法登记的收养行为不产生法律上的收养关系。所谓不产生收养关系，实际上是指不产生法律认可的、保护的收养关系，即不产生收养法律关系，而并不意味着当事人不形成事实上的养父母养子女关系。与常见的其他类型的民事法律行为进行比较，如典型的民事合同，没有经过法律所要求的登记，合同不能生效，而非无效。未经登记的收养也是如此。

（二）收养无效的确认程序

根据我国现行的法律实施机制,确认收养无效通过两种法定程序进行:一是民事诉讼方式;二是行政确认程序。

在司法审判实践中,依照民事诉讼程序确认收养无效有两种方式:一是当事人或者是相关利害关系人提出的确认收养无效之诉,由人民法院通过判决来确认收养无效;二是人民法院在审理有关案件的过程中发现存在无效收养行为,在有关的判决中确认收养无效。无论自然血亲关系,还是通过收养而形成的拟制血亲关系,都是赡养、抚养、监护、继承等案件的前提,因此,在解决有关案件时,是完全有必要也有可能对收养的有效与否予以确认。

确认收养无效的行政程序的法律依据是《收养登记办法》,其规定收养登记机关发现当事人登记时弄虚作假,通过欺骗方式骗取收养登记的,应当宣布该项收养登记无效,并撤销收养登记、收回《收养登记证》。这一规定确认了行政机关的行为是依职权进行的行政行为,对于此,有关当事人可否有权提出行政诉讼,并无明确的规定,但根据2015年修改的《行政诉讼法》,应当属于受案范围。

此外,登记机关是否可以根据相关当事人的申请,对已经登记的收养关系进行审查,以确认收养无效,缺少明确的法律规定。

（三）无效收养行为的法律后果

从一般的法理学逻辑来看,法律行为是产生法律关系的重要原因,合法有效的法律行为引起有效的法律关系的产生、变更和终止,而无效的法律行为则不能引起法律关系的产生、变更或终止。因此,无效收养最重要的也是最基本的法律后果就是,不能在实际收养人与被收养人之间产生法律上的父母子女关系,被收养人与生父母之间的法律上的父母子女关系不得解除。也就是说无效收养在法律上并不改变任何亲属法律关系。

根据《收养法（修正案）》第25条第2款的规定,收养行为被人民法院确认无效的,自行为开始时就没有发生法律效力。这意味着无效收养一旦被确认,行为自始不发生法律效力。虽然没有规定行政登记机关确认收养无效的开始时间,但应当视为与诉讼方式一致,也是自始无效。

第五节 收养的终止

收养法律关系基于收养行为而发生,也会因为法律规定的原因而终止。收养关系的终止,主要包括两个方面的原因:其一是主体一方的不存在（死亡）而自然终止,因为收养关系是与人身密切相关的人身权关系,当主体一方或双方都不存在,那么法律关系自然终止;其二是收养关系依法解除。

当事人的意愿是解除民事法律关系的常见方式之一。收养关系本质上是基于意思自治而发生的,但收养关系却并不能遵循意思自治原则,完全通过协议自由地解除。这是因为收养关系而形成的身份关系涉及未成年人的保护。不同的国家对于收养的解除,规定不完全一致。有的国家采取禁止主义立场,即不允许通过协议来解除收养关系,如葡萄牙、阿根廷、玻利维亚等;有的国家是部分禁止主义,如法国禁止解除完全收养关系、有条件地解除不完全收养关系;有的国家的立法则是有条件允许当事人通过协议来解除收养,如日本规定当出现被收养关系中的他方恶意遗弃、有其他难以继续收养的重大理由的,可以提起解除收养关系之诉。总体上,国外的收养关系的解除都是不能完全依据意思自治原则自由进行。我国《收养法(修正案)》的规定独具特色,采纳了完全的意思自治原则,规定了两种可以解除收养关系的原因都是依当事人的意志而发生收养关系的解除:一是收养关系当事人双方的协议而解除;二是收养关系当事人一方的要求而解除。

一、依当事人协议解除收养关系

根据《收养法(修正案)》第 26 条第 1 款的规定,收养人与送养人可以通过达成协议而解除收养关系,但养子女年满 10 周岁的,要征得其本人同意。这一规定完全是意思自治的运用。被收养人是无民事行为能力人,收养人与送养人达成一致即可;被收养人是限制行为能力人或完全民事行为能力人,则在三方之间达成一致意见。再者,根据《收养法(修正案)》第27 条的规定,如果收养人与成年被收养人之间达成解除收养关系的协议的,收养关系则解除,无须送养人的同意。这也体现了自愿原则,毕竟收养关系的直接当事人是收养人与被收养人,当双方都是完全行为能力人,无须第三方的同意。可见,我国的立法例是采取完全的意思自由主义原则,并不要求任何实质性的法律条件。协议解除收养关系,应当同时通过协议的方式一并解决财产和生活等问题。

如同收养成立一样,解除收养的协议,也需要通过办理登记,方生法律效力。《收养法(修正案)》第 28 条对此作了规定。登记机关对解除收养的协议进行审查,对符合条件的,为收养关系当事人办理"解除收养关系登记",并收回《收养登记证》,发放解除收养关系证明。

二、依当事人一方申请解除收养关系

收养关系依当事人一方的要求而解除,是指一方要求解除收养关系而另一方不同意的,或者双方同意解除收养关系,但在财产和生活问题上发生争议而不能通过协议解除收养关系的,一方可以起诉至法院,通过诉讼程序解除收养关系。根据我国《收养法(修正案)》第17 条的规定,养父母与成年养子女关系恶化,无法共同生活的,可以协议解除收养关系。不能达成协议的,可以向人民法院起诉。法院在审理过程中,可以通过调解的方式解决纠纷;调解不成,通过判决形式解除收养关系以及相关的财产纠纷。

依据当事人双方或一方意志而解除收养关系的立法体例,充分体现私法自治的同时,实际上也存在一些弊端。这种弊端主要体现在对未成年被收养人的保护不利。协议解除是基于送养人与收养人之间的协议。当送养人是社会组织时,实际上很难保证未成年被收养人的利益。社会组织一旦进行了送养,实践中很少对被收养人的生活状况进行跟踪,这一方面法律没有要求,另一方面作为送养人的社会组织进行跟踪的确有困难。而申请进行解除的收养关系,由于未成年人行为能力的原因,导致其不能直接在法律上行使请求权。如此一来,当社会组织送养的未成年被收养人在收养过程受到不公正的待遇而不适合继续被原收养人收养时,收养关系难以解除。实践中,被收养的孤儿逃离收养的家庭并不罕见,解除收养关系制度的缺陷期待完善。

三、收养关系解除的法律后果

（一）拟制血亲关系终止

无论是通过何种方式解除收养关系，自解除之日，养父母子女关系终止。伴随着养父母子女关系的终止，以此为基础的其他法律关系也终止，如被收养人与养父母的亲属之间的亲属权关系、继承权关系等终止，但并不意味着养父母与养子女之间不存在任何民事权利义务关系。

（二）自然血亲关系恢复

收养关系解除后，养子女与其生父母之间的父母子女关系自行恢复。也就是说并不需要特殊法律方式，无须特定的法律程序，与养父母解除了收养关系的养子女，其与生父母之间的法律上的父母子女关系自然恢复。与生父母之间的父母子女关系的自行恢复，也意味着以父母子女关系为基础的其他关系也得以自行恢复，如养子女与血亲祖父母、外祖父母之间的亲属权关系与继承权关系。

通常通过双方协议的方式达成的解除抚养关系的，相关的财产问题在协议中一并解决，而关于财产问题达成的协议具有法律效力，相关当事人应当履行。如果收养关系协议解除以后，发生一方或双方当事人不依照协议履行相关的财产交付，则可以通过诉讼方式来强制实现协议。

依当事人一方申请而解除收养关系，一经解除，即意味着收养人与被收养人之间的父母子女关系依法终止。但是这并不意味着双方之间所有的权利义务关系都不复存在。根据《收养法（修正案）》第30条的相关规定，收养关系解除后，经养父母抚养的成年养子女，对缺乏劳动能力又缺乏生活来源的养父母，应当给付生活费。这意味着，即使养父母子女关系因为收养关系解除而终止，但是在养父母缺少生活来源的情况下，成年养子女依旧对其承担部分赡养义务。

此外，如果是因为养子女成年后虐待、遗弃养父母而解除收养关系的，养父母可以要求养子女赔偿在被收养期间支出的生活费和教育费。这也是解除抚养关系之后，基于之前的抚养事实而发生的权利义务关系。

第十一章　其他家庭成员关系

我国《婚姻法》第 28 条规定："有负担能力的祖父母、外祖父母,对于父母已经死亡或父母无力抚养的未成年的孙子女、外孙子女,有抚养的义务。"《婚姻法》第 29 条规定："有负担能力的兄、姐,对于父母已经死亡或者父母无力抚养的未成年的弟、妹,有扶养的义务。"这一规定,确定了我国其他家庭成员关系的范围。因而,《婚姻法》所规定的家庭关系,不仅有夫妻关系和父母子女关系,还包括祖孙关系和兄弟姐妹关系。祖孙关系是祖父母(外祖父母)与孙子女(外孙子女)间的权利义务关系,兄弟姐妹关系是兄弟姐妹间的权利义务关系。同时,我国婚姻法明确了祖孙和兄弟姐妹相互间的权利和义务所需的具体法律条件。

第一节　祖孙关系

一、祖孙关系的确立

祖孙关系,是指祖父母、外祖父母与孙子女、外孙子女之间的关系。

按照《婚姻法》的规定,在祖孙关系中,相关亲属的范围包括:祖父母、外祖父母,即孙子女、外孙子女父母的父母。从孙子女、外孙子女的父母角度界定,祖父母、外祖父母包括:孙子女、外孙子女父母的生父母、养父母、形成抚养关系的继父母。

祖父母、外祖父母的子女,即孙子女、外孙子女的父母。从祖父母、外祖父母的子女角度界定,祖父母、外祖父母的子女包括:祖父母、外祖父母的生子女、养子女、形成抚养关系的继子女。

孙子女、外孙子女,即祖父母、外祖父母子女的子女。从祖父母、外祖父母的子女角度界定,孙子女、外孙子女包括:祖父母、外祖父母的生子女的生子女、养子女;养子女的生子女、养子女;形成抚养关系的继子女的生子女、养子女。

应当注意的是,继父母与其继子女之间因抚养关系形成而产生了父母子女的权利义务,并不意味着继祖父母、继外祖父母与继孙子女、继外孙子女之间也同时产生祖孙间的权利义务关系。只有在继子女与继父母的抚养关系形成后,继祖父母、继外祖父母对继孙子实际进行了抚养、双方的抚养关系形成后,相互间关系才适合《婚姻法》中的祖孙关系的规定。

二、祖父母、外祖父母与孙子女、外孙子女间的权利和义务

祖父母、外祖父母与孙子女和外孙子女是隔代的直系血亲关系,他们之间在具备法律条件的情况下,可以形成抚养和赡养关系。就我国目前情况看,虽然三代同居家庭的数量在逐步减少,但由于我国人口基数较大,所以三代同居的家庭仍占着不小的比例。随着经济的发展,人的寿命在普遍延长,人口的老龄化已成为一个不容忽视的社会性问题。由于我国的社

会保障体系正在建立和完善,靠社会的力量还远远不能承担对老年人的照顾。同样,对于父母已经死亡或者无力抚养的孙子女、外孙子女、社会福利院等机构也没有能力完全承担起照顾的义务。因此,隔代扶养可以说是我国相当长的时间内将面临的一个问题,扶老育幼不仅是我们中华民族需要发扬光大的优良传统,而且需要法律对此问题进行明确的规定。

(一)祖父母、外祖父母对孙子女、外孙子女有抚养义务应具备的条件

根据我国《婚姻法》第28条的规定,祖父母、外祖父母对孙子女、外孙子女履行抚养义务是有条件的,具体包括:

1. 祖父母、外祖父母有负担能力

有负担能力的祖父母和外祖父母是指以自己的劳动收入和其他收入满足其第一顺序抚养权人(即需要抚养的配偶、子女和父母)的合理生活、教育、医疗的需要后仍有剩余资金的祖父母和外祖父母。如果祖父母和外祖父母的经济条件均能够负担孙子女、外孙子女,那么祖父母和外祖父母应根据他们的经济情况共同对孙子女、外孙子女履行抚养义务。

2. 孙子女和外孙子女的父母已经死亡或父母丧失抚养能力

这里的死亡包括自然死亡和宣告死亡;父母丧失抚养能力是指父母的经济条件不佳,不能以自己的收入来满足子女的生活、教育和医疗等合理的支出需要。正常情况下,父母应当对自己的未成年子女尽法定抚养义务,如果父母因为残疾、疾病或者全部或部分丧失劳动能力,导致无法对未成年子女尽法定抚养义务丧失抚养能力,则有条件的祖父母、外祖父母对未成年孙子女、外孙子女尽抚养义务。

3. 孙子女和外孙子女为未成年人

只有孙子女和外孙子女为未成年人,有能力负担的祖父母和外祖父母才有抚养的义务。如果孙子女和外孙子女已满18周岁而不能独立生活,即使在父母死亡或无抚养能力的情况下,有负担能力的祖父母、外祖父母也没有抚养的义务。

(二)孙子女、外孙子女对祖父母、外祖父母有赡养义务应具备的条件

根据我国《婚姻法》第28条的规定,孙子女、外孙子女在一定条件下需要对祖父母、外祖父母尽赡养义务。具体条件包括:

1. 孙子女和外孙子女有负担能力

有负担能力是指孙子女和外孙子女能够以自己的收入满足自己和第一顺序抚养权人(即配偶、子女和父母)合理的生活、教育、医疗等需求后仍然有经济闲余。如果孙子女、外孙子女中数人均有负担能力,应根据他们的经济情况共同负担对祖父母、外祖父母的赡养义务。在判断孙子女的负担能力时,如果孙子女和外孙子女已经结婚,则应将其配偶的收入综合考虑在内。因为孙子女和外孙子女配偶的收入属于夫妻共同财产(另有约定除外),夫妻对共有财产共有并且有平等的处分权,孙子女、外孙子女应当以共有财产履行赡养义务。即使夫妻实行约定财产制,应当在遵守抚养和赡养的有关规定的前提下承担必要的生活开支。

2. 祖父母、外祖父母的子女已经死亡或子女无力赡养

如果祖父母、外祖父母的子女自然死亡或宣告死亡,孙子女、外孙子女应当对祖父母、外祖父母尽赡养义务;若祖父母、外祖父母的子女不能以自己的收入满足其自己及子女合理的生活、教育、医疗等需要,比如,子女生病、残疾或全部或部分丧失劳动能力进而无力赡养父母,那么孙子女、外孙子女应当承担对祖父母、外祖父母的赡养义务。例如,1976年唐山发生了一起大地震,许多家庭都失去了亲人,出现了不少爷爷抚养孙子,孙女赡养奶奶等隔代

抚养和赡养的情况。

（三）祖孙间的抚养或赡养方式

关于祖孙间的抚养或赡养方式,我国婚姻法对此没有进行专门的规定,只规定对不履行抚养或赡养义务的人,权利人有要求其履行义务的权利。实践中抚养或赡养的方式主要有以下两种,当事人可以根据自身的情况来选择:一是共同生活抚养或赡养,即被抚养或赡养人与抚养或赡养义务人共同居住在一起,进行直接的抚养或赡养;二是通过给付抚养或赡养费、探视、扶助等方式完成抚养义务。

抚养或赡养义务人在履行抚养或赡养义务时,往往需要和被抚养或赡养人就抚养或赡养义务的程序、抚养或赡养的具体方式等内容进行协商,达成对当事人均具有约束力的抚养或赡养协议。如果当事人之间达不成协议,那么可以请求人民法院通过判决来确定权利和义务。

抚养或赡养协议达成后或者人民法院的判决生效后,当事人的经济和生活状况往往会出现一些新的变化,如果仍然要求当事人按照原有的抚养或赡养协议或者判决来执行,可能会使一方当事人利益受到损害。因此,当事人需要通过一定的途径来变更抚养或赡养。所谓变更抚养或赡养是指抚养或赡养义务人、抚养或赡养权利人以及抚养或赡养程序和方法的变更。在抚养或赡养当事人一方或双方在经济和生活状况发生变化时,抚养或赡养权利人和抚养或赡养义务人都有权要求变更原抚养或赡养协议或者有关抚养或赡养的判决。当事人首先可以在自愿、平等的基础上进行协商,协商不成时,可以向人民法院起诉来重新确定双方的权利和义务。

（四）祖孙间的继承权

根据我国《继承法》的规定,祖父母、外祖父母是第二顺序法定继承人,没有第一顺序法定继承人或第一顺序法定继承人均放弃或丧失继承权时,祖父母、外祖父母可以继承孙子女、外孙子女的遗产。

孙子女、外孙子女在其父母先于祖父母、外祖父母死亡时,可以获得代位继承人的资格,继承祖父母、外祖父母的遗产。代位继承又称间接继承,是指被继承人的子女先于被继承人死亡时,由被继承人子女的晚辈直系血亲代替先死亡的长辈直系血亲继承被继承人遗产的一项法定继承制度。

第二节　兄弟姐妹关系

一、兄弟姐妹关系的确立

根据我国《婚姻法》的规定,在兄弟姐妹关系中,相关亲属的范围包括:兄弟姐妹含自然血亲的兄弟姐妹和拟制血亲的兄弟姐妹。自然血亲的兄弟姐妹是指同胞兄弟姐妹,拟制血亲的兄弟姐妹具体包括:同父异母兄弟姐妹、同母异父兄弟姐妹、养兄弟姐妹和形成扶养关系的继兄弟姐妹。兄弟姐妹的父母,包括生父母、养父母。

在一般情况下,兄弟姐妹应由他们的父母抚养,因而他们相互之间不发生扶养与被扶养的权利义务关系。但是在特定条件和特定情况下,兄、姐与弟、妹之间会产生有条件的扶养义务。当然,法律对兄弟姐妹间扶养义务的规定,主要是从同胞兄弟姐妹之间的关系来确定的,因为他们是血缘关系最密切的同辈旁系血亲。对于半血缘的同父异母或者同母异父兄弟姐妹,以及没有血缘关系的养兄弟姐妹和继兄弟姐妹,如果符合法律规定的条件和情形,其相互之间也将产生扶养与被扶养的权利义务关系。

应当注意的是,继父母与其继子女之间因抚养关系形成而产生了父母子女的权利义务关系,这并不意味着继兄弟姐妹之间也因此产生兄弟姐妹之间的权利义务。只有在继子女和继父母的抚养关系形成后,继兄弟姐妹间实际进行了扶养的行为,双方的扶养关系形成,才适用《婚姻法》中有关兄弟姐妹关系的规定。

二、兄弟姐妹间的权利和义务

我国《婚姻法》第 29 条规定:"有负担能力的兄、姐,对于父母已经死亡或者父母无力抚养的未成年的弟、妹,有扶养的义务。"我国 1950 年《婚姻法》没有对兄弟姐妹间的扶养关系进行规定,但在实际生活中,兄、姐扶养教育弟、妹却是常见的现象。于是 1980 年的《婚姻法》,结合我国家庭成员间关系较为密切的实际,从爱小育幼的社会主义家庭关系的角度出发,将兄、姐在特定条件和特定情况下扶养弟、妹的内容纳入了法律的调整范围。1980 年《婚姻法》第 23 条规定:"有负担能力的兄、姐,对于父母已经死亡或父母无力抚养的未成年的弟、妹,有扶养的义务。"使有负担能力的兄、姐,对于父母已经死亡或父母无力抚养的未成年的弟、妹的扶养成为一项法定义务。此后,1984 年最高人民法院《关于贯彻执行民事政策法律若干问题的意见》第 62 条解释到:"由兄、姐扶养长大的有负担能力的弟、妹,对丧失劳动能力、孤独无依的兄、姐,有扶养的义务。"根据这一司法解释,由兄、姐扶养长大的弟、妹有负担能力的条件下需要对丧失劳动能力、孤独无依的兄、姐负担扶养义务。于是,修改后的《婚姻法》把在实际生活中和司法实践中认为是可行的做法以法律形式加以规范,并进行了补充规定:"由兄、姐扶养长大的有负担能力的弟、妹,对于缺乏劳动能力又缺乏生活来源的兄、姐,有扶养的义务。"这一规定肯定了尊老爱幼的社会主义家庭关系,符合我国近亲属关系密切、相互扶助的传统道德,体现了权利义务相一致的法律精神,使得未成年人能够健康成长,老年人生活有所保障。

(一)兄、姐对弟、妹有扶养义务应具备的条件

兄、姐扶养弟、妹或弟、妹扶养兄、姐不是必然发生的法定义务,而是有条件的。简而言之,就是应尽抚养或赡养义务的父母、子女或者配偶不能尽其抚养或赡养义务时,由有能力的兄弟姐妹来承担扶养义务。兄弟姐妹间的扶养义务是第二顺序的,具有递补性质。但兄弟姐妹间一旦形成扶养义务,那么该义务又是不可推卸的法定义务,义务人应当自觉履行。

1. 兄、姐有负担能力

有负担能力是指以自己的收入和配偶收入满足自己和第一顺序抚养权人(即配偶、子女和父母)合理的生活、教育、医疗等需求后仍然有经济闲余。如果兄、姐中数人均有负担能力,则应根据他们的经济情况共同负担。如果兄、姐有负担能力,在父母死亡或无力抚养的情况下,对未成年的弟、妹有扶养的义务。

2. 父母已经死亡或无力抚养

这里包含了两种情况:一是父母均已经死亡,这里的死亡包括自然死亡或宣告死亡,没有了父母这一第一顺序的抚养义务人。如果父母一方尚在且有抚养能力,仍应由尚在的父

或母承担抚养义务。二是父母均尚在或一方尚在但没有抚养能力,比如父母在意外事故中致残没有了劳动能力和生活来源,便产生了由有负担能力的兄、姐扶养弟、妹的义务。

3. 弟、妹未满 18 周岁

如果弟、妹已满 18 周岁而不能独立生活,即使在父母死亡或无抚养能力的情况下,有负担能力的兄、姐也没有扶养的义务。如果某一未成年人既有具备负担能力的祖父母、外祖父母,又有具备负担能力的兄、姐,那么祖父母、外祖父母和兄、姐他们处于相同的法律地位,应由他们根据自己的经济情况共同协商对未成年人的抚养或扶养的义务。

(二)弟、妹对兄、姐有扶养义务应具备的条件

我国《婚姻法》第 29 条规定:"由兄、姐扶养长大的有负担能力的弟妹,对于缺乏劳动能力又缺乏生活来源的兄、姐,有扶养的义务。"弟、妹对兄、姐在下列条件下负担扶养的义务:

1. 弟、妹由兄、姐扶养长大且有负担能力

这里包含两方面的因素:一是弟、妹是由兄、姐扶养长大的。这表明在弟、妹未成年时,父母已经死亡或父母无抚养能力,兄、姐对弟、妹的成长尽了扶养义务。按照权利义务对等原则,弟、妹应承担兄、姐的扶养责任。二是弟、妹有负担能力。若无负担能力则不负扶养义务。有负担能力是指以自己的收入和配偶收入满足自己和第一顺序抚养权人(即配偶、子女和父母)合理的生活、教育、医疗等需求后仍然有经济闲余。如果弟、妹中数人均有负担能力,则应根据他们的经济情况共同负担。

2. 兄、姐无第一顺序的扶养义务人或第一顺序的扶养义务人无扶养能力

当兄、姐没有配偶、子女,或兄、姐的配偶、子女已经死亡或配偶、子女没有扶养能力,由弟、妹承担扶养义务。如果兄、姐的配偶尚在或有子女且有扶养能力,应由这些第一顺序的扶养义务人承担扶养义务。

3. 兄、姐缺乏劳动能力又缺乏生活来源

缺乏劳动能力是指劳动能力不足或丧失劳动能力;缺乏生活来源是指缺乏维持生存所必需的生活费用和用品,包括丧失生活来源。兄、姐只有同时具备缺乏劳动能力和缺乏生活来源这两个条件,弟、妹对兄、姐才有可能有扶养义务。如果兄、姐缺乏劳动能力但并不缺少经济来源,比如受到他人经济上的捐助或自己有可供生活的积蓄的,则不产生弟、妹的扶养义务。同时,如果兄、姐缺少生活来源,但有劳动能力,兄、姐能够通过自己的劳动换取生活来源,在此情况下,弟、妹亦无扶养兄、姐的义务。需要说明的是,现在婚姻法确立的这一条件与 1984 年最高人民法院的司法解释确定的条件有所差异。该司法解释规定的是兄、姐"丧失劳动能力、孤独无依",而现行婚姻法规定的是"缺乏劳动能力又缺乏生活来源"。首先,"缺乏劳动能力"比"丧失劳动能力"的范围要宽,这使兄、姐更容易获得被扶养的机会。其次,缺乏生活来源比孤独无依涵盖面更大。比如兄、姐的配偶尚在,很难说是"孤独无依",而"缺乏生活来源"使得兄、姐的配偶尚在但缺少生活来源时,也能得到弟、妹的扶养。

(三)兄弟姐妹间的继承权

根据我国《继承法》的规定,兄弟姐妹是第二顺序法定继承人。没有第一顺序继承人或第一顺序继承人均放弃或丧失继承权时,被继承人的兄弟姐妹方能继承遗产。此处所说的兄弟姐妹,包括同父母的兄弟姐妹、同父异母或者同母异父的兄弟姐妹、养兄弟姐妹、有扶养关系的继兄弟姐妹。

第四编

继承制度

第十二章　继承法律关系

第一节　继承法律关系概述

一、继承法律关系的概念与特征

私法上的法律关系,是以法律确定的权利与义务为内容的平等主体之间的关系,这种关系是民商事主体之间现实的社会关系的法律化。继承法律关系,作为一种特别的民事法律关系,在根本上也是私法主体之间社会关系的法律化。但是由于继承的特殊性,学界对于继承法律关系存在不同的理解,从而导致继承法律关系的外延存在很大的差别,主要有以下四种观点:

一是最广义的观点。该观点认为继承法律关系是继承法所调整的各种社会关系。这一主张严格遵循继承实在法的规定来确立继承法律关系,只要继承法确定的主体间的权利与义务关系,就都属于继承法律关系。这种主张显然将继承法所规定的,但不属于民事法律关系的法律关系也纳入继承法律关系之中。如根据我国《继承法》第 32 条的规定(无人继承又无人受遗赠的遗产,归国家所有……)所产生的法律关系,就不属于民事法律关系,更不可能成为继承法律关系。

二是次广义的观点。该观点认为继承法律关系是公民死亡后对其遗产进行继承而发生的民事权利义务关系。虽然这一界定将上述最广义主张中明显不合理的成分——非民事法律关系——排除出去,但是还存在不清晰的问题:没有明确"继承"是不是仅限于我国《继承法》规定的法定继承与遗嘱继承,还是泛指遗产在不同民事主体之间的分割。

三是比较流行的一种狭义观点。该观点认为继承法律关系是继承人之间、继承参与人之间,以及他们相互之间在继承遗产时产生的权利义务关系。这一概念有赖于"继承参与人"的范围的确定,因这一概念并非法定概念,而是学术性的,其范围的确定直接影响继承法律关系的外延。

四是最狭义的观点。根据我国《继承法》规定的"法定继承"与"遗嘱继承"两种继承方式,因而仅将继承法律关系限定在因为继承而发生的继承人之间以及继承人与其他公民之间的财产方面的权利义务关系,而将遗赠、遗赠抚养协议等产生的遗产分割法律关系排除在遗嘱法律关系之外。

我们认为,继承法律关系是指被继承人死亡后,进行遗产分割时,以取得遗产为目的的,在法定继承人、遗嘱继承人以及受遗赠人、遗赠抚养协议中的抚养人等主体之间所产生的民事法律关系。简而言之,即因分配遗产而在获得或可能获得遗产的民事主体之间所产生的、以取得财产权为主要内容的民事法律关系。根据这一定义,继承法律关系具有以下主要特征：

1. 继承法律关系是平等的遗产获得者之间以民事权利义务为内容的民事法律关系。我们不赞成那种将《继承法》确立的所有法律关系视为继承法律关系，尤其是其中的非民事法律关系也纳入继承法律关系之中。继承法律关系属于民事法律关系，因此，根据法律的规定或被继承人生前的意思表示而获得遗产的民事主体属于继承法律关系的主体。继承法律关系主体的范围决定了继承法律关系不包括民事法律关系以外的、与遗产分配有关的其他法律关系。如公权介入时产生的法律关系。

2. 继承法律关系是因被继承人的死亡而发生的民事法律关系。根据我国《民法总则》与《民法通则》，死亡分为自然死亡和宣告死亡，二者均引起继承法律关系的产生。当然，继承法律关系中的子类别法律关系的产生还需要其他法律事实，如遗嘱继承法律关系，还需要存在有效的遗嘱。

3. 继承法律关系是财产性的民事法律关系。民事法律关系是平等主体之间的财产关系或人身关系，继承法律关系属于其中的财产性法律关系。虽然继承法律关系的产生，基于一定的人身关系，如法定继承中继承人的确立，是根据被继承人生前与继承人之间的人身关系来确立的，但是继承法律关系本身的内容，即权利与义务，是完全财产性的。

4. 继承法律关系是一种特殊的财产性法律关系，即法律关系中的权利与义务指向的对象是物质财产。这种特殊性就在于并不需要遵守等价有偿的民事法律关系的基本原则，体现在两个方面：一是作为继承法律关系中的主体部分，即法定继承与遗嘱继承，继承人的确定在一定程度上离不开被继承人生前与继承人之间的民事身份关系，法定继承是完全取决于这种民事身份关系，遗嘱继承部分取决于这种民事身份关系；二是某些继承法律关系是基于民事法律行为而产生的，如遗嘱继承和遗赠抚养协议产生的继承法律关系。这两个方面，都不需要遵守等价有偿原则。此外，继承法律关系的特殊性还体现在可能出现的不确定性。法律关系是以法律上的权利义务为内容，通常都具有严格的确定性，但是在继承法律关系中，因为胎儿最终是否可以成为确定的法律关系主体，具有不确定性。

在此，有必要区分继承人与继承相关的两类义务：第一类是以继承财产为目的而偿付被继承人生前的财产性义务以及依法缴纳遗产税的义务；第二类是在继承遗产时，负有不得侵犯其他继承人的义务或其他人根据法律、遗嘱或者遗赠抚养协议所应当获得部分遗产的权利。前一种义务，并非继承法律关系中的义务，后一种义务才是继承法律关系中的义务。

5. 继承法律关系是依法或依法律行为而获得遗产或可能获得遗产的主体之间的关系。也就是说遗产分割中，获得遗产者或可能获得遗产者之间就遗产的财产权利与义务之间的关系。因此，继承法律关系也不是与遗产继承相关的所有民事法律关系，为了实现遗产继承因法定的或当事人协议确定的遗产分配方式时，第三方的介入而与实际上享有遗产继承权人之间的关系，不属于继承法律关系。

对此，有学说主张获得遗产或可能获得遗产之外的人也可以成为继承法律关系的主体。如法定继承法律关系中包括法定继承人与其他人之间的关系，这是似是而非的论断。在法律上，所有的非法律关系主体都不得干预、侵害法律关系主体之间的权利义务关系或法律关系标的物，如合同关系主体之外的第三人不得干涉合同当事人之间的关系或侵害合同标的物，但这种法律上的义务负担并不能成为其属于合同关系的理由。因此，法定继承人与对继承关系负有不得侵害义务的第三人之间的关系，不属于法定继承关系。

还有学者认为遗赠法律关系是受遗赠人与遗嘱执行人之间的关系。这是值得商榷的，因为不仅在遗赠中有遗嘱执行人，在遗嘱继承中也会产生遗嘱执行人。而且将遗嘱执行人理解为继承法律关系的主体，实际上是误读了继承法律关系。在英美法系国家，普遍存在遗嘱执行人制度，遗嘱执行人的地位是属于信托法律关系中的受托人，其本身不是遗嘱法律关系的当事人，而是实现遗产法律关系的执行人。在我国，遗嘱执行人制度并不完善，但是遗嘱执行人的功能与英美法系中的遗嘱执行人的功能并无二致，都是法律关系的实现者。我国的遗嘱执行制度中有的遗嘱执行人本身就是继承人，那么他就是继承法律关系主体之一；有的则是法律关系主体之外的第三人，将这种负有义务实现法律关系内容的第三人理解为法律关系的主体，是对法律关系的不当理解。

二、继承法律关系的种类

根据参与遗产继承的不同主体，继承法律关系可以分为以下主要种类：

1. 法定继承法律关系。即法定继承人之间在继承遗产时，产生的彼此之间以财产权为内容的民事法律关系。法定继承法律关系的主要内容就是法定继承人应获得的遗产份额的权利，并尊重、不侵占其他法定继承人应得遗产份额的义务。在该法律关系中，继承人的范围即主体的确定、继承份额的确定，都是依据法律的直接规定的。在法定继承法律关系中，有一类较为特殊的法律关系，即代位继承人参与继承中，而与其他法定继承人之间就遗产的分配而发生的法律关系。代位继承人在参与法定继承时，与其他法定继承人主体地位相同。

2. 遗嘱继承法律关系。根据遗嘱内容进行遗产分配而产生的、遗嘱继承人之间的权利义务关系，属于遗嘱继承法律关系。遗嘱继承法律关系主体的确定、遗产的分配方式与内容，都是以被继承人生前的有效遗嘱为依据。严格来说，遗嘱继承法律关系是由遗嘱这一法律行为与死亡这一事件共同形成的法律事实构成而产生的。

遗嘱继承法律关系的内容是遗嘱继承人之间在分配遗产过程中产生的、以财产权为核心的法律关系，在本质上与法定继承法律关系并无二致，仅仅是继承遗产的依据不完全一样。不一样的依据使得继承法律关系的主体范围、继承的份额具有差异性。

3. 法定继承人、遗嘱继承人与遗赠人之间的遗嘱继承法律关系。如果被继承人所立的遗嘱中对遗产的分配涉及法定继承人以外的人，那么在遗产的分配时，就会形成法定继承人、遗嘱继承人与受遗赠人之间，就遗产分配所产生的法律关系。此时，法律关系的内容既取决于遗嘱的内容，也取决于继承法的实体性规定。如果遗嘱处分了全部的遗产，则遗嘱中没有获得遗产的法定继承人作为法律关系中的一方，负有不参与遗嘱继承的义务，而无权利获得遗产。其他遗嘱继承人与受遗赠人之间在遗产继承中产生法律关系。

4. 我国《继承法》中规定了遗赠抚养协议，因此在遗产继承中，如果存在遗赠抚养协议，则会产生遗赠抚养协议中的抚养人与法定继承人、遗嘱继承人以及受遗赠人之间就遗产分配而产生继承法律关系。

5. 因保护胎儿利益而产生的特殊的继承法律关系。我国《继承法》确定保护胎儿原则规定在遗产分割时，应当为胎儿保留必要的遗产。因为胎儿还不属于自然人，不能成为法律关系的主体，不具有民事权利能力，因此不能成为继承法律关系的主体。在为胎儿保留必要遗产的继承案件中，胎儿的母亲作为未来法律关系主体（分娩后的婴儿）的当然监护人，就为胎儿准备的遗产份额而言，理应成为继承法律关系的主体。胎儿的母亲成为这类继承的法律关系的当然主体是以自己的名义作为法律关系的主体,享有对这部分遗产的占有与控制的权利以及与之相关的请求权,但并非所有权。

此外,因为胎儿最终是否成为法律关系的主体,即出生时是否是活体,是个未知数,因此,在为胎儿准备必要的遗产的继承中,继承法律关系一直延续到胎儿出生之时。当胎儿出生时是活体,其作为继承人正式继承属于他的遗产;出生时不是活体,则该部分遗产重新进行分配,意味着继承法律关系的延续。

第二节 继承人

一、继承人的概念与特征

继承人是指继承法确定的、与被继承人存在亲属关系的、可以获得遗产继承权的继承法律关系中的主体。通常就是法定继承人范围内的自然人以及在法定继承人基础上,根据遗嘱而产生的遗嘱继承人。继承人是继承法律关系的主体之一,但不是继承法律关系主体的全部。除了继承人之外,能够获得遗产或可能获得遗产的民事主体,都是继承法律关系的主体,根据我国继承法,包括受遗赠人和遗赠抚养协议中的抚养人。继承人具有以下特征:

1. 继承人的范围是法定的,而不是意思自治的结果。任何一个国家的继承制度都会对继承人的范围予以确定。在法定继承人范围之外的人,虽然可能获得遗产,但不属于继承人。之所以将继承人限定于法律确定的范围,是因为继承这一概念在日常语言中,是以强烈的亲属关系为基础的。如果将与被继承人没有亲属关系的人称为继承人,不符合日常语言习惯。也正因如此,我国《继承法》仅对法定的亲属范围内的可以获得遗产的人称为继承人,而不以亲属关系为基础的人,使用其他表达方式。

2. 继承人的确定是基于特定的亲属关系。每个国家的继承制度在确立继承人的范围时,基本依据是其对亲属范围的认定。当然法律对能够作为继承人的亲属的确定是有历史与文化背景的。如早期人类社会中,很多国家的立法都否认妻子的遗产继承权,妻子不属于继承人的范围。

3. 继承人一定是自然人。正因为继承人是以一定的亲属关系为基础,因此继承人只能是自然人。非自然人可能获得被继承人的遗产,如农村基层组织作为遗赠抚养协议的抚养人而获得遗产;社会组织作为受遗赠人等,但它们不是继承人。

4. 继承人在法律上有应然和实然两个不同的范围。每个国家的继承制度都确立继承人的顺位与范围,所有顺位中的继承人都是法律上的应然继承人,但是在一个具体的继承关系中,实然的继承人并不是法律确定的所有的继承人。如作为未婚者的被继承人案件中,没有配偶作为继承人。

5. 在继承法律关系中,继承人的权利是以遗产为对象的财产性权利(益),与被继承人生前的人身权利无关。虽然继承人是基于与被继承人之间的亲属关系而获得遗产继承权利的,但继承权所指向的对象只能是财产性权益,而与被继承人生前的身份权利无关。

二、继承人的分类

根据不同的标准,继承人可以分为不同的类型。对继承人的分类有的是基于法律的规定,有的则是学术理论上类型化的结果。

(一)法定继承人和遗嘱继承人

根据我国《继承法》的规定,继承人的范围都是由法律确定的,但是在实然的继承中,即具体继承过程中,继承人获得遗产的依据,可能是基于法律的直接规定,也有可能是因为被继承人的遗嘱有规定。因此,继承人可以区分为法定继承人和遗嘱继承人。

1. 法定继承人

法定继承人是直接依据法律关于继承人的范围和顺位的规定,而获得继承资格、取得遗产的继承人。法定继承人享有的继承资格、取得遗产,是因为事实上的亲属关系被法律直接确定为继承人,并因为继承的事实状态,而取得遗产继承的资格。

通常,各国对法定继承人范围的确定,都是限于特定范围内的具有亲属关系的亲属。这种范围的确定,一般都是由该国的历史文化传统与现实决定的。但一般都会包括配偶和一定范围的血亲。现代各国的继承法都会将配偶作为法定的继承人,但对配偶以外的血亲成为继承人的规定不尽相同。在有顺位规定的立法中,配偶基本都是第一顺位的继承人,我国台湾地区的法律确定的继承制度中,虽然没有规定配偶的继承顺位,但配偶是当然的继承人,和其他顺位的继承人之间进行遗产分割时仅仅是份额上的区别。我国《继承法》规定配偶属于第一顺位继承人的范围。

根据我国《继承法》及其他相关法律,成为继承人的血亲实际上包括自然血亲与拟制血亲,即养父母子女相互之间具有继承权。有些国家则对亲属的认定更为宽泛,如曾经的社会主义国家中,《苏俄民法典》将被继承人死亡前抚养不少于1年的无劳动能力的人确定为法定继承人。

2. 遗嘱继承人

遗嘱继承人也称指定继承人,是指被继承人以遗嘱的方式指定的继承人。我国继承法、日本继承法以及我国台湾地区的继承制度中,只允许被继承人在法定继承人范围内指定遗嘱继承人,所以严格来讲,这种遗嘱继承人仍然属于法定继承人。正是因为如此,我国台湾地区和日本没有遗嘱继承制度,它们将通过遗嘱方式确定法定继承人的继承份额这种继承方式,称为"指定应继份"。我国《继承法》规定被继承人通过遗嘱在法定继承人范围内指定继承人及其份额的继承属于"遗嘱继承",这类法定继承人为遗嘱继承人。

很多国家对遗嘱中指定的继承人的范围不做强制性规定,既可以在法定继承人范围内指定,也可以在法定继承人范围外指定,甚至是非自然人的社会组织也可以成为遗嘱继承人。我国《继承法》则将遗嘱在法定继承人之外指定为遗产获得者的继承,称为遗赠,获得遗产者则是受遗赠人,而不是遗嘱继承人。

(二)配偶继承人、血亲继承人和姻亲继承人

按照获得继承权的缘由,继承人可以分为配偶继承人、血亲继承人和姻亲继承人。

1. 配偶继承人。配偶继承人是指享有继承权的、与被继承人生前具有合法的夫妻关系的人。夫妻关系是家庭关系以及各种亲属关系的基础,也是人类繁衍的自然形式,因此对夫妻关系的重视、保障夫妻之间的权利与义务,包括继承权利,是法律上确认配偶继承人的社

会基础。当代各国法律基本都承认配偶的当然的继承权,这是男女平等家庭法的基本原则决定的,也是当代对妇女法律地位与法律人格的充分尊重与保障的表现之一。我国《继承法》规定,配偶与子女、父母一样是第一顺位的继承人,这充分体现了男女平等的婚姻家庭法原则。能够获得配偶继承人资格的人,必须是与被继承人生前具有合法的夫妻关系,而合法的夫妻关系是获得配偶继承人身份的前提。

2. 血亲继承人。血亲继承人是指基于与被继承人生前具有血缘关系而成为继承人的自然人,如父母、子女、兄弟姐妹、祖父母、外祖父母等。人类具有天然的自然属性,血缘是其自然繁衍的表征,也是人类最基本的情感基础。法律制度中对血缘的尊重,也是对人类自然情感的尊重。血亲继承人制度,也是对人的自然情感的尊重与保护。人类基于血缘的自然情感,也会因为血缘的远近而存在区别,因此将根据血缘关系的远近,确定不同顺位的继承人。

3. 姻亲继承人。我国《继承法》第12条规定,丧偶儿媳对公、婆,丧偶女婿对岳父、岳母,尽了主要赡养义务的,作为第一顺序继承人。根据我国《婚姻法》的规定,儿媳与公婆之间并不形成必然的家庭关系,儿媳与公婆之间因为婚姻而发生事实上的社会关系。法律规定丧偶的儿媳对公婆、丧偶的女婿对岳父母尽了主要赡养义务的,作为第一顺位继承人,是对社会事实的一种尊重,也有利于培养良好的家庭关系和社会风尚。

(三)本位继承人、代位继承人和转继承人

法定继承人中,根据继承权来源的实际原因,可以分为本位继承人、代位继承人和转继承人。

1. 本位继承人。本位继承人是指继承发生时,基于自己的法定的继承人顺位而获得继承资格的人。如我国继承法规定的父母子女继承人、配偶继承人、兄弟姐妹继承人等都是本位继承人。本位继承人所获得的继承人资格,是因为自己与被继承人生前的关系,属于继承法规定的继承人的范围与顺位。并且本位继承人获得的遗产份额,是基于法律的直接规定,即其作为一个独立的继承人继承其法律规定的份额。这两个特点使之与代位继承人区别开来。

2. 代位继承人。代位继承人是指法定的血亲继承人在继承开始前已经死亡,法律规定代替死亡的继承人来继承遗产的直系卑亲属。因此,被代位的继承人才是真正的法定继承人,而代位继承人不是法定继承人的范围。代位继承人获得的遗产本是被代位的法定继承人应当继承的遗产部分,只是因为被代位的继承人在继承发生时已经死亡,因此其生前的继承权转属代位继承人。代位继承人是按照被代位人的继承顺位和继承份额参与继承,其权利与义务和被代位人的生前的继承权密切相关。

3. 转继承人。转继承人是指继承开始之后,继承人在未接受继承也没有放弃继承之前死亡,其应当继承遗产的权利由其继承人来继承的制度。继承死亡继承人的继承权利继承遗产的人,即为转继承人。转继承人可以是血亲继承人也可以是配偶;转继承制度可以适用于法定继承,也可以适用于遗嘱继承和遗赠。

(四)前位继承人、后位继承人和补充继承人

1. 前位继承人与后位继承人。前位继承人与后位继承人是发生在遗嘱继承中的一对相对的概念。实践中存在这样一类遗嘱继承,即在遗嘱中指示继承人或受遗嘱人,在某种条件成就或某一期限到来时,将其所得遗产移交给另外一人或几人。如在遗嘱中规定某项遗

产归属儿子张三,但是在孙子张某年满18岁后,归属张某。这种遗嘱称为"后位继承"遗嘱,相关的法律制度称之为后位继承制度,其实际上是一种特殊的遗嘱继承制度。后位继承制度是一项古老的法律制度,早在古罗马时期就已经存在,但是由于限制了继承人的遗产处分权,不利于商品的自由流转和商品经济的发展,因此在一些国家被取消,但仍然有不少国家还保留着。

在后位继承制度中,被遗嘱指定的继承人,称为前位继承人;在遗嘱规定的条件成就或期限到来时,从前位继承人处获得遗嘱所确定的遗产的继承人,被称为后位继承人。后位继承制度,实际上是承认遗嘱可以对前位继承人按照遗嘱继承而获得的财产权利的一种限制。有学者主张前位继承人实际上仅仅获得的是遗产的用益权。各国都有相关的制度对前位继承人的权利进行限制,通常前位继承人对财产的处分损害后位继承人的权利,因此这种处分行为是无效的。

2. 补充继承人。补充继承人又叫替补继承人或第二继承人,是指在遗嘱指定中,如果指定继承人因故不能成为继承人,则由另外的人作为替补以继承遗产,被指定作为替补来继承遗产的人,即补充继承人。补充继承人也属于遗嘱继承人范畴。被继承人可以在遗嘱中指定一名也可以指定多名替补继承人,被替补的继承人可以是一名可以是多名,被替补的也可以是受遗赠人。

补充继承制度也是一项历史悠久的制度,在商品经济发达的罗马时代就已经予以确立。该制度充分体现对被继承人死前自由意志的尊重,符合私法自治的法治理念。因此,多数国家承认其补充遗嘱的法律效力。

(五)推定继承人和应召继承人

推定继承人是指在继承开始前享有继承期待权的继承人。推定继承人仅仅是具有继承的法律地位,即在即将开始继承之时,可以以继承人的身份参与继承,但在继承开始前既不能支配被继承人的遗产,也不能限制被继承人的生前遗产处分权。在日本继承制度中,又将此称为推定继承人。应召继承人,则是指继承开始以后,处于优先继承顺位,享有继承既得权,取得实际遗产的人。

三、继承能力

所谓继承能力是指可以成为继承人的一种特别的民事权利能力,拥有继承能力即得为继承人的法律上的资格。继承能力是民事权利能力在继承法中的体现,即获得继承权的资格。哪些人拥有继承能力,即可以成为继承人,是由一个国家的法律明确予以确定的。法律确定拥有继承能力的人的范围,受一个国家承认民事主体资格的范围的影响。现代社会几乎每个自然人都拥有继承能力,但是,在人类的历史上,并非一直如此,这是人类进入到资本主义社会,平等成为时代精神与法律原则的结果。人类社会早期,在没有私有制的原始共产主义时代,由于不存在私有制,因此自然人个体是不能成为继承的主体;到了奴隶社会,奴隶不是法律关系的主体,正如罗马法中所谓的,奴隶不是"人格人",仅仅是"会说话的工具",因此也不可能拥有继承能力。

当代社会绝大多数国家都承认自然人从出生到死亡都具备民事权利能力,并且不得转让、放弃或被剥夺,因此作为一种特殊的民事权利能力,每个自然人,不分男女、民族、婚生还是非婚生都拥有继承能力。我国《民法通则》第9条、《民法总则》第13条都规定自然人自出

生到死亡,都拥有民事权利能力。因此,在我国自然人都拥有继承能力。尽管如此,在继承能力问题上,还有以下几个问题需要厘清:

1. 继承能力是民事权利中的一种,而民事权利能力自自然人的出生到死亡为止。这就意味着拥有继承能力的人一定是在继承开始时尚生存的人。继承开始时,已经死亡的人,由于其主体资格在继承开始时已经不存在,也就不可能拥有继承能力,当然也就不能参与到继承法律关系中去。这就是所谓的"同时存在原则"。即继承开始时继承人已经出生并且存活着。继承开始时亦即被继承人死亡之时,各国法律普遍规定,继承自被继承人死亡之时开始。因此,只要在被继承人死亡之时尚存活的人,才可能拥有继承能力。我国《继承法》也是采取该原则。但是,对于继承何时开始,存活多久才被视为拥有继承能力,换句话说拥有继承能力需不需要存活时间、需要多久的存活时间,各国规定不一样。如《美国统一继承法典》规定必须存活满 120 小时方可成为继承人,即具有继承能力。我国《继承法》对此并无存活时间的要求。

2. 胎儿的继承能力问题。各国法律通常规定自然人自出生至死亡,具有民事权利能力,即作为民事法律关系的主体。同时,几乎所有国家的继承法都对胎儿进行保护,为胎儿保留遗产份额。这就带来理论上的问题:胎儿获得的遗产,究竟是不是因为其拥有继承能力? 如果是拥有继承能力,那么就意味着胎儿具有民事主体资格,因为没有主体资格就不可能拥有权利能力,就不应该拥有继承能力;如果不是拥有继承能力,那么又是因为什么而获得遗产的呢? 在理论上,有两种观点:一是人格溯及理论,即胎儿在继承发生时并不具有权利能力,因此也没有继承能力,但是出生时的婴儿具有民事权利能力,因此胎儿以活着为条件,其继承能力溯及于继承开始之时。该观点也被称为"法定停止条件说"。二是"限制人格说",即胎儿在继承方面是有权利能力的,但是受到出生时是否活体的限制。因为法律的特别规定,胎儿本身具备继承能力,但继承权的实现以出生时是活体为条件,为死婴的,则溯及于继承开始时丧失继承能力。

在有的国家或地区的立法中,承认胎儿的继承能力的,有两种模式:一是一般主义,即通常为了保护胎儿的利益,以胎儿出生时是活体为条件,承认其权利能力,包括继承能力,如瑞士和我国台湾地区;二是个别主义,即通常不承认胎儿的民事权利能力,但是为了保护胎儿的利益,在涉及胎儿利益的继承、遗赠和损害赔偿等方面,承认胎儿具有权利能力,也就包括了胎儿的继承能力。

3. 非自然人的社会组织的继承能力问题。在自然人之外,还存在国家、法人以及非法人社会团体,对于这些社会组织是否具有继承能力问题,各国的立法与学理主张不尽一致,主要有两种观点:一是肯定说与立法。即承认这些非自然人的社会组织,在继承中的身份是民事主体身份,具有民事权利能力,因而也具有继承能力。这种主张与立法历史悠久,罗马法就是此立法例。当代很多国家继承了罗马法制度,承认社会组织具有继承能力,如欧洲大陆法系的主要国家都采取这种立法。二是否定说与立法。即不承认非自然人的社会组织能够成为继承人,它们不具有继承能力。当然否认社会组织的继承能力,但并不意味着社会组织不能获得遗产。这不过是将它们排除在继承人之外,而以受遗赠人的身份,或根据法律的直接规定、与死者生前的协议而获得遗产。我国《继承法》即采取此理论,规定无人继承的遗产归属国家,若被继承人属于集体组织的,无人继承的遗产,则归属集体;其他社会组织可以成为受遗嘱人。日本、美国和我国台湾地区均采取此立法。

第三节 遗产

一、遗产的概念与特征

遗产是被继承人生前的个人合法财产,继承开始后由继承人进行继承的财产。遗产是继承法律关系的标的,即继承人继承权的对象。我国《继承法》第3条规定:遗产是公民死亡时遗留下来的个人合法财产。据此,遗产具有以下特征:

1. 遗产在法律属性上是合法财产。这意味着遗产作为私人财产,应当具有合法性这一法律性质。因此,依照法律规定,不是公民个人所有的财物,是不能成为遗产的。例如在我国个人不得拥有枪支弹药,因此枪支弹药不能成为个人的合法财产,当然就不能成为遗产。再者,公民没有合法根据而取得的财产,如非法侵占国家、集体或他人的财物,不属于自己的合法财产,也不能成为遗产。

至于如何判断一项财产是否合法、是否可以成为遗产而被继承,离不开物权法的一般原则,动产以占有为公示公信方式、不动产以登记为公示公信方式。即被继承人生前占有的动产被推定为被继承人生前的合法财产,不动产登记在被继承人名下或被继承人作为共同登记人之一,则被继承人即为不动产的所有权人或共同所有权人。只有经过法定程序推翻推定,才能被认为不属于遗产。

2. 遗产在范围上仅限于被继承人的个人财产。所谓个人财产除了上述合法性之外,还应当指在被继承人死亡前自己所有的财产,并且这类财产是依法可以转移给他人的财产。如果是由被继承人生前占有,但是属于他人所有或国家、集体所有的财产,不能成为遗产而被继承,如合法租赁来、借用的他人的财产,即使在符合法律规定或被继承人生前的、与他人有效的协议的条件,继承人可以继续占有,但不属于遗产范畴,该项财产不能被继承。单纯的占有不是权利,不能成为遗产;以占有为基础的用益物权可以作为遗产予以继承。此外,如果是被继承人生前与他人共有之物,则一定需要先分割(法律上的分割或事实上的分割)后,属于被继承人生前的那部分,才能成为遗产而被继承。

3. 遗产的确定,在时间上具有特定性,也就是说能成为遗产的,必须以某个特定的时间点为标准,通常这个时间点就是被继承人死亡之时,也即继承开始之时。属于遗产的财产,不仅是指属于被继承人生前的合法的个人财产,还要求这个财产是在被继承人死亡之时,属于被继承人。如果在被继承人死亡之时,原本属于被继承人的财产,已经转属他人,则不能成为遗产。但是,如果在被继承人死亡之后,遗产分割完成之前,如果遗产或某项遗产发生了增益(如存款的利益),则增益的部分也属于遗产,可以被继承。在实践上通常如此处理,但在理论上却与遗产的界定不太相符,因为遗产是属于被继承人的生前所有的财产,而增益部分在被继承人作为民事主体而存在时(即生存时),尚未存在,不属于被继承人生前的财产,而是其财产在其死亡后的法定孳息或自然孳息。因此,也有理论认为,该类增益部分不属于遗产,而属于继承人的共同财产或特定继承人的财产。

4. 继承法上的遗产,具有财产性质。通常遗产可以是物质性的,也可以是精神性的。但在民事继承制度中,遗产仅仅是被继承人生前留下的个人物质性的财产。换句话说,遗产仅仅是被继承人死亡时遗留下来的财产权利和所负担的财产义务。虽然遗产主要是财产所有权和财产性义务,但是实际上也不限于所有权。如在英美法系国家,由于民事信托关系的存在,信托利益作为财产权的一部分,也是作为遗产被继承的;还有诸如与宗教有关的一些供奉权利,也是遗产的一部分。

二、遗产的范围

关于遗产的范围,各国法律规定不完全一样,这与各国对财产权制度有关。典型的英美法系国家,其财产权不仅取决于普通法传统,也与衡平法确定的财产权利有关。因此,在英美法系国家,财产权种类繁多。在大陆法系国家,可以继承的遗产主要受物权制度的影响,但每个国家的物权范围并不一致。我国《继承法》第3条规定"遗产是公民死亡时遗留的个人合法财产",同时又列举了具体的财产范围。

（一）可成为遗产的财产范围

1. 收入。我国普通劳动者即通常自然人的收入主要是以货币形式表现出来的财产。农民和一些手工业者则以农产品或手工业品为直接的收入。除了这些以劳动为基础的收入外,正当的资本投资获得的资本收益也是合法的个人收入。个人财产的天然孳息与法定孳息都是其合法的收入,可以成为遗产。

2. 房屋、储蓄和生活用品。房屋是我国自然人主要的不动产,自然人对其拥有所有权,因此能够成为遗产。但是,在我国只有国家和集体才拥有土地所有权,因此自然人对房屋所依赖的土地不具有所有权,无论是农村的宅基地还是城市的土地,对于房屋所占的土地,拥有的是土地使用权,其范围与多少以房产证载明的为限。房屋的土地使用权,是可以作为遗产来继承的。储蓄是自然人的劳动收入或其他合法收入,节省下来存入银行的货币财产,本质上属于收入的转化形式,受法律的保护,得作为遗产被继承。生活用品是自然人为了满足日常生活所需的生活资料。日常生活中存在各种各样的生活用品,无论其价值大小,都是合法的财产,得为遗产予以继承。

3. 林木、牲畜和家禽。依法属于公民个人所有的树木、果园与竹林,无论是农村集体承包户,还是非集体成员的外来承包人员,只要是在自己承包的土地上栽种的,都拥有合法的所有权,属于个人私人财产,得为遗产。如果承包原本属于国家的树林与果园,公民不对其树木拥有所有权,而只有承包经营权,尽管承包经营权可以被继承,但林木本身不是遗产。牲畜与家禽的饲养者,无论牲畜与家禽是作为生活之需还是用于经营目的,都是其合法所有之物,得为遗产,能够继承。

4. 个人的文物、图书资料。此二者是自然人个人用于满足其精神文化生活之需求的精神作品,也是脑力劳动者的劳动资料的一部分。作为公民个人所有的文物与图书资料,为私人所有之物,得为遗产予以继承。但是如果属于机密,那么继承及其使用方式应当符合法定的形式。

5. 法律允许的私人所有的生产资料。尽管改革开放以后,公民个人所能拥有的生产资料的范围越来越广,但是并非所有的生产资料都能为公民个人所有。因此,法律规定属于公民个人能够拥有的生产资料,是公民个人合法的财产,得以列入遗产被继承,法律禁止成为公民个人所有的生产资料,则不能成为遗产的范围。

6. 公民个人的著作权、专利权中的财产权。著作权、专利权中可以区分出两大类权利:

一是相关的身份权利;二是其中的财产权利。身份权利不能被继承,所以不能成为遗产的一部分,只有其中的财产权利属于个人的财产,并成为遗产得以继承。《继承法》仅仅列举了著作权和专利权,但理论上和实践中,都将此扩展到所有知识产权,包括商标权、发现权、技术秘密、商业秘密等知识产权中的财产权益,都可以成为遗产的一部分予以继承。

7. 其他合法财产。我国《继承法》第 3 条还使用了兜底条款,确认存在上述六种以外的其他的合法财产也可以成为遗产。我们认为,除上述列举之外,在《物权法》中规定的,可以成为自然人个人拥有的物权,都可以成为继承的遗产,如国有土地使用权、质押权、留置权、典权等。证券化的财产,也是公民合法的财产,也属于遗产的范围,得以被继承,如股份、债券、基金等。此外,一些债权法律关系中权利,如合同债权、不当得利债权、无因管理债权,因为它们都与直接的物质利益相关,因此也属于合法的财产,得以继承。

(二)不得成为遗产的权利

1. 与继承人人身密切相关的、不可分的人身权利,是不能被继承的,其不属于遗产范围。人身权利,无论是人格权利还是身份权利,因为其依附于自然人的人身,因此与人身不可分离、不得转让,也不能被继承。虽然知识产权中的财产权利可以继承,但其中的人身权利是不能作为遗产的。在我国,公民死亡后,对死亡公民名誉进行诋毁、损害的,继承人可以要求法律予以保护。但是,这不是保护死亡者的名誉权,也不是因为继承人继承了被继承人的名誉权而予以保护,而是对继承人的名誉的保护。名誉权等人身权利是不能成为继承的对象的。

2. 与自然人人身有关的或专属的债权、债务不能成为继承的遗产。最为典型的就是劳动合同关系中的债权、债务。因为劳动合同是以雇员的人身为基础,因此该项合同关系中的权利义务是不能被继承的。此外,加工承揽合同由于基于加工承揽人的技艺与加工能力,除加工费用外的合同中的加工权利与义务也不能用于继承;指定了受益人的人身保险合同中的收益权也不能作为遗产继承。

3. 国有、集体自然资源上的用益物权也不能成为遗产用于继承。根据我国相关法律,公民可以根据法律的规定与方式取得国家或集体所有的自然资源之上的用益物权,如采矿权、探矿权、使用水域进行养殖、捕捞等权利。但是这些权利不得随意自行转让,也不能被继承,除非经过重新申请获得相关主管部门的核准。

4. 土地承包经营权也不得成为继承的遗产。虽然经营承包的收益依法可以作为遗产予以继承,但是承包经营权本身是不能作为遗产予以继承的。我国《继承法》第 4 条明确规定相关问题按照承包合同办理。合同规定承包人死亡,承包合同终止的,不得继承。否则,按照我国《土地承包法》第 31 条的规定,如果承包期内承包人死亡的,继承人可以在承包期内继续承包经营。这实际上允许了土地承包经营权在承包期内是可以继承的。

5. 自留山、自留地、宅基地的使用权。通常农村集体成员的自留山、自留地以及宅基地的使用权在被继承人死亡后,一般不被集体收回,但不能成为遗产予以继承,而是由家庭成员继续经营或使用。

第四节　继承权

一、继承权的含义

继承权是指继承人依法成为继承人享有承受被继承人遗产的权利,通常在学术上称为继承既得权。继承权是继承法律关系主体的民事权利,其指向的对象是被继承人的遗产。但是该术语有时也指一种权利能力,即可以获得成为继承人、获得继承权利的法律地位与资格,在学术上又将此称为继承期待权。

(一)继承既得权

继承既得权,是被继承人死亡后、继承法律关系开始之时,应召继承人所享有的继承被继承人遗产的权利。作为一种现实的权利,它是以继承人资格为基础的,即以继承期待权为前提,是继承期待权在继承人死亡这一法律事实成就之时法律上的实现。通常继承既得权是应死亡这一法律事实与继承期待权而当然获得的,无须意思表示或通过特定的法律形式。但是,与一般的民事权利一样,继承既得权是可以通过意思表示来放弃的。

根据我国《继承法》的规定,作为拥有继承期待权之继承人,无论其是否知道自己拥有继承人资格,只要没有明确表述放弃继承权,就意味着其同意继承遗产,获得继承既得权。业已继受的继承权,继承人是可以转让的;权利之上的请求权也是随着并存的;若受到侵害,则发生侵权损害赔偿请求权。

(二)继承期待权

严格来说,继承期待权是一种法律地位,基于继承权利能力与法定的继承人的范围而确立的,在未来继承开始时可以继承遗产的法律地位。是否拥有继承期待权,取决于一国法律对法定继承人范围的确定以及遗嘱人的遗嘱。法定继承人,除非依法剥夺了继承权,通常都会拥有继承期待权。有效遗嘱是遗嘱继承人继承期待权的依据。

继承期待权仅仅是一种法律地位,因此,其所涵摄的权利只是一种权利的可能性而非实在性。在继承开始之前,继承期待权是处于不确定状态,有可能被依法剥夺或因遗嘱而取消,也可能因为继承顺位的变化等原因而失去。有学者认为继承期待权可以被缩减或增加,如兄弟姊妹的增减,对于父母遗产的继承期待权,因继承份额的变化而发生缩减或增加。我们认为这是一种对继承期待权的误读,继承期待权仅仅是一种法律地位,本不涉及权利利益财富的多寡。对于无遗产的被继承人,继承人的期待权也是存在的,因为继承法律地位的真实存在。份额的变化或遗产的多寡,是继承既得权的内容,而非继承期待权的内容。

二、继承权的法律性质

继承期待权仅仅是一种法律地位,因此其法律性质是较为确定的;但是,对继承既得权的性质,则有不同的主张:

1. 物权说。将继承既得权视为物权,是认为继承权人对遗产的一部分或者全部享有排他的、对世的权利,符合物权的本质,所以属于物权。极少数国家,如荷兰、奥地利的立法持此主张。

物权说的主张,以传统的民事财产权的物权/债权二分法为依据,物权具有对世性和排他性,继承权的对世性与排他性决定了其属于物权而非债权。这一观点无疑是狭隘的,无须说英美法系对财产权的分类早已突破物权/债权二分法,即使在大陆法系中,除了物权债权之外,还存在既非物权亦非债权的知识产权、股权等权利。限定在物权/债权体系内确定民事权利的性质,无疑是削足适履的做法。因此,在世界范围内,包括大陆法系,都极少持此主张的立法。

2. 选择权说。该学说认为,继承权人可以无条件放弃或接受该权利,因此继承权属于选择权,是一种形成权。这一学说仅仅描述了一种表象,即继承既得权形成之初的选择性。但是,这种选择性是继承既得权的外在表现与权能之一,而非权利本身。这如同所有权中的处分权能一样。将权利的表现形式或权能作为权利的本质,是不妥当的。实际上,因为私法自治的基本精神,很多民事权利都可以被权利人选择获得或放弃。

3. "概括的单一权利"说。这一学说认为,继承权是继承人拥有的概括继承被继承人遗产权利与义务的一种法律地位。该学说将权利义务一并纳入到继承既得权中去,这无疑是有问题的。继承期待权是一种法律地位,意味着权利义务的合体,是妥当的,但是认为既得权也是如此,则是不妥当的。在民法的理论体系中,以既得权为基础的法律关系理论中,权利与义务是相对应的。获得权利以履行某种义务为前提,这是法律关系的必然内容,但是这种义务却不是权利的一部分,权利义务共同构成法律关系的内容。因此,用"概括的单一权利"说来界定继承既得权的性质是不妥当的。我们认为,就既得权而言,继承权的性质是以继承人身份获得遗产的法定民事财产权利。这一权利具有对世性和排他性,在遗产执行人制度中又具有请求权的限制。因此,继承既得权是一种特殊的民事财产权利,有别于物权与债权的、依附于继承人身份的财产性权利。

三、继承权的取得

取得继承权的合法方式有两种:法律对继承人范围的规定和遗嘱对继承人的指定。前者称为法定继承权,后者称为遗嘱继承权。

法定继承权的取得是直接依据法律对继承人范围与顺位的规定,就继承期待权而言,无须有关当事人的意思表示;就法定继承权的既得权的取得而言,也无须当事人的意思表示;但因法定的原因被剥夺了继承权的除外。如果权利人作出明确的拒绝继承的意思表示,则构成权利的放弃。法定继承既得权的取得还需要有被继承人死亡这一法律事实的出现,即继承法律关系开始,才取得法定继承既得权。而法定继承期待权,只需要存在法律规定的亲属关系即可取得。

遗嘱继承权的取得是指由被继承人生前通过遗嘱的方式授予继承人获得继承权。依据《继承法》的规定,属于遗嘱继承人的,必须是法定继承人的,如果在遗嘱中指定法定继承人以外的第三人继受遗产的,视为遗赠。因此,遗嘱继承权的取得需要以下法律事实:

第一,属于法定继承人范围内的人;

第二,被继承人生前立有遗嘱,并且合法有效。被继承人生前立下的有效的遗嘱中,对法定继承人的继承财产进行指定的,才能获得遗嘱继承权;

第三,如果取得遗嘱继承既得权,则还需要有立遗嘱人的死亡这一法律事实;

第四,遗嘱继承人没有明确表示放弃继承权,是遗嘱继承既得权获得的消极条件。

四、继承权的丧失

继承权的丧失,是指本来具有继承期待权的继承人,因为犯有法律规定的严重违反家庭伦理罪行,或有严重违背家庭伦理行为的,依法丧失或由被继承人生前剥夺继承人资格。就继承权丧失的直接原因而言,有法定丧失与被继承人生前剥夺两种。

(一)法定丧失继承权

法定丧失继承权是指因为继承人犯有法律规定的丧失继承权的罪行或严重违背家庭伦理的行为,依法被剥夺继承权。对于法定原因,各国基于自己国家的传统,规定不尽相同。我国《继承法》规定继承人有下列情形之一的,丧失继承权:

1. 故意杀害被继承人的。故意杀害被继承人是指存在主观上杀死被继承人的故意,即继承人在主观上具有杀害被继承人的目的即可构成故意,但并不需要考虑其动机;在行为结果上,也不需要一定达到了杀死被继承人的结果,即在刑法上无论是既遂还是未遂,都不影响在继承法中丧失继承权。通常,这并不以构成刑法上故意杀人罪为前提。但是,下列特殊情形是否构成《继承法》的"故意杀害被继承人,丧失继承权",存在争议:

一是正当防卫而杀害继承人的。对此,有学者主张应当也丧失继承权。但是,构成正当防卫,不具有违法性,因此,导致被继承人死亡的行为,既不构成罪,也不属于严重违背家庭伦理的行为。我们认为正当防卫而杀害被继承人的,并不应当成为法定丧失继承权的原因;

二是不满14周岁的未成年人杀害被继承人的。一种主张认为,因为未满14周岁属于未成年人,未成年人对自己行为的认知能力与控制能力有限,并且未成年人需要抚养,因此不宜剥夺其继承权。另一种主张认为,对于未成年人杀害被继承人的,虽然刑法不追究其刑事责任,是因为其没有刑事责任能力,但是其行为严重违背了家庭伦理,伤害了亲属关系,所以应当剥夺其继承权。还有主张认为,应区别对待。对于年满10周岁不满14周岁的,应当剥夺其继承权,因为其具有一定的行为识别能力,尤其是能够识别杀害被继承人对亲属关系的重要影响、对家庭伦理的严重背离。而对于不满10周岁的未成年人故意杀害被继承人的,因为其年幼,不具有识别行为意义与对家庭伦理的影响,加之其需要抚养与受教育,因此不宜剥夺其继承权。

2. 为争夺遗产而杀害其他继承人的行为。该行为需要两个要件:一是为了继承遗产的目的;二是要有杀害其他继承人(无论是第一顺位还是第二顺位继承人)的行为。但是并不要求是杀人既遂。

3. 遗弃被继承人或虐待被继承人情节严重的。我们认为关于遗弃被继承人、虐待被继承人,都无须以构成刑法上的相关罪为前提。遗弃被继承人的,如果后来出现悔改,有良好表现的,可以不丧失继承权;虐待被继承人的严重情节,不宜以刑法中的严重情节为标准,应当以手段恶劣、社会影响较大、对被继承人身心健康产生严重损害的,即可视为情节严重。

4. 伪造、篡改或销毁遗嘱,情节严重的。按照1985年9月11日颁布并实施的最高人民法院《关于贯彻执行〈中华人民共和国继承法〉若干问题的意见》(以下简称《继承法若干意见》)的规定,情节严重指侵害了缺乏劳动能力又没有生活来源的继承人的利益,并造成其生活困难的。

(二)继承权被剥夺

继承权可以因为法定原因而丧失,也可以由被继承人在生前剥夺。被继承人在生前剥夺继承人的继承权,主要是依据有效的遗嘱。剥夺可以分为两种方式:一种是明示的方式,即在遗嘱中明确载明剥夺某一继承人的继承权;另一种是默示的方式,即在遗嘱中对自己的遗产进行了完整的分割,而其中某个或某些法定继承人并无继承遗产或份额,这就实际上剥夺了这些未指定份额或遗产的继承人的继承权。但是通常并不能剥夺失去劳动能力并且没有其他生活来源的,又没有过错的继承人的继承权。

(三)继承权丧失的确认

在继承权被剥夺的情形下,继承权丧失的确定,是依据有效的遗嘱。

我国《继承法》对继承权法定丧失的规定也采取出现法定事由,自动丧失的原则。但是往往会发生争端,因此,需要通过民事诉讼程序来确定继承权的丧失。

五、继承权的行使与放弃

继承权的行使是指继承人实现继承权以获得遗产。行使继承权是具有法律效力的行为,因此需要相应的行为能力。完全民事行为能力人,自己行使继承权;限制行为能力人或无民事行为能力人,通过法定代理人行使继承权。

继承权的放弃是指继承开始以后,继承人作出放弃继承被继承人遗产的意思表示。这是继承人对自己继承遗产权利的处分,是一种单方法律行为。继承人可以通过单方的意思表示放弃继承权,体现了现代法律的进步。在古代很多法律制度中,并不充分允许放弃继承权,尤其是对被继承人生前债务的无条件承担,使得放弃继承权是不可行的。

在我国并非放弃继承权都是有效的,根据《继承法若干意见》第 46 条规定,继承人因为放弃继承权,致使其不能履行法定义务的,放弃继承权的行为无效。这种对放弃继承权无效的规定,是为了保护第三人的利益,而非是对继承人意志自由的剥夺。我国《继承法》关于放弃继承权的方式规定,法定继承人必须通过明确的意思表示,即明示的方式来放弃继承权,不得以默示的方式放弃继承权。

至于放弃继承权能否附带条件,各国规定不尽一致,普遍的做法是放弃继承权不能附带条件,即继承权是不可分的。至于继承人表示放弃继承权而将自己的继承份额让与他人,这不是继承权的放弃,而是对自己取得遗产的处置。

对继承权的放弃,涉及继承人撤销自己放弃继承权的意思表示的效力问题。对此,很多国家允许撤销对继承权的放弃。但是为了保护他人的利益、交易安全和生活关系的稳定,又对撤销权进行了限制。根据《继承法若干意见》第 50 条规定,在遗产处理前或诉讼进行中,继承人反悔的,人民法院根据反悔的具体理由,决定是否承认;遗产处理后,反悔的不予承认。

第十三章　法定继承

第一节　法定继承概述

一、法定继承的概念

法定继承又称无遗嘱继承,是指继承人的范围、继承顺序、继承份额以及遗产分配的原则等,均由法律直接予以规定的继承制度。它与遗嘱继承是财产继承的两种不同方式。

在人类历史上,由于传统习惯和观念不同,在继承立法上有的国家以遗嘱继承为主,有的国家以法定继承为主。前者如罗马法,罗马人自古以来将遗嘱处分视为一种神圣的权利,因而古罗马的遗嘱继承制度很发达。与古罗马遗嘱继承相对立,日耳曼民族在中世纪以前,只知道血亲继承,不知道遗嘱为何物。在日耳曼人的心目中"一个人的继承人和后继者是他自己的子女,对他们不需要遗嘱这类东西。如果没有子女,就由兄弟、伯、叔、舅舅依次继承"①。日耳曼人的这种思想观念一直影响到当代法国、德国、日本等大陆法系国家,这些国家现在仍然采用法定继承为其主要继承方式,遗嘱继承为辅的继承制度。

我国古代的继承,最初仅有法定继承,这是由当时商品经济落后的状况和强大的家族主义思潮决定的。在古代自给自足的自然经济中,家庭是基本的生产和生活单位,财产为家庭共有,由家长管理。家长死后,家产由诸子均分,子孙是父祖的当然继承人,他们继承财产,继承宗祧,父祖不能废除他们而另立继受人。由习惯所使,法定继承至今仍是我国主要的财产继承方式。

资产阶级革命胜利以后,世界很多国家都对继承制度进行了修改和完善,确认遗嘱继承和法定继承的法律地位,但立法仍有侧重点。无论是以法定继承为主还是以遗嘱继承为主的国家,并不是评价其继承制度先进落后的根本标志,仅仅是历史文化传统的差异所致。

二、法定继承的特征

世界各国由于历史条件、民族特点、家族文化、风俗习惯等不同,反映在法定继承制度中,继承人的范围、继承顺序及遗产分配原则等内容均存在差异,但仍有一些共同的基本特征。

(一)法定继承不直接体现被继承人的意志

在法定继承的继承方式中,哪些人是法定继承人、其继承顺序如何、同一顺序的继承人应按什么样的原则分配遗产等问题,都由法律直接规定,而不是由被继承人自己决定,法定

---

① 张玉敏.继承法律制度研究[M].北京:法律出版社,1999:189.

继承人也不得改变这些规定。从这个角度来说,法定继承直接体现法律的意志或者说国家的意志,而不是被继承人或其他人的意志,具有强行性的特点。当然,法定继承也并非与被继承人的意志完全无关。法定继承中具体制度的设立均是在正常状态下依一个被继承人普遍可能处理自己财产方式的一种意思推定,所以法定继承通常是与人们的继承习俗和习惯相一致,在形式和外观上是合理的。而遗嘱继承则与此不同,它充分尊重和直接体现被继承人的意志,被继承人可以改变法定继承人的范围和顺序,也可以在遗嘱中指定遗产份额的大小。

(二)法定继承是对遗嘱继承的限制和补充

由于遗嘱继承最大限度地反映被继承人的自由意志,在实践中不可避免地会出现权利滥用的情形。因此,立法上须对遗嘱自由加以适当的限制。早在罗马法中,就出现了关于废除继承人的限制、遗嘱逆伦诉、特留份追补诉、赠与或嫁妆逆伦诉等规定。近现代各国继承法也大多规定有特留份制度,即被继承人在遗嘱中必须为法定继承人保留一定的遗产份额。在我国,遗嘱人也必须在遗嘱中为缺乏劳动能力又没有生活来源的法定继承人保留必要的遗产份额。这些规定都在一定程度上体现了法定继承对遗嘱继承的限制作用。此外,法定继承对遗嘱继承亦有补充作用。按照我国继承法的规定,法定继承仅在没有遗赠抚养协议或遗嘱,或前二者无效或不能执行的情况下才适用。据此,继承开始后,得适用遗嘱继承的,应先适用遗嘱继承;不适用遗嘱继承时,才能适用法定继承。所以,法定继承在适用效力和适用范围上都是"后位"的,它是对遗嘱继承的补充。

(三)法定继承严格建立在人身关系的基础上

法定继承人的范围虽然由法律予以直接规定,但究其根本,继承人身份的取得必须是与被继承人有血缘关系、婚姻关系或抚养关系。而这些关系具有共同的性质,即都属于身份关系。目前世界上只有少数国家法律规定无亲属关系的人于一定条件下也可成为法定继承人。我国遗嘱继承人的范围以法定继承人的范围为限,它虽然也与一定的人身关系相联系,但联系程度较法定继承有所不同。遗嘱可以改变法定继承人的顺序和份额,遗嘱可以在较大范围不受血缘关系亲疏的影响,其人身关系的制约程度较小,尤其是在一些国家,遗嘱继承人也可以是法定继承人以外的人的情形下,表现得更为明显。

三、法定继承的适用

所谓法定继承的适用,是指在何种情况下适用法定继承。总的来说,按"遗嘱在先原则",有遗嘱的,首先适用遗嘱继承,不能适用遗嘱继承方式时,才按法定继承方式继承。大多数国家都遵循这一原则,我国亦不例外。

我国《继承法》第 5 条规定:"继承开始后,按照法定继承办理:有遗嘱的,按照遗嘱继承或者遗赠办理;有遗赠抚养协议的,按照协议办理。"由此,继承开始后,适用继承方式的顺序为:遗赠抚养协议—遗赠(或遗嘱继承)—法定继承。所以,被继承人生前没有与人订立遗赠抚养协议,又没有立遗嘱(包括遗赠);或者遗赠抚养协议无效或不能执行;以及被继承人所立遗嘱全部或部分无效时,即适用法定继承。

我国《继承法》第 27 条又对在有遗嘱的情况下,如何适用法定继承的方式作了具体规定:

1. 遗嘱继承人放弃继承或者受遗赠人放弃受遗赠的。遗嘱继承人放弃继承或者受遗赠人放弃受遗赠,其放弃继承和受遗赠的遗产份额适用法定继承。其他遗嘱继承人或受遗赠人未放弃的部分,仍依遗嘱继承处理,不能适用法定继承。

2. 遗嘱继承人丧失继承权的。遗嘱中指定的继承人在发生《继承法》第 7 条规定的丧失继承权的事由时,其继承权丧失。遗嘱继承人丧失继承权的,遗嘱中指定由该丧失继承权的继承人继承的遗产部分,适用法定继承。

3. 遗嘱继承人、受遗赠人先于遗嘱人死亡。遗嘱是被继承人生前作出的死后生效的一种单方行为,只有继承开始时尚生存的人才得以成为继承人,故若遗嘱继承人、受遗赠人先于被继承人死亡的,对遗嘱所涉的这部分财产,只能适用法定继承。

4. 遗嘱无效部分所涉及的遗产。遗嘱必须依法律规定的内容和形式设立,才发生遗嘱继承的效力,若遗嘱不符合遗嘱生效要件,则遗嘱全部无效或部分无效。遗嘱全部无效时,对被继承人的全部遗产实行法定继承;遗嘱部分无效且部分无效不影响整个遗嘱效力的情况下,对遗嘱无效部分所涉及的遗产按法定继承办理。

5. 遗嘱未处分的部分。被继承人生前未立遗嘱的,其全部遗产适用法定继承。被继承人在遗嘱中只处分部分遗产的,对未处分的遗产部分必须适用法定继承方式。

第二节 法定继承人的范围和顺序

一、法定继承人的范围

法定继承人的范围,是指在适用法定继承方式时,哪些人可以成为法定继承人。法定继承人的范围,是由法律直接规定的,具有不可任意变更的性质。各个历史时期和各个国家的继承法关于法定继承人范围的规定,都是以血缘关系和婚姻关系为基础,同时参照各时代和各国的具体情况(如家庭职能、风俗习惯、社会性质等)而制定的。因而对于法定继承人的范围,各国法律规定不一。从现代继承法来看,大致有两种立法模式:一是"亲属无限制继承主义"。采取这种立法模式的国家,其法律规定的法定继承人的范围非常广泛。如在德国,根据其民法典的规定,被继承人的配偶、直系卑亲属、父母及其直系卑亲属、(外)祖父母及其直系卑亲属、远祖父母及其直系卑亲属均为法定继承人。二是"亲属限制继承主义"。采取这种立法主张的国家将法定继承人限定于一定范围的亲属。例如瑞士民法虽与德国民法一样地采取亲系制,但法定继承人只限于配偶、直系血亲卑亲属、父母及其直系卑亲属、祖父母及其卑亲属,曾祖父母仅有用益权。大多数国家采取后一种立法模式,但对旁系血亲的亲等限定的范围不同。如《韩国民法典》规定在八亲等之内、《意大利民法典》规定限在十亲等之内、法国则将死者兄弟姐妹的直系亲属延伸至十二亲等。

我国《继承法》规定的法定继承人基本上限定在家庭关系的范围之内,包括配偶、子女、父母、兄弟姐妹、(外)祖父母,以及死于被继承人之前的被继承人的子女的直系卑亲属(代位继承人)、对公婆或岳父母尽了主要赡养义务的丧偶儿媳或女婿。

(一)配偶

配偶是处于合法婚姻关系中的夫妻相互间的称谓,享有继承权的配偶是在死者死亡之际与之有婚姻关系的人,夫妻双方有一方死亡的,则生存一方享有对死者的财产继承权。在死者死亡之前已经与之脱离婚姻关系的,或者尚未与之正式结婚的人,都不是死者的配偶。对生存配偶的继承权的法律确认,既是对生存配偶劳动价值承认的体现,也有利于保障家庭养老育幼职能的发挥。

配偶作为法定继承人互有继承权,这是夫妻在婚姻家庭关系中地位平等的一个重要标志。在奴隶社会和封建社会的继承立法中,法律只承认丈夫对妻子遗产的继承权,而排斥妻子对丈夫遗产的继承权。例如,在梭伦改革以前,古代雅典的继承制度和古印度的《摩奴法典》都否认妻子有独立的人格,因而妻子不能处理自己的财产,只能由丈夫支配和处理,丈夫当然地享有继承权,而妻子不能继承丈夫的遗产。古巴比伦《汉穆拉比法典》也规定:"妻子不得继承丈夫的财产;妻子本人的嫁妆和丈夫生前赠与她的物品虽然可归其所有,但她无权出卖。"到了资本主义时期,尽管法律上抽象地规定夫妻互有平等继承权,但在具体制度中却对配偶继承权特别是妻子行使继承权问题进行种种限制。例如,1804 年《法国民法典》将配偶继承遗产视为"不正常的继承";同时还规定:"妻子未经依婚姻章第六节的规定征得其夫同意或者判决上的同意时,对于继承,不得为有效的承认。"[①]当代西方国家的法律中,多数国家都已经承认了婚姻关系中的男女双方彼此具有平等的继承权,或者赋予生存配偶有独立继承被继承人遗产的权利,或者不将配偶独立出来,而是作为与其他法定继承人一样的继承人,共同参与继承,按份额比例参与分配遗产。

我国奴隶制法和封建制法都否认妻子的继承权。仅以清律为例,清律规定"妇人夫亡无子守志者,合承夫份,须凭族长择昭穆相当之人继嗣"。"其改嫁者,夫家财产及原有妆奁,并听前夫之家为主"。可见,所谓"合承夫份"的实质,也不过是对夫的遗产暂行保管而已,根本不是什么继承权;对改嫁的妇女,不仅对丈夫的财产无继承权,而且自己的婚前财产也归夫家所有。反之,封建法律关于丈夫对妻子的财产继承虽无明文规定,但习惯上妻子财产和丈夫财产是合为一体的,妻亡后,其遗产当然为丈夫所有。我国《婚姻法》第 24 条规定:"夫妻有相互继承遗产的权利。"对此应理解为:首先,法律赋予配偶双方互有继承权,而且彼此平等;其次,夫妻一方死亡后另一方再婚的,有权依法处分其所继承的财产,任何人不得干涉。

在司法实践中处理配偶继承权时,应注意以下问题:

1. 配偶的继承权取决于男女双方存在合法的婚姻关系。所谓"合法的婚姻关系"是指男女双方具备了法定结婚的条件,并按照婚姻法的规定履行了结婚登记而结成的夫妻。已登记解除或诉讼解除婚姻关系的,不对前配偶享有继承权。夫妻登记结婚后尚未同居或同居时间很短时,配偶一方死亡的情况,应承认另一方享有继承权,但应根据共同生活时间的长短,尽义务的多少,对遗产份额酌情处理。

2. 未进行结婚登记即以夫妻名义同居生活的男女双方的继承权问题。对未进行结婚登记即以夫妻名义同居生活的男女双方,在同居期间一方死亡,另一方要求继承死者遗产的,如认定为事实婚姻关系,可以配偶身份按《继承法》的有关规定处理;如认定为同居关系,相互之间不具有配偶身份,一方死亡时,另一方当然无继承权,但如果符合《继承法》第 14 条的规定,即另一方依靠被继承人扶养且缺乏劳动能力又没有生活来源,或者对被继承人扶养较多,可以分给其适当的财产。

3. 未经法定程序解除婚姻关系时的继承问题。婚姻的解除同婚姻关系的成立同样需

---

① 《法国民法典》[M].李浩培,吴传颐,孙鸣岗,译.北京:商务印书馆,1979:119.

要经过法定的程序,未经法定程序办理离婚手续,合法婚姻关系继续存在,双方仍互为配偶而享有继承权。由此,在夫妻双方协议离婚,已达成离婚协议,但没有依法到婚姻登记机关办理离婚手续;或者夫妻双方诉讼离婚,在诉讼进行过程中;或者在法院已经作出准予双方离婚的判决,但判决尚未生效(如在上诉期)的情形下,若一方死亡,另一方仍得作为死者的配偶,继承被继承人的遗产。

4. 配偶继承权与夫妻共同财产的分割不能混淆。我国婚姻法以夫妻共同财产制为法定财产制,因而当配偶一方死亡,其现有财产状态多为夫妻共有,并非全部为个人遗产。为此,必须进行夫妻共有财产的认定和分割,保障生存一方的共有财产权,同时确定死者个人遗产的价值和范围,认定和保护生存配偶及其他同一顺序继承人的继承权。

5. 配偶继承权不受婚姻存续时间长短的影响,也不受生存一方是否再婚的妨碍。夫妻一方死亡后另一方再婚的,有权处分所继承的财产,任何人不得干涉。夫妻一方死亡后,另一方所继承的遗产就变为个人合法所有财产。尚生存的配偶有权根据自己的愿望和利益在法律允许的范围内占有、使用、处分这些财产,法律禁止任何人干涉。如一方再婚时有权带走其所继承的原先配偶的遗产,也可变卖这些财产,任何人不得干涉。这是我国从法律上否定了干涉寡妇带产改嫁、"上门女婿带产再婚"等侵犯配偶继承权的现象。

6. 旧社会形成的一夫多妻家庭中妻妾的继承问题

1950年《婚姻法》颁布前形成的一夫多妻的重婚现象,是旧社会的不合理的制度造成的,若女方没有要求解除婚姻关系,仍允许他们保持原来的共同生活关系,法律一般不加以干涉。由此,旧社会形成的一夫多妻家庭,丈夫与妻、妾具有同等的夫妻权利义务关系。当丈夫死亡时,妻、妾都有权以配偶身份继承丈夫的遗产。至于妻、妾之间有无继承权问题,我们认为,妻与妾之间没有继承的法律依据,一般不能相互继承遗产。但如果妻、妾与丈夫共同生活时间较长,妻、妾彼此间也有互相照料的事实,则当妻或妾死亡时,应参考我国《继承法》第14条规定的精神,可以分给其适当的财产。我国现行法律坚持一夫一妻制原则,禁止任何公开的,或隐蔽形式的一夫多妻现象。因而,在1950年5月1日我国第一部《婚姻法》实施后,不论以何种形式因何种原因形成的重婚、纳妾都是非法的,应依法给予相应的刑事和民事制裁。表现在继承方面,任何违背一夫一妻制度而形成的同居关系的男女彼此无权于一方死亡时以配偶身份取得死亡者的遗产。

(二)子女

子女是父母的亲等中最近的晚辈直系血亲。父母子女之间有着极为密切的人身关系和财产关系,父母死亡后,子女有当然继承其遗产的权利。

世界多数国家的继承立法都将子女分为四大类:婚生子女、非婚生子女、养子女和有抚养关系的继子女,而且继承人的法律地位相同。但在少数国家,根据子女的身份不同,其继承权有不同的规定,特别是对女性和非婚生子女,立法持歧视性的态度。如在旧中国,历代法律都排斥女儿的继承权,遗产继承人仅以直系卑亲属的男子为限,无亲生儿子的,必须立嗣,嗣子与亲生儿子属于同一位阶,女儿只在"户绝"的情况下才能继承其父母的遗产。再如有的国家规定非婚生子女无继承权,只有"特留份"请求权;有的国家规定必须经过严格的准正和认领程序,才有继承权。有的国家虽规定非婚生子女有继承权,但其继承份额少于婚生子女。根据养老育幼、继承权男女平等的原则,我国《继承法》在第10条中明确规定:"本法所说的子女,包括婚生子女、非婚生子女、养子女和有抚养关系的继子女。"这就是说,子女作为法定继承人时,不分性别、长幼,不论是否婚生,也不论是自然血亲,还是法律拟制血亲,都有平等继承父母遗产的权利。

1. 婚生子女

婚生子女,是指有合法婚姻关系的夫妻所生育的子女。婚生子女,无论男女,也无论其随父姓还是随母姓,无论已婚还是未婚,无论结婚后到男家落户还是到女家落户,也无论其与婚生父母生活时间的长短,均不影响其法律上的地位,都可以以子女的身份继承父母的遗产,任何人无权干涉。那种认为男到女家落户的"入赘女婿",女到男家生活的出嫁女儿,均无权继承父母的遗产的封建传统观念是不符合现代法律男女平等的原则要求的,应予以根除。此外,还应该注意的是,那些在父亲死亡前受孕在父亲死亡后出生的子女,或者合法婚姻关系期间受孕,婚姻关系解除后所生子女也为婚生子女,享有对父母任何一方死亡后遗产的法定继承权。

2. 非婚生子女

非婚生子女,是指无合法婚姻关系的男女所生的子女,俗称"私生子"。对于非婚生子女,继承立法史上曾予以不平等待遇。如我国清律规定:"奸生子、乱伦子女,以子量予半分。"虽然大多数资本主义国家的继承法确定非婚生子女有继承权,但其继承权的实现要受到诸多的限制。如有的国家规定,只有经合法认领后的非婚子女才有继承权;有的国家规定,非婚生子女只能继承相当于婚生子女一半的遗产;有的国家规定,非婚生子女没有继承生父遗产的权利,只能继承母亲的遗产等。中华人民共和国成立后,非婚生子女的社会地位发生了根本变化。现行《婚姻法》第25条规定:"非婚生子女享有与婚生子女同等的权利,任何人不得加以危害和歧视。"《继承法》第10条也明确规定,子女无论是婚生子女还是非婚生子女都享有平等的继承权。

3. 养子女

养子女与养父母之间的关系是拟制血亲关系,他们之间通过收养关系而成立。收养关系成立后,收养人与被收养人之间形成法律拟制的父母子女关系。我国婚姻法和收养法都明确规定了养父母子女之间权利义务关系同亲生父母子女之间的权利义务关系一样。因此,养父母与养子女相互间有继承权。同时,法律从有利于收养关系稳定的角度出发,规定养子女同养父母的关系确立之后,养子女同其生父母之间的权利义务关系随之消除,养子女就失去了对其生父母遗产的继承权。但在现实生活中,有些被收养人与养父母和生父母都保持着密切的关系,既对其养父母尽赡养义务,同时又对其生父母给予较多的扶助,在这种情况下,养子女除了可继承其养父母的遗产外,还可按《继承法》第14条的规定,请求酌情分得其生父母的适当的遗产。

收养既然是法律上拟制血亲的行为,就需办理法律手续。在现实生活中,有一些事实上的收养关系,双方虽未办理收养的法律手续,但长期共同生活,以养父母子女相称,群众也公认,对于这种事实上的收养关系,法律一般承认其效力,确认养子女与养父母相互间有继承遗产的权利。但是,应当把收养与立嗣区别开来,立嗣是封建宗法制度的产物。因此,对于纯粹为了给死者打幡送葬而立的,根本不曾同死者共同生活过,与死者毫无抚养关系的"过继子"、"嗣子",法律根本不承认其有继承权,当然不能继承被继承人的遗产。但如果这些"过继子"、"嗣子"与被继承人共同生活多年,被继承人生前对其尽了抚养义务的,可按收养关系对待,以养子身份继承被继承人的遗产。

在实际生活中还有一种情况,即由于收养人与被收养人之间的年龄相差甚大,或者同辈分,双方不是以父母子女相称,而是以祖父母孙子女相称。他们之间实际上存在养父母子女间的权利义务关系。因此,应当承认他们有相互继承遗产的权利。

养子女的继承权来自于收养的效力,收养关系的解除导致养子女与养父母的权利义务关系消除,他们之间的相互继承权也随之消失。但是否自动恢复对生父母的遗产继承权?这取决于亲子关系是否恢复。根据我国《收养法》的规定,当收养关系解除时,养子女若为未成年子女,则当然与生父母恢复一切父母子女之间权利义务关系,自然也恢复对生父母遗产的继承权。但如果此时养子女已经成年并能独立生活,本人不愿意与生父母恢复权利义务关系的,则不再享有对生父母遗产的继承权;反之,如果本人自愿与生父母恢复权利义务关系的,当然可以继承生父母的遗产。

对旧社会遗留下来的一夫多妻的婚姻,法律确认其婚姻的有效性。但对这类家庭中的子女对父母的继承权要区别对待。一般来说,他们对生母及父亲的遗产有继承权,但对生母以外的父亲的其他配偶的遗产是否也享有继承权,取决于其与生母以外的父亲的其他配偶有无形成抚养关系,形成抚养关系的,则互有继承权,否则无继承权。

4. 继子女

继子女是指妻与前夫或者夫与前妻所生的子女。继子女与继父母之间的关系,系因父母一方死亡、他方再结婚,或者因父母离婚、一方或双方再行结婚而引起。继子女与继父母的关系并不必然地等同于亲生父母子女关系,只有在继父母与继子女之间形成了抚养、教育关系时,他们彼此间才发生拟制血亲的权利义务关系,否则是姻亲关系。由此,继子女可否继承其继父母的遗产,取决于其与继父母间有无形成抚养教育关系。与继父母形成抚养教育关系的继子女有权继承继父母的遗产,为继父母的法定继承人;反之则不能继承其继父母的遗产。继子女对其生父母遗产的继承权,并不因继子女取得了其继父母的遗产而丧失。这是因为父母子女之间的权利义务关系,不因婚姻关系的终止而消除。因此继子女继承继父母的遗产,不影响其继承生父母的遗产。此即所谓的继子女的"双重继承权"。

5. 对公婆尽主要赡养义务的丧偶儿媳及对岳父母尽主要赡养义务的丧偶女婿

一般来说,儿媳与公婆、女婿与岳父母是姻亲关系,他们之间没有继承的权利义务关系。但在实际生活中,有的丧偶儿媳对公婆、丧偶女婿对岳父母如同自己亲生父母,对他们的晚年生活,在经济上、精神上给予了较大的帮助,尽了主要赡养老人的义务。对此,从权利义务相一致原则出发,也为鼓励民间的这种尊敬老人、赡养老人的美德,《继承法》第12条规定:丧偶儿媳对公婆、丧偶女婿对岳父母尽了主要赡养义务,不论其是否再婚,都可作为第一顺序继承人继承公婆或岳父母的遗产。

适用这一条款,要注意两点:其一,丧偶儿媳或女婿取得法定继承权是有前提的,即"尽了主要赡养义务"。何谓"尽了主要赡养义务"?根据相关司法解释的规定,是指对公、婆或者岳父、岳母提供了主要经济来源,或者在劳务方面给予了主要扶助。也有学者提出,如果与公、婆或者岳父、岳母长期共同生活形成良好关系,给予了主要精神慰藉的丧偶儿媳或女婿也应认定为尽了主要赡养义务。[①] 其二,丧偶儿媳或女婿的法定继承权并不是一种代位继承权或转继承权。在代位继承中,被继承人的直系卑亲属是代位继承人,其继承权的有无

---

① 彭诚信.继承法[M].长春:吉林大学出版社,2000:95.

不决定于对被继承人尽义务的情况;在转继承中,由于继承开始后遗产分割前,继承人死亡,其应继份额由继承人的法定继承人继承,其中包括已死亡的继承人的配偶。由此可见,配偶的这种转继承权的有无也不决定于对被继承人尽义务的情况,只要发生转继承的前提,就有继承权。所以丧偶儿媳或女婿的法定继承权与代位继承和转继承的继承权发生的根据不同,并不相互排斥。

（三）父母

父母与子女是血缘关系最近的尊亲属。父母,包括亲生父母、养父母和与继子女形成抚育关系的继父母。他们都有权继承子女的遗产,是子女的法定继承人。

亲生父母作为子女的法定继承人,是法律根据他们相互间的自然血亲关系确定的。因此,无论是婚生子,还是非婚生子;无论子女是已婚还是未婚;无论生父母是否抚育过子女,只要子女未被收养,该生父母始终是子女的法定继承人。

养父母对养子女的遗产继承权,以收养关系的有效成立为前提,当收养关系解除时,其继承权也随之终止。

继父母对继子女遗产的继承权,以形成抚育关系为条件。有抚养教育关系的继父母和继子女是法律拟制血亲关系,同亲生父母子女关系并无区别,在此种情况下的继父母对继子女的遗产有继承权。同时,继父母与亲生子女的权利义务关系因自然血缘而并未解除,所以,继父母对亲生子女的遗产也有继承权。在一定意义上,继父母也享有"双重继承权"。

（四）兄弟姐妹

兄弟姐妹之间存在较为密切的关系。首先,从血缘关系来看,兄弟姐妹之间虽然属于旁系血亲,但却是旁系血亲中亲等最近的亲属。其次,从实际生活中的相互关系来看,兄弟姐妹一般都在家庭中共同生活多年,生活上互相照顾,经济上互相帮助,精神上互相慰藉。最后,从法律义务上看,根据我国《婚姻法》第29条的有关规定,在一定条件下,兄弟姐妹之间有相互扶养的义务。基于上述原因,《继承法》将兄弟姐妹列为法定继承人,规定他们相互间有继承遗产的权利,既符合良好的传统道德风尚和生活习惯,又有利于促进家庭的和睦与互助。

兄弟姐妹,有全血缘的、半血缘的,以及拟制血缘的不同情况。有的国家规定,半血缘的同父异母或同母异父的兄弟姐妹,仅能从父方或母方取得一份遗产;也有的国家规定,半血缘的兄弟姐妹的应继份仅为全血缘兄弟姐妹的1/2。至于拟制血亲的养兄弟姐妹,有些国家未作规定,有些国家不予承认,如美国继承法理论和司法实践就认为,收养具有相对效力,效力不能及于他人,即便是亲生子女。因此养父母的亲生子女和养子女之间没有继承权利。按照我国《继承法》第10条的规定,兄弟姐妹,不论全血缘抑或半血缘,还是养兄弟姐妹,或者是有扶养关系的继兄弟姐妹,都为法定继承人。有血缘关系的兄弟姐妹之间的继承权是基于血缘关系产生的,因而一般是无条件的,即使他们之间没有彼此扶养,其继承权也是存在的。养兄弟姐妹是基于收养关系的成立而在被收养人和收养人的子女之间产生的亲属关系。这种亲属关系是一种法律上的拟制旁系血亲关系。在收养关系存续期间,养子女同生子女之间、养子女同养子女之间发生等同于亲生兄弟姐妹的权利义务关系,因此他们彼此享有继承权。至于被收养人与其亲兄弟姐妹之间,因收养关系的成立已消除了彼此间的权利义务关系,因而彼此无继承权。若收养关系解除,养兄弟姐妹关系终止,相互间则不再有继承遗产的权利。

继兄弟姐妹是由于其父或其母再婚而形成的法律拟制的旁系血亲关系。他们之间并不当然地有相互继承遗产的权利。依我国《婚姻法》和《继承法》的有关规定,只有继兄弟姐妹之间形成了扶养关系的,法律才赋予其等同于亲兄弟姐妹的权利义务关系,这时彼此才有相互继承遗产的权利。有扶养关系的继兄弟姐妹相互继承了遗产的,并不影响其继承亲兄弟姐妹的遗产。

（五）祖父母、外祖父母

祖父母、外祖父母是除了父母之外的最近的尊亲属。无论是现实生活中抑或是法律上,祖父母、外祖父母与孙子女、外孙子女会在一定条件下相互抚养、赡养。基于此,《继承法》规定,祖父母、外祖父母有继承孙子女、外孙子女遗产的权利,是法定继承人。在这里,不仅亲祖父母、亲外祖父母有继承权,养祖父母、养外祖父母也有法定继承权。

除了以上法律规定的五种法定继承人之外,有学者还提出应将孙子女和外孙子女纳入法定继承人的范围。他们认为,把孙子女和外孙子女列为法定继承人,符合公平原则,符合未成年的孙子女和外孙子女的现实经济利益要求,更有利于赡养、扶助祖父母、外祖父母,倡导良好美德。当然,也有学者据此提出了相反的意见。[①] 本书认为,可以将孙子女和外孙子女纳入法定继承人的范围。除了上述理由之外,还考虑到现行立法对孙子女、外孙子女的保护不充分。如立遗嘱人只可用遗赠的办法来对缺乏劳动能力又无生活来源的孙子女、外孙子女实施救济,其余别无他法。法定继承人中有祖父母、外祖父母,但却没有把与之相对应的孙子女和外孙子女纳入,似有不平等之嫌。因此,将孙子女和外孙子女纳入法定继承人的范围是十分必要的。

（六）胎儿

胎儿有无继承权的原命题应该是胎儿的民事权利能力问题。各国本着保护胎儿利益的立法精神,在立法例上采取了不同做法:第一种立法例认为,胎儿享有民事权利能力,但须以活体出生为条件。如《瑞士民法典》第31条第2款规定:"胎儿,只要其出生时尚生存,出生前即具有权利能力的条件。"匈牙利等国均有类似的规定。第二种立法例认为,胎儿原则上是没有民事权利能力的,涉及损害赔偿权、继承权和受遗赠权等某些特殊情况时,才承认胎儿具有相应的民事权利能力。如《法国民法典》第1923条规定:"在继承开始时尚未出生,但已经怀孕的胎儿,视为在继承开始前出生。"这是在继承制度中的规定,即视胎儿为出生者,是在特殊情况下对胎儿利益进行保护。德国、法国、意大利、日本等国均有类似的规定。第三种立法例不承认胎儿有民事权利能力,但考虑到胎儿将成为婴儿,对胎儿利益进行的特殊保护。如我国《继承法》第28条规定:"遗产分割时,应保留胎儿的应继承份额,胎儿出生时是死体的,保留的份额按照法定继承办理。"这一规定使胎儿的利益得到了应有的保护,但前提仍坚持自然人的民事权利能力始于出生的原则,并不承认胎儿有继承的民事权利能力。

我国新颁布的《民法总则》第16条规定:"涉及遗产继承、接受赠与等胎儿利益保护的,胎儿视为具有民事权利能力。但是胎儿娩出时为死体的,其民事权利能力自始不存在。"该条首次规定与明确承认胎儿在一定条件下有民事权利能力,填补了胎儿利益保护的立法空白,在我国民事立法中具有重大意义。当然,学者认为对"胎儿"的界定;民事权利能力范围应否扩展到生命健康权、损害赔偿请求权等仍有进一步探讨的空间。

---

① 刘心稳.中国民法学研究述评[M].北京:中国政法大学出版社,1996:800.

二、法定继承人的顺序

法定继承人的顺序又称法定继承人的顺位,是指法律直接规定的法定继承人参加继承的先后次序。继承开始时,法定继承人并不是同时参加继承的,而是按照法律规定的一定先后顺序参加继承。前一顺序的继承人总是排斥后一顺序继承人的,只要有前一顺序的继承人继承,后一顺序的继承人就不能取得和实现继承权。只有当没有第一顺序的法定继承人存在,或第一顺序的法定继承人全部放弃继承或丧失继承权,第二顺序的法定继承人才能继承被继承人的遗产。法定继承人的继承顺序是由法律直接加以规定的,因而具有强行性。任何人包括继承人、被继承人都不能改变这个法定的继承顺序。继承人可以放弃继承权但不能放弃自己的继承顺序。

(一)血亲继承人的法定继承顺序

现代各国法律对血亲继承人的继承顺序主要有以下几种立法例:

一是亲等制。即按照血亲继承人与被继承人之间亲等的远近来进行继承顺序的划分,亲等近者优先,同亲等者为同一顺序继承人。比如父母和子女都是一亲等,就被列为第一顺位继承人;兄弟姐妹、祖父母、外祖父母都为二亲等,则被列为第二顺位继承人。这种亲等继承制度的最大好处就是同一亲等的人数是有限的,只要限定亲等的范围,就能有效控制同一顺位法定继承人的数量,但是亲等制忽视了直系血亲和旁系血亲之间是有区别的。

二是亲系制。即以血缘关系的亲疏把血亲亲属划分为若干亲系,与被继承人关系越近的亲系其继承顺位越靠前,各亲系内又按照血缘关系的远近来排列继承顺序,血缘近者优先,采用这种立法例的主要有德国、瑞士、匈牙利等国。亲系继承制对亲等未加以限制,理论上讲,一个亲系内,继承人的人数没有限制,可以无限延续下去,一定程度上不利于其他亲系的继承权保护。另外,亲系继承没有很好地体现被继承人与继承人之间亲疏关系的远近。如果说亲等制主要体现了血亲与被继承人之间亲属关系的远近,那么亲系制则更多地体现了对于直系后代继承权利的保障,力求使财产能够保持在与死者血缘较近的亲属当中。

三是亲等与亲系结合制。即上述亲系制与亲等制相结合使用,在某些顺位以亲系划分,其余以亲等划分,较好地避免了单独适用亲系制或亲等制带来的弊端。目前世界上大多数国家和地区都采用这种方法来确定血亲法定继承顺位。如我国台湾地区"民法典"第1138条规定:"第一顺序:直系卑血亲,以亲等近者为先。第二顺序:父母,包括生父母和养父母。第三顺序:兄弟姐妹,包括全血缘和半血缘兄弟姐妹。第四顺序:祖父母,外祖父母。养子女为继承人时,其养父母的父母也是第四顺序的继承人。"再如,《法国民法典》第731条把法定继承人分为四个顺序,即死者的子女;子女的直系血亲;直系尊亲属;旁系血亲。

(二)配偶的法定继承顺序

目前各国继承法均确认配偶互为继承人,其法定继承顺序的立法例主要有三种,即固定顺序、非固定顺序和先取权加固定或非固定顺序。(详见本书本章"配偶的应继份"部分内容)

我国《继承法》总结了长期以来的司法实践经验,根据我国的实际情况,将法定继承人划分为两个顺序:第一顺序为配偶、子女、父母;第二顺序为兄弟姐妹、祖父母、(外)祖父母。我国的法定继承顺序,既考虑了婚姻关系和血缘关系的远近,也考虑了法定扶养义务的大小以及民族传统与习惯。按照我国《婚姻法》的规定,夫妻有相互扶养的义务,父母对子女有抚养教育的义务,子女对父母有赡养扶助的义务。夫妻有相互继承遗产权利,父母和子女有相互继承遗产的权利。《继承法》把配偶、子女、父母同列为第一顺序继承人既符合我国的社会实际,也与《婚姻法》的精神相一致。

此外,儿媳或女婿在丧偶后对公婆或岳父母尽了主要赡养义务的,是第一顺序的法定继承人,至于其在丧偶后是否再婚,并不影响其继承权。而且,他们作为第一顺序的法定继承人继承遗产,也不影响其子女的代位继承权。这是我国继承法的特色之一。这一规定的目的是鼓励儿媳和女婿赡养老人,使失去子女的老人晚年生活有保障。兄弟姐妹、祖父母、外祖父母从亲属关系上来说比配偶、子女、父母远一些;从经济联系上说也比配偶、子女、父母疏一些。他们与死者是近亲属关系,因此,他们同作为第二顺序继承人是合情合理的。

我国《继承法》第10条规定:"继承开始后,由第一顺序继承人继承,第二顺序继承人不继承。没有第一顺序继承人继承的,由第二顺序继承人继承。"因此,只要有第一顺序的继承人继承,第二顺序继承人就没有实质继承权。只有在没有第一顺序的继承人,或第一顺序的继承人全部放弃继承或丧失继承权的情况下,第二顺序的继承人才能继承。

三、法定继承人的应继份

法定继承人的应继份,简称法定应继份,是指在法定继承中,继承人依法继承被继承人的遗产时所取得的成数或比例。法定应继份的有关规定,对于防止无谓纠纷,顺利实现继承,以维护家庭关系稳定和社会关系和谐都具有一定的意义。

(一)一般规定

综观世界各国继承法律制度,关于法定应继份额的规定,大体有两种类型:一种不分血亲继承人和配偶继承人,同一顺序的法定继承人应继份相等,如《苏俄民法典》即采用此规定。另一种是区分血亲继承人和配偶继承人并作出不同的规定,应继份不是按人数计算,而是按股计算,这就是分股原则。大多数国家的继承法属于这种类型。所谓分股原则,即根据继承人的身份,将继承人分成不同的组,每组的应继份由本组的继承人按照一定的规则继承,一般不流入他组。一组中有人死亡或放弃继承,或丧失继承权,只增加本组中其他继承人的继承份额。只有当该组继承人全部不能继承时,应继份才会由另一组继承人或下一顺序的继承人继承,如《日本民法典》规定,子女和配偶一起继承时,配偶为一组,子女为一组,两组的应继份各为1/2,如子女中有人死亡且无直系卑亲属,只增加其他子女的应继份,配偶的应继份不受影响。德国是亲系继承的典型,其血亲继承人的应继份是:子女应继份相等,父母应继份相等。父母一方死亡,应继份由其直系卑亲属代位继承,无直系卑亲属时应继份归属对方。祖父母为继承人时,先将归属于祖父母的应继份分成两股,父系祖父母和母系祖父母各一股,每系之间再分两股,祖父和祖母各一股。若一方死亡,应继份由其直系卑亲属代位继承,无直系卑亲属则归属于他方;若他方亦不存在,归属于他方的直系卑亲属;双方均不存在且无直系卑亲属时,该股即转归另一组的祖父母。亲系继承止于祖父母。曾祖父母继承时,由存在之曾祖父母不分亲系平均继承;曾祖父母均不在时,由与卑亲属继承人亲等最近的祖父母的直系卑亲属继承,亲等更远的旁系血亲的继承依此类推。我国台湾地区采取亲等亲系结合制,配偶无固定的继承顺序,他(她)可以和任何一个顺序的血亲继承人一起继承。配偶和血亲继承人一起继承时,配偶的应继份和血亲的应继份都是固定的,血亲继承人中有人死亡和放弃的,配偶的应继份不受影响。

（二）配偶的应继份

由于各国对配偶的继承顺序有不同的规定，导致在配偶的应继份上，各国立法差异也比较大，大体有以下三种：

1. 配偶有固定的继承顺序，并与该顺序的其他血亲继承人平均分配被继承人的遗产。没有同顺序的血亲继承人时，配偶取得全部财产。我国《继承法》和苏联 1964 年的《苏俄民法典》均采取这种类型。如《苏俄民法典》第 532 条规定，配偶与死者的子女、父母以及死者生前扶养不少于一年的无劳动能力的人，同为第一顺序继承人，取得平均的遗产份额，当没有其他第一顺序的法定继承人时，配偶取得全部遗产。

2. 配偶不列入固定的继承顺序，他（她）可以和不同顺序的血亲继承人一起继承，其应继份因血亲继承人的顺序不同而有所不同。如日本规定，配偶与直系卑亲属一起继承时，得遗产的 1/2，与直系尊亲属一起继承时，得遗产的 2/3，和第三顺序的血亲继承人即兄弟姐妹一起继承对，得遗产的 3/4。德国规定，配偶与直系卑亲属一起继承时，得遗产的 1/4，与父母及其直系卑亲属或祖父母一起继承时，得遗产的 1/2，无上述血亲继承人时，得遗产的全部。《瑞士民法典》规定，配偶与直系卑亲属一起继承时，可选择取得 1/2 遗产的用益权或 1/4 遗产的所有权；与父系或母系继承人一起继承时，取得 1/4 遗产的所有权和 3/4 遗产的用益权；和祖父母系的继承人一起继承时，得 1/2 遗产的所有权和 1/2 遗产的用益权，祖父母系无其他继承人继承时，配偶取得全部遗产。

3. 赋予配偶先取权，即继承开始后，配偶先取得一定的遗产，然后再与血亲继承人一起继承。英国、美国和加拿大都有类似的规定。英国 1925 年颁布的财产法将配偶放在法定继承的首位，规定如果被继承人死亡，既没有直系卑亲属，又没有子女、父母、兄弟姐妹、祖父母、外祖父母等近亲属时，其遗产由其生存配偶继承。如果被继承人有直系卑亲属，配偶可继承全部"个人物品"如衣物、家具、珠宝、小汽车等。此外，配偶还可继承 2.5 万英镑的"特留份"（1980 年为 75000 英镑，1990 年为 125000 英镑）。如果被继承人虽无子女但有父母或兄弟姐妹时，配偶除可得全部个人物品、5.5 万英镑的特留份（1980 年为 125000 英镑；1990年为 200000 英镑）以外，还可取得半数遗产的所有权。美国的规定与英国类似。按《美国统一继承法典》的规定，继承开始后，配偶有权先取得价值 5000 美元的宅地特留份和价值不超过 3500 美元的豁免财产（即该财产不受遗产债权人的追索），如配偶是受被继承人扶养的人，还可以从现款中取得合理的家庭特留份。如死者留有和生存配偶共同所生育的子女及其直系卑亲属，或虽无直系卑亲属但有父母时，配偶先取 5 万美元，然后继承剩余遗产的一半；死者无直系卑亲属和父母，配偶可继承全部遗产。加拿大 1980 年继承改革法规定，无遗嘱继承时，任何情况下，配偶都首先取得 7.5 万加元的遗产（如遗产不足此数，则取得全部遗产），然后再与子女一起继承。

（三）我国继承法对法定继承人应继份的规定

我国继承法对法定继承人应继份的规定既具有原则性，又不乏灵活性。《继承法》第 13 条明确规定："同一顺序继承人继承遗产的份额，一般应一律平等。对生活有特殊困难的缺乏劳动能力的继承人，分配遗产时，应当予以照顾。对被继承人尽了主要扶养义务或者与被继承人共同生活的继承人，分配遗产时，可以多分。有扶养能力和扶养条件的继承人，不尽扶养义务，分配遗产时，应当不分或者少分。继承人协商同意的，也可以不均等。"可见，我国继承立法确立的是同一顺位继承人在条件大体相当的情况下原则上均等分配，特殊情况下不均等分配遗产的分配原则。具体理解应注意以下方面：

1. 同一顺位继承人在条件大体相当的情况下，其应继份额一般应当均等

所谓"大体相当"，首先是各继承人的劳动能力大体相当，如都具有完全劳动能力，都缺乏劳动能力或者都没有劳动能力。在各继承人劳动能力大体相当的情况下，再考虑其他条件是否相当。其次是继承人对被继承人所尽的义务大致相当，这里的义务相当，既包括金钱或物质上的给予，也包括劳务上的帮助，还包括精神上的慰藉。所以，所谓义务"相当"，应当综合考虑几方面的因素而不能只看给了多少金钱和物质的资助。再次是各继承人的扶养能力和扶养条件大体相当。

2. 特殊情况下继承人的应继份也可不均等

一般情况下，遗产应当在同顺位的继承人间均等分配，但我国继承法也规定了一些特殊情况，这些特殊情况的存在，会影响到遗产的分配过程。

（1）对生活有特殊困难的缺乏劳动能力的继承人，分配遗产时，应当予以照顾。"生活有特殊困难"和"缺乏劳动能力"这两个前提条件应同时具备，否则不予适用。"生活有特殊困难"是指继承人没有独立生活来源或者有经济收入但难以维持其最起码的物质生活水平。"缺乏劳动能力"，是指继承人尚无劳动能力或因老、伤、残等原因而丧失或者部分丧失劳动能力的情况。处于这种情况下的继承人，在分配遗产时要多分。

（2）对被继承人尽了主要扶养义务或者与被继承人共同生活的继承人，分配遗产时，可以多分。所谓"尽了主要扶养义务"，是指对被继承人的生活提供了主要的经济来源，或者在劳务方面给予了主要扶助。因而，在分配遗产时多分给这样的继承人是合情合理的，也完全符合我国继承法的基本原则。"与被继承人共同生活的继承人"，是指由于他们与被继承人在物质生活、劳动服务或精神慰藉等方面彼此发生着紧密的联系，所以他们在分配遗产时也可以取得较多的份额。

（3）有扶养能力和扶养条件的继承人，不尽扶养义务，分配遗产时，应当不分或者少分。这主要是指继承人有扶养能力和扶养条件，但对那些需要扶养的被继承人不尽扶养义务的，分割被继承人的遗产时应当不分或者少分。例外的是，对继承人有扶养能力和扶养条件，且愿意尽扶养义务，但被继承人由于有固定收入和劳动能力，而明确表示不需要其扶养的，分配遗产时，一般不因此而受影响。如果继承人确系没有扶养能力和扶养条件，分配遗产时，不能不分或者少分，因为继承人无主观可责性。

（4）继承人协商同意的，也可以不均等。遗产分配是继承人之间的事情，一般来说，只要继承人之间协商一致，不管如何分配遗产，他人无权干涉。但我们认为，必须是全体继承人一致同意，而且在不损害其他利害关系人的合法权利的前提下所达成的协议才是有效的。

四、我国法定继承人的范围和继承顺序等问题的理论探讨

我国现行《继承法》制定于20世纪80年代，施行至今已有30余年。随着我国经济的发展，物质条件的丰富，在遗产继承中出现了一些新情况和新需求。应对这些变化，我国立法对法定继承人范围和继承顺序也相应要修改。

（一）法定继承人的范围

1. 法定继承人的范围应当扩大

许多学者认为，我国法定继承人范围过窄，应予适当扩大。但至于扩大到哪些近血亲，

学者们的观点不尽一致,主要有以下三种不同的立法建议:

一是主张扩大到第四亲等内的血亲。如梁慧星教授在其主编的《中国民法典建议稿》中规定法定继承人包括:"配偶、子女、父母、兄弟姐妹、祖父母外祖父母。增加规定四亲等以内的亲属为第三顺序法定继承人。"①

二是主张扩大到在一个家庭中共同生活或有扶养关系的三亲等的血亲。"在我国历史上,叔、伯、姑、舅、姨、侄子女、外甥等之间是可以相互继承遗产的。在现实生活中,他们之间无论经济上还是精神上的相互扶助也比较普遍。"②

三是主张增加兄弟姐妹的子女(即侄子女、外甥子女)作为法定继承人。如以陈苇、吴国平等为代表的学者基于民间习俗、养老现实等角度考量,认为应将兄弟姐妹的子女即侄子女、外甥子女纳入法定继承人范畴。③

我国法定血亲继承人范围是世界上最窄的国家之一。这种立法例的主要缺陷如下:第一,与我国现有的家庭结构和血亲关系的变化不相适应。我国家庭结构已呈小型化核心家庭为主,在核心家庭中近血亲的种类和数量都在减少。第二,现行法定继承人范围过窄,容易出现无人继承而导致私有财产归公的情形,不利于保护自然人的私有财产继承权。第三,不利于家庭养老、空巢家庭激励近亲属间经济上相互扶养与生活上相互照料的积极性,不利于保障老年人尤其是空巢家庭老年人的晚年生活,也与我国民众的继承习惯不完全相符。

在域外,为防止遗产因无人继承而归公,某些立法有扩大法定继承人范围的趋势。如2003年3月1日施行的《俄罗斯联邦民法典》对法定继承人的范围做了重大修改,已极大地扩大了法定继承人的范围:长辈血亲止于被继承人的曾祖父母和外曾祖父母及表、堂祖父母、表、堂外祖父母的子女,晚辈血亲止于被继承人的表、堂孙子女的子女,此外还包括被继承人的继父、继母以及继承人之外受被继承人扶养的人等。④

我们认为,就四亲等以内的血亲而言,在我国现实生活中,有些亲属如堂兄弟姐妹、表兄弟姐妹之间发生继承的情况非常少,民间也没有这样的继承习惯。借鉴外国的相关立法例,结合我国民众的继承习惯,新增加的法定继承人,应当与被继承人具有一定经济上和情感上联系、在一定情况下能尽扶养和扶助义务,并且在民间有相互继承遗产的习惯的血亲为宜。因此,增加兄弟姐妹的子女为法定继承人较为适宜。

2. 尽了主要赡养义务的丧偶儿媳、女婿的法定继承权的留存改问题

儿媳与公婆、女婿与岳父母为姻亲,许多国家法律规定姻亲之间无法定的权利义务关系。而我国《继承法》规定丧偶儿媳对公、婆,丧偶女婿对岳父、岳母,尽了主要赡养义务的,作为第一顺序继承人,旨在于鼓励丧偶的儿媳或女婿对公婆、岳父母的赡养。但近年来有学者对此规定提出了质疑,认为此规定有一定不合理的地方:一是此种规定将本应由道德调整的规定纳入法律调整的范围;二是姻亲继承是对继承权基础的直接违背;三是多数国家的继

---

① 梁慧星.中国民法典建议稿[M].北京:法律出版社,2004:154.

② 郭明瑞,房绍坤,关涛.继承法研究[M].北京:中国人民大学出版社,2003:69.

③ 陈苇,杜江涌.我国法定继承制度的立法构想[J].现代法学,2002(3);吴国平.法定继承人范围与顺序的局限与扩张探究:以失独老人养老问题为研究视角[J].江南大学学报(人文社会科学版),2015(4);魏庆爽.民间继承习惯对完善我国法定继承制度的启示:以河南省许昌市某区的调查为例[J].长春工业大学学报,2010(7).

④ 陈苇.外国继承法比较与中国民法典继承编制定研究[M].北京:北京大学出版社,2011:404.

承法都未将姻亲纳入法定继承人范围;四是姻亲继承对民众继承习惯的背离;①五是此规定不符合我国民间按支继承的传统,可能会出现不公平。如果被继承人同样留有不止一个子女且每个子女都有子女时,丧偶儿媳对公、婆或丧偶女婿对岳父、岳母尽了主要赡养义务的,可以作为第一顺序法定继承人,并且其子女还可以代位继承,此时该支亲属就继承了两份遗产。但在尽了主要赡养义务的儿媳或女婿没有丧偶的情况下,该被继承人的子女就只能继承一份遗产。在此种情况下,两支亲属所尽义务基本相同,但继承份额却不同,就出现了遗产分配不公平的现象。

故此,有学者认为可以直接规定:基于丧偶的儿媳、女婿的赡养扶助行为或扶养行为,适用《继承法》第14条,明确尽了主要赡养义务的丧偶儿媳、女婿享有酌分遗产请求权。② 也有学者认为如果丧偶儿媳对公、婆,丧偶女婿对岳父、岳母尽了主要赡养义务的,允许其在没有代位继承人时,作为第一顺序法定继承人参与继承;有代位继承人时,则可以通过适用《继承法》第14条酌情分得遗产的规定,予以适当补偿,但不宜将他们纳入法定继承人的范围。③

3. 形成抚养教育关系的继父母、继子女的法定继承权的留存改问题

对此主要有两种观点:一种观点认为,经过20多年的运作,我国《继承法》有些特色已成为我国固有法的一部分,建议予以保留,如形成抚养教育关系的继父母子女相互享有继承权的规定。④ 但同时有些学者认为,鉴于继父母子女关系的复杂多变特点,我们应当以我国民法典的编纂为历史契机,尽快从立法层面上界定继父母子女关系的类型与主体范围,明确继父母子女"抚养关系"的认定标准,继父母子女间继承权的性质、行使条件,以及解除继父母子女关系对继承权所产生的法律后果,以全面平衡各方当事人的利益,贯彻权利义务相一致原则,并突出保护未成年继子女和丧失劳动能力又无生活来源老年继父母的继承权益。⑤ 有学者提出,继父母子女间的继承权为附义务继承,我国立法应完善抚养和赡养标准,如时间上的持续性,是否共同的生活事实,主观上是否意愿,是否给予了财产上的开销。⑥ 另一种观点认为,形成抚养教育关系的继子女享有对继父母的遗产继承权,对父母再婚不利、实际上也损害继父母的亲生子女的继承权,故建议取消形成抚养教育关系的继父母与继子女互有继承权的规定,改为适用《继承法》第14条有关酌情分配遗产的规定为宜。⑦

本书赞成维持现有规定,但同时应明确规定:(1)抚养关系包括抚育关系、扶养关系(狭义的)和赡养关系三种类型。(2)区分抚育关系和赡养关系而规定不同的认定标准。如抚育

---

① 根据社会调查报告,丧偶儿媳和丧偶女婿在尽了主要赡养义务后取得第一顺序法定继承人资格的规定不为大部分民众所赞同。陈苇.当代中国民众继承习惯调查实证研究[M].北京:群众出版社,2008:54-71.

② 和丽军.对我国姻亲继承合理性的再思考[J].时代法学,2013(8):75.

③ 郭明瑞,房绍坤,关涛.继承法研究[M].北京:中国人民大学出版社,2003:75-76.

④ 王利明.中国民法典学者建议稿及立法理由[M].北京:法律出版社,2005:506.

⑤ 吴国平.有扶养关系的继父母关系的认定及其继承权问题[J].中华女子学院学报,2015(10).

⑥ 房绍坤,郑倩.关于继父母子女之间继承权的合理性思考[J].社会科学战线,2014(6).

⑦ 张玉敏.继承法律制度研究[M].北京:法律出版社,1999:205-206;张玉敏.中国继承立法建议稿及立法理由[M],人民出版社,2006:92;陈苇,冉启玉.完善我国法定继承人范围和顺序立法的思考[J].法学论坛,2013(2).

关系的认定标准为继父或继母对继子女承担了全部或部分生活费和教育费,或者继父或继母与继子女共同生活达 3 年以上;主观上有抚养继子女的意愿。赡养关系的认定标准为继子女至少在 2 年持续对继父母履行了赡养扶助义务;继子女具有赡养扶助继父母的主观意愿。

(二)法定继承人顺序的立法之不足

1. 我国法定继承人的顺序过少。关于法定继承人的顺序,与世界上其他国家相比,我国属于最少的。如《俄罗斯联邦民法典》规定的法定继承顺序有 8 个,英国的法定继承顺序有 7 个,澳大利亚大多数州和德国规定的法定继承顺序有 5 个,法国的法定继承顺序有 4 个,瑞士、日本、意大利(除了国家作为第四顺序外)和美国《统一遗嘱检验法典》的法定继承顺序有 3 个。我们认为,法定继承人的顺序太少,一方面容易导致遗产继承过于集中,另一方面容易导致无人继承而遗产归公。如果配偶在继承遗产后其没有法定继承人时,虽被继承人还有第二顺序的法定继承人但也不能继承,而被继承人的遗产则应归公,"缩短了私有财产收归国有的行程"[①]。

2. 血亲继承人的继承顺序是否应进行适当调整问题

对此,争议的焦点问题是父母和子女是否应当在同一个继承顺序。[②] 主要有两种观点:一种观点认为,在我国人口老年化严重的背景下,应考虑我国社会保障制度的不完善情况,父母作为第一顺序的法定继承人,可以缓解人口老年化带来的赡养问题。[③] 另一种观点认为,子女及其直系卑血亲应当优先于父母的继承顺序,子女及其直系卑血亲作为第一顺序法定继承人,父母作为第二顺序法定继承人,这样可使遗产通过子女及其直系卑血亲往下传而被保留在被继承人的后代之家庭内部,这符合我国民间的继承习惯,也与世界大多数国家和地区的立法相一致。同时,对被置于后面继承顺序而未能参加继承的受被继承人扶养的父母以及祖父母、外祖父母的晚年生活保障,可以通过设立特定遗产(包括遗产中供受扶养人日常生活使用的物品和住房)的终身使用权的方式,予以妥善地解决。[④]

我国现行《继承法》将父母与配偶、子女共同列为第一顺序法定继承人,这是受死后扶养说影响的立法指导思想的反映,混淆了继承和赡养两个性质不同的问题。在以往我国公民财产数量较少的社会条件下,这样的规定或许符合被继承人的意愿。但是在公民财产数量和价值都有了显著增长的情况下,显然有违被继承人的愿望。一个人在有自己的晚辈直系血亲时,通常都是希望将财产留给自己的晚辈直系血亲。将父母列为第一顺序继承人,父母继承的财产最终通过父母转归被继承人兄弟姐妹及其子女的有很大可能,这是不符合被继承人愿望的。因此,绝大多数国家或地区都规定父母的继承顺序后于被继承人的子女。而在我国民间传统习惯上也是被继承人的遗产首先由其晚辈直系血亲予以继承,在死者有晚辈直系血亲时父母一般不继承其遗产,而且这一继承习惯在我国《继承法》实施以来的几十年里都没有发生改变。为此,建议此次《继承法》修订时应将子女及其晚辈直系血亲作为第

---

① 孙学致.应修改继承法扩大继承人范围:从溥仪著作权继承之争说起[J].法学,2008(2).

② 陈苇.改革开放三十年(1978~2008):中国无遗嘱继承制度研究之回顾与展望[M].中国政法大学出版社,2010:437.

③ 郭明瑞,房绍坤,关涛.继承法研究[M].北京:中国人民大学出版社,2003:73.

④ 陈苇,杜江涌.我国法定继承制度的立法构想[J].现代法学,2002(3).

一顺序法定继承人,父母列为第二顺序继承人。关于兄弟姐妹及其子女与祖父母、外祖父母的继承顺序,我们认为,为尽可能使遗产不外流于更远的旁系血亲,应将兄弟姐妹及其子女作为第三顺序继承人。在兄弟姐妹死亡时,由其子女代位继承。祖父母、外祖父母的继承顺序宜放在兄弟姐妹及其子女之后,作为第四顺序继承人。

3. 配偶的继承顺序和继承份额

对此主要有两种观点:一种主张不修改。如王利明、梁慧星、杨立新等学者认为配偶与子女、父母同为第一顺序继承人,是我国继承法的特色之一,"这些特色经过《继承法》近 20 年的运作,已成为我国固有法的一部分"、"建议稿予以保留"。"应当看到我国《继承法》实施 20 多年的经验,将配偶规定为第一顺位继承人,能够很好地保护配偶的合法利益,并无不当之处,应当继续坚持"。①

另一种观点建议修改我国有关配偶继承顺序及份额,即配偶为法定继承人,其继承顺序不固定。此种观点认为我国配偶继承顺序的现行规定,既不符合我国民间的继承习惯,也使配偶的继承份额有限,并且不能兼顾保护血亲继承人的继承权。

在建议修改的观点中,学者们又提出如下建议:其一,采日本、德国的立法模式,具体为"配偶与第一顺序继承人共同继承时,其应继份为遗产的 1/2;与第二顺序继承人共同继承时,其应继份为遗产的 2/3;无第一和第二顺序继承人时,配偶取得全部遗产"。② 其二,建议"配偶与其他继承人(直系血亲卑亲属)共同继承时,配偶与其他继承人平分遗产;配偶与第二顺序(父母)或第三顺序继承人(兄弟姐妹)共同继承时,配偶的应继份为遗产的 2/3,其余的由其他继承人平分;无第一顺序至第四顺序继承人时,由配偶全部继承遗产"。③ 而杨立新教授亦认为现行法的规定不具合理与正当性,不仅没有保障配偶应有的地位和利益,更没有协调处理好配偶与其他继承人之间利益的平衡,因为这样规定第一继承顺序,在没有子女和父母的情况下,死者的遗产被配偶一人全部继承,会造成剥夺其他继承人即第二顺位继承人继承权的后果,从而主张确立配偶的零顺位即无固定顺位继承,具体建议将继承分为以下顺位:"当配偶与第一顺序继承人中的子女同为继承时,遗产在继承人之间实行均分;当配偶与第二顺序继承人(父母)同为继承时,配偶应继份为遗产的 1/2,父母均分遗产的 1/2"、"当配偶与第三顺序继承人(兄弟姐妹)同为继承时,配偶应继份为遗产的 2/3"、"当第一、第二、第三顺序继承人都不存在时,配偶独自继承全部遗产"。④ 而同样主张配偶无任何顺序的张玉敏教授则建议将继承分为以下顺位:依次为子女及其晚辈直系血亲、父母、兄弟及其子女、父系母系祖父母,"和第一顺序的继承人共同继承时,遗产平均分配,和第二顺序的继承人共同继承时,配偶得二分之一,和第三、第四顺序的继承人共同继承时,配偶得四分之三",理由

---

① 王利明.中国民法典学者建议稿及立法理由[M].北京:法律出版社,2005:506;梁慧星.中国民法典草案建议稿附理由:侵权行为编、继承编[M].北京:法律出版社,2004:156;杨立新.对修正《继承法》十个问题的意见[J].法律适用,2012(8).

② 谷景志.论配偶的法律地位:兼谈我国法定继承制度的修改与完善[J].江西科技师范学院学报,2005(6).还有主张只提高配偶的继承份额的,参见吴国喆,姚艳.我国法定继承制度的缺陷及其完善[J].河南师范大学学报(哲学社会科学版),2008(11).

③ 贺光辉.配偶继承权保护的国际比较及我国立法的完善[J].湖南人文科技学院学报,2013(4).

④ 杨立新,和丽军.我国配偶法定继承的零顺序改革[J].中州学刊,2013(1).该观点亦可认为是杨立新学者的变化。

是"这样规定不损害配偶的利益,同时兼顾了被继承人血亲的利益。与现行《继承法》的规定相比,配偶的继承地位实际提高了",同时也指出"虽然按照第三和第四顺序继承时,配偶的利益较现行《继承法》的规定要受一些影响,但是,这种情况是极少发生的"。① 显然,主张修改配偶继承顺序的观点之相同点:首先将配偶继承顺序规定为无固定顺序;其次在被继承人无子女、父母时,配偶将和兄弟姐妹共同继承。不同点:配偶在不同顺位上的应继份额上有细微差别。②

4.配偶的用益权及先取权

(1)赞成设立的观点

有学者认为,我国的配偶继承权依然存在制度设计缺陷,与当代各国逐步提高配偶的继承地位、扩大配偶的继承份额的继承法发展趋势不符,建议在修法时应明确配偶对婚姻住房享有法定居住权。③ 亦有学者建议,增加规定配偶对遗产中供家庭日常生活使用的物品享有先取权。

吴国平教授提出"适当参考和借鉴大陆法系多数国家的立法经验,在我国法律上确认配偶的先取权制度",但又认为"根据我国大陆地区的实际,目前还不宜规定具体的先取份额",因此建议明确配偶对遗产中供家庭日常使用的生活用品或者有纪念意义的物品以及专归个人使用的物品享有先取权;并同时提出"对遗产中其使用的生活用房享有用益权,直至死亡时为止"。④

王利明教授建议稿赞成设立配偶用益权。因为"在坚持配偶作为第一顺序的继承人参加继承的基础上,特设对于住房的法定用益权制度以弥补我国继承法事实上对于配偶利益未作特殊照顾的现状。配偶法定用益权制度不仅为很多国家立法所承认,而且这一做法也合乎继承法的目的"。⑤

张玉敏教授建议稿赞成设立先取权,配偶先取权的内容不仅包含"日常生活用品",还包含"遗产中供自己使用的住房"、"如果配偶的先取特权超过其应继份,则以先取特权作为其应继份"。⑥

(2)反对设立的观点

王利明教授建议稿虽赞成设立配偶用益权,但反对设立先取权,其理由是先取权"与大陆法系的继承法的两大原则性规定相违背:继承开始后,遗产归全体继承人共同共有,继承人不得随意占有、处分遗产;遗产分割一般只能在债务清偿完毕时才能进行",故反对设立配偶先取权。梁慧星教授建议稿及杨立新教授、杨震教授建议稿无有关配偶用益权和先取权

① 张玉敏.中国继承法立法建议稿及立法理由[M].北京:人民出版社,2006:6.
② 赵莉.域外配偶继承权制度立法修法之争及启示:以配偶继承权与夫妻财产制的关联性为中心[J].北方法学,2014(11):70.
③ 申建平.继承法上配偶法定居住权立法研究[J].求是学刊,2012(7).
④ 吴国平.法定继承人范围与顺序的立法完善探析[J].西华师范大学学报(哲学社会科学版),2011(6).
⑤ 王利明.中国民法典学者建议稿及立法理由[M].北京:法律出版社,2005:506.
⑥ 张玉敏.中国继承法立法建议稿及立法理由[M].北京:人民出版社,2006:6.

的规定。[①]

在法定财产之下,我国实行婚后所得共有制,继承时须先将夫妻共同财产分出一半,另一半方为遗产。在此情况下,再赋予配偶用益权,则显然保护过多,并产生诸多纠纷。生存配偶的生活用品等都属于个人财产而非遗产,当然可以取走,且司法实践中纠纷较大的亦非死亡配偶的生活用品而是房屋等。因此,关于生存配偶的居住权问题,可将此权利赋予当事人根据自身情况,通过订立遗嘱的方式去行使。但同时,明确配偶的继承份额和特留份,增加继承合同以及设立后位继承制度等保护配偶的继承权,则十分必要。

第三节　代位继承

一、代位继承的概念

代位继承是法定继承中的一种特殊情况,它是指有法定继承权者,在继承开始前发生一定的事由(一般指死亡,但不限于此),由其直系血亲卑亲属代位继承其应继份额的制度。其中,先于被继承人死亡的继承人,称为被代位继承人,简称被代位人。代替被代位人继承遗产的人叫作代位继承人,简称代位人。

代位继承起源于罗马法,早在市民法时期,就已经有了关于代位继承的基本雏形。依照法律,如果被继承人的儿子先于被继承人死亡,其孙子可以代替先亡儿子的位置,直接取得被继承人遗留的财产。到了帝政时期,代位继承制度正式得到法律的确认,法律不仅允许孙子继承祖父的遗产,还允许其代替死去的母亲继承外祖父的遗产。甚至后来更发展为,代位继承不仅适用于一切直系血亲卑亲属,而且直系血亲尊亲属和兄弟姐妹均可以代位继承。

现代各国继承立法一般都确立了代位继承制度,但其发生原因、被代位人与代位继承人的范围、代位继承人的应继份额、代位继承的性质等并不相同。

二、各国的代位继承制度概述

(一)发生原因

代位继承发生的原因:其一,仅规定被代位人先于被继承人死亡。较为典型的国家是中国、法国等。其二,代位继承的发生原因不仅包含第1条,此外还包括继承人丧失继承权的情况,较为典型的国家有日本、韩国、意大利等。日本在民法中明确规定了如果被继承人的子女在没有开始继承之前就已经死亡或者丧失继承权,那么可以由继承人的子女作为代位继承人。其三,代位继承的发生原因包括被代位人先于被继承人死亡、继承人丧失继承权、继承人抛弃继承权等三种,较为典型的国家有德国、瑞士等。

(二)被代位人范围

第一,只有被继承人的直系卑亲属才能够成为被代位人。如我国继承法中规定被继承人的子女先于被继承人死亡,被继承人子女的晚辈直系血亲进行代位继承,这一规定将被代

---

① 赵莉.域外配偶继承权制度立法修法之争及启示:以配偶继承权与夫妻财产制的关联性为中心[J].北方法学,2014(11):71.

位人仅仅局限为被继承人的子女。

第二,被代位人不仅包括被继承人的直系卑亲属,还包括被继承人的兄弟姐妹及其直系卑亲属,较为典型的国家有日本、法国、加拿大、韩国等。如《法国民法典》第 742 条规定:"关于旁系亲属,被继承人的兄弟姐妹的子女及直系卑亲属,不问其与伯父、叔父、舅父、伯母、姑母、姨母共同继承的情形,或在被继承人的兄弟姐妹均已死亡时,遗产转归其兄弟姐妹所遗下的亲等相同或不同的直系卑亲属的情形,均准许代位继承。"

第三,被代位人不仅包括被继承人的直系卑亲属,还包括被继承人的父母及其直系卑亲属、被继承人的祖父母及其直系卑亲属,较为典型的国家有德国、瑞士等。在这种类型的继承立法中遵循亲系继承原则,按照亲系对继承顺序进行划分,在每一个继承顺序中按照亲系再次进行顺序划分,如果顺序在前的继承人先于被继承人死亡,继承人的应继份则由继承人直系亲属进行代位继承。如果一方继承人先于被继承人死亡,而且该继承人的父母或祖父母中没有一人能够继承时,该继承人的应继份由其他继承人继承。

第四,除了被继承人的直系卑亲属外,被继承人的兄弟姐妹及其直系卑亲属、被继承人的祖父母及其直系卑亲属都可以成为被代位人,较为典型的包括美国等。与第三点的不同之处在于,第三点中将被继承人的兄弟姐妹划归到被继承人的父母及其直系卑亲属中,并不属于独立的继承顺序。例如针对父母双方中的一方先于被继承人死亡这一相同的状况,按照第三点规定,死亡一方的应继份由其直系卑亲属进行代位继承,配偶继承的情况仅仅发生在死亡一方不存在直系卑亲属的情况下;按照第四点规定,父母与兄弟姐妹之间的继承顺序具有相互独立性,死亡一方的应继份由配偶另一方所得。

(三)代位继承人范围

代位继承人一般是被代位人的直系卑亲属,但韩国规定,若丈夫先于其父母过世,妻子在丈夫父母过世之后可以对其财产进行继承。也有部分国家立法中将被代位人的父母或兄弟姐妹视为合法被代位人,那么被代位人的范围就扩大到了被继承人的侄子与侄女、外甥与外甥女等。

(四)代位继承人应继份额

代位继承是代位继承人代替被代位继承人继承被继承人的遗产。因此,代位继承人不管是一人还是数人,一般都只能继承被代位继承人本应继承的份额,而不是与被继承人的其他继承人平均分配遗产。世界各国立法上对这一问题所持态度基本相同。

但若被继承人的血亲继承人全部先于被继承人死亡,那么继承人的直系卑亲属该如何进行继承。对此,立法上有按股均分和按人均分两种做法。前者代表的国家主要是德国、瑞士等;后者代表的国家主要是美国。德国、瑞士等所采用的继承制都是亲系继承制,因此其在代位继承方面所采用的就是按股均分的方式。被代位人先于被继承人死亡的情况下,被代位人的直系卑亲属按股对被代位人的应继份进行继承。美国所采用的是按人均分说,按《美国统一继承法典》的规定,被继承人的直系卑亲属如属于同一亲等,可以平等地继承遗产,如果亲等不同,较远亲等的继承人可以通过代位继承取得财产。确定被代位的人的直系卑亲属应当按人数平均继承,还是按支代位继承的规则是,当所有的卑亲属对于被继承人来说处于同一亲等时,按人数平均继承;当各卑亲属对于被继承人来说处于不同的亲等时,则按支继承,即亲等较远者按代位继承原则取得被代位人的应继份。

三、我国的代位继承制度

我国封建社会,法律就有"虚名待继"的规定,以延续宗嗣。如《唐律疏义》中对"立嫡"有这样的解释:"立嫡者,本拟承袭。嫡妻之长子为嫡子,不依此立,是名'违法',合徒一年。……'无嫡子及有罪疾,立嫡孙;无嫡孙,以次立嫡子同母弟;无母弟,立庶子;无庶子,立嫡孙同母弟;无母弟,立庶孙。曾、玄以下准此'。无后者,为绝户。"清律规定:"若支属内实无昭穆相当可为其立后之人,而其父又无别子者,应为其父立继,待生孙以嗣应为立后之子。"

我国现行《继承法》第 11 条规定:"被继承人的子女先于被继承人死亡的,由被继承人的子女的晚辈直系血亲代位继承。"因此,在我国,代位继承只是在被继承人的子女先于被继承人死亡时,由被继承人的子女的晚辈直系血亲代位继承其应继遗产份额的制度。

适用代位继承制度,必须注意:(1)被代位人须为被继承人的子女,其他继承人都不能成为被代位人。此外,依我国《继承法》和《婚姻法》的有关规定,被继承人的养子女,已经形成扶养关系的继子女也可以成为被代位人。(2)被代位人须于继承开始前死亡。根据我国继承法规定,只有被代位人先于被继承人死亡时,才发生代位继承。若继承人于被继承人死亡后才死亡的,则不发生代位继承,唯发生转继承。(3)代位继承人须为被代位人的直系卑亲属,即只有被代位继承人的子女、孙子女、外孙子女、曾孙子女、曾外孙子女等,才有资格享有代位继承权,代替先亡的被代位继承人取得被继承人的遗产。被继承人的其他法定继承人,如配偶、父母、兄弟姐妹、祖父母、外祖父母等,则无权代位继承。(4)代位继承有无代数限制。《继承法若干意见》第 25 条规定:"被继承人的孙子女、外孙子女、曾孙子女、外曾孙子女都可以代位继承,代位继承人不受辈数限制。"(5)代位继承人的继承权受被代位人的继承权状况的影响。《继承法若干意见》第 28 条规定:"继承人丧失继承权的,其晚辈直系血亲不得代位继承。如该代位继承人缺乏劳动能力又没有生活来源,或对被继承人尽赡养义务较多的,可适当分给遗产。"

四、我国代位继承制度的完善

(一)对代位继承权性质的探讨

代位继承人是代表被代位人的权利参加继承,还是以自己固有的权利直接参加继承?对于这一涉及代位继承性质的问题,在学界有不同的主张。①代位权说。认为代位继承人系以被代位人的地位而取得其应继份额。从这一理论出发,父或母拒绝继承或丧失继承权时,其直系血亲卑亲属亦无代位继承权,法国民法即持该说。《法国民法典》第 739 条规定:代位继承为法律的拟制,其效果为使代位继承人取代被代位人的地位、亲等与权利。②固有权说。认为代位继承人以自己固有的权利直接继承被继承人的遗产。按照这一理论,父或母丧失或放弃继承权,仍可由直系血亲卑亲属代位继承。日本、德国、意大利、瑞士等国家的继承立法都采用此说。

我国代位继承权采用"代表权说"。但很多学者认为,"代表权说"存在以下弊端:(1)违背民法中关于自然人的民事权利能力终于死亡的规定;(2)若被代位人丧失继承权,最终未成年的代位人无法享有代位继承权,这会使代位继承制度的目的落空;(3)在生育意愿不断降低的我国,若独生子女丧失继承权后,被继承人的遗产可能落入收归国家的境地。因此,这些学者呼吁应采用"固有权说"。

（二）扩大代位继承的适用范围，扩大被代位人的范围

对代位继承的发生事由，我国应增加"被继承人的子女先于被继承人死亡、丧失继承权或者放弃继承权的"均可以发生代位继承。

我国《继承法》所确立的被代位人的范围最小，这意味着在我国发生代位继承的可能性最低。虽然现行代位继承制度最初的目的在于对直系血亲利益的特别保护，保证本直系家产的延续与晚辈直系血亲的抚养，但在没有直系血亲可以继承遗产的情况下，人们仍会倾向于将遗产留给旁系血亲而不是被收归国有。因而增加被继承人的兄弟姐妹为被代位人，适当地扩大被代位人的范围。

（三）完善代位继承人遗产分配规则

关于代位人应继份的规定，我国可以考虑将按支继承与按人均分相结合：遵循按支继承原则，即当被继承人的某一名或数名子女先于被继承人死亡时，由被继承人的孙子女、外孙子女代位继承其父亲或母亲有权继承的遗产份额；采用按人均分规则，即出现被继承人的子女全部先于被继承人死亡，遗产均由同一亲等的晚辈直系血亲代位继承的这种特殊情况时，由各代位人直接均分被继承人的遗产。这种做法在世界继承法领域已有先例，而且这种同亲等者均分遗产的规则也是符合我国传统习惯的。例如我国古代唐户令规定："兄弟亡者，子承父分。"即进行代位继承时，无论一支中有几个孙子，他们均只能继承其父有权继承的那一份遗产。同时唐户令还规定了另一种特殊情况："兄弟俱亡，则诸子均分。"即如果儿子已经全部亡殁，那么所有的孙子，不管出于哪一个儿子，一律平均分配祖父遗产，而不再局限于继承其父的那一份遗产。换言之，在儿子已经全部亡殁的情况下，就不仅考虑子辈的平均继承，而且要考虑全体孙辈继承人之间的平均继承。[①] 宋代、明代、清代均沿袭了这一继承规则，在子辈均已先亡的情况下，遗产一律由孙辈的代位继承人打乱均分，以防止同一亲等的继承人之间继承份额的差距过大。

第四节　转继承

一、转继承的概念

转继承，又称转归继承、连续继承、再继承，是指继承人在继承开始后实际接受遗产前死亡，该继承人的法定继承人代其实际接受其有权继承的遗产。实际接受遗产的死亡继承人的继承人称为转继承人，已死亡的继承人称为被转继承人。

转继承制度的确立，能有效地防止在遗产继承开始后，继承人于实际接受遗产前死亡可能产生的纠纷和引起的混乱，也能促进遗产分割的及时顺利进行。因此许多国家的继承立法上都有转继承的规定。例如，《苏俄民法典》第548条规定："如果依法或依遗嘱应召继承的继承人，在继承开始后亡故而未能在规定的期限内接受继承，则接受应属他的继承份额的权利转归他的继承人。"《法国民法典》第781条规定："如应继承遗产的人未放弃继承，亦未明示或默示接受继承而死亡时，该继承人的继承人得以前者的名义接受或放弃继承。"《瑞士

---

① 卓冬青,郭丽红.白云.婚姻家庭法[M].广州:中山大学出版社,2013:304.

民法典》第 542 条规定:"继承开始后死亡的继承人的权利转归其继承人。"我国《继承法》中没有明确规定转继承,但在现实中存在这种现象,司法实践上也是承认的。《继承法若干意见》第 52 条规定:"继承开始后,继承人没有表示放弃继承,并于遗产分割前死亡的,其继承遗产的权利转移给他的合法继承人。"这实际上就表明了对转继承的承认。

二、转继承与代位继承的区别

转继承和代位继承均属法定继承的范畴,有某些相似之处,如都是由原享有继承权之继承人的继承人取代被继承人的遗产。但是这两种继承制度在性质、发生原因、适用范围等方面都有明显的区别:

(1)性质不同。转继承是两个直接继承的连续,是由继承人继承后又转由转继承人承受被继承人的遗产,具有连续继承的性质。而代位继承则是由代位继承人一次性地间接继承被继承人的遗产,具有替补继承的性质。

(2)发生的时间和原因不同。在发生的时间上,辅继承发生在继承开始后、遗产分割前继承人死亡的情况下,而代位继承则发生在被继承人的子女先于被继承人死亡的情况下。由此,转继承中的继承人在继承开始以后死亡,而代位继承中的被代位人在继承开始以前死亡。在发生的原因上,转继承发生的原因被继承人的继承人死亡,而代位继承发生的原因是被继承人的子女先于被继承人死亡。

(3)主体范围不同。转继承人包括继承开始后死亡的继承人的全部继承人,包括晚辈直系血亲和其他的法定继承人,如配偶、父母、兄弟姐妹、祖父母和外祖父母,他们都是享有转继承权的主体。而在代位继承的情况下,代位继承人仅限于被代位继承人的晚辈直系血亲。

(4)适用范围不同。无论在法定继承中,还是遗嘱继承中都可发生转继承,因为转继承发生在继承开始之后,而此时,无论是法定继承人还是遗嘱继承人都已实际上取得了遗产继承权。由此,当继承人死亡时,原应由他取得的遗产既可由他的法定继承人承受,也可由其生前指定的遗嘱继承人继承。但代位继承却仅仅适用于法定继承,而不适用于遗嘱继承。因为,在遗嘱生效前,指定的被代位继承人已经死亡,尚未取得实际的遗产继承权,其晚辈直系血亲也就无法代其取得遗嘱中指定的财产。

第十四章 遗嘱继承

第一节 遗嘱继承概述

一、遗嘱继承的概念与特征

遗嘱继承,是指继承开始后,根据被继承人合法有效的遗嘱继承被继承人遗产的一种法律制度。作为一种法律认可与保护的遗产处理办法,遗嘱继承是与法定继承相对而言的一种遗产继承方式,具有以下明显特征:

(一)遗嘱继承的效力优于法定继承

我国《继承法》规定了两种遗产继承方式,法定继承与遗嘱继承,但是二者在法律效力上是不一样的。合法有效的遗嘱继承在法律效力上优先于法定继承,即如果存在合法有效的遗嘱,且不存在法律规定的例外情形,首先按照遗嘱继承进行遗产分割,遗嘱中没有处分的那部分财产予以法定继承。

之所以遗嘱继承优先于法定继承,是因为被继承人在其生前,对其财产享有所有权,这一法定权利包括处分权。因此,被继承人生前对事后自己财产的处置,体现了所有权应当具有的法律效力——处分权能。当然这一处分权能不违反法律或公序良俗,就应当被法律所承认。遗嘱继承的效力优先于法定继承,体现了对法定财产所有权关系与权利法律效力的承认与保护。从另一个角度来看,遗嘱继承优先于法定继承,也体现了民法的意思自治原则。被继承人在生前所做的意思表示,只要合乎法律规定和公序良俗,那么,在死后就应当获得尊重与法律的保护。

(二)合法有效的遗嘱和立遗嘱人死亡是遗嘱继承的事实构成

遗嘱继承的发生意味着在相关当事人之间发生形成以民事权利与义务为内容的法律关系。通常法律关系的产生是基于法律事实,法律事实包括事件和行为,其中,行为又包括事实行为和法律行为。但是有时单一的法律事实并不能形成法律关系的形成、变更或终止,而是由一系列的法律事实形成一个事实构成,才引起法律关系的产生、变更或终止的。

遗嘱继承的发生就是基于事实构成而发生的,也就是说,遗嘱继承关系的形成是由一组法律事实引起的,这其中一个重要组成部分就是被继承人生前订立的合法有效的遗嘱。此外,同法定继承一样,如果没有被继承人的死亡,也不发生遗嘱继承关系。因此遗嘱继承法律关系的产生,至少是基于遗嘱合法有效与被继承人死亡这两个法律事实构成。

(三)遗嘱继承直接体现被继承人的意愿

继承发生,首先按照遗嘱的内容进行遗产处理,即遗嘱继承关系中,被继承人的遗产是按照遗嘱中指示的方式进行分配的,除非部分遗产必须按照法律的方式进行分配,或者遗嘱没有涉及财产按照法定继承进行遗产处理。这样的遗产处理方式体现了对被继承人遗愿的尊重,也是法律对被继承人生前合乎法律要求的意思表示的承认与保护。

（四）遗嘱继承人不受法定继承人范围、顺序等限制

关于遗嘱继承人的范围的立法问题,世界各国存在三种模式:一是遗嘱继承人可以是法定继承人,也可以是法定继承人以外的自然人,但只可以是自然人才能成为遗嘱继承人,国家、社会组织不可以成为遗嘱继承人;二是所有自然人或组织,包括国家,都可以成为遗嘱继承人;三是只有法定继承人,才能够成为遗嘱继承人。我国《继承法》第16条第2款规定,公民可以立遗嘱将个人财产指定由法定继承人的一人或数人继承。可见,我国关于遗嘱继承人范围的立法是采取第三种立法模式,即只有法定继承人,才能成为遗嘱继承人。

虽然遗嘱继承人的范围等同于法定继承人的范围,但遗嘱继承不受法定继承顺序和应继份额的限制。表现在:一是法律并不禁止法定继承人之外的人获得遗产。如果在遗嘱中确定了法定继承人以外的人获得遗产,那么这种遗产分配是属于遗赠,而非遗嘱继承。二是遗嘱继承在效力上高于法定继承,遗嘱继承可以突破法定继承顺序与份额等限制。

二、遗嘱继承制度的历史沿革

（一）西方遗嘱继承制度的历史变迁

1. 古代西方的遗嘱继承

就遗嘱继承的形态（生前通过遗言的方式处理自己财产或部分财产在死后的分配,或者通过遗言将自己的家主地位在死后传于其指定的人）而言,遗嘱继承可谓历史悠久。早在公元前1700多年前,《汉穆拉比法典》就有规定:"丈夫死后,配偶取得自己之嫁妆及其夫所给且立有遗嘱中确定赠与孀妇之赡养费。"这是一种非常有限范围内的承认与保护遗嘱继承。真正的遗嘱继承制度化,肇始于古希腊的立法中。

公元前6世纪的梭伦改革第一次确立了完整的遗嘱继承制度。在梭伦改革之前,古希腊的家庭制度保持氏族特征,个人财产保留在氏族内部,死者的财产在氏族内部按照氏族制度进行继承。梭伦改革确立的遗嘱继承制度,其基本内容是一个人若无子女,则可以通过遗嘱处理自己的遗产。古希腊的这一遗嘱立法与现代意义上的遗嘱制度存在较大的差异,子女作为法定的继承人,是法定继承的权利享有人,无子女方可以进行遗嘱继承,这一规定体现了法定继承的优先效力。但梭伦改革确立遗嘱继承制度的价值在于它突破了传统亲属习惯法的束缚,"破天荒地侵犯了氏族的财产权"[1],打破了氏族习惯,加速希腊社会从原始氏族形态向家庭形态的转变。

相对于两河文明和古希腊,罗马法的出现要晚些,罗马法上的成文遗嘱继承制度也晚于前二者。直到公元前5世纪,在《十二表法》中才出现了关于遗嘱继承的规定。[2] 早期罗马法中的遗嘱继承,并不限于遗产的继承,而是确立家祠的未来掌管者。

罗马人极其重视遗嘱继承,并且认为遗嘱继承优先于法定继承。但早期的罗马法,通过遗嘱处分财产的权利也是要受到限制的,首先体现在订立遗嘱的方式上。罗马法有两种订

---

[1]　摩尔根.古代社会:上册[M].马巨,等译.北京:商务印书馆,1977:231.

[2]　有学者研究认为,就习惯法而言,罗马法中的遗嘱继承制度远早于此。费安玲.罗马继承法研究[M].北京:中国政法大学出版社,2000:102.

立遗嘱的方式:第一种"贵族大会遗嘱",即立遗嘱人须将自己的遗嘱交由贵族大会审查,大会由大祭司主持,由立遗嘱人当众宣读其所设立遗嘱的内容,指定谁在其死后继承家祀,谁为未达适婚年龄的人的监护人等,然后由到会者公评议决;第二种"出征遗嘱",即军队于出征时,在统帅占卜后,队伍出发前,由未订立"贵族大会遗嘱"而需要临时立遗嘱的士兵,在队列前以口头方式宣示自己的遗嘱内容,由同伴作见证人。早期仅仅限于已满46岁,并且是作为前线主力部队的士兵才有权利订立这种遗嘱,后来这一条件有所放宽。

从早期西方遗嘱继承制度的产生来看,遗嘱继承需要两个必要的社会组织框架作为基础。一是家庭独立于氏族。即家庭在法律上,尤其是在财产制度上,成为独立于氏族的权利主体单位以后,才出现区别于氏族公有制的家庭私有制。家庭私有制的确立才为遗嘱继承,甚至是家庭继承提供法律上的前提条件。二是家长权力的确认。在西方社会的发展过程中,家庭独立于氏族,形成新的所有权主体,但并没有立即形成家庭所有成员的民事权利主体地位,家长才是真正意义上的法律关系主体,尤其是家庭财产的所有者。这为家长通过遗嘱的方式分配财产提供了法律基础。实际上,古代罗马法的遗嘱继承,也包括法定继承,并不限于财产,而更主要的是整个家长权的继承。

2. 中世纪教会法中的遗嘱继承

日耳曼人的入侵,导致罗马帝国,尤其是西罗马帝国的土崩瓦解。日耳曼统治下的中世纪的世俗社会中,一方面由于原始的日耳曼法建立在"马尔克"公社经济基础上,以"团体主义"为其主要特征,并不存在真正意义上的私有制,尤其不存在罗马社会的以家庭为单位的私有制,因此罗马人的整个继承制度,对于日耳曼人来说都是荒唐的。原始的日耳曼制度是一种共有权制度,"在家族内部本无所谓任何种类的继承权问题,只不过是对集体财产的团体继承"。罗马法的遗嘱继承制度在帝国瓦解、日耳曼人的统治下受到压制,因此遗嘱继承制度是受到限制的。另一方面罗马法也在西欧一些地区作为习惯被有限地保留着。[①] 公元9世纪以后,随着封建制度在西欧的确立,长子继承制在西欧开始盛行。

在中世纪欧洲,尤其是中后期的欧洲,无论是否认遗嘱继承的日耳曼人的团体继承制度和封建西欧的长子继承制度,还是罗马法中的遗嘱继承都具有明显的地域性,真正具有普世性的继承制度是教会法。

随着教会力量在西欧的日益强大,教会法与教会法学家发展出一套完整的遗嘱继承制度。教会法的遗嘱继承制度与基督教大力提倡的"为灵魂安息而捐赠"密切相关。"当时,神职人员对于'上帝的保留份'具有很大的兴趣,特别是,当某个教士获悉某人将死的消息后,便会赶去提醒他对其罪孽的救赎义务,提醒他将他的财产留作宗教或慈善事业之用,例如建筑教堂或救济穷人。一个将死之人的'临终之语'无论是否写成文字都具有法律效力,这一规则已传入整个欧洲。"[②]教会的救赎制度与基督教的救助精神,使得遗嘱继承获得普遍的社会实践。这在教会法中获得确认与保护。但是,教会法中的遗嘱继承不是简单的对罗马法中遗嘱继承的复兴,而是具有一些重要的发展,在古代法与近现代遗嘱继承制度之间起了桥梁作用。表现在:

---

① 梅因.古代法[M].沈景一,译,北京:商务印书馆,1959:122.

② 伯尔曼.法律与革命:西方法律传统的形成[M].贺卫方,等译.北京:中国大百科全书出版社,1993:279.

首先,与罗马法不同,遗嘱的程式化已经降低,不仅临终前向神父进行忏悔所作的"遗言"被作为正式的遗嘱,而且口头遗嘱一般也被认为是有效的。相较于罗马法上遗嘱的严格程式化,无疑更接近于近现代的遗嘱继承制度。

其次,教会法强化了对活着的配偶以及子女的保护,以使他们免于被遗嘱人剥夺其继承权。这一制度源自教会法的男女平等原则和对生命的平等尊重。这一规定在罗马法中是没有的,而被近现代的遗嘱继承制度所保留。

再次,教会法还创新出一种与近现代更加类似的遗嘱执行制度——遗嘱执行人制度。即在遗嘱人死后,不是由继承人马上继承遗产,而是由遗嘱中所任命的一位执行人占有待分配的所有财产,并依照遗嘱对遗产进行处理。行使遗嘱人权利和承担债务的不是继承人,而是执行人。

最后,基于人人平等的原则,教会遗嘱继承中,彻底摒弃了(家主)身份上的继承,遗嘱继承也仅限于财产继承问题。当然,教会法的遗嘱继承是为了死去的人,而不是为了还活着的人,[①]虽然整个继承制度并不否认活着的人,甚至还强调保护还活着的人,如遗嘱继承不能剥夺活着的配偶和子女的权利。

3. 近代资本主义遗嘱继承制度

近代资本主义国家普遍建立遗嘱自由制度,这是因为某些特殊的原因,如历史传统等原因,对遗嘱进行的一些限制。总体上,限制是越来越少,主要集中在"特留份制度"上,即法律上确立一定范围的法定继承人在遗产继承上享有法律保护的继承份额,遗嘱中不能保证这些法定继承人的继承权,则遗嘱无效或部分无效。这一制度,体现了遗嘱制度从中世纪教会对死者意志的保护到近代对生者的保护。如法国在大革命时取消了遗嘱继承,但于1880年开始逐渐恢复遗嘱继承,并且逐渐放开对遗嘱继承的限制。早期的限制包括"传祖不动产"不得遗嘱继承、遗嘱不得涉及法定继承人的"特留份"等。"特留份"的范围也越来越窄,到后来仅限于直系血亲继承人之间。在德国和欧洲其他地方,这种"特留份制度"也都广泛地存在着。

(二)中国遗嘱继承制度的历史变迁

中国古代的宗法制度决定了财产继承制度是依附于身份继承的。其中嫡长子继承制度是长期实行的制度,虽然在某些时期并不被遵守。

1. 春秋之前的遗嘱继承

嫡长子继承制度也不是一开始就有的制度,据史学家们的考证,在殷商时期并无嫡长子继承制度。从商代第一位君主成汤到最后一位君主弟辛的30帝中,以弟继兄者共14人,以子继父者亦多非兄之子,而以弟之子居多。[②]《史记·殷本纪》中亦记载:"自中丁以来,废嫡而更立诸弟子,弟子或争相代立。"据此,可见至少在王位继承方面,还是存在通过遗嘱而废嫡长子继承是比较常见的。就王位继承而言,到周朝这种遗命立储并不罕见,西周初在武王去世之前就立有"兄弟相后"的遗嘱,让周公继位。[③] 但是,在一般贵族或家族中,废嫡长立幼庶是否常见,则缺少考证。既然王位继承可以通过遗嘱,那么至少说明在制度上并不禁止

---

① 马克思,恩格斯.马克思恩格斯全集:第30卷[M].北京:人民出版社,1975:607.

② 王国维.殷商制度论[M]//王国维论学集.北京:中国社会科学出版社,1997:2-3.

③ 逸周书·度邑[M]//朱右曾.逸周书集训校释.长沙:商务印书馆,1937:71.

通过遗嘱废嫡长立幼庶。但在制度上还是发展出嫡长子继承制度。

总体上，在先秦时期，商朝的贵族中存在遗嘱继承现象，这一点被习惯法所认可，但受到一定规则的制约。继承制度在贵族的宗祠传承上受个人意志的支配，并且随意性较大，带来的危害在政权稳定层面是明显的，于是西周建立后在周族范围内实行了法定的嫡长子继承制，使得社会得以稳定。

2. 春秋之后封建社会的遗嘱继承

春秋时期，建立起正式的嫡长子继承制度，但是在王权的继承上，依然被遗嘱继承所破例。在制度上财产继承依旧是与身份继承相混同，没有独立的财产继承。这是由"家事统于尊"的宗法制度决定的，如代表着周朝制度典范的《礼记》中就记载"子女无私货"的制度。[①]这种财产继承依附于身份继承为特征的继承制度，在战国时期被突破。此时家族宗法制度遭到破坏，"统于尊"被突破，家族财产不再成为坚冰一块而得以分割。同时诸子，而不仅是嫡长子拥有财产继承的期待权，而且家长拥有任意分割财产的权力。基于此，遗嘱继承，尤其是通过遗嘱将财产分配给子女成为可能，通过遗嘱来继承财产逐渐发展为封建社会非常常见的制度。[②]

3. 清末以来的资本主义遗嘱继承

清末，随着闭关锁国的中国被西方武力打开大门以后，在技术上学习西方，在制度上也开始引进西法。《大清民律草案》未及颁行，清朝已经灭亡。该草案第五编为继承法，其中专设"遗嘱"章，共计 54 条（第三章，第 1488 条至第 1541 条）。起草者试图在"世界最普通之法则"中寻求"最适于中国民情之法则"，也就是试图在引进西方遗嘱制度的同时糅合中国的遗嘱传统。立法上，在采取"家族主义"的同时，实际上采纳了与西方"个人主义"中的遗嘱制度区别不大的遗嘱继承制度。

北洋政府期间，1925 年在《大清民律草案》的基础上进行《民法典》的修订，但并未施行。1928 年拟成《继承法草案》，也未施行。直到 1930 年重新制定"民法继承编"，并于 1931 年生效施行。1930 年的这部《民法典》在"继承编"详尽规定了遗嘱的能力、遗嘱的方式、遗嘱的撤销、遗嘱的执行、遗嘱的效力、遗赠以及"特留份"等各方面的内容。总体上确立了"遗嘱自由"的原则，同时用三个条文规定了"特留份"以构成对"遗嘱自由"的必要限制。"特留份"权利人的设置表现了对中国传统的尊重，体现了中国习惯上对家族的重视，对直系血亲中的卑亲属、父母、祖父母、兄弟姐妹及配偶均予以"特留份"的权利。其范围远较一般西方国家立法要广。

三、遗嘱继承的适用条件

遗嘱继承体现了被继承人的生前意愿，为了保护相关人的利益和维护公序良俗原则，法

① 礼记·内则[M]//王文锦译解.礼记译解.北京:中华书局,2001:373.
② 如《史记·郦生陆贾列传》中记载:孝惠帝时,吕太后用事,欲王诸吕,畏大臣有口者,陆生自度不能争之,乃病免家居。以好畤田地善,可以家焉。有五男,乃出所使越得囊中装卖千金,分其子,子二百金,令为生产。陆生常安车驷马,从歌舞鼓琴瑟侍者十人,宝剑直百金,谓其子曰:"与汝约,过汝,汝给吾人马酒食,极欲,十日而更。所死家,得宝剑车骑侍从者。一岁中往来过他客,率不过再三过,数见不鲜,无久恩(音:hun;意:打搅。——作者注。)公为也。"

律对此有必要的规制。一般而言,遗嘱继承符合两个方面的条件才可以被适用。

(一)法律行为方面的条件

立遗嘱是一项民事法律行为,法律行为的有效要件对于遗嘱来说同样适用。也就是说,只有合法有效的遗嘱才可以发生遗嘱继承。即首先需要被继承人在生前已经立有对自己的遗产作出处分遗嘱,同时该项遗嘱是合法有效的,这是适用遗嘱继承的前提条件(关于遗嘱的有效要件见本章下节相关内容)。

(二)法律的强制性规定条件

1. 被继承人死亡。如同法定继承一样,所有的继承都只有在被继承人死亡之后,才能发生。发生在生前的对自己财产的处理,是馈赠而非遗嘱。在中国古代存在分家析产,那是家庭共有财产的分割,虽然家长在分割时具有一定的话语权,但不等同于是家长的完全意愿。继承则必须始于被继承人的死亡。根据我国民法的有关规定,发生继承的死亡,可以是自然死亡,也可以是宣告死亡。也就是说自然死亡和宣告死亡,都发生继承,也就可以发生遗嘱继承。

2. 没有遗嘱扶养协议。遗嘱继承的法律效力高于法定继承,但是不能对抗遗赠扶养协议中的约定。因此,当被继承人在生前与扶养人订有遗赠扶养协议的,即使有遗嘱,也不能先按照遗嘱来进行遗产分割,而是要先执行遗赠扶养协议。只有在遗赠扶养协议执行之后,仍然有遗产待分割时,才能按照遗嘱进行。

3. 遗嘱继承人未放弃继承的。如果遗嘱继承人放弃按照遗嘱继承的,则通过法定继承来进行遗产分割,那么遗嘱就不再适用。我国继承法明确规定了,遗嘱继承人只有在明确表示放弃遗嘱继承权时,才失去遗嘱继承人的权利。

4. 遗嘱继承人未丧失继承权的。我国《继承法》规定了四种丧失继承权的情形,这不仅适用于法定继承,也适用于遗嘱继承。如果遗嘱继承人属于法定的丧失继承权的,那么其失去继承权,遗嘱继承权也同时丧失。因此,只有在遗嘱继承人未丧失继承权时,才可以适用遗嘱继承。

5. 遗嘱继承人未先于遗嘱人死亡的。与法定继承发生代为继承不一样,对于遗嘱继承并不发生代为继承,因此当遗嘱继承人先于被继承人死亡的,遗嘱继承不适用。因此,要适用遗嘱继承,须遗嘱继承人未先于遗嘱人死亡。当然,在同时死亡或死亡时间不能确定时,法律上推定的死亡顺序依然适用于遗嘱继承人与遗嘱人之间的死亡顺序的确定。

第二节 遗嘱形式、内容和有效条件

一、遗嘱的形式

遗嘱作为典型的民事法律行为之一,其存在形式要件和实质要件两个要求。对于遗嘱的形式各国法律规定的并不一致。在罗马市民法中,遗嘱的形式有四种:一是元老院遗嘱(testamentum in comitiis calatis)。罗马人对于遗嘱继承如同收养一样重视,遗嘱继承需要获得元老院表决通过方可获得法律效力。当然这种形式的遗嘱是针对贵族的遗嘱继承而言的。平民的遗嘱继承无须也不能获得这种形式,因为罗马贵族的继承不仅涉及财产继承,更重要的是身份权利的继承,而贵族身份在国家的政治生活中非常重要,贵族身份是行使政治权力的基础。二是战时遗嘱(testamentum In procinctu),即对于出征的士兵可以在出战前,通过宣誓并在由其他士兵作证的情况下订立有法律效力的遗嘱。三是要式买卖遗嘱(testamentum per aes et libram)。前两种遗嘱形式都不能适用于平民,因此,罗马法中发展出第三种遗嘱形式,模拟买卖的方式来进行遗嘱继承。遗嘱人先将自己的遗嘱写在涂蜡书板上,然后按照通常的做法邀请 5 名见证人和 1 名司秤人,[①]以要式买卖的方式将自己的财产卖给一个被称为家产买者(实为遗嘱继承人),家产买者不是像通常买卖中的买方那样主张权利,而是主张根据遗嘱人的指示对财产的保管。这种遗嘱方式体现了罗马法对民事行为要式的尊崇。四是信托遗嘱。这种方式是通过要式买卖并附以信托协议的方式进行的。其实质并非是遗嘱继承,而是遗嘱信托,即受托人不是遗嘱继承人,而是受遗嘱委托的遗产的执行人。到了罗马帝国后期,受万民法的影响,书面遗嘱大行其道,其他的严格要式形式的遗嘱日渐式微。

(一)我国《继承法》确定的遗嘱形式

根据我国《继承法》的规定,遗嘱形式包括以下几种:

1. 公证遗嘱

所谓公证遗嘱是指经过公证机关依法认可其真实性、合法性的书面遗书。公证遗嘱是所有遗嘱中形式要求最严格的一种。它经过严格的公证程序而完成,有效地保障遗嘱人的意思表示的真实性。在认定遗嘱的真实性、解决遗嘱纠纷中扮演着重要的作用,提供最可靠的证据。与其他遗嘱形式相比较,公证遗嘱具有下列特征:首先,其程序最为复杂,它不仅要求以书面形式作成,还要有书面的公证文书。其次,在证据效力上,公证遗嘱具有最高的证据效力。我国《继承法》规定自书、代书、录音、口头等其他形式的遗嘱,不得撤销、变更公证遗嘱。只有后来的公证遗嘱可以撤销、变更之前的公证遗嘱。

根据《遗嘱公证细则》(2000 年)的规定,公证遗嘱的程序如下:

(1)遗嘱人必须亲自到公证机关去办理公证。遗嘱人必须带上身份证件亲自到自己户口所在地的公证机关提出遗嘱公证申请。提交的材料包括:居民身份证或者其他身份证件;遗嘱涉及的不动产、交通工具或者其他有产权凭证的财产的产权证明;公证人员认为应当提交的其他材料。遗嘱人要填写申请表,书写确有困难的,可由公证人员代为填写,遗嘱人应当在申请表上签名。

(2)如果遗嘱人不能亲自到公证机关办理公证,也不能由其法定代理人或委托人代为请求遗嘱公证,公证机关可以应要求去遗嘱人所在地办理公证事务。

(3)公证机关必须进行遗嘱及其公证申请审查。一方面要审查申请人的行为能力,如无行为能力或限制行为能力,不得为其办理遗嘱公证;另一方面要审查遗嘱是否是遗嘱人的真实的意思表示,还要审查其遗嘱是否存在违背公序良俗。只有在遗嘱人具有行为能力,遗嘱是其真实的意思表示并且不存在违背公序良俗的前提下,才可以为其办理遗嘱公证。公证

---

① 在古罗马的要式买卖中,必须由一名买卖双方以外的、具有成年公民身份的第三人,来负责用秤来称铜块(作为货币)的重量,此人即为司秤人。在要式买卖中,司秤人通常手持一把铜秤,而购买者递上一块铜,庄严地宣布:物是他的。他已经用该铜和那把秤将此物买下。随后,司秤人以此铜击秤,并将铜块递给让与人,此流程就似是交付价金。

机关有权拒绝为不真实的、不合法的、违背公序良俗的遗嘱公证的权利。

（4）办理遗嘱公证文书，是由公证员出具《遗嘱公证书》，遗嘱人和公证人分别签名盖章，并加盖公证机关印章。《遗嘱公证书》一式两份，由公证机关与遗嘱人分别保管。

2. 自书遗嘱

所谓自书遗嘱是指由遗嘱人亲笔书写，并签署姓名和日期的遗嘱。它是遗嘱人处理死后财产的意愿用文字表达出来的书面形式，是遗嘱人关于遗产处理的书面的意思表示。自书遗嘱具有以下特征：

（1）自书遗嘱是一种单方法律行为，即遗嘱人单方面的关于自己遗产的分配的意思表示行为。

（2）遗嘱人必须具备完全民事行为能力，并且具有一定的书写能力。限制行为能力人和无民事行为能力人不具有遗嘱能力，不能设立遗嘱，也不能从事自书遗嘱。

（3）自书遗嘱是立遗嘱人自己亲自书写的遗嘱，否则就是其他形式的遗嘱，法律的要求也不一样。

我国《继承法》对自书遗嘱的形式有以下要求：

（1）须由遗嘱人亲笔书写遗嘱的全部内容。自书遗嘱不能由他人代笔，也不能用机器打印，只能由立遗嘱人自己用笔，包括钢笔、毛笔等将其遗产处理的意思全部记录下来。但是，打印出遗嘱，然后只是签名，注明年、月、日，它的效力是有争议的，看具体情况而定，如果有相反证据证明该打印的遗嘱并非本人真实意思表示，很可能被认定为无效遗嘱。

（2）自书遗嘱的内容应当是关于其遗产处理的正式的意思表示。这就是说不能是通过其他方式如日记、邮件等方式表达关于死后财产处理的意愿，这些关于遗产处理的表达不能视为自书遗嘱。

（3）必须签署自己的姓名。为了保证其意思表示的正确性与正式性，自书遗嘱必须由立遗嘱人亲自签名，否则不发生自书遗嘱的法律效力。

（4）必须注明年、月、日，三项缺一不可。自书遗嘱并不需要见证人。如果有数份遗嘱，经过公证的遗嘱效力最高；如果有数份经过公证的遗嘱，日期为最后日期的那份遗嘱效力最高。

关于立遗嘱的地点，我国《继承法》并没有在自书遗嘱的内容方面作出要求。因此，自书遗嘱中没有关于地点的表述，不影响自书遗嘱的法律效力。

3. 代书遗嘱

所谓代书遗嘱，是指非由立遗嘱人自行书写，而是由代书人根据立遗嘱人的指示，将立遗嘱人的遗嘱意思表示代为书写的遗嘱。考虑到立遗嘱人不能书写或不愿亲笔书写，《继承法》允许遗嘱由他人代为书写。但是对于代书遗嘱规定了比自书遗嘱更为严格的条件：

（1）代书遗嘱是由立遗嘱人口授内容，代书人代为书写，而不能是由立遗嘱人设立代理人代为从事遗嘱意思表示。也就是说，代书人并非代理人，其仅仅是帮助立遗嘱人将其口授遗嘱内容写于书面，代书人不从事遗嘱的任何意思表示。代书人必须忠实地记载遗嘱人的意思表示，不得对遗嘱人的意思表示做修正或篡改。

（2）代书遗嘱必须有 2 个以上见证人在场见证，其中一人可为代书人。见证人一般是遗嘱人指定的，并经本人同意的公民，不能以组织的名义为遗嘱见证人。继承法对见证人数量上的要求，主要是为了保障代书遗嘱确实是遗嘱人真实意愿的表露，也为了防止日后就遗嘱的效力发生纠纷。见证人不符合法律要求的,代书遗嘱不发生法律效力。

(3)代书人、见证人和遗嘱人必须在遗嘱上签名,并注明年、月、日。代书人将书写完毕的遗嘱,应交由其他见证人核实,并向遗嘱人当场宣读,经遗嘱人认定无误后,由代书人、其他见证人和遗嘱人签名,并注明具体日期。代书人、见证人和遗嘱人必须亲笔签名,不允许他人代签。立遗嘱人确实不会写字的,可以通过按手印来代替签名。

4. 录音遗嘱

录音遗嘱是我国《继承法》规定的第四种遗嘱形式,它是指通过将立遗嘱人口述关于遗嘱内容的意思表示录音保存下来进行立遗嘱的形式。由于科技水平的发展,录音录像是一种非常便捷有效的意思表示形式,因此立法对此予以确认。但是,由于录音带、录像带容易被剪接、篡改,所以法律对这种遗嘱形式予以必要的形式要求:

(1)录音录像必须是由立遗嘱人亲自制作的。这是要求由遗嘱人自己亲自口述遗嘱的全部内容,通过录音磁带将立遗嘱人的真实语言现场录制下来。制作的录音遗嘱是不能由他人转述的,制作过程中也不应当有他人语音的介入。对于录音的效果,则要求立遗嘱人口述时说话清楚,意思表示明白、准确。不能含混不清、吞吞吐吐、断断续续,否则影响遗嘱的真实性和可信性。

(2)同代书遗嘱一样,录音遗嘱也需要有2个以上的见证人在场。见证人在录音开始后,首先说明在某某和某某见证人的见证下,立遗嘱人某某订立遗嘱如下。然后由立遗嘱人开始口述遗嘱的全部内容。最后,2个或2个以上见证人分别口述自己的姓名,并且声明上述录音遗嘱人是具有完全民事行为能力,并在没有外部压力的情况下自愿口述形成的。见证人语毕,录音遗嘱完成。

(3)为了保证录音遗嘱的真实性与可靠性,立法还要求,录音结束后,立即将录音遗嘱的磁带当场封存。立遗嘱人和见证人都应当在封存好的录音磁带的封条口上签署自己的姓名和年月日。

5. 口头遗嘱

口头遗嘱是我国《继承法》确立的最后一种遗嘱形式,也是法律要求最为严格的遗嘱形式。所谓口头遗嘱,是指在危急情况下,由2个以上见证人在场见证,立遗嘱人通过口头语音表达的方式订立的遗嘱,而一旦危急情况解除,遗嘱人能够用书面或录音形式立遗嘱的,所立的口头遗嘱无效。可见,就其效力而言,口头遗嘱是一种特别遗嘱,因为一旦危急情况解除,能有其他形式订立遗嘱的,无论是否订立其他遗嘱,口头遗嘱都失去效力。①

世界各国都承认在危急情形下订立的口头遗嘱,但是由于口头遗嘱难以确认、辨别,又容易被篡改、伪造和遗忘,所以都是有条件地承认并予以限制。

我国台湾地区"民法典"规定遗嘱人因生命危急或其他特殊情形下,缺乏订立其他任何一种法定形式遗嘱的能力时,可以订立口头遗嘱。台湾地区的口头遗嘱形式包括两种:一是遗嘱人指定2人以上(含2人)见证人在场见证,口述遗嘱内容,由其中1名见证人将遗嘱人

---

① 我国《继承法》第17条第5款使用"所订立的口头遗嘱无效",是值得商榷的表述。"失去效力"不等同于"无效"。依法订立的口头遗嘱是有效,如果立遗嘱人订立口头遗嘱后,在紧急情况没有解除之际即死亡,口头遗嘱当然就被依法执行。因此使用"无效"来称谓曾经有效而后由失去法律效力的民事法律行为,是不妥当的。

口述的内容制作成笔记,载明日期,并与其他见证人一同签名确认;二是遗嘱人指定2人以上(含2人)见证人在场见证,口述遗嘱内容、遗嘱人姓名和日期,而后所有见证人应亲口说出该遗嘱内容为遗嘱人真实意思表示,并说出自己姓名,对于前述内容尽数录音并封存,载明日期,最后所有见证人在封口处骑缝签名。由此可见台湾地区的口头遗嘱实际上是等同于大陆的代书遗嘱和录音遗嘱的。《瑞士民法典》规定的口头遗嘱是在被继承人因生命危急、交通障碍、传染病或战争等特殊原因的情况下,无法采用其他方式制作遗嘱时,方可制作口授遗嘱(即口头遗嘱)。要求有2名见证人当场见证,立遗嘱人口述遗嘱内容,并委任该见证人为口头遗嘱制作必要的证书。《意大利民法典》第609条规定,在遗嘱人身处传染病流行区或者由于灾害或意外事故而不能按照正常方式制作遗嘱时,可以在2名年龄不低于16岁的证人在场的情况下,由遗嘱人所在地的公证人、初审法院法官、调解员受理制作遗嘱,或由镇长或其他代理上述人员职务之人或神职人员受理制作遗嘱。《日本民法典》规定了两种立口头遗嘱的情形:一是因疾病或其他事由迫于生命危急的人欲为遗嘱时,得以3人以上的见证人在场,立遗嘱人对其中一人口授遗嘱内容以立口头遗嘱。受其口授的证人应做笔记,然后向遗嘱人及其他证人朗读。各证人承认其笔记正确后,在笔记上签名盖章。二是船舶遇难场合,在船舶中处于生命危急的人,可以在2名以上的证人见证之下立口头遗嘱。

上述域外法的口头遗嘱形式比我国的内容丰富,实际上包括一些我国其他种类的遗嘱。我国的口头遗嘱必须具备以下两个条件:

(1)遗嘱人处于危急情况下。这里所谓的危急情况,是指遗嘱人处于生命垂危,或在战争中、临时发生意外灾害随时都有生命危险,因而没有选择采取其他遗嘱形式订立遗嘱的。如果不立即订立口头遗嘱,就来不及或根本订立不了其他形式遗嘱。

(2)必须有2个以上的见证人在场见证。危急情况下所订立的口头遗嘱,必须有2个或2个以上的见证人对口头遗嘱的内容进行见证,否则遗嘱无效。但是对于见证的方式,是凭记忆对口头遗嘱的内容进行记忆,还是通过书面记载,《继承法》并没有规定。我们认为,由于我国《继承法》规定有代书遗嘱,因此,如果通过书面记载在危急情况下订立的遗嘱符合代书遗嘱的形式要求,则视为代书遗嘱;如果书面记载的形式不符合代书遗嘱的形式要求,则不视为代书遗嘱。由于我国存在代书遗嘱和录音遗嘱形式,因此,应当承认凭借见证人记忆而没有形成书面文字的口头遗嘱。

由于口头遗嘱是危急情况下所采取的应急办法,因此各国都有其失效时间的规定。我国只是简单规定危急情况解除,口头遗嘱失效,没有明确的期限规定。域外一些国家则有明确的期限规定,德国规定的是危急情况解除后3个月;法国、日本规定6个月;瑞士规定最短,为14天。我国《继承法》面临大修改,对遗嘱的形式学者有各种探讨,期待新的立法对此有符合时代要求的更全面系统严谨的规定。

(二)遗嘱见证人

遗嘱见证人是证明遗嘱真实性与遗嘱人未受外部压力自愿作出遗嘱的第三人,是遗嘱行为中的重要法律要素。因为遗嘱见证人证明的遗嘱的真伪直接影响遗嘱的效力,最终关系到遗产的处理与分割。为了保证遗嘱见证人能够客观、公正、有效地证明遗嘱的真实性,遗嘱见证人必须满足以下两个条件:

1. 要具有完全民事行为能力

只有具有完全民事行为能力的人,才能对外部事物拥有完全、充分的认知能力和判断能力,也才能识别遗嘱人表意的真伪与否,是否受到外部的强迫或利诱。我国法律没有规定聋哑人是否可以作为见证人,虽然成年聋哑人在法律上是完全行为能力人,但是其认知能力由于自身身体缺陷的影响,我们认为,聋哑人并不适合作为遗嘱见证人,如瑞士就禁止文盲作为遗嘱见证人。

2. 遗嘱见证人必须与继承人、遗嘱人没有利害关系

也就是说遗嘱见证人对于遗嘱人所处理的遗产,不能存在直接的或间接的利益。不能是法定继承人、受遗赠人,以及他们的近亲属。如果与遗产存在直接或间接的利益,那么很有可能受到利益的驱使,而不能作出真实的证明。

这种对遗嘱见证人的资格的要求,世界各国立法都有规定。通常都禁止未成年人、禁治产人、准禁治产人、继承人、受遗赠人及其配偶和直系血亲等作为遗嘱见证人,甚至有的国家还禁止被剥夺公权利的人和文盲作为遗嘱见证人,如瑞士。我国《继承法》第18条规定三类人员不能作为遗嘱见证人:无行为能力人、限制行为能力人;继承人、受遗赠人;与继承人、受遗赠人有利害关系的人。我国法律规定与继承人、受遗赠人有利害关系的人,都不可以作为遗嘱见证人,这一范围比国外通常规定的继承人或受遗赠人的直系血亲的范围要大,包括旁系血亲中的兄弟姐妹等。同时,《继承法若干意见》甚至将此范围扩大到继承人、受遗赠人的债权人、债务人以及共同经营的合伙人。客观上这些人的确存在因为自身的利益而不能真实见证遗嘱的可能。

二、遗嘱的内容

遗嘱是一项民事法律行为,以表意取效为特征,因此其内容对于遗嘱继承法律关系具有重要的影响。任何一项民事法律行为都不得违背法律的强制性规定。在符合法律强制性规定的前提下,立遗嘱人根据意志自由的民事法律原则,自由决定遗嘱的内容。根据遗嘱行为的一般特征与立法规定,这些内容包括以下几个方面:

(一)指定遗嘱继承人或受遗赠人

遗嘱行为的目的就在于处分遗产,其法律上的效果就是财产所有权关系的变更。遗嘱人通过立遗嘱行为在生前预先决定其死后财产的分配,从表意之内容来看,这就意味着遗嘱首先需要确定由谁来继承财产或将财产在死后赠与谁。因此,遗嘱中必须首先指明财产的继承人或受遗赠人,这是遗嘱表意的首要的、必要的内容。我国继承法规定了第一顺序和第二顺序继承人,这些继承人都可以成为遗嘱继承人,并且遗嘱中指定继承人是不受法定继承顺序的限制,即可以指定第二顺序的继承人来继承指定的财产。对于遗嘱继承人的多少,可以由遗嘱人自愿确定,遗嘱人可以指定一个法定继承人,也可以指定多个法定继承人继承财产。

当然,基于意志自由的民法原则,遗嘱人也可以在遗嘱中指定法定继承人以外的人或组织继承其财产,我国《继承法》将此视为遗赠。要发生遗赠,遗嘱人必须在遗嘱中明确指明受遗赠的人或单位、组织的姓名或名称。我国《继承法》中使用"单位",这并不限于集体组织,应当包括各种社会组织在内。我国《继承法》于1985年制定,其使用的措辞带有时代特征是难免的。但是为了实现遗嘱人的自由意志,所谓的"单位"应当包括各类社会组织。在世界范围内,我国《继承法》属于对当事人意思自治限制最少的国家之一,因此有理由作此解释。

(二)指定后位继承人或补充继承人

通常遗嘱中指明了遗嘱继承人或受遗赠人及其财产份额,遗嘱行为的表意就算是完成了。但是,客观上有可能发生遗嘱执行过程中不能实现遗嘱内容的情况,如遗嘱继承人或受遗赠人放弃,遗嘱继承人死亡,受遗赠人死亡或解散,或者在某些情况下,遗嘱人将原先的遗嘱继承财产由其他继承人来继承或赠与其他受遗赠人等。因此,在遗嘱行为中会出现后位继承人或补充继承人。

所谓后位继承人,是指在遗嘱继承中,遗嘱人指定某遗嘱继承人所继承的财产利益,因为某种条件成就或期限到来而转移给另外一个继承人。原先被指定的继承人为前位继承人,遗嘱中指定的、后来获得原本指定由前位继承人继承遗产的人,为后位继承人。通常,后位继承人都是基于遗嘱中规定的某种条件的出现或期限的到来,而取得遗产的。最为典型的是指定其中一个法定继承人(如其中一个儿子)继承某项特定财产,并在遗嘱中指定,这项财产在遗嘱人死亡后,由指定的后位继承人(如某个孙子)来继承。

所谓补充继承,又称再指定继承,是指在同一遗嘱中,遗嘱人可以预先指明,当被指定的继承人因故放弃继承、丧失继承权或先于遗嘱人死亡时,其应当继承的遗产由另一人继承。被指定的先获得继承的人成为继承人;因故获得继承人原本可以继承财产的人又叫补充继承人或候补继承人。补充继承是遗嘱中原指定的继承不能实现,而改由他人继承不能实现继承的财产。

后位继承与补充继承最大的区别在于,后位继承实际上已经发生了前位继承,被继承的财产将来按照遗嘱的指定再次发生继承,因此有人称其为"实际上是对指定继承人的继承人的指定"[①],但必须明确的是,这只是对于特定遗产为遗嘱继承人预先指定了的继承人。而补充继承,在补充继承人按照遗嘱继承财产之前,所涉的财产并没有发生继承,而是因为原先指定的遗嘱继承人无法(事实原因或法律原因)继承指定的遗产,而由补充继承人来继承该项遗产。

我国《继承法》以及相关司法解释都没有明确规定后位继承与补充继承,但是,基于意思自治原则,应当允许遗嘱人对自己的财产在不违背法律的强制性规定的前提下,作出后位继承或补充继承的遗嘱。

(三)指明遗产的分配方法或具体份额

遗嘱的目的在于处分身后的财产,因此遗嘱中应当明确列明自己所要处分的遗产。虽然并非是对自己所有财产都要进行处分,但与遗嘱继承人有关的财产务必明确说明,包括财产的名称、数量或价值,必要时也要说明存放的地点,以区别其他财产。这就是说在指明遗嘱继承人或受遗赠人的同时,要明确说明遗嘱继承人或受遗赠人所获的财产,说明清晰的程度,直到可以将此等财产与其他财产区分出来。

如果遗嘱人指定数个继承人共同继承或者数个受遗赠人共同受赠,或者既有遗嘱继承人又有受遗赠人共同继承某项或某几项财产的,应当在遗嘱中说明指定继承人或受遗赠人对遗产进行分配的办法或每个人应得的遗产份额。如果没有指明每个继承人、受遗赠人应得的具体财产或分配方法,又没有指明每个遗嘱继承人、受遗赠人应得的遗产份额的,法律上推定所有遗嘱继承人、受遗赠人等额分配。遗嘱中只处分部分财产,这些财产应当是在遗

---

① 郭明瑞,房绍坤.继承法[M].北京:法律出版社,1996:157.

嘱中进行了特定化了的,具有独立性的财产部分,而未做处分的那部分财产,则作为遗产,按照法定继承来进行继承。遗嘱中对特定财产的处置前后矛盾的,应当推定为遗嘱人对该财产未作出处分,按照法定继承来进行处分。

(四)对遗嘱继承人、受遗赠人设置附加义务

遗嘱人通过遗嘱处分财产的,可以在遗嘱中对遗嘱继承人、受遗赠人获得遗产附加义务作为条件。但是所附的条件,如同其他附条件的法律行为所附条件那样,必须符合基本条件,才可以视为可执行的义务,这些基本条件包括:

1. 所附的负担必须是有实现可能的。有实现可能的义务包括两个方面:一是在法律上允许的。如果实现该义务是违背法律的,或法律禁止的,才视为不可能,如复仇或遗嘱继承人解除婚姻等。二是在事实上是可以实现的。如果没有事实上不可能发生的所附义务是不能视为附加义务的,如失去生育能力的遗嘱继承人生育子女等。

2. 所附义务的金钱负担应当不能超越遗嘱继承人、受遗赠人依照遗嘱所享有的财产权的限度。如果所附义务的金钱负担,大于从继承遗产中所获的物质利益,那么这种附加义务没有意义,遗嘱继承人或受遗赠人可以通过放弃继承,而使得遗嘱不能执行,所附义务也就不能实现。

3. 所附义务不能违反法律的强制性规定或公序良俗。违背法律或公序良俗的义务,在实践中是不能实现的。

如果出现不符合上述第一、第三种情况的附加义务,根据民事法律行为的一般原理,应当视为条件不存在,即遗嘱继承人或受遗赠人,接受遗嘱指定的遗产时,无须履行"所附义务"。符合法律规定的所附义务是遗嘱继承人、受遗赠人继承财产的前提条件,如果遗嘱继承人或受遗赠人不放弃遗产继承,则必须履行所附义务;如果放弃继承,则无须履行所附义务。如果遗嘱继承人、受遗赠人接受遗产而无正当理由不履行所附义务的,经受益人或其他继承人的请求,人民法院可以取消其接受所附义务的那部分遗产的权利,由提出请求的继承人或受益人负责按照遗嘱的意愿履行义务,接受遗产。

(五)指定遗嘱执行人

因为遗嘱的执行是在遗嘱人死亡、遗产继承开始后进行的,因此遗嘱人自己不可能亲自执行遗嘱,而需要他人进行遗嘱执行。为了解决遗嘱的执行,首先要确定遗嘱执行人。遗嘱执行人的确定通常包括以下两种方法:

1. 法定的遗嘱执行人,即由法律直接规定遗嘱执行人,这一般适用于遗嘱中没有指定遗嘱继承人,或者指定的遗嘱执行人拒绝执行或其失去执行能力等情形。

2. 遗嘱中指定遗嘱执行人,即在遗嘱中指定或在遗嘱之外以口头或书面的方式指定遗嘱执行人。在遗嘱中指定遗嘱执行人的,这一内容构成遗嘱的内容之一。

指定遗嘱执行人是单方法律行为,只要遗嘱人具有行为能力,意思表示明确,则遗嘱生效时,指定行为也就生效,除非被指定的人失去执行能力或者拒绝去执行遗嘱。

上述遗嘱内容的五个方面,并非所有的遗嘱都必须包括,其中"指定遗嘱继承人或受遗赠人"是必要的内容,这是处分遗产的前提。遗嘱继承人或受遗赠人指定不清,则不能确定遗产的归属。而没有指明遗产的分配方法或具体份额,则可以在遗嘱继承人或受遗赠人之间等额分配,因而不是必要的内容。

三、遗嘱的有效条件

遗嘱的有效不等同于遗嘱的生效,有效的遗嘱是遗嘱生效的必要前提条件。一项遗嘱符合法律的规定,在法律上是有效的,才在遗产继承发生时发生效力,即生效。生效的遗嘱就应当依法进行执行。有学者区分遗嘱的执行效力和设定效力,这是没有必要的。根据一般的民事法律行为理论,法律行为生效,就意味着法律行为的表意内容得以在法律上执行以期实现。而所谓的设定效力就是指遗嘱内容符合法律规定,实则就是遗嘱的有效。

我国《继承法》规定了五种不同形式的遗嘱,每种形式的遗嘱有法律规定的形式要件,同时遗嘱又应当具备《继承法》规定的条件,并且符合现行《民法通则》及其生效后的《民法总则》关于民事法律行为的原则性规定。因此,有效的遗嘱应当需要满足两个方面的条件:一是实质要件;二是形式要件。法定的五种形式的遗嘱都要符合共同的实质要件,同时又要符合自己特定的形式要件(内容见我国《继承法》确定的遗嘱形式的论述),才能合法有效。而遗嘱有效的实质要件包括以下内容:

1. 遗嘱人必须要有完全民事行为能力。遗嘱是民事法律行为的一种,从事民事法律行为的人必须具备相应的行为能力,法律行为才能有效,这是民事法律的基本制度。同时又因为遗嘱是处理自己财产的重要民事法律行为,只有完全行为能力的人,才可以进行重大的财产处理,因此遗嘱人必须具有完全民事行为能力。否则属于无效遗嘱。《继承法若干意见》第41条规定:"遗嘱人立遗嘱时必须有行为能力。无民事行为能力的人所立的遗嘱,即使其本人后来有了行为能力,仍属无效遗嘱。遗嘱人立遗嘱时有行为能力,后来丧失了行为能力,不影响遗嘱的效力。"根据我国《民法通则》及其相关司法解释的规定,患有聋、哑、盲等生理缺陷而无精神病的成年人,是完全行为能力的人,因此他们可以立遗嘱。

2. 遗嘱人所立的遗嘱必须是其真实意思表示。民事主体所从事的民事法律行为必须是自由自愿的,这是民法的基本原则之一。因此,遗嘱人所立之遗嘱必须是其真实的意思表示,才符合民法对意思自治的法律保护。我国《继承法》第22条第2款、第3款、第4款规定:"遗嘱必须表示遗嘱人的真实意思,受胁迫、欺骗所立的遗嘱无效。伪造的遗嘱无效。遗嘱被篡改的,篡改的内容无效。"遗嘱人意思表示不真实通常表现为:(1)受胁迫而订立遗嘱的;(2)受欺骗而订立遗嘱的;(3)被篡改、伪造的遗嘱;(4)遗嘱人在神志不清的状态下所立的遗嘱。

3. 遗嘱人对遗嘱所处分的财产必须是有处分权的。在现实生活中,常见到丈夫立遗嘱不经妻子同意便处分了全部夫妻财产。这种处分了没有处分权的别人的财产的遗嘱,并非完全无效,而是超越处分权的那部分的财产处分是无效的。此外,遗嘱中进行处分的财产在遗嘱开始时已经不存在的部分,视为被撤销。根据《继承法若干意见》第39条规定:"遗嘱人生前的行为与遗嘱的意思表示相反,而使遗嘱处分的财产在继承开始前灭失、部分灭失或所有权转移、部分转移的,遗嘱视为被撤销或部分撤销。"

4. 遗嘱的内容必须合法。遗嘱处分遗产,必须符合强制性法律制度关于遗产处理的规定,超越强行法规定的部分是无效的。内容不合法的遗嘱主要有三种情况:(1)遗嘱取消了缺乏劳动能力又没有生活来源的继承人的继承权;(2)遗嘱没有为胎儿保留必要的继承份额;(3)遗嘱内容违反其他法律。

第三节 遗嘱变更、撤销和执行

一、遗嘱的变更

所谓遗嘱的变更,是指遗嘱人依法改变原先所立的遗嘱的部分内容。作为单方民事法律行为,又因为遗嘱内容的生效是在遗嘱人死亡之后,因此遗嘱的变更只能是变更意思表示的内容,而不能变更其他方面。根据我国《继承法》的规定,遗嘱人要变更遗嘱,只能由其本人亲自进行。这如同订立遗嘱一样,其他任何社会组织或者个人既无权对遗嘱人设立的遗嘱加以变更,也不能代理遗嘱人进行遗嘱变更。

有效的遗嘱变更如同订立遗嘱一样,要符合遗嘱的实质要件:遗嘱人需要有完全民事行为能力;遗嘱变更是遗嘱人真实的意思表述,而非基于外部的欺骗或压力;遗嘱人对遗嘱变更所涉及的财产具有处分权;变更的内容要符合法律的要求。

除了实质要件以外,变更遗嘱的方式也要求合法,一般来说,变更遗嘱的方式有两种:一是制作新遗嘱,用以改变原遗嘱内容,但自书、代书、录音、口头遗嘱不得变更公证遗嘱。遗嘱人需要变更公证遗嘱的,应当亲自到办理该遗嘱公证的公证处提出申请;因紧急情况或其他特殊原因不能到原公证处申请的,也可到就近的公证处提出申请,或请原公证处派公证员到其住地办理。申请时,遗嘱人应当提供身份证件证明,遗嘱所涉及的财产凭证和需要变更的遗嘱公证书,讲明变更或撤销该公证遗嘱的原因和理由。二是提出变更原遗嘱的声明,但必须按设立遗嘱的方式和程序进行,仅仅口头或书面地对遗嘱进行变更的声明,不能代替遗嘱的变更。除了公证遗嘱需要通过公证遗嘱来予以变更外,其他形式的遗嘱由于效力上是平等的,因此可以交替相互变更在前的其他形式的遗嘱。

除了明示的遗嘱变更以外,法律上也允许推定的遗嘱变更,主要包括以下几种情形:一是遗嘱人立有数份遗嘱,且内容相抵触的,推定最后的遗嘱变更之前的非公证遗嘱。《继承法》第20条第2款规定,立有数份遗嘱,内容相抵触的,以最后的遗嘱为准。此即承认推定遗嘱变更。二是遗嘱人生前的行为与遗嘱的内容相抵触的,推定遗嘱变更。三是遗嘱人在遗嘱上故意涂改遗嘱的,视为变更遗嘱。

二、遗嘱的撤销

(一)遗嘱撤销的含义

遗嘱自由决定了遗嘱不仅可以变更,也可以撤销。所谓遗嘱的撤销是指遗嘱人在订立遗嘱后又取消原来所立的遗嘱,即遗嘱人将原遗嘱的全部内容予以废弃的单方法律行为。被撤销的遗嘱失效,也即失去发生法律效力的可能。由于被撤销的遗嘱从未生效,因此有学者也称遗嘱的撤销为"遗嘱的撤回"。[①] 世界各国,尤其是德国法系的大陆法国家,通常都称为"遗嘱的撤回"而不是撤销。我国《继承法》中,遗嘱的撤销与遗嘱的变更的区别仅仅在于更改前遗嘱的内容程度,撤销是针对遗嘱全部内容的,而变更是针对遗嘱部分内容的。但

---

① 史尚宽.继承法论[M].北京:中国政法大学出版社,2000.469-470.

是,遗嘱的撤销是使得曾经有效的遗嘱不再具有发生效力的可能,被撤销的原来遗嘱有效性并不受影响,受到影响的是生效。就此而言,遗嘱的撤销与可撤销的民事法律行为具有重要的区别:

1. 前提不同。遗嘱的可撤销是该民事法律行为本身在有效要件方面存在瑕疵,或者欠缺法定的有效要件,法律规定可以通过法定的方式予以撤销,不撤销则发生有效法律行为的法律效力;而遗嘱的撤销,并不是因为遗嘱的有效要件存在瑕疵或欠缺,而是有效的遗嘱,可以由立遗嘱人自愿予以撤销,是基于遗嘱自由原则而享有的权利。

2. 撤销的原因不同。遗嘱的可撤销是依据法定的原因,主要是有效要件存在瑕疵或缺失;而遗嘱的撤销是无因的,遗嘱人认为有必要撤销,只要自己愿意就可以予以撤销。

3. 撤销的时间限制上不同。遗嘱的可撤销,法律通常都会规定一个行使撤销权的期限(除斥期间),在其期限之内行使撤销权,可使民事法律行为失去效力,过了除斥期间,则可撤销的民事法律行为有效。而对于遗嘱的撤销,遗嘱人随时都可以予以撤销,并不存在时间上的限制。

4. 撤销权的行使主体不同。遗嘱的可撤销,根据可撤销的原因的不同,可以由民事法律行为的行为者本人行使撤销权,也可能是民事法律行为人的监护人行使撤销权,甚至是利害关系人来行使撤销权。而遗嘱的撤销权只能由立遗嘱者本人行使,其他人无权行使撤销权。因为遗嘱具有强烈的人身属性。

5. 撤销的方式不同。遗嘱的可撤销,仅仅由享有撤销权人作出撤销民事法律行为的意思表示还不足以发生撤销行为的法律效力,还必须经过司法机关或仲裁机构作出撤销的法律裁定后,才发生撤销民事法律行为的效力;而遗嘱的撤销,只要遗嘱人按照法律要求的形式进行撤销的意思表示即可以撤销,并不需要司法机关的介入,就发生撤销的法律效力。

6. 撤销的法律后果不同。遗嘱的可撤销民事法律行为一经作出,即自始无效,产生无效民事行为的法律后果或民事责任;而遗嘱的撤销,并不产生遗嘱自始无效的法律后果,不产生任何的民事法律责任,而仅仅是阻断了遗嘱发生法律效力的可能性。

（二）遗嘱撤销的有效要件

遗嘱撤销产生一定的法律效果,即阻断遗嘱发生效力。因此,在法律上有效的撤销遗嘱的意思表示必须满足以下条件:

1. 必须是遗嘱人自己进行遗嘱撤销的意思表示,其他任何人不具有代替遗嘱人撤销遗嘱的权利。

2. 遗嘱人需要有完全民事行为能力。遗嘱的撤销也是一种民事法律行为,同订立遗嘱一样,由于涉及重大的利益,因此要求遗嘱人在撤销自己遗嘱之时必须具有完全的民事行为能力。

3. 撤销的意思表示一定是遗嘱人真实的意思表示,而非基于外部的欺骗或压力。如同订立遗嘱一样,根据遗嘱自由原则,只有自主自愿地撤销遗嘱的意思表示,才能发生遗嘱撤销的法律效力。

4. 撤销遗嘱需要符合法律的其他要求,包括形式上的要求,如只能通过公证遗嘱的形式撤销原来的公证遗嘱;其他形式的各种遗嘱,可以交互予以撤销。

（三）遗嘱撤销的方式

所谓遗嘱撤销的方式,是指能够代表、反映遗嘱人撤销遗嘱的意思表示,依法产生撤销遗嘱效果的具体形态或方法。通常撤销遗嘱可以通过明示和推定两种方式：

1. 明示方式。撤销遗嘱的明示方式是指遗嘱人通过明确的意思表示，对原先订立的遗嘱予以撤销的方式。这种方式要求遗嘱人在撤销遗嘱时要明确表达撤销原来遗嘱之意愿，通常可以通过另立新的遗嘱，在新遗嘱中明确对以前的遗嘱予以撤销，也可以专门针对原来的遗嘱，以与原来遗嘱一致的形式，明确表达对原来遗嘱的全部内容予以废弃。

2. 推定方式。遗嘱撤销的推定方式是指遗嘱人虽然没有通过明确的意思表示来撤销在先的遗嘱，但是法律根据遗嘱人在遗嘱成立之后的某些特定的行为，推定遗嘱人具有撤销在先遗嘱的意思，并赋予这些行为具有撤销在先遗嘱的效力。实践中，推定撤销遗嘱的行为包括以下几种情形：一是遗嘱人立有数份遗嘱，且内容相抵触的，推定最后的遗嘱撤销之前的非公证遗嘱。我国《继承法》第20条第2款规定，立有数份遗嘱，内容相抵触的，以最后的遗嘱为准。此即承认推定在先的遗嘱被最后的遗嘱撤销。二是遗嘱人生前的行为与遗嘱的内容相冲突的，推定遗嘱被撤销。三是通过遗嘱处理的财产，在订立遗嘱之后被遗嘱人消费殆尽或依法处理掉。四是遗嘱人故意毁损，或在遗嘱上注明废弃遗嘱的，视为撤销遗嘱。

三、遗嘱的执行

（一）遗嘱执行的含义

所谓遗嘱的执行，是指遗嘱人死亡（自然死亡或宣告死亡），遗嘱发生法律效力以后，为了实现遗嘱人在遗嘱中对遗产所作出的积极处分的意思表示以及其他有关事项，而由遗嘱执行人按照一定的程序采取的分配、处分遗产的行为。

遗嘱是遗嘱人对自己死亡后遗产的积极处理的意思表示，在遗嘱被执行之前，遗嘱还仅仅是对于未来的一种设定，对于遗嘱继承人或受遗赠人而言，其获得遗产还仅仅是一种期待权。在遗嘱发生法律效力以后，遗嘱人的意思表示就可以依法获得实现，遗嘱继承人或受遗赠人的期待权才能实现。这些都是需要通过对遗嘱所设定的内容的执行来完成的。因此，遗嘱的执行具有积极的法律意义，是遗嘱这一民事法律行为所设定的权利义务得以实现的必要过程。

（二）遗嘱执行人

所谓遗嘱执行人，即有权按照遗嘱人的意愿实现遗嘱内容的人。由于遗嘱执行人在遗嘱内容实现中具有举足轻重的作用，因此一般国家的立法都对遗嘱执行人进行较为详尽的规定。我国《继承法》对遗嘱执行人的规定非常简单，仅在第16条规定遗嘱人可以指定遗嘱执行人。但是实践中，不仅可以指定遗嘱执行人，也存在法定的遗嘱执行人。当既存在指定遗嘱继承人，又存在法定遗嘱执行人时，指定遗嘱执行人优先。

1. 法定的遗嘱执行人。法定的遗嘱执行人是指根据法律的规定，在没有指定遗嘱执行人的时候，享有遗嘱执行资格的人。我国《继承法》没有相关规定，这是一个重大的立法漏洞。通常应当根据以下原则确定法定遗嘱执行人：

首先，法定的遗嘱执行人从事遗嘱执行工作，必须是在没有指定遗嘱执行人，或者指定的遗嘱执行人拒绝进行遗嘱执行工作，或者指定的遗嘱执行人没有相应的民事行为能力时，才可以由法定遗嘱执行人来执行遗嘱。

其次，法定的遗嘱执行人的范围，可以是法定的继承人。法定继承人与遗嘱人在生前往往是一同生活具有亲属关系的人，在生活上、情感上都与遗嘱人较为亲近，同时与遗产的分割也有利害关系,因此,适合作为遗嘱执行人。在遗嘱执行人的顺序上,应当坚持先由第一顺序的法定继承人来担当遗嘱执行人,如果第一顺序的法定继承人不具有相应的民事行为能力或者不愿意、不方便担当遗嘱执行人,则可以由第二顺序的法定继承人担当遗嘱执行人。

最后,遗嘱人生前所在的单位,或住所地、主要遗产所在地的居民委员会、村民委员会也可以作为法定的遗嘱执行人。由这些组织担当遗嘱执行人,应当是在没有法定继承人或者法定继承人没有执行遗嘱所必要的民事行为能力前提下,方可实施。这是因为毕竟遗产与继承人关系密切,况且组织来担当,还是由组织中的成员来进行执行工作,这也是职责之外的工作。

2. 指定的遗嘱执行人。指定遗嘱执行人是指遗嘱人在遗嘱中预先指明将来执行遗嘱的人。遗嘱人可以通过两种方式来指定遗嘱执行人:一是在遗嘱中明确指定一个具体的人;二是间接指定,即在遗嘱中授权他人或多人负责指定遗嘱执行人。

就可以被指定为遗嘱执行人的范围而言,我国《继承法》并没有进行限制,通常既可以是法定继承人,也可以是法定继承人以外的人,甚至是一个组织。当法定继承人被指定为遗嘱执行人时,原则上是不能拒绝的,法定继承人以外的人,除非是受遗赠人被指定为遗嘱执行人有权拒绝,但是一经表示同意接受指定,不得擅自放弃或推脱执行职责。

无论是指定的遗嘱执行人,还是法定的遗嘱执行人,要成为遗嘱的实际执行人,都应当具备法律上的行为能力,以及必要的执行能力。认知能力存在缺陷或行为自由受到限制的自然人,并不能完成执行事务,因此,即使受到指定或是法定的遗嘱执行人,都不应当去执行遗嘱。

(三)遗嘱执行人的权利义务

无论是何种遗嘱执行人,当其担负起执行遗嘱的责任时,就应当具有法律上的权利与义务,这些权利义务包括:

1. 查明遗嘱是否合法真实。无效的遗嘱不应当发生法律效力,也就不应当被执行实现。因此查明遗嘱的合法真实,成为遗嘱执行人的首要义务。

2. 清理遗产。继承根本上就是实现遗产的处理与分割,因此查清遗产是执行遗嘱的必要前提。必要时,应当编制遗产清单。如果遗嘱中涉及特定的遗产时,对于特定的遗产状况尤其需要查清。

3. 召集全体遗嘱继承人、受遗赠人,必要时也要召集所有法定继承人,公开遗嘱内容,对遗产情况进行说明。

4. 按照遗嘱进行遗产分割和财产转移。

5. 排除妨碍。遗嘱执行人在从事遗嘱执行的过程中,任何人不得无理取闹、阻挠遗嘱执行人的执行工作。若有妨碍,遗嘱执行人在法律的范围内可以采取措施排除妨碍,必要时可以请求人民法院协助其执行遗嘱的合法权利。

(四)遗嘱执行的流程

遗嘱执行人在接受遗嘱执行事务之后,应当按照下列流程执行遗嘱:

1. 确定立遗嘱人死亡。如果属于自然死亡,应当获得医院的死亡证明或者其他职权单位的死亡证明;意外事件或者涉及犯罪而死亡的,要有医院证明的,以医院证明为准,没有医院证明的,需要取得尸体处理单位的尸体确认证明;没有尸体确认证明的,需要取得职权机关的死亡证明。如果是宣告死亡的,应当查验生效的司法文书。

2. 确定遗嘱的真实性。在取出遗嘱时,应当邀请1至2位继承人、见证人到场;遗嘱涉及财产特别复杂,继承人、受遗赠人、信托受益人较多的,应当邀请公证员作提取遗嘱公证。

3. 确定继承人。继承开始后,继承人、受遗赠人、信托受益人都落实的,应当谨慎、适当核对他们的身份。

4. 召集继承人、受遗赠人、信托受益人,在他们和见证人前,公开遗嘱的内容。召集全体利害关系人和见证人。遗嘱为公证遗嘱,不影响遗嘱执行人依照遗嘱执行,除非法院要求中止遗嘱执行;遗嘱不是公证遗嘱,利害关系人有异议,遗嘱执行人可以主动请求法院确认遗嘱真实、合法。

5. 利害关系人对遗嘱没有异议的,公开遗嘱后,遗嘱执行人可以将自己将要开展的工作向继承人、受遗赠人、信托受益人汇报,并请他们在汇报材料上签字认可。

6. 收集遗产、编制遗产清册、保管遗产。遗嘱执行人应当定期向立遗嘱人以及其他相关人士收集财产状况线索,以便遗嘱执行时准确把握遗产动向。遗嘱人死亡后,遗嘱执行人应当及时收集遗产,遗产比较复杂,应当及时与遗嘱执行协助人沟通,确定收集遗产方案。遗产收集方案确定后,遗嘱执行人应当向所有遗产保管人发出《遗嘱执行人告知函》,告知所有遗产保管人,不得在遗嘱执行人执行遗嘱方案前,未经遗嘱执行人同意将遗产转卖,或在遗产上设立抵押、质押以及任何担保物权;不得有任何毁损、破坏遗产现况的行为;不得有任何擅自同意非遗嘱执行人授权的同意继承人提取遗产的行为,并告知相关的法律后果。同时遗嘱执行人应当收集到债权凭证,根据债权状况,确定通过调解还是诉讼的方式实现债权。

7. 代缴税款、清偿债务,编制债务、费用和报酬清册。遗嘱执行人应当对所有因为遗产和立遗嘱人的行为产生的税收,进行代收代缴,但是,因为遗产过户、产权变更等引起的应当由受益人、继承人、受赠人承担的税收,遗嘱执行人不应当代缴。

遗嘱执行人有责任对遗嘱人生前的债务进行清偿。立遗嘱人死亡后,遗嘱执行人应当在有相当影响的报纸上发出公示催告,要求债权人在一定时间内,向遗嘱执行人提出债权请求。遗嘱执行人在清偿债务时,不应侵害优先权人的利益,对有抵押权、质权等担保物权的优先清偿。遗嘱执行人在公示催告期内,不应对任何债权人提前清偿债务,在债务没有清偿之前,不得对受遗赠人交付遗赠。遗嘱执行人清偿债务和费用的顺序为:优先权、担保物权的债务;遗嘱执行费用和报酬;税收费用;普通债务。遗嘱执行人应当对每一项费用支出予以登记,对于费用支出较多的,遗嘱执行人应当雇用专业会计师予以作账。

8. 分割遗产。遗嘱执行人代理所有与遗产以及立遗嘱人相关的纠纷,所有代理费在遗产中予以扣除,但是,涉及遗嘱执行人自身是否合法的诉讼,代理费不能直接扣除。

9. 向遗嘱继承人、受遗赠人交付财产。向遗嘱继承人、受遗赠人交付遗产之前,应当向他们出具遗产处置结算报告。交付遗产,应当履行相关交付义务。

第十五章　遗赠与遗赠扶养协议

第一节　遗赠

我国《继承法》根据获得遗产的人是否是法定继承人,将遗嘱中关于遗产的处理区分为遗嘱继承和遗赠。在遗嘱中指定法定继承人(包括第一顺序和第二顺序继承人)获得遗产的,不论是获得部分遗产还是全部遗产,视为遗嘱继承;而在遗嘱中指定法定继承人以外的人获得遗产的,称为遗赠。

一、遗赠的概念与特征

(一)遗赠的概念与特征

遗赠作为将遗产通过遗嘱的方式赠与法定继承人之外的人的一种行为,在人类历史上很早就有,也获得法律的承认。在国外,遗赠被视为遗嘱的一种,在遗嘱制度中予以规范。根据我国《继承法》,所谓遗赠,是指公民以遗嘱的方式将其个人财产的部分或者全部,在死后赠与法定继承人以外的自然人、国家、集体或其他组织的具有法律效力的民事法律行为。立遗嘱在自己死后赠与遗产的是遗赠人,在遗嘱中被指定获得遗产的自然人或国家、其他组织是受遗赠人。遗赠具有以下法律特征:

1. 遗赠是一种民事法律行为,且为单方民事法律行为。遗赠的法律效力源自遗嘱人真实自愿的意思表示。遗赠人的意志不受他人的意志的控制、干预或强迫,只需单方意思表示即发生法律效力。遗嘱自由也决定了遗嘱人随时可以取消遗赠,任何人不得干涉。当然,受遗赠人有权拒绝接受赠与的遗产,而使得遗嘱人的遗赠的意思表示不能获得实现。

2. 遗赠是无偿民事法律行为。遗嘱人通过遗嘱将遗产赠与受遗赠人,并不需要受遗赠人支付相应的对价。遗赠可以是积极地给予受遗赠人的财产,也可以是消极地给予,即免除受遗赠人的债务。遗赠是遗嘱人单方给予受遗赠人的财产权益,但并不意味着遗赠不附带条件,所附的条件不是获得遗赠的对价。

3. 遗赠是一种于遗赠人死后发生效力的民事法律行为。尽管遗赠与其他类型的民事法律行为一样,必须符合法律的有效要件才是合法有效的,才能发生效力;但是合法有效的遗嘱要发生效力,一定需要有遗嘱人死亡这一事实的发生,因此,遗赠也称死因赠与,即赠与人死亡,才发生赠与的效力。也正是因为是遗嘱人死亡才发生效力,在死亡之前,遗赠人可以随时撤销、变更遗赠。

4. 遗赠发生效力还需要受遗赠人亲自接受。尽管遗赠属于单方法律行为,但是其生效不仅需要遗嘱人死亡这一事实原因,还需要受赠与人亲自表述接受才发生效力。我国《继承法》规定,受遗赠人只能自己亲自享有,不得转让,受遗赠人先于遗赠人死亡的,或受遗赠的单位先于遗嘱人死亡而解散的,遗赠不发生效力。只有受遗赠人是完全无民事行为能力之人,才由其法定代理人代为行使接受。而且如果受遗赠人不明确表示接受的,视为其放弃,或者在明确表示接受前死亡的,遗赠都不发生效力。

(二)遗赠与遗嘱继承的异同

作为一项特殊的民事法律行为,遗赠与遗嘱继承存在一些相同之处,但也存在明显的区别。表现如下:

1. 遗赠与遗嘱继承的相同点

首先,遗赠与遗嘱继承都是单方民事法律行为,都是遗嘱人生前做出来的单方民事法律行为,其成立与效力,都无须获得受益人的同意。遗赠与遗嘱继承都是基于遗嘱这一民事法律行为而发生的,是遗嘱人自由意志的表现,实际上,遗赠与遗嘱继承往往都是出自同一份有效的遗嘱。

其次,遗赠与遗嘱继承都是死因法律行为,也即只有当遗嘱人死亡,遗赠与遗嘱继承才发生法律效力,获得执行。并且遗赠与遗嘱都是无偿法律行为,尽管或发生附带一些条件,但这些条件都不构成获得遗产的对价。

再次,遗赠与遗嘱继承,虽然都是单方法律行为,但是它们的实现不仅需要发生遗嘱人死亡这一事实,也需要有受遗赠人和遗嘱继承人同意接受遗产,才能执行遗嘱。我国《继承法》对于受遗赠人与遗嘱继承人的拒绝规定了不同方式:只要受遗赠人不明确表述接受遗赠,则推定其拒绝接受;遗嘱继承人明确表示放弃遗嘱遗产,才视为拒绝接受遗产,遗嘱继承人的默示在法律上推定为其接受遗嘱遗产。

最后,基于遗嘱自由,遗嘱人在死亡之前,随时都可以按照法律要求的方式撤销或变更遗赠或遗嘱继承。

2. 遗赠与遗嘱继承的不同点

首先,受遗赠人与遗嘱继承人的范围不同。我国《继承法》明确规定,遗嘱继承,只能是法定继承人,包括第一顺序和第二顺序的法定继承人,这些法定继承人只能是自然人。受遗赠人必须是法定继承人以外的人,可以是自然人,也可以是社会组织,甚至是国家。

其次,受遗赠关系与遗嘱继承关系的客体范围不同。受遗赠关系中的客体只能是权利,即对遗产中的财产享有权利,而不包括财产义务。即受遗赠人接受遗赠时,仅享受遗产中的权利,而不承担遗产中的债务。如果遗嘱人将其所有遗产赠与国家、集体、其他组织或自然人,则遗赠只在清偿债务以后实现财产转移。遗嘱继承人既继承遗嘱人的遗产,也要承受遗产中的财产义务,当然我国《继承法》也规定,只就遗产的范围内承担清偿遗嘱人生前债务的义务。

再次,受遗赠权与遗嘱继承权的行使方式不同。我国《继承法》规定只有受遗赠人明确表示接受遗赠,才能获得受遗赠的财产,否则视为放弃;而对于遗嘱继承人,只要他没有明确表示放弃,则其享有遗嘱继承权,也就是说遗嘱继承人的沉默推定为接受遗嘱继承,行使了遗嘱继承权。依据我国《继承法》的规定,受遗赠人必须在知道受遗赠后的 2 个月内作出表示接受的明确意思表示,逾期未作出意思表示的,视为放弃受遗赠的权利;而遗嘱继承人,在继承开始后至遗产分割前未明确表示放弃继承的,视为接受继承。

(三)遗赠与赠与的异同

1. 遗赠与赠与的相同点

首先,遗赠与赠与都是单方民事法律行为。遗赠与赠与都是通过遗赠人或赠与人的单方意思表示即告成立的民事法律行为,符合法律条件,即有效,无须受益人作出意思表示,受益人的意思表示也不对其效力发生影响。

其次,遗赠与赠与都是无偿的民事法律行为,尽管遗赠人或赠与人可以对受益人获得财产附加条件,但条件不是获得财产利益的对价,不具有有偿性。

再次,生效的遗赠或赠与的最终实现,都需要受益人的同意接受。受益人拒绝接受的,遗赠与赠与都不能实现,法律不能强制实现。二者的这一特性与其他大多数民事法律行为迥异,其他类型的民事法律行为,通常只有发生效力,一方不愿意实现法律行为的内容,另一方可以要求法律强制予以实现。

2. 遗赠与赠与的不同点

首先,在法律适用上,遗赠属于遗嘱行为,适用继承法,属于婚姻家庭法的调整范围;而赠与行为属于合同,适用合同法。

其次,虽然都作为单方法律行为,但是在效力要件上,因为遗赠属于遗嘱行为,其法律要件要明显严格于赠与。如赠与可以是普通的口头形式,但是作为遗嘱行为的一部分,遗赠的口头形式受到严格的限制,并且口头遗嘱要符合一系列的形式要件和实质要件才能具有法律效力。

再次,在遗嘱中进行遗赠的意思表示,被继承人在死前是可以通过在后的、有效的遗嘱予以撤销;虽然赠与人在赠与合同成立之后,也可以通过单方的意思表示来撤销赠与,但是在附义务的赠与中,受赠与人履行赠与合同之义务的,赠与人不得撤销赠与。并且在公益赠与中,赠与人也不得撤销赠与。

最后,遗赠是死因法律行为,即遗赠人死亡,遗产继承开始,遗赠才生效。而赠与合同,通常自赠与合同依法成立时即生效,除非当事人有特别的约定或法律有特别的规定。

二、遗赠的种类

我国《继承法》并没有就遗赠进行分类,也没有针对不同类型的遗赠分别进行规定,而是统一规定。在实践中,存在不同类型的遗赠。

(一)单纯遗赠、附负担遗赠和附条件遗赠

根据受遗赠人是否承担义务负担,可以将遗赠分为:单纯遗赠、附负担遗赠和附条件遗赠。

1. 单纯遗赠。单纯遗赠是指立遗嘱人仅给予受遗赠人财产利益,而不附加任何义务负担,也不附加任何条件的遗赠。单纯遗赠是遗赠中较为常见的一种。

2. 附负担遗赠。附负担遗赠是指在遗赠给予受遗赠人财产利益的同时,在遗嘱中规定受遗赠人在接受财产的范围内,应当履行一定义务的遗赠。通常所附的义务负担,在财产利益上往往小于所获得的财产利益。同时所附加的义务,不得违反法律的强制性规定,或违背公序良俗,并且在客观上是可以实现的,否则视为所附义务不成立,而遗赠有效。因为附负担遗赠是让受遗赠人承受了一定的义务,所以也称为"附义务遗赠"。

实现社会生活中常见的所谓的"遗托"是一种典型的附负担的遗赠,当然"遗托"也可以是以遗嘱继承的方式进行的。遗托就是遗嘱人在遗嘱中指明遗嘱继承人或受遗赠人,在接受遗产时,必须承担某项义务,以义务的履行作为获得遗产的条件。遗托所确定的义务可能是财产利益上的义务,也可以是非财产利益的,如承办某项事务。只要遗托所确定的义务不违反法律的强制性规定、不违背公序良俗,并在事实上可以实施,则义务是有效的。

通常遗托中的义务构成一项有效的义务,需要满足一定的条件:一是所附的义务或负担必须是合法的,也就是不违反法律的强制性规定,也不得违背公序良俗。二是所附的义务或负担一定是在事实上是可行的,即有实现事实的可能性,在事实上不可能实现的,按照一般的民事法律行为理论,所附的义务在法律上是不存在的。三是义务或负担应当仅限于遗嘱中所确定的范围,遗嘱人以外的任何人,都无权为接受遗产的受遗赠人或遗嘱继承人就接受遗产设定义务,除非是遗嘱执行人在执行遗嘱过程中附带产生的遗产分配程序性的义务。四是所设定的义务只能是附随于遗嘱所给予的权利,义务或负担具有附随性质。受遗赠人或遗嘱继承人放弃继承遗嘱中指定的遗产时,义务或负担就不存在。五是所附的义务或负担,在财产利益上不能超过所继承遗产的财产利益,否则一旦受遗赠人或遗嘱继承人拒绝接受,遗赠或遗嘱继承及其所附的义务或负担即遭落空。

接受遗产的人,无论是受遗赠人,还是遗嘱继承人都必须履行义务才获得遗嘱中指定的遗产。我国《继承法》规定,如果接受遗产,而不履行义务,那么经有关个人或单位的请求,人民法院可以取消其接受遗产的权利。

3. 附条件遗赠。附条件遗赠是指在遗嘱中规定,当某种条件成就之时即生效力的遗赠,或者当某种条件成就之时即失效的遗赠。根据遗赠中所附条件的类型,又分为附延缓条件的遗赠和附解除条件的遗赠。前者是指条件成就,遗赠才生效;后者是指条件成就,遗赠失效。附条件的遗赠是附条件民事法律行为中的一种,它与附负担的遗赠是不一样的,附条件的遗赠中所附的条件,不是需要受遗赠人去实现的义务,条件的成就与否,是受遗赠人之外的事件,与受遗赠人的主观意志或行为无关。如果所附的条件是依赖于受遗赠人去实现的,那就是附负担的遗赠,而非附条件的遗赠。

(二)一般遗赠、补充遗赠、后位遗赠

根据遗嘱中是否针对受遗赠人的情况作出替代性安排,可以分为一般遗赠、补充遗赠和后位遗赠。

1. 一般遗赠。一般遗赠即在遗嘱中指明将特定的遗产或全部遗产在死后赠与有法定继承人之外的自然人、社会组织或国家的遗赠。对于受遗赠人放弃遗产、受遗赠人失去获得遗产资格,或受遗赠人死亡或解散等情况出现后,在遗嘱中没有对所指明的遗产进行重新赠与的遗赠。一般赠与是常态情况下的赠与。

2. 补充遗赠。补充遗赠是指在遗嘱中表示,如果受遗赠人放弃遗产、丧失受遗赠的资格或者先于遗嘱人死亡或解散,遗嘱中指定的财产份额就将给予另外之人的遗赠。本应由原受遗赠人获得遗产,被遗赠指定赠与另外之人,即为"补充受遗赠人",或"候选受遗赠人"。补充遗赠实则在一项遗产之上设立的两个顺序的受遗赠人,在第一顺序的受遗赠人因故不能或拒绝接受遗赠财产时,由第二顺序的受遗赠人接受遗产的遗嘱赠与。

3. 后位遗赠。后位遗赠又称次位遗赠,是指遗赠人在遗嘱中规定,受遗赠人在某一时刻到来之时或某一事件发生之后,应当将其所获得的受遗赠的财产利益转归另外一个受遗赠人的遗赠。这类遗赠,有的国家是明令禁止的,如法国。但是在信托制度盛行的国家,这种遗赠是必须承认的。如信托受益是一种持续发生的受益,遗嘱人会考虑在受遗赠人死亡或被解散之后,其遗产的信托受益的归属问题。还有些国家或地区,如我国台湾地区,对此既不明文禁止,也没有作出规定。根据民事法律制度中的意思自治原则,后位遗赠应当受到法律保护,因而是有效的。

大陆《继承法》如同台湾地区的继承制度一样,没有明确规定,也没有明确禁止。根据民法的基本原则,在后位遗赠不违反法律的强制性规定、不违背公序良俗和社会公共利益的前提下,应当承认其法律效力,予以法律保护。

三、遗赠的效力要件

(一)遗赠的有效要件

1. 民事行为能力要件。一般的民事法律行为如果有效,行为人应当具有相应的民事行为能力,欠缺相应的民事行为能力的,可以由其法定代理人予以承认或代为行为即可。但是,遗赠作为一种特别的民事法律行为,要求必须具有完全的民事行为能力,限制民事行为能力的人是不能进行遗赠行为的。同时,遗赠是自己的民事法律行为,不能由他人代为,也不能由其法定代理人代为。是否具有遗嘱能力,是以订立遗嘱时是否具有完全的民事行为能力为准。遗赠行为之后,又失去行为能力的,不影响遗赠的效力。

2. 遗赠所赠与的遗产要受到一定的限制,即遗赠不能剥夺缺乏劳动能力又没有生活来源的法定继承人的遗产份额,没有为这些继承人保留遗产份额的,涉及这部分遗产份额的部分是无效的。也就是说遗赠是部分无效的。判断法定继承人是否缺乏劳动能力和没有生活来源,是以遗赠人死亡时继承人的状况为准,而不是以订立遗嘱时的状况为准。

3. 遗嘱人所立遗赠的遗嘱要符合法定的形式。不符合法定形式的遗嘱是无效的,一项有效的遗赠一定是基于符合法定形式的遗嘱。遗嘱是否符合法定形式,是以遗嘱订立之时的法律规定为准,而不能以事后遗嘱人死亡、继承开始时的法律为准。

4. 遗赠必须是自愿的,任何人不得强制、胁迫、威胁或通过欺骗的方式使得遗嘱人作出遗赠,否则是无效的。

5. 遗赠不得违反法律的强制性规定、违背公序良俗或危害公共利益。违反法律强制性规定的、违背公序良俗以及危害公共利益的遗赠是无效的。

(二)遗赠的生效要件

1. 确立遗嘱的遗赠必须是有效的,也就是说遗赠本身必须是有效的。遗赠生效,即在法律上要求,通过法定的方式,按照遗嘱中的规定将指定遗产的财产利益转于受遗赠人。因此,有效的遗赠是遗赠生效的前提,如果一项载明遗赠的遗嘱中关于遗赠的部分无效的,那么遗赠是不可能被法律所认可与保护,也就不发生效力,得不到执行。

2. 遗赠人死亡。遗赠人死亡,继承才能开始,有效的遗赠才得以执行,遗赠也才能生效。遗赠行为本身不是死因行为,但遗赠的生效与执行是以遗嘱人的死亡为必要条件的。

3. 遗赠的财产利益在遗嘱生效时必须是存在的或在法律上必须是可以继承的合法的死亡人的私人财产。如果遗嘱生效时,遗赠所确定的财产已经灭失或已经不再是遗赠人的私人财产的,遗赠不能发生法律效力。如果遗赠生效时,受遗赠的财产已经不存在或者依法不能执行,那么遗赠不能发生效力。

4. 受遗赠人应当是遗赠人所订立的遗嘱生效时,生存之人或存在之组织。虽然,在遗嘱生效时,受遗赠人死亡或受遗赠的组织已经解散,并不影响遗嘱财产的遗嘱在订立时的有效性,但是,遗嘱生效时,受遗赠人死亡或受遗赠的组织不存在,导致有效的遗赠,也不能生效,因为无法执行遗赠。也就是事实不可能而导致遗赠不能生效。

5. 受遗赠人必须是在遗嘱生效时没有丧失受遗赠权。关于受遗赠人丧失受遗赠权的法定事由,在我国《继承法》中没有明确规定,但学界普遍认为应当适用《继承法》关于丧失继承权的规定。

第二节 遗赠扶养协议

一、遗赠扶养协议的概念与特征

(一)遗赠扶养协议的概念与特征

所谓遗赠扶养协议,是指作为自然人的遗嘱人(也是受扶养人)与扶养人(包括自然人和集体所有制组织)之间订立的关于扶养人扶养遗嘱人,遗嘱人将遗产遗赠于扶养人的双方协议。有效的遗赠扶养协议在遗赠人与扶养人之间成立了具有法律效力的遗赠扶养关系,双方都对对方享有一定的权利,并承担义务。遗赠扶养协议是我国继承制度中的一个特色。

根据我国《继承法(修正案)》第31条的规定,自然人可以与扶养人之间订立遗赠扶养协议,按照协议,扶养人承担遗嘱人的生老病葬的义务,享有获得受扶养人遗赠财产的权利。自然人也有权与集体所有制单位签订遗赠扶养协议,集体所有制单位承担遗赠人的生老病葬,享有获得受扶养人遗赠财产的权利。根据这一规定,遗赠扶养协议具有以下特征:

1. 遗赠扶养协议受《继承法》调整。遗赠扶养协议是双方民事法律行为,需要遗嘱人与扶养人双方之间达成一致的意思表示,方可成立。由于该协议涉及人身关系,即对受扶养人的生老病葬承担义务,这一义务的履行具有人身属性,根据我国《合同法》规定,遗赠扶养协议不受《合同法》调整。

2. 遗赠扶养协议主体的特定性。作为受扶养人,也是遗赠人,必须是自然人,不能是社会组织,而作为扶养人,也是受遗赠人,则可以是自然人,也可以是集体组织。

3. 遗赠扶养协议是诺成性的要式法律行为。遗赠扶养协议只要双方当事人达成一致的意思表示即告成立与生效的民事法律行为,不需要其他原因,也不需要被扶养人死亡才能生效。只不过其中的赠与的履行需等到被扶养人死亡之后,即部分义务的履行是附期限的。但是遗赠扶养协议是要式法律行为,虽然我国《继承法》没有明确规定,但是基于遗赠扶养协议关涉人身的性质,通常学界认为应当通过书面形式。至于是否需要像遗嘱那样进行公证或需要见证人,则有不同的主张。有的学者认为只需要书面形式即可,无须公证或见证人在场,有的学者则坚持需要通过公证或2个以上见证人见证,遗赠扶养协议才有效。

4. 遗赠扶养协议是双务法律行为。遗赠扶养协议不仅是双方法律行为,而且为双方设定了义务。作为受扶养人,也是遗赠人,但其遗赠不是无因的,而是因为受到别人的扶养,因此,其赠与也不完全是任意的,而是一种义务。虽然不能在法律上认为受扶养与遗赠之间具有等价交换关系,但是遗赠的确是因为受到扶养,同理,通过协议的方式将遗赠作为义务。对于作为扶养人的自然人或集体组织而言,之所以受到遗赠,是因为其付出对遗赠人的扶养义务,受遗赠也是有因的,是其先履行了义务而获得的权利,尽管不能将义务与权利视为等价的交换。

5. 遗赠扶养协议是有偿的法律行为。遗嘱人作出遗赠是获得他人对自己扶养的条件,扶养人基于未来获得遗赠而付出扶养义务,二者之间构成了有偿的交换,虽然这不一定是等价有偿,但的确在双方主体之间构成一定的对价。

(二)遗赠扶养协议与遗赠、收养的区别

1. 遗赠抚养协议与遗赠的区别

尽管遗赠扶养协议中的遗赠同遗赠一样,都是对遗产的处理,也都是只有在遗赠人死亡后,才能实现,但是遗赠扶养协议与遗赠之间存在根本性的区别:

首先,遗赠扶养协议是双方法律行为,而遗赠是单方法律行为。遗嘱人作出遗赠无须与任何人达成一致的意思表示即告成立,符合法律规定就有效。尽管遗嘱人所做的遗赠的实现,需要受遗赠人的接受,才能使得遗赠得以执行与实现,而受遗赠人的接受并不构成对遗赠的成立与有效产生影响的条件。但是,在遗赠扶养协议中,受扶养人作出遗赠的意思表示,是以扶养人作出扶养承诺为前提的,受扶养人的遗赠承诺与扶养人的抚养承诺相互成为对方承诺的前提,是双方一致意思表示的一部分。受扶养人作出遗赠,不仅是自己自愿的意思表示,也是扶养人要求其作出的承诺;同样,扶养人作出扶养受扶养人的承诺不仅是其自愿的意思表示,也是受扶养人作出遗赠承诺时对其的要求。因此,遗赠扶养协议中的意思表示,无论是谁作出的承诺,都是对方意欲的,是典型的双方意思表示的一致,是双方法律行为。

其次,遗赠扶养协议中双方主体都负有义务,是双务法律行为,而遗赠中的双方主体,既不是双务的法律行为,也不是单务的法律行为。遗嘱人订立遗嘱死后赠与遗产于受遗赠人,因为遗赠是死后生效的,并且遗嘱人享有遗嘱自由,在其生前随时可以撤销遗嘱,因此遗赠人不是义务人。受遗赠人也不是义务人,其通常是无偿获得遗产的,尽管有时根据遗赠会承担附带义务,但总体上这种义务是附随于受遗赠的遗产的,并不构成法律行为成立、效力意义上的义务。

再次,遗赠扶养协议与遗赠的法律效力不一样。遗赠扶养协议是诺成性的,一旦双方达成一致的意思表示,在符合法律要求的要件后,协议即告生效。扶养人按照协议负有扶养受扶养人(即遗赠人)的义务,遗赠人在受扶养期间是不能撤销其遗赠的,这一协议对双方具有法律约束力,只是需等到受扶养人死亡,产生协议中遗赠的执行力。而遗嘱中的遗赠是死因行为,在遗赠人死亡之前,遗赠不发生法律效力,也就是没有生效,虽然合法的遗赠在成立之时是有效的,但只有等到遗赠人死亡,遗赠才生效。之所以具有如此法律性质,是因为遗赠人在死前,可以随时撤销(撤回)遗赠。生效的法律行为是不能单方撤销或撤回的,只有没有生效的法律行为,才允许单方撤销或撤回,因此遗赠在遗赠人死亡前是没有生效的。

2. 遗赠扶养协议与收养的区别

尽管收养与遗赠扶养协议形成的法律关系中都存在扶养关系,但是二者在法律性质上是完全不一样的,在权利义务的内容上也存在较大的差异。

首先,收养关系中的抚养,是父母子女之间的抚养,其形成的抚养关系是家庭制度中的父母对子女的抚养,是血亲关系。而遗赠扶养协议中的扶养关系,是扶养人对受扶养人的生活、生病以及丧葬的帮助,其扶养完全不以血亲关系为基础。

其次,收养关系中的抚养义务内容非常广泛,包括对未成年人的生活、教育等方面,并且基于亲属关系,这种抚养也附带养父母对于养子女的管教,是对养子女成长的全面负责。从法律性质上来讲,这些义务是基于法律的规定,即法律关于父母对子女抚养义务的规定。而遗赠扶养协议中形成的扶养人对受扶养的扶养是仅限于生活方面的,并不包括精神上的,在法律性质上这种扶养义务是基于协议而产生的。

最后,收养中养父母对于养子女的抚养义务是没有对价的,是法定的义务;而遗赠扶养协议形成的扶养关系,是基于协议而产生的,是有对价的。因此,受扶养人在受扶养期间不当处置财产而影响到扶养人受遗赠的权利,是要承担法律责任的。

二、遗赠扶养协议的历史意义及其局限性

(一)遗赠扶养协议的历史意义

我国《继承法》颁布于 20 世纪 80 年代,当时的社会背景是除了"干部"身份以外的人,几乎所有人都是公有制组织之下的成员,在城市主要是国营企业和集体企业的成员,在农村,即使分田到户,但制度上农民都是公社的成员。因此,没有子女的所谓的"五保户"的养老问题,通常都是由集体组织负责的。但是,"五保户"死后的财产问题,受中国传统文化的影响,旁系血亲,如侄儿女,兄弟姐妹,都纷纷要求继承,而对于"五保户"的抚养,亲属们则认为这是集体应当承担的义务。集体组织与"五保户"亲属之间就遗产的纠纷因此而发生。

为了解决这一纠纷,实践中先于《继承法》出现了集体组织与"五保户"之间达成遗赠扶养协议,而且由于习惯,出现很多口头协议。《继承法》正是对这种实践的积极应对,这其中包括没有形式要件的要求,也是因为实践中多有口头形式的协议。在法律上对遗赠扶养协议效力予以确认,有效地降低纠纷及其带来的纷扰。

制度的确立有利于保护以"五保户"为代表的孤寡老人、残疾人的合法权益,也改变了他们的生活状况。需要别人扶养的,通常是失去劳动能力甚至是生活自理能力的老人或残疾人。遗赠扶养协议制度保证其遗产的确定性,扶养人尽扶养义务的积极性提高,受扶养人生前也获得照顾与扶养。这对于受扶养人而言,遗赠扶养协议无疑提高了其生活质量。

遗赠扶养协议制度的确立,在当时也的确减轻了集体组织的负担。在缺少法律制度之时,近亲属本着对传统的依赖,即使不扶养旁系亲属,孤寡老人或残疾人去世后,财产还是由其继承;或者孤寡老人的旁系亲属过多,大家相互推诿,导致老人或残疾人缺少照顾。在有了遗赠扶养协议制度(或者说遗赠扶养协议受到法律保护)之后,对于有遗产的孤寡老人和残疾人而言,遗赠扶养协议可以起到明确遗产归属的重要作用,也促使近亲属对孤寡老人或残疾人的扶养的积极性提高。同时遗赠扶养协议也起到在受扶养人近亲属之间明确权利义务的作用。

(二)遗赠扶养协议的局限性

遗赠扶养协议是特定历史时期的产物,在社会条件发生变化的前提下,其弊端也日益凸显。表现在:

1. 主体规定的局限性。我国《继承法》对于社会组织仅限于"集体组织"。实践中虽然可以通过司法解释或者根据一般的私法自治原则,将社会组织这一主体扩大到所有社会组织,但立法中这种具体而又确定的限制,如不修改显示出立法技术上的低劣。

2. 没有形式要件上的要求。这种做法在当时的确有利于保护实践先于立法出现遗赠扶养协议,有利于解决社会问题。但这与国际上通行的做法不一致。书面形式是继承制度中非常典型的要求,不仅表现在遗嘱上,也表现在继承契约上,因而,遗赠扶养协议也不能另外。各国继承法立法实践中,对于遗嘱这样的单方法律行为,尚且都在强调其书面形式,对

于非书面形式给予严格的限制,而对于遗赠扶养协议这种双方法律行为,不要求书面形式或者不对口头形式进行严格的限制,显然是立法弊端所在。

3. 遗赠扶养协议内容非常有限。遗赠扶养协议内容,当时仅限于受扶养人的"生养病葬"和扶养人获得遗产。但是,随着时代的变迁,受扶养人的晚年需求已经不限于生养病葬。当越来越多的老年人不依赖于子女在老年照顾自己,原因是社会保障制度或老年人自身收入有可靠保证,受扶养人的需求的范围在扩大,比如住宿、旅行,乃至文化娱乐等。面对如此快速的社会变迁,《继承法》关于遗赠扶养协议的权利义务内容的局限性日渐凸显。

4. 遗赠扶养协议中扶养人对遗产的权利与其他权利之间的关系问题,《继承法》的立法漏洞非常明显,对于受扶养人遗产继承开始后,遗产分配中的关系问题未做任何规定。

以上遗赠扶养协议方面的立法缺陷,期待我国《继承法》修订时予以完善。

三、遗赠扶养协议的法律效力

(一)遗赠扶养协议的有效要件

虽然遗赠扶养协议不属于我国《合同法》中所规定的合同,不能适用合同制度来予以调整,但是本质上遗赠扶养协议仍是一种民事协议,它的成立和效力问题也是制度规范中的重点。遗赠扶养协议的成立也是通过要约和承诺的方式达成的,其成立是双方达成意思表示一致的结果。而对于其效力,虽然我国《继承法》没有明确规定,但根据民事法律行为有效制度与合同的有效制度,以及《继承法》的特殊性,遗赠扶养协议的有效,应当具备以下条件:

1. 订立遗赠扶养协议的受扶养一方,应当具备完全的民事行为能力。虽然民事法律行为的订立与有效可以通过欠缺行为能力者的法定代理人来实现,但是由于涉及遗产的处理和分配问题,根据《继承法》的立法精神,订立遗嘱者必须具有完全民事行为能力,并且必须由自己亲自订立不能由其他人代理,那么,订立遗赠扶养协议的受扶养人,也应当是具有完全民事行为能力人的本人,不能由其他人代理。这一立场也为我国司法实践所认可。

2. 如果承担扶养义务的当事人为自然人的,也必须具有完全民事行为能力。因为对于受扶养人的扶养,涉及生养病葬,只有完全民事行为能力的自然人才能履行这样的义务,限制民事行为能力之人或无民事行为能力之人都不具有履行相应义务的行为能力。

如果承担扶养义务之当事人是组织的,根据现行的《继承法》,应当是集体组织。至于非集体组织,如养老机构是否可以作为扶养人订立遗赠扶养协议,我国《继承法》并没有规定。但是根据私法自治原则,法律没有禁止,那么养老机构等非集体组织订立的遗赠扶养协议,只要没有违反法律的强制性规定和公序良俗,在双方自愿的前提下,其效力应当获得法律的承认,双方之间通过协议产生的权利义务应当被法律所认可,并具有强制执行力。

3. 双方的意思表示必须真实自愿。遗赠扶养协议是双方民事法律行为,根据我国《民法通则》和《民法总则》关于民事法律行为的原则性规定,只有双方是自愿达成的一致的意思表示才具有法律效力。通过强制、胁迫、欺诈等方式,使得其中任何一方处于不自愿的情况下而订立的遗赠扶养协议根据《民法通则》是无效的,而根据《民法总则》是可撤销的。

4. 遗赠扶养协议的内容必须合法。包括遗嘱人应当对其财产具有处分权,遗嘱人不能处分别人的财产;不得违反法律的强制性规定,如相关"必留份"的规定;不得违背公序良俗等。

5. 遗赠扶养协议的形式要件。我国《继承法》没有规定遗赠扶养协议必须使用书面形式,也没有要求通过公证或见证人见证等形式。因此,遗赠扶养协议是否有效并无形式要件的要求,但实践中为了明确双方的权利义务,减少纠纷,学理上均主张应当采取书面形式,必要时应当通过公证或见证来订立遗赠扶养协议。

(二)遗赠扶养协议与其他权利的冲突问题

由于我国《继承法》对遗赠扶养协议的规定简单,因此,在权利实现的过程中,存在许多未曾明确的冲突问题。

问题一,遗赠扶养协议中,扶养人获得遗赠财产利益与受扶养人生前的普通债权之间的优先次序问题。

在普通遗赠中,这一次序不存在问题。因为受遗赠人是无偿获得遗赠财产利益的,只能在遗产清偿债务以后获得遗赠财产利益。但是,在遗赠扶养协议中,扶养人获得遗赠财产利益是基于履行扶养义务而获得的,具有对价关系。因此,对遗赠财产的获得更接近于债权的实现,而非普通遗赠财产的获得。

我国《民事诉讼法》第 204 条规定的清偿顺序是"工资和劳保费用;国家税款;其他债务"。因此,对于扶养人的遗赠受益与普通债权之间的顺序也是没有规定的。对此,学者中有不同的主张。有主张普通债权优先的,也有主张扶养人的遗赠受益权优先的。该问题尚需进一步探讨与明确。

问题二,遗赠扶养协议与"必留份"之间的冲突问题。

我国《继承法》第 19 条、第 28 条和《继承法若干意见》第 37 条规定,在立遗嘱或者在遗产分割时,被继承人应当为未出生的胎儿和缺乏劳动能力又无生活来源的继承人留有必要的财产份额。这一制度在学术通说中被称为"必留份"制度。

继承制度上的必留份制度,在世界各国都是强制性法律规范,遗嘱中违背必留份制度的遗嘱继承与遗赠是部分无效的。但是我国《继承法》中的"必留份"制度本身存在财产份额不确定,留给法官自由裁量的空间大。如此,在实践中就有可能产生遗赠扶养协议与"必留份"之间的冲突。

遗赠扶养协议的内容应当是明确的,即未来受扶养人遗赠于扶养人的遗产是清晰明确的。但是,当法官认为遗赠后的财产不足以满足未出生的胎儿或缺乏劳动能力又无生活来源的继承人的生活需要时,就发生了冲突。我国《继承法》没有对此进行规定,理论上对此也存在争议。如果二者发生冲突,认定遗赠扶养协议部分无效,即优先满足胎儿或缺乏劳动能力又没有生活来源的人的生活需要,那么,扶养人基于协议而应得的利益必定受损。但是,胎儿与缺乏劳动能力而又没有生活来源的人是社会弱势群体,相对于他们而言,扶养人,尤其是作为社会组织的扶养人,经济上的优势是非常明显的。因此,有学者主张应当优先满足"必留份"。但是,随着我国社会保障制度的日渐完善,国家提供的最低社会保障制度在城乡展开,《继承法》出台的时代背景发生了根本性的变化,"没有生活来源"在新的社会保障体系下,是需要重新界定还是被取消,是一个需要认真论证的现实问题。

(三)继承契约与遗赠扶养协议

1. 继承契约的概念

继承契约是指被继承人与其法定继承人或其他民事主体之间订立的关于指定继承人、

遗赠、负担、抛弃继承期待权等与继承相关事项的双方法律行为。[①] 域外的继承契约与我国的遗赠扶养协议有很多相似的地方,如《匈牙利民法典》第 655 条规定,被继承人可以订立继承合同,根据合同被继承人有义务指定合同的对方当事人为自己的继承人,而后者必须对被继承人进行扶养或支付终生定期金。被继承人订立继承合同后无权处分继承合同中相关的财产。但是与我国的遗赠扶养协议相比较,还是存在诸多差异。

2. 继承契约与遗赠扶养协议的区别

(1)主体不同。继承契约的主体主要是夫妻、未婚的男女或者其他家庭成员。如《德国民法典》第 1941 条规定,被继承人可以以合同方式指定继承人以及指示遗赠和负担,订立合同的另一方和第三人都可以被指定为继承人(合同所定的继承人)或受遗赠人;而我国的遗赠扶养协议主体之间不存在这种家庭成员的关系,并且承担扶养义务的一方可以是集体组织。二者主体不同还表现在,继承契约所指定的财产受益人,既包括继承契约的双方当事人,也包括被继承契约所指定的第三人,几乎可以是任何人;而我国的遗赠扶养协议的扶养人只能是法定继承人以外的自然人和集体组织。

(2)有偿与否不同。国外的继承契约中,财产受益人在接受死者遗产时,既可有偿,也可无偿,这取决于契约的约定,并且大多数是无偿的。就无偿的继承契约而言,实际上就是通过双方契约的方式来完成我国《继承法》上的单方法律行为——遗赠,但是与遗赠相比较,因为是契约的方式来确立受益人接受遗产的权利,因而不能像我国遗赠那样,遗赠人在死亡之前随时可以撤销遗赠。而我国的遗赠扶养协议是有偿的,即扶养人获得遗赠财产是以其履行对遗赠人生前扶养和死后安葬的义务为前提的。

3. 形式要件要求不同。在国外,继承契约的订立必须遵照法律规定的程序和方式,往往需要进行公证;而我国《继承法》对遗赠扶养协议的形式没有具体的要求。

4. 范围不同。继承契约的当事人可以通过协议约定遗赠、负担、继承权的抛弃和指定继承人等事项,可以适用的范围很广;而我国的遗赠扶养协议只是约定扶养和遗赠两个事项,其中"扶养"也只涉及被扶养人的"生养死葬"义务内容,遗赠涉及的仅限于遗赠多少财产。

---

① 樊丽君,邓画文.论继承契约[J].中国社会科学院研究生院学报,2006(4):96.

第十六章 遗产处理

第一节 继承开始

一、继承开始的概念和意义

（一）继承开始的概念

继承开始，是指一定法律事实的发生导致继承法律关系的发生。与其他民事法律关系一样，继承法律关系也是以一定的民事法律事实为根据的，能够引起法律关系发生的民事法律事实，就是继承开始的原因。但是与合同等一般民事法律关系产生原因不同，继承开始不是基于行为，而是基于被继承人死亡这一法律事实中的事件。

现代各国继承制度都仅限于财产继承，只有在被继承人丧失民事权利能力而不能成为自己财产权利的主体时，才有可能发生继承，并且继承人死亡是继承开始的唯一原因。我国《继承法》第 2 条规定："继承从被继承人死亡时开始。"根据《继承法若干意见》第 1 条的规定，这里所称的死亡包括生理死亡和宣告死亡。

（二）继承开始的意义

1. 确定继承人的范围

在继承开始前，被继承人尚未死亡，享有继承资格的继承人，都有继承遗产的权利，但是这种权利仅仅是一种继承期待权。继承开始后，基于被继承人的死亡这一事实，享有继承权的继承人如果未丧失也未放弃继承权，那么继承期待权会转化为继承既得权，与被继承人产生具体的继承法律关系。在具体的继承法律关系中，只有具备继承资格的人，才能实际参加继承并获得被继承人的遗产。因此，确定继承人的范围须注意以下几点：

（1）只有在继承开始时与被继承人有近亲属关系的人才能享有继承权。若在继承开始时已经与被继承人解除婚姻关系或者法律上的抚养关系的人，不能成为继承人。

（2）只有在继承开始时生存的继承人才能实际继承被继承人的遗产。在继承开始时，法定继承中，如果被继承人的子女先于被继承人死亡，则发生代位继承，该子女的应继份额由其晚辈的直系血亲代位继承；如果先于被继承人死亡的是被继承人的配偶、父母、兄弟姐妹、祖父母、外祖父母等法定继承人，则不发生代位继承。在继承开始时，遗嘱继承中，如果遗嘱继承人先于被继承人死亡，则该遗嘱不发生法律效力，死亡的遗嘱继承人丧失继承资格。当然，在继承开始时，如果法定继承人或遗嘱继承人仍生存，只是在遗产分割前死亡的，仍然享有继承权，这时就会发生转继承。

（3）在继承开始时，即使生存的继承人也不一定享有继承权。如果继承人有《继承法》第 7 条列举之行为，丧失继承权，自然也不能再作为继承人参加继承。因此，只有在继承开始时,生存并且未丧失继承权的继承人,才具备继承资格,才能实际参加遗产的继承。

2. 确定遗产的范围

遗产是被继承人死亡时遗留的个人合法财产,是继承法律关系的客体。现代社会经济往来日益频繁,人们的财产也不断发生变化。对被继承人来说,其生前对财产的处分都是具有法律效力的,但其死亡后不可能再对财产进行处分,因而,遗产的范围确定只能以继承开始为准。只有在继承开始时属于被继承人的财产,才能被确定为遗产。

3. 确定遗产所有权的转移

在被继承人死亡后,其民事权利能力消灭,死亡的被继承人不能对其所留下来的财产再享有所有权。继承一开始,遗产的所有权便转归继承人。继承人为一人的,继承人为单独继承,取得遗产的单独所有权,继承人为 2 人或 2 人以上的,继承人共同继承,遗产归各继承人共有。

4. 确定继承人的应继份额

继承开始的时间对于确定继承人继承遗产的份额具有重要的意义。确定每个继承人应继承份额,不是以遗产分割的时间为准,而是根据继承开始时确定的遗产总额来计算的。依据我国《继承法》的规定,同一顺序继承人继承遗产的份额,一般应当均等,在特殊情况下也可以不均等。在遗产分配时,根据继承人的具体情况,有的应当予以照顾,可以多分,有的应当不分或者少分。继承人的具体情况,应当以继承开始时的继承人的状况为准。继承人是否属于生活有特殊困难的又缺乏劳动能力的人,应当以继承开始时继承的具体情况加以确定。

5. 确定遗嘱的效力及执行力

遗嘱是遗嘱人生前处分其死后遗留财产的一种法律行为。遗嘱虽然是遗嘱人生前的意思表示,但发生效力的时间确是在继承开始之时。在继承开始前,遗嘱尚不发生法律效力,遗嘱人可以变更或撤销遗嘱。继承开始,遗嘱即发生法律效力,同时也就具有执行力。我国《继承法》第 19 条规定,遗嘱应当对缺乏劳动能力又无生活来源的继承人保留必要的遗产份额。而继承人是否缺乏劳动能力又没有生活来源,应当按照遗嘱生效时,即继承开始时,该继承人的具体情况而定。

6. 继承时效期间计算的起点

我国《继承法》第 8 条规定,继承权纠纷提起诉讼的期限为 2 年,自继承人知道或者应当知道其权利被侵犯之日起计算。但是,继承开始之日起超过 20 年的,不得再提起诉讼。继承开始是确定 20 年最长时效的起算点。需要注意的是,2017 年 3 月 15 日由全国人大常委会审议通过,并于 2018 年 1 月 1 日起施行的《民法总则》第 188 条规定:"向人民法院请求保护民事权利的诉讼时效期间为三年。法律另有规定的,依照其规定。"根据我国《立法法》第 83 条规定:"同一机关制定的法律、行政法规、地方性法规、自治条例和单行条例、规章,特别规定与一般规定不一致的,适用特别规定;新的规定与旧的规定不一致的,适用新的规定。"那么《民法总则》实施后,继承权纠纷案件诉讼时效期间是根据"特别规定优于一般规定"适用 2 年诉讼时效还是"新法优于旧法"适用 3 年的诉讼时效呢?笔者认为,继承权属于民事权利的范畴,不适用"特别法优于一般法"的规定,加之 1987 年 1 月 1 日起施行的《民法通则》关于诉讼时效的规定已经吸收了 1985 年 10 月 1 日起施行的《继承法》第 8 条的规定,继承权纠纷诉讼时效应根据"新法优于旧法"适用《民法总则》之 3 年的规定。

二、继承开始的时间

继承开始的时间是引起继承法律关系产生的法律事实出现的时间。引起继承法律关系产生的法律事实是自然人的死亡。关于继承开始的时间,现代各国继承立法并无重大的差异,例如,《法国民法典》第718条规定:"继承因自然死亡及民事死亡而开始。"《德国民法典》第1922条规定:"被继承人之财产(继承财产)自被继承人死亡时(继承开始)起,全部归属于另一或数人(继承人)。"①我国《继承法》第2条规定:"继承从被继承人死亡时开始。"《继承法若干意见》第1条规定:"继承从被继承人生理死亡或被宣告死亡时开始。失踪人被宣告死亡,以法院判决中确定的失踪人的死亡日期,为继承开始的时间。"对继承开始时间的确定,有两种标准:生理死亡和宣告死亡。

(一)生理死亡时间的确定

生理死亡,也叫自然死亡,是指人的生命的终结。关于生理死亡时间的确定,各国有不一样的规定,如脉搏停止说、心脏搏动停止说、呼吸停止说、脑死亡说等。我国目前在司法实践中,一般以呼吸停止和心脏、脉搏停止为生理死亡的时间。具体的继承开始时间可按下列情况确定:医院死亡证书中记载自然人死亡时间的,以死亡证书中记载的为准;户籍登记册中记载自然人死亡时间的,应当以户籍登记的为准。以上两种标准出现冲突时,应当以死亡证书为准。继承人对被继承人的死亡时间有争议的,应当以人民法院查证的时间为准。

(二)宣告死亡时间的确定

宣告死亡是指自然人离开自己的住所,下落不明达到法定期限,人民法院经利害关系人的申请,依法宣告失踪人死亡的法律制度。根据我国《民法总则》第46条的规定,宣告死亡须具备下列条件:

1. 自然人下落不明须达到法定期限。下落不明是指自然人离开最后居住地没有音讯的状况。根据我国《民法总则》第46条的规定,在一般情况下,公民须下落不明满4年才有权提出宣告死亡申请;若因意外事故下落不明的,下落不明满2年的就可以提出宣告死亡申请。但若因意外事故下落不明,经有关机关证明该公民不可能生存的,不受上述期间的限制。须注意的是,在战争期间下落不明的,须从战争结束之日或者有关机关确定的下落不明之日起计算,并满4年后才能提出宣告死亡申请。

2. 宣告死亡的申请须由利害关系人提出。宣告失踪人死亡,必须由与失踪人有利害关系的人提出申请。宣告死亡的利害关系人及其顺序是:配偶、父母、子女、兄弟姐妹、祖父母、外祖父母、孙子女、外孙子女,以及其他有民事权利义务关系的人。只有经利害关系人提出宣告死亡申请,人民法院才能依法作出死亡宣告。

3. 死亡宣告须由人民法院作出。宣告死亡必须由人民法院作出,才具有法律效力,任何单位和个人都无权宣告公民死亡。根据我国《民事诉讼法》第185条的规定,人民法院受理宣告死亡案件后,应当发出寻找下落不明人的公告。宣告死亡的公告期间为1年。因意外事故下落不明,经有关机关证明该公民不可能生存的,宣告死亡的公告期间为3个月。公告期满,人民法院根据被宣告死亡的事实是否得到确认,作出宣告死亡的判决或者驳回申请的判决。

---

① 龙翼飞.比较继承法[M].长春:吉林人民出版社,1996:15.

宣告死亡的时间应当如何确定？目前,我国司法解释的内容不完全一致。按照《继承法若干意见》第1条解释,失踪人被宣告死亡的,以法院判决中确定的失踪人的死亡日期,为继承开始的时间。也就是说,法院判决中确定的失踪人死亡的时间,就是失踪人的死亡时间。而按照最高人民法院《关于贯彻执行〈民法通则〉若干问题的意见(试行)》第36条规定,被宣告死亡的人,判决宣告之日为其死亡的日期。两个司法解释有一定的出入,究竟哪一个时间作为宣告死亡的时间呢？目前新颁布的《民法总则》第48条规定:"被宣告死亡的人,人民法院宣告死亡的判决作出之日视为其死亡的日期;因意外事件下落不明宣告死亡的,意外事件发生之日视为其死亡日期。"我们认为,根据"新法优于旧法"的基本原则,应根据《民法总则》之规定确定宣告死亡的时间,即判决作出之日视为其死亡的日期。

宣告死亡只是法律上的一种推定,宣告死亡的时间与公民实际死亡的时间不相符的,应当注意以下问题:

第一,公民在被宣告死亡后仍然生存的,其在被宣告死亡期间所实施的民事法律行为有效。《民法总则》第49条规定:"自然人被宣告死亡但是并未死亡的,不影响该自然人在被宣告死亡期间实施的民事法律行为的效力。"

第二,被宣告死亡的时间与该公民自然死亡的时间不一致时,并不影响其被宣告死亡时间的法律效力。即被宣告死亡所引起的法律后果仍然有效。最高人民法院《关于贯彻执行〈民法通则〉若干问题的意见(试行)》第36条第2款规定:"被宣告死亡和自然死亡的时间不一致的,被宣告死亡所引起的法律后果仍然有效,但自然死亡前实施的民事法律行为与被宣告死亡引起的法律后果相抵触的,则以其实施的民事法律行为为准。"

第三,被宣告死亡人并未死亡的,人民法院应当根据申请人的申请,撤销对其的死亡宣告。我国《民法总则》第50条规定,被宣告死亡人重新出现,经本人或利害关系人的申请,人民法院应当撤销死亡宣告。而由此产生的财产分配等法律关系应恢复至其死亡前的状态,被撤销死亡宣告的人有权请求返还财产。无法返还的,应当给予适当补偿。

(三)互有继承权的继承人在同一事故中死亡时间的推定

2个或2个以上互有继承关系的人在同一事件中死亡,而死亡的先后时间又不能确定的,如何推定其死亡顺序,涉及继承人的切身利益。如何解决这一问题,各国立法所采取的措施不尽相同,主要有以下三种立法例。

1.死亡在后和死亡在先相结合的推定制。罗马法采取这种立法例。按照罗马法的规定,数人同时遇难而不能确定死亡先后的,推定成熟子女后于父母而死亡,未成熟子女先于父母而死亡。

2.同时死亡推定制。日本、德国、瑞士、我国台湾地区等采取这种立法例。例如,《日本民法典》第32条之二规定:"死亡的数人中,某一人是否于他人死亡后尚生存不明时,推定该数人同时死亡。"

3.生存推定制。英国、法国采取这种立法例。英国1925年《财产法法案》第184条规定:两人同时遇难,不能确定谁先死亡的,年轻者视作较年长者后死亡。《法国民法典》第720条规定:"互有继承权的数人,如在同一事故中死亡,何人死亡在先无法辨明时,死亡在后的推定,根据事实情况确定。如无此种情况,根据年龄或性别确定。"第721条规定:"如同时死亡的人均不足十五岁时,年龄最长的人推定为后死之人;如均在六十岁以上时,年龄最小的人推定为后死之人。"第722条规定:"如同时死亡的数人,年龄均在十五岁以上六十岁以下而年龄相等或相差不超过一岁时,男性者应被推定为后死之人。如同时死亡之数人为同一性别时,死亡在后的推定,应使继承能按照自然的顺序开始,即年龄较低者被推定为较年龄较长者死亡在后。"在同死亡者之中,有的属于 15 岁以下,其他属于 15 岁以上 60 岁以下,或者有的属于 15 岁以上 60 岁以下,其他属于 60 岁以上的,应当如何推定,《法国民法典》没有明文规定。判例认为,应当推定 15 岁以上 60 岁以下的人后死亡。[①]

我国《继承法》对互有继承权的数人在同一事故中死亡,应如何确定其死亡的先后顺序,没有作出明文规定。《继承法若干意见》中作出了解释,确定了死亡在先和同时死亡相结合的推定制。该意见第 2 条规定:"互有继承权的几个人在同一事故中死亡,如不能确定死亡先后时间的,推定没有继承人的人先死亡。死亡人各自都有继承人的,如几个死亡人辈分不同,推定长辈先死亡;几个死亡人辈分相同的,推定同时死亡,彼此不发生继承,由他们各自的继承人继承。"据此,被继承人死亡时间推定规则是:对没有继承人的死亡人和有继承人的长辈实行的是死亡在先的推定制;而对各自都有继承人的同辈实行的则是同时死亡推定制。

最高人民法院司法解释确定的死亡在先和同时死亡结合推定制,体现了保护继承人利益和遵循自然法则的原则,但对比其他国家规定会发现,我国规定的推定死亡标准过于单一,难以实现继承人之间遗产的公平分配。如老年长辈与壮年晚辈同时遇难,推定长辈先死,能够从人的生理角度确定死亡人的死亡先后,符合自然法则原则;但如果壮年长辈与幼年晚辈同时遇难,推定长辈先死亡,结果可能会出现财产无人继承的情况,这与我国社会关系与社会生活的基本观念不符,其最终结果可能会损害某继承人的继承利益。我们认为,我国在制定民法分则时,可以借鉴《法国民法典》,按照下列原则确定死亡先后顺序:相互有继承关系的人在同一事故中死亡,如不能确定死亡先后时间的,推定没有继承人的人先死亡。各死亡人都有继承人的,若死亡人辈分相同,则推定同时死亡,彼此不发生继承;死亡人辈分不同的,若晚辈未成年,则推定晚辈先死亡,若晚辈已成年,则推定长辈先死亡。[②]

三、继承开始的地点

继承开始的地点是继承人参与继承法律关系、行使继承权、接受遗产的场所。继承开始的地点确定,对继承人有很大的影响,确定适当的继承开始地点,有利于调查被继承人的遗产;有利于继承人参加继承、接受遗产;有利于分清继承人之间的责任,明确通知与保管遗产的责任(一般是在继承开始地点的继承人负有此项责任);也有利于继承人参加诉讼。

我国《继承法》没有明确规定继承开始的地点,但是《民事诉讼法》第 33 条第 3 项规定:"因继承遗产纠纷提起的诉讼,由被继承人死亡时住所地或者主要遗产所在地人民法院管辖。"这一规定表明,在司法实践中继承开始的地点是被继承人死亡时住所地或者主要遗产所在地。根据《民法通则》第 15 条规定:"公民以他的户籍所在地的居住地为住所,经常居住地与住所不一致的,经常居住地视为住所。"立法者考虑现实中正在逐步推行用居住证登记逐步替代户籍登记改革,《民法通则》第 15 条关于户籍的规定与户籍制度改革不匹配,与城乡一体化的改革目标不相适应。因此《民法总则》第 25 条增加了有效身份登记记载的居所也能视为住所之规定,即"自然人以户籍登记或者其他有效身份登记记载的居所为住所;经

① 史尚宽.民法总论[M].北京:中国政法大学出版社,2000:91.
② 郭明瑞,房绍坤,关涛.继承法研究[M].北京:中国人民大学出版社,2003:198.

常居所与住所不一致的,经常居所视为住所"。可见,被继承人死亡时住所地应是户籍所在地或者有效身份登记记载的所在地,如果经常居住地和户籍所在地不一致的,经常居住地为住所。关于主要遗产所在地的确定,我们认为,如果遗产中有动产和不动产,应当以不动产所在地为主要遗产所在地;如果遗产属于动产,则应以财产的价值额确定主要遗产所在地。

四、继承开始的通知

继承开始的通知,是指将被继承人死亡的事实通知继承人或遗嘱执行人,以便继承人及时地处理有关继承问题。所有的继承人都有权利参与继承,而参与继承的前提就是知道继承已经开始。如果继承人根本不知道继承人死亡、继承开始,则无法参与继承,更不能处分其继承权。在现实中,继承开始后,由于各种原因,有的继承人可能并不知道被继承人死亡、继承开始的事实。通知继承人是继承的一个必要环节,也是继承人行使继承权的一个前提条件。因此,继承开始后,应当为继承开始的通知,以便保护相关继承人的利益,从而保证继承的顺利进行。

我国《继承法》第 23 条规定:"继承开始后,知道被继承人死亡的继承人应当及时通知其他继承人和遗嘱执行人。继承人中无人知道被继承人死亡而不能通知的,则被继承人生前所在单位或者住所地的居民委员会、村民委员会负责通知。"根据这一规定,负有继承开始通知义务的人,首先是知道被继承人死亡的继承人,即知道被继承人死亡的继承人应当及时将被继承人死亡的事实通知其他继承人和遗嘱执行人。如果继承人中无人知道被继承人死亡,或者虽然知道被继承人死亡却不能通知的(如无民事行为能力),则负有通知义务的人是被继承人生前所在单位或者住所地的居民委员会、村民委员会。

通知的具体时间和方式,我国《继承法》没有明确规定。我们认为,负有通知义务的继承人或单位,应当及时发出通知,是否及时应当根据具体情况确定;通知的方式应以将继承开始的事项传达给继承人为准,一般以通过电话等口头通知为主,也可以采取书面如电报、传真、快递等方式,甚至还可以采取公告方式。

第二节　遗产分割

遗产分割,是指继承开始后,在共同继承人之间,将被继承人的遗产进行分配的法律行为。如果是一人继承,则不发生遗产分割的问题。在有 2 个或 2 个以上继承人时,继承开始后,遗产的共有状态只是暂时的,而遗产分割是必然的。我国《继承法》明确规定:"遗产是公民死亡时遗留的个人合法财产。"在现实生活中,被继承人生前基于家庭生活需要或者其他经济目的,往往与配偶、家庭成员或者其他社会成员发生财产共有关系。在被继承人死亡后,其遗产也就与他人的财产混在一起,因此,在分割财产时,首先要把遗产和他人的财产分开,确定遗产的范围(见本教材第十二章第三节),以确保继承人与其他财产所有人的合法权益。

一、遗产的确定

(一)遗产与夫妻共同财产的区分

夫妻共同财产是指夫妻婚姻关系存续期间共同所得财产。我国《婚姻法》第 17 条规定:

夫妻在婚姻关系存续期间所得的、归夫妻共同所有的财产有：工资、奖金；生产、经营的收益；知识产权的收益；继承或赠与所得的财产（《婚姻法》第18条第3项规定的除外）；其他应当归共同所有的财产。夫妻对共同所有的财产，有平等的处理权。夫妻一方死亡时，对这部分财产的分割，应按照我国《继承法》的相关规定分割。《继承法》第26条第1款规定："夫妻在婚姻关系存续期间所得的共同所有的财产，除有约定的以外，如果分割遗产，应当先将共同所有的财产的一半分出为配偶所有，其余的为被继承人的遗产。"可见，在存在夫妻共同财产的情况下，分割遗产时，必须首先分出一半归生存的配偶所有，其余才能作为被继承人的遗产。而《婚姻法》第18条规定："有下列情形之一的，为夫妻一方的财产：（一）一方的婚前财产；（二）一方因身体受到伤害获得的医疗费、残疾人生活补助费等费用；（三）遗嘱或赠与合同中确定只归夫或妻一方的财产；（四）一方专用的生活用品；（五）其他应当归一方的财产。"根据《婚姻法解释（一）》第19条的规定，上述夫妻一方所有的财产，不因婚姻关系的延续而转化为夫妻共同财产，但当事人另有约定的除外。可见，上述财产都属于夫或妻一方的个人财产，在夫妻一方死亡时，应当作为死者的遗产。

（二）遗产与家庭共同财产的区分

在家庭成员中，被继承人除了可能与配偶在共同生活中形成夫妻共同财产，还有可能与除夫妻外的其他家庭成员，如父母、子女、祖父母、外祖父母、兄弟姐妹等形成家庭共同财产。按照我国《继承法》第26条第2款规定："遗产在家庭共同财产之中的，遗产分割时，应当先分出他人的财产。"

家庭共同财产主要包括：家庭成员共同劳动积累的财产；家庭成员共同购置的财产；家庭成员共同继承、受赠的财产等。家庭成员在家庭共同财产中的份额，应当按照家庭成员在家庭中贡献大小、出资比例、应继承份额等因素加以确定。家庭成员死亡时，其在家庭成员共同财产中的份额就是被继承人的遗产。此外，家庭成员还可以拥有一些个人财产，在确定家庭共同财产时，不能将家庭成员的个人财产当作家庭共同财产。家庭成员的个人财产主要指：个人拥有的生活用品；基于家庭成员赠与而获得的财产；未成年子女基于继承、受赠、知识产权所获得的财产等。这些属于家庭成员的个人财产，在财产所有人死亡时，可以作为其遗产进行分割。

（三）遗产与其他共有财产的区分

财产共有关系，除夫妻共同财产、家庭共同财产之外，还存在着其他形态。其他共有财产主要是合伙的共有财产。合伙经营积累的财产，归合伙人共有。当合伙人之一死亡时，应当将被继承人在合伙中的财产份额分出，列入其遗产范围。被继承人在合伙财产中的份额，应当按照出资比例或者协议约定的比例确定。如果继承人愿意加入合伙，并且按照合伙协议的约定或者经其他合伙人一致同意加入的，则可以不必对合伙财产进行分割，只需确定继承人在合伙财产中的份额即可。

二、遗产分割的原则

遗产分割是指在共同继承人之间，按照各继承人的应继份额分配遗产的行为。遗产分割应在一定的原则指导下进行。根据《继承法》的有关规定和精神，遗产分割可以概括为以下五项原则：

（一）均等原则和适当照顾原则

《继承法》第 13 条第 1 款规定,在法定继承的情况下:"同一顺序继承人继承遗产的份额,一般应当均等。"此规定是指各继承人条件大致相同的情况下均等分割遗产,特殊情况下可以不均等。依《继承法》第 13 条的规定,不均等分割遗产的情形主要有以下四种情况:

第一,对生活有特殊困难的缺乏劳动能力的继承人,分配遗产时,应当予以照顾。对没有独立经济来源或其他经济收入而难以维持最低生活水平,并且因年幼、年迈或者病残等原因没有劳动能力的继承人,应照顾多分遗产。

第二,对被继承人尽了主要扶养义务或者与被继承人共同生活的继承人,分配遗产时,可以多分。

第三,有扶养能力和有扶养条件的继承人,不尽扶养义务的,分配遗产时,应当不分或者少分。但《继承法若干意见》第 33 条规定:"继承人有扶养能力和扶养条件,愿意尽扶养义务,但被继承人因有固定收入和劳动能力,明确表示不要求其扶养的,分配遗产时,一般不应因此而影响其继承份额。"

第四,继承人协商同意的,也可以不均等。

此外,在法定继承中,《继承法》第 14 条规定:"对继承人以外的依靠被继承人扶养的缺乏劳动能力又没有生活来源的人,或者继承人以外的对被继承人扶养较多的人,可以分给他们适当的遗产。"这里要注意,如果继承人以外的人想要适当分得遗产,必须满足一定的条件:第一,主体只能是特定的两种人——依靠被继承人扶养的缺乏劳动能力又没有生活来源的人或者是继承人以外的对被继承人扶养较多的人;第二,所分得遗产的数额是不确定的,这主要取决于对被继承人的依靠程度或是对被继承人平时生活的照顾程度;第三,适当分得不代表就等于平均数额,也有可能分得的数额等于或高于继承人的平均数额。这种酌情适当分得遗产的权利是受到法律保护的,若该请求权受到侵害,则相关的权利主体可以依法维权。酌情分得遗产的权利只能在法定继承时适用,而遗嘱继承时不适用。对于遗嘱继承,《继承法》第 19 条规定:"遗嘱应当对缺乏劳动能力又没有生活来源的继承人保留必要的遗产份额。"此规定体现了在遗嘱继承中,也应遵循适当照顾的基本原则。

（二）遗嘱继承优先于法定继承的原则

遗嘱继承优先于法定继承原则是近现代各国继承立法的通例。遗嘱继承优先于法定继承原则,是指分割遗产时,如被继承人生前立有合法、有效的遗嘱,则首先按遗嘱继承方式分割遗产;如无遗嘱或遗嘱继承方式因某些原因不能适用,则只能采用法定继承方式分割遗产。我国《继承法》第 5 条规定:"继承开始后,按照法定继承办理;有遗嘱的,按照遗嘱继承或者遗赠办理;有遗赠扶养协议的,按照协议办理。"《继承法》第 27 条规定:"有下列情形之一的,遗产中的有关部分按照法定继承办理:(1)遗嘱继承人放弃继承或者受遗赠人放弃受遗赠的;(2)遗嘱继承人丧失继承权的;(3)遗嘱继承人、受遗赠人先于遗嘱人死亡的;(4)遗嘱无效部分所涉及的遗产;(5)遗嘱未处分的遗产。"

（三）保留胎儿继承份额原则

保留胎儿继承份额原则是指在分割遗产时,如果有胎儿的,应当保留胎儿的继承份额。现代各国继承法为保护胎儿的利益,都对胎儿的财产份额作了特殊规定,但各国对胎儿的继承地位的规定不尽相同。为保护胎儿的利益,有些国家规定,在胎儿出生前,不得分割遗产。如《瑞士民法典》第 605 条第 1 项规定:"胎儿的权利须加考虑时,应将分割推迟至其出生时。"《德国民法典》第 2043 条第 1 项规定："由于共同继承人有尚未出生而未应继份者,在此种不确定的情况消灭之前,不得进行遗产分割。"

我国《民法总则》第 13 条规定："自然人从出生时起到死亡时止,具有民事权利能力,依法享有民事权利,承担民事义务。"可见,在我国未出生的胎儿是没有继承能力的,因为公民的民事权利能力始于出生,终于死亡。但是如果继承人在分割被继承的遗产时,没有照顾到未出生的胎儿,一旦胎儿出身并存活,将对其未来的成长教育产生不利影响。为此,《继承法》第 28 条规定："遗产分割时,应当保留胎儿的继承份额。胎儿出生时是死体的,保留的份额按法定继承办理。"《继承法若干意见》第 45 条规定:"当为胎儿保留的遗产份额没有保留的,应从继承人所分得的遗产中扣回。为胎儿保留的遗产份额,如胎儿出生后死亡的,由其继承人继承;如胎儿出生时是死体的,由被继承人的继承人继承。"为了能够更好地保护胎儿利益,《民法总则》第 16 条规定:"涉及遗产继承、接受赠与等胎儿利益保护的,胎儿视为具有民事权利能力。但是胎儿娩出时为死体的,其民事权利能力自始不存在。"涉及遗产继承、接受赠与等情况下,法律拟制胎儿具有民事权利能力。需要指出的是,在遗产分割时需要注意四点:第一,无论是法定继承还是遗嘱继承,在分割遗产时,继承人都应当为胎儿保留继承份额,该份额原则上应按照法定继承的遗产分配原则确定,一般为各继承人所得遗产的平均数;第二,如果胎儿出生时是活体的,则保留份额为该婴儿所有,可由其法定代理人(母亲)代为保管;第三,如果胎儿出生后不久即死亡,则保留份额为该婴儿所有,但应由该死婴的法定继承人按法定继承处理;第四,胎儿出生时即为死体,则保留份额由被继承人的继承人再分割。

(四)互谅互让、协商分割原则

我国《继承法》第 15 条规定:"继承人应当本着互谅互让、和睦团结的精神,协商处理继承问题。遗产分割的时间、办法和份额,由继承人协商确定。协商不成的,可以由人民调解委员会调解或者向人民法院提起诉讼。"这一规定是遗产分割的互谅互让、协商分割原则的集中表述。依照互谅互让的原则,继承人之间相互关心、相互照顾,对法律规定需要特殊照顾的继承人,如缺乏劳动能力、生活特殊困难的继承人,应当适当多分。依照协商分割原则,处理继承问题时应当以当事人自愿达成协议为主要解决方式,在遗产分割时,对遗产的分割时间、分割办法、分割份额等都应当按照继承人之间协商一致的意见处理。在遗产分割中,强调继承人之间互谅互让、协商分割遗产,有利于促进家庭的和睦团结。

(五)物尽其用原则

在分割遗产时,应当根据遗产的性质和效用,从有利于继承人的生产和生活出发,把适合于继承人生产或生活中某种特殊需要的遗产分配给特定继承人,以便充分发挥遗产的实际效用。我国《继承法》第 29 条规定:"遗产分割应当有利于生产和生活需要,不损害遗产的效用。不宜分割的遗产,可以采取折价、适当补偿或者共有等方法处理。"《继承法若干意见》第 58 条,在《继承法》的基础上又指出:"人民法院在分割遗产中的房屋、生产资料和特定职业所需的遗产时,应根据有利于发挥其使用效益和继承人的实际需要,兼顾各继承人的利益进行处理。"

三、遗产分割的时间

根据我国《继承法》第 2 条规定:"继承从被继承人死亡时开始。"因此,遗产分割的时间必须在继承开始之后。那么,遗产分割应当在继承开始后什么时间内进行呢?我国继承法没有相关的规定。现实生活中,基于我国的风俗习惯,在继承开始以后,往往要经历一个或长或短的共同所有时期。根据协商分割的原则,什么时候分割遗产,可以由继承人协商确定,协商不成,可以通过调解确定,调解不成,也可以通过诉讼来解决。如果继承人协商在一定时期内不分割,或者没有继承人提出分割要求,那么,这种共有状况将持续下去。无论持续多长时间,即使在继承开始 20 年以后,继承人想分割遗产时,都有权请求分割。

在继承分割的时间问题上,要和继承的开始区别开来。具体区别体现在以下三个方面:

第一,继承开始的时间是法定的。通过前面的介绍可知,继承开始的时间只能是被继承人死亡的时间,包括继承人在内的任何人都不能改变。但是遗产分割的时间是协商确定的,它可以是继承开始后的任何时间。

第二,继承开始时间是一个具体的时间。一般情况是具体到日,也能具体到时、分、秒。而继承分割的时间可以是一个具体的日期,也可以是一个期间,但是一般不会具体到时、分、秒。

第三,继承开始,继承人拥有的继承权由期待权转变为既得权,继承人可以行使继承权,但是不能处分其应继份。而遗产分割后,继承人能够实际取得继承财产的所有权,可对其进行处分。

四、遗产分割的方式

遗产分割的方式是指继承人取得遗产应继份的具体方法。关于遗产分割的方式,如果遗嘱中已经指定了分割方式,则应按遗嘱指定的方式分割遗产;遗嘱中没有指定遗产分割方式的,由继承人具体协商遗产的分割方式;继承人协商不成的,可以通过调解确定遗产分割的方式;调解不成的,则通过诉讼程序,由人民法院确定遗产的分割方式。我国《继承法》第29 条第 2 款规定:"不宜分割的遗产,可以采取折价、适当补偿或共有等方法处理。"根据这一规定,对遗产的分割主要有以下四种方式:

(一)实物分割

在不违反分割原则的情况下,遗产可以采取实物分割的方式。适用实物分割的遗产可以是可分物,也可以是不可分物。对可分物,可以作总体的实物分割,划分出每个继承人应继承的数量。对不可分物,只能作个体的实物分割。一般情况下,如对电视机、电冰箱、洗衣机等家电,同一种实物数量有限,不能对电视机、电冰箱或洗衣机等划分出每个继承人应继承的数量,只能将这些家电作为一个整体分割,或采用折价补偿的办法分割。

(二)变价分割

对于那些不能进行实物分割,或者继承人都不愿取得的遗产,则可以将遗产变卖,换取价金。变价分割取得价金之后,各个继承人再根据自己应占比例进行分割。使用变价分割的方式分割遗产,实际上是对遗产的处分,所以,遗产的变价应当经过全体继承人的同意。

(三)补偿分割

对不宜实物分割的遗产,如果继承人中有人愿意取得该遗产,则由该继承人取得遗产的所有权,再由取得遗产所有权的继承人按照其他继承人应继份的比例,分别补偿给其他继承人相应的价金。应当指出的是,如果继承人中有多人愿意取得遗产的所有权,而又达不成协议,则应当根据继承人的实际需要和发挥遗产的效用,确定给某个继承人。

（四）保留共有关系的分割

继承人都愿意取得但不宜分割的遗产，或者是任何一个继承人取得该遗产都可能对其他继承人造成不利影响的，可经由全体继承人协商，保持对该项遗产的共有关系，依照应继份的比例按份共有。但是，在保留共有关系共有分割之后，继承人之间就不再是原来的遗产共有关系，而变成了普通的财产按份共有关系。

五、遗产分割的效力

遗产分割的效力，除了可以使继承人共同共有变成个人所有外，还表现为遗产分割的溯及力，共同继承人之间的瑕疵担保责任和连带债务的免除等内容。

（一）遗产分割的溯及力

遗产分割的溯及力是遗产分割效力的一项重要内容，分割的效力从何时开始，世界各国的继承立法大体上采用两种立法主义：

1. 溯及主义。溯及主义又称宣示主义，即遗产的分割效力能够溯及继承开始之时。持此种观点的学者认为，因遗产分割而分配给继承人的财产，视为自继承开始时业已归属于各继承人单独所有，遗产分割不过是一种宣告既有的状态而已。法国、日本等国采用此种主张。《法国民法典》第 883 条规定："每一共同继承人均视为单独地并直接地承受其分配份额的财产，或单独地并直接地承受经拍卖而归属于自己的财产，并视为对遗产的其他财产从未享有所有权。"《日本民法典》第 909 条明确规定："遗产分割溯及于继承开始时发生效力，但不得侵害第三人的权利。"

2. 不溯及主义。不溯及主义也叫转移主义，即遗产分割的效力不能溯及既往，各个继承人因分割而相互让与各自应有部分，取得分配给自己财产的单独所有权。德国、瑞士等采用此种主张。德国承认遗产共同共有的短暂存在，但并没有规定遗产分割具有溯及的效力。根据《德国民法典》的相关规定，遗产分割适用普通共同共有财产分割的规定，确定了遗产分割的不溯及主义。

我国现行继承法没有明文规定遗产分割的效力，学者中有不同的看法，但持溯及主义的学者为多。从我国现行继承法立法精神上来看，我们认为，我国应采取溯及主义为宜。因为，采用溯及主义有利于简化遗产所有权的手续。采用溯及主义，继承人因分割所取得的财产为直接继承被继承人的财产；如果采用不溯及主义，继承人因分割所取得财产为继承人之间相互转让的财产，与溯及主义对比，所有权转移手续必须多一道程序，更为复杂。

（二）遗产分割瑕疵担保责任

遗产分割瑕疵担保是指各个继承人在一定期限内，对其他继承人的遗产瑕疵负担保责任。也就是说，在遗产分割后，如因分得的遗产有瑕疵导致遗产本身的价值降低，受到损害的继承人可以向其他继承人请求重新分割遗产或给予一定的补偿。依照不溯及主义，遗产分割前的共同继承人应当负互担保的责任；不溯及主义，从法理上看，由于继承人直接从被继承人那里取得分割的财产，因此瑕疵担保责任不适用于溯及主义。

然而，为了遗产分割的公平合理，某些采取溯及主义的立法也在一定程度上规定了共同继承人之间的瑕疵担保责任。《法国民法典》第 884 条规定："共同继承人仅就分割财产由于分割前的原因所发生的纠纷和追夺，相互负担保的责任。"《日本民法典》第 911 条规定："各共同继承人，按其应继份，对其他共同继承人负与出卖人相同的担保责任。"

我国现行继承法对遗产分割的相互担保责任没有规定,我们认为,瑕疵担保责任应当与出卖人的瑕疵担保责任相同。但是在受遗赠情况下,如果受遗赠人取得的是种类物,因该物是从遗产的同类物中任意给付的,受遗赠人有权要求继承人承担瑕疵担保责任;但如果受遗赠人接受的遗产为特定物,则继承人不负担瑕疵担保责任。

第三节 遗产债务的清偿

一、遗产债务的范围

遗产是被继承人的财产权利和财产义务的统一体。根据《继承法》第 33 条的规定,继承人接受继承,应当承受被继承人的财产权利和财产义务,不能仅继承财产权利,而不继承财产义务。遗产债务,是指被继承人所欠下的债务,即被继承人生前个人依法应当缴纳的税款和完全用于个人生活所欠下的债务。遗产债务的范围,主要包括以下几类:(1)被继承人生前依照我国税收法规应缴纳的税款;(2)被继承人生前因侵犯他人的人身和财产权利,依照民事法律规范的规定所应承担的损害赔偿责任;(3)被继承人生前没有合法根据而获得的不当得利;(4)被继承人生前因无因管理而承担的偿还管理人必要费用的责任;(5)共同债务中,属于被继承人应当承担的部分。如合伙债务中属于被继承人应当承当的债务,被继承人承担的保证债务。

在确定遗产债务的范围时,应当注意以下两个问题:

(一)应当将被继承人个人的债务与夫妻共同债务、家庭共同债务加以区别

夫妻共同债务应以夫妻共同财产偿还,家庭共同债务应以家庭共同财产偿还,当家庭共同财产不足清偿共同债务时,由家庭成员的个人财产偿还。另外,有些债务虽然是以被继承人的名义所欠,但是并非被继承人个人债务。下列以被继承人名义所欠债务,都不属于被继承人个人债务:(1)用于家庭生活需要的债务;(2)用于有劳动能力的继承人的生活需要或其他需要的债务;(3)因继承人不尽扶养、抚养、赡养义务,迫于生活需要而以个人名义欠下的债务。这种债务应当属于有法定义务的人的个人债务。但家庭共同债务中属于被继承人应当承担的部分,则应当列入遗产债务的范围。另外,据《婚姻法》第 19 条第 3 款规定:"夫妻对婚姻关系存续期间所得的财产约定归各自所有的,夫或妻一方对外所负的债务,第三人知道该约定的,以夫或妻一方所有的财产清偿。"

(二)应当将遗产债务与继承费用以及因被继承人丧葬所产生的费用相区别

遗产债务应当是被继承人完全为个人生活需要而欠下的债务,继承开始以后所产生的继承费用以及因被继承人的丧葬而产生的费用应由继承人承担,不应视作被继承人的遗产债务。以上两种费用都是发生在继承开始以后,被继承人死亡即丧失了民事主体的资格,不可能再作为现实生活中的债的主体。

二、遗产债务的清偿原则

遗产是被继承人遗留的财产权利和财产义务的统一体。继承人接受继承,就应当清偿遗产债务,但是如果继承人放弃继承,则对遗产债务没有清偿责任。我国《继承法》第 33 条

第 2 款规定:"继承人放弃继承的,对被继承人依法应当缴纳的税款和债务可以不负偿还责任。"继承人在清偿遗产债务时,应当坚持如下原则:

(一)限定继承原则

限定继承,是指继承人对被继承人的遗产债务的清偿责任,以遗产的实际价值为限,超过遗产实际价值部分,继承人不负清偿责任。也就是说,继承人对被继承人的遗产债务不负无限清偿责任,而仅以继承的遗产的实际价值负有限清偿责任。我国《继承法》第 33 条第 1 款规定:"继承遗产应当清偿被继承人依法应当缴纳的税款和债务,缴纳税款和清偿债务以他的遗产实际价值为限。超过遗产实际价值部分,继承人自愿偿还不在此限。"这表明,我国继承法在被继承人债务的清偿方面,采用限定继承原则。按照这一原则,对超过遗产实际价值的部分,唯有继承人自愿偿还的不受限定继承原则的限制,继承人对遗产债务均负有限责任。这就冲破了几千年来,我国民众根深蒂固的"父债子偿"原则,任何人都不能强迫继承人偿还超过遗产实际价值的遗产债务。这是对继承人所享有的继承权的保护,也是对被继承人的债权人权利的保护。

(二)保留必留份原则

为满足缺乏劳动能力又没有生活来源的继承人的基本生活需要,贯彻养老育幼的原则,《继承法若干意见》第 61 条规定:"继承人中有缺乏劳动能力又没有生活来源的人,即使遗产不足清偿债务,也应为其保留适当遗产,然后再按《继承法》第 33 条和《民事诉讼法》第 180 条的规定清偿债务。"因此,在清偿债务时,即使遗产的实际价值不足以清偿债务,也应该为需要特殊照顾的继承人保留适当的遗产,以满足他们的基本生活。

(三)清偿债务优先于执行遗赠原则

遗赠,是指遗嘱人利用遗嘱的方式将其财产在其死后赠给国家、集体或者法定继承人以外的人。我国《继承法》第 34 条规定:"执行遗赠不得妨碍清偿遗赠人依法应当缴纳的税款和债务。"按照这一规定,在遗赠和清偿债务的顺序上,清偿债务优先于遗赠。如果遗赠人生前还有债务没有清偿,继承开始后,应当先清偿债务。之后,如果还有剩余遗产,遗赠才能得到执行;如果遗产不足以清偿债务,则遗赠就不能执行,这能够有效防止遗赠人通过遗赠逃避其对债务人的债务,保护其债权人的合法权益。

(四)连带责任原则

继承人共同继承遗产时,各共同继承人对遗产债务应当负何种责任,各国继承立法有不同的规定,主要有三种立法例:一是按份责任立法例。法国、日本等国采用此种立法例,即各共同继承人对遗产债务就自己的应继份承担清偿责任。二是连带责任立法例。该立法例从保护债权人的利益出发,认为各共同继承人就被继承人所负的全部债务承担连带责任。德国、瑞士等国民法采取此立法例。三是折中主义立法例。该立法例认为,在遗产分割前,各共同继承人对被继承人债务承担连带责任,但在遗产分割以后,采用按份责任,各共同继承人对被继承人债务按其应继份分别承担责任。荷兰、葡萄牙等国采用此立法例。

我国继承法上没有明确规定各共同继承人对遗产债务应当承担何种责任,但从遗产债务的特殊性和司法实践来看,通常采用连带责任原则处理,即被继承人的债权人有权请求共同继承人中的一人或数人在遗产的实际价值范围内清偿全部遗产债务,任何继承人不得拒绝,即使是在遗产分割以后,各共同继承人仍然要对被继承人的债务负连带责任。共同继承人中的一人或数人清偿了全部遗产债务,在共同继承人内部应按照各自遗产份额的比例分担债务。

三、遗产债务的清偿方式

继承开始后,若继承人只有一人时,除放弃继承外,继承人应全面接受遗产,包括遗产权利和遗产义务。但继承人为多人时,如何确定遗产债务的清偿方式,对债权人利益的实现,将产生重大影响。关于共同继承人清偿遗产债务的方法,各国继承立法有两种不同的规定:第一,非经清偿遗产债务,不得分割遗产。德国、瑞士等国家采用这种主张。《德国民法典》第 2046 条规定:"遗产债务应首先就遗产中清偿。遗产债务为尚未到清偿期或有争议者,应就遗产中保留为清偿所必需的财物。"第 2047 条又规定:"在清偿遗产债务后的剩余遗产按各应继份的比例归属于继承人。"该种清偿方式有助于保障被继承人的债权人的权益,防止因遗产的分割而损害其债权。第二,清偿遗产债务不是分割遗产的前提。法国、日本等国家采取这种主张。如《法国民法典》第 870 条规定:"共同继承人各按其分得遗产的比例,分担清偿遗产的债务和负担。"我国继承法上没有明确遗产债务的清偿方法,司法实践中一般采取以下两种方式:

1. 先清偿债务后分割遗产。按照这种清偿方式,共同继承人首先从遗产中清算出遗产债务,并将清算出的相当于遗产债务数额的遗产交付给债权人,然后再根据各继承人应继承的份额,分配剩余遗产。

2. 先分割遗产后清偿债务。按照这种清偿方式,共同继承人首先根据他们应当继承的遗产份额,分割遗产,同时分摊遗产债务。然后,各继承人根据自己分摊的债务数额向债权人清偿。如果既有法定继承又有遗嘱继承和遗赠的,实践中,按照《继承法若干意见》第 62 条的规定处理,遗产已被分割而未清偿债务时,如有法定继承又有遗嘱继承和遗赠的,首先由法定继承人用其所得遗产清偿债务;不足清偿时,剩余的债务由遗嘱继承人和受遗赠人按比例用所得遗产偿还;如果只有遗嘱继承和遗赠的,由遗嘱继承人和受遗赠人按比例用所得遗产偿还。

第四节　遗产管理

一、遗产管理的概念

遗产管理,是指对被继承人的遗产负责清算和管理的制度。继承开始的时间是被继承人死亡的时间,但是在被继承人死亡后,在办理完被继承人后事或者在办理后事的过程中才对继承人的遗产进行分割。因此,在继承开始后、实际取得遗产之前的这段时间,应当妥善保管遗产,这既是为了保证遗产不会被随意处置和流失,使继承人的继承权能够更好地实现,也有利于减少遗产继承纠纷。

关于遗产管理,我国《继承法》第 24 条规定:"存有遗产的人,应当妥善保管遗产,任何人不得侵吞或者争抢。"相较于外国立法,我国关于遗产管理的规定过于简陋,如对于被继承人的遗产无继承人时,如何进行遗产管理缺乏规定。有的学者认为应当结合实际情况,由死者生前所在工作单位或者遗产所在地的继承组织负责管理。[①] 我们认为，更有效的管理办法应该是借鉴国外立法规定，采用遗产管理人制度为宜。

二、遗产管理人的产生

遗产管理人，是指对遗产进行清算和管理的人。遗产管理人在许多情形下都存在，比如在法定继承中由承认继承的继承人作为管理人，遗嘱继承中的遗嘱执行人作为管理人，还有无人继承遗产中被指定的遗产管理人。对此，各国继承法都作了明确的规定，如《日本民法典》第 918 条规定"继承人应以对自己固有财产同样的注意，管理继承财产"。我国《继承法》只规定存有遗产的人保管遗产，对于其他情形下的遗产管理人未有明确的规定。为了对遗产进行更有效的管理，可以选择采用以下方式确定遗产管理人：

（一）继承人推选遗产管理人

因为我国采用当然继承主义，遗产的权利当归属于各继承人，在继承开始后，继承人如果为一人的，该继承人自己即为遗产管理人，并且遗产直接转化为该继承人的个人财产。而在继承人为多人时，各继承人皆可为遗产管理人，但是为了遗产管理更好地进行，全体继承人可以协商推选一人或数人作为遗产管理人，也可以推举继承人以外的人为管理人，由其进行遗产的管理活动。

（二）遗嘱指定遗产管理人

被继承人可以在遗嘱中根据自己的意志对遗产的管理事项作出安排，如果被继承人在遗嘱中明确指定了遗产管理人，法律自应尊重其意思，继承人也应当服从。值得注意的是，有的被继承人在遗嘱中未规定遗产管理人，但是制定了遗嘱执行人的，由遗嘱执行人行使遗产管理人的职责。遗嘱所制定的遗产管理人并非不可改变，如果遗嘱所指定的遗产管理人有未尽其应尽的注意义务或损害继承人及遗产债权人利益的情形时，利害关系人也可以请求法院予以撤换。

（三）法院指定遗产管理人

在某些特定的情况下，遗产管理人可以由法院直接指定。《日本民法典》第 952 条规定："家庭法院因利害关系人或者检察官的请求，应选任继承财产管理人。"我们认为，在下列情形下，经利害关系人申请，人民法院可以指定遗产管理人：(1)遗嘱未指定遗嘱执行人或遗产管理人，继承人对遗产管理人的选任有异议的；(2)没有继承人或者继承人下落不明，而遗嘱中又未指定遗嘱执行人或遗产管理人的；(3)遗嘱虽然指定了遗嘱管理人，但遗嘱效力存在争议的；(4)有证据证明遗嘱管理人的行为将对相关债权人利益造成损害的。

（四）默认的遗产管理人

按照我国目前《继承法》第 24 条之规定，存有遗产的，可以默认为遗产管理人。如果法院没有指定相应的遗产管理人，被继承人在遗嘱中也没有指定遗产管理人或者遗嘱执行人，继承人也没有推选遗产管理人，遗产继承人也没有占有遗产，遗产管理人的职责默认应由全体继承人共同行使。

（五）由法院代行遗嘱管理人的职责

为了保证被继承人遗产的安全，避免遗产的损毁和流失，在法院指定遗产管理人之前，

---

① 刘文.继承法比较研究[M].北京：中国人民公安大学出版社，2004：348.

经利害关系人申请,法院可以暂时代为行使遗产管理人的部分职能。①

三、遗产管理人的义务

遗产保管人是否应当承担义务,各国立法规定不一。如德国民法认为,遗产保管人有管理权而无管理义务;而日本民法则认为,遗产保管人既有管理权又有管理义务。② 根据我国《继承法》第 24 条的规定,遗产保管人负有保管遗产的义务。③ 其义务主要有以下几点:

(一)清理遗产并编制遗产清单

清理遗产是指查清遗产的名称、数量、地点、价值等状况。继承开始后,遗产管理人应该及时清理遗产,在对有关遗产查清的基础上,应当编制遗产清单,要全面、准确地载明遗产的具体情况,既包括对积极财产的记载,也包括对消极财产的记载,以便于进行管理和移交遗产。

(二)为保存遗产所采取必要的保管措施

在保管遗产时,保管人应根据遗产不同的性能,采取相应的保管措施。如对于易腐易变质物品,或者可以长期存放,但保管费用较大的遗产,应及时变卖,并将所获得的金额列入遗产范围;对于需要维修的遗产,应当及时维修,以维持遗产的原貌、保持遗产的价值;对于性能稳定的遗产,应对其进行封存并妥为保管;如果遗产具有一定的经营价值,应当妥善经营,取得的收入扣除必要的费用后,列入遗产范围。这些必要的保管措施是为了保存遗产而为,必须不能超越必要的限度,若超出限度,如遗产管理人将遗产无偿赠与他人、将遗产故意毁等,则属于遗产管理人的非必要处分行为,对继承人、受遗赠人等造成的损害,应由遗产管理人承担损害赔偿责任。

(三)必要的诉讼行为

在遗产管理中,如为了取得到期债权等,有必要进行诉讼的,遗产管理人可以向法院提起诉讼。

(四)告知及通知义务

被继承人死亡后,遗产保管人应当及时通知继承人、受遗赠人、债权人,并告知有关遗产情况以及对遗产的管理情况。在无法得知继承人、受遗赠人、债权人时,遗产管理人应当向法院申请公告,公告继承人、受遗赠人、债权人等在规定期限内申报债权或表明是否接受遗产。

(五)清偿债务

遗产管理人在通知或公告后,对于有关遗产债务应当进行清偿,以遗产的实际价值为限。对遗产债务的清偿应按照一定的顺序,同一顺序债务无法全部清偿的,可以按照一定比例清偿。只有在清偿完毕债务后还有遗产的,才能按照被继承人的遗嘱或者法定继承进行继承。

(六)移交遗产

在继承开始后,如果存有被继承人遗产的人不是继承人,或者虽为继承人,但存有他人

---

① 郭明瑞,房绍坤,关涛.继承法研究[M].北京:中国人民大学出版社,2003:157.
② 史尚宽.继承法论[M].北京:中国政法大学出版社,2000:352.
③ 严格意义而言,遗产管理人与遗产保管人是有区别的。由于我国法律上没有遗产管理人的概念,在我国遗产保管人实际起到遗产管理人的作用。

应继承份的,或者是存有遗产但是放弃继承权等情况下,遗产管理人对遗产管理是一种暂时的行为。遗产分割后,应当及时将遗产移交给继承人。

第五节 无人继承又无人受遗赠的遗产处理

一、无人继承又无人受遗赠的遗产的概念

无人继承又无人受遗赠的遗产,是指被继承人死亡后,在法定期限内,没有继承人和受遗赠人承受的遗产。

所谓无人继承,即没有继承人承受遗产。包括两种情况:一是死者没有法定继承人和遗嘱继承人;二是被继承人虽然有法定继承人和遗嘱继承人,但他们全部放弃或者丧失继承权。所谓无人受遗赠,是指没有受遗赠人承受遗产。包括以下几种情况:一是死者生前没有立遗嘱,没有受遗赠人;二是虽然有遗赠的遗嘱,但遗嘱无效,受遗赠人先于遗嘱人死亡或者遗赠标的物已不属于遗产范围而无效等;三是受遗赠人全部放弃或者被人民法院取消受遗赠权;四是死者生前没有与他人订立遗赠扶养协议。

二、无人继承又无人受遗赠的遗产的归属

各国继承立法对无人继承又无人受遗赠的遗产问题都规定将遗产收归国有。但各国以何种法律原因取得遗产的问题上认识不同,主要有以下两种观点:

(一)法定继承主义

法定继承主义,认为国家是所谓无人继承又无人受遗赠的遗产的法定继承人取得遗产。德国、瑞士、匈牙利等国采用此种观点。如《德国民法典》第 1936 条规定:"如在继承开始时,既无被继承人的直系血亲亲属又无配偶的存在,被继承人在死亡时所属的邦的国库为法定继承人;如被继承人属于数个邦(州)者,这些邦(州)的国库均享受此遗产的相等份额。""被继承人是不属于任何邦(州)的德国人者,由德国国库为法定继承人。"

(二)国家优先权主义

国家优先权主义,认为国家有优先取得无人继承又无人受遗赠遗产的权利。如《法国民法典》第 539 条规定:"一切无主财产或无继承人的财产,或继承人放弃继承的财产,归国家所有。"英国的《遗产管理法》和《无遗嘱遗产法》都有同样的规定,在没有继承人的情况下,被继承人的遗产归国家所有。

在我国,处理无人继承又无人受遗赠的遗产时,与其他国家的规定有所不同。我国《继承法》第 32 条规定:"无人继承又无人受遗赠的遗产归国家所有;死者生前是集体所有制组织的成员的,归所在的集体所有制组织所有。"根据该规定,死者生前是集体所有制组织成员的,其遗产归所在集体所有制组织所有。除此以外,全部归国家所有。可见,我国在处理无人继承又无人受遗赠的遗产时,是根据死者生前的身份来确定其遗产的归属。这与民法上无主财产的取得也不同。无主财产的归属有的是因所有人不明的国家取得,有的则适用先占原则,因此无主财产不一定都归国家所有。

值得注意的是,《继承法若干意见》第 57 条指出:"遗产因无人继承收归国家或集体组织

所有时,按《继承法》第十四条规定可以分给遗产的人提出取得遗产的要求,人民法院应视情况适当分给遗产。"根据该条规定,在处理无人继承又无人受遗赠的遗产时,如果有继承人以外的依靠被继承人扶养的缺乏劳动能力又没有生活来源的人,或者继承人以外的对被继承人扶养较多的人提出要求时,可以分给他们适当的遗产。

参考文献

1. 马忆南.婚姻家庭继承法学[M].北京:北京大学出版社,2014.

2. 夏吟兰.婚姻家庭继承法[M].北京:中国政法大学出版社,2012.

3. 孟令志,曹诗权,麻昌华.婚姻家庭与继承法[M].北京:北京大学出版社,2012.

4. 徐国栋.绿色民法典草案[M].北京:社会科学文献出版社,2004.

5. 王洪.婚姻家庭法[M].北京:法律出版社,2003.

6. 郭明瑞,房绍坤,关涛.继承法研究[M].北京:中国人民大学出版社,2003.

7. 梁慧星.中国民法典草案建议稿[M].北京:法律出版社,2003.

8. 王利明.中国民法典学者建议稿及立法理由:人格权编、婚姻家庭编、继承编[M].北京:法律出版社,2005.

9. 张玉敏.中国继承法立法建议稿及立法理由[M].北京:人民出版社,2006.

10. 魏国英.女性学概论[M].北京:北京大学出版社,2000.

11. 夏吟兰.婚姻家庭法前沿:聚焦司法解释[M].北京:社会科学文献出版社,2010.

12. 巫昌祯.中华人民共和国婚姻法释义与实证研究[M].北京:中国法制出版社,2001.

13. 刘心稳.中国民法学研究述评[M].北京:中国政法大学出版社,1996.

14. 郭明瑞,唐广良,房绍坤.民商法原理:三[M].北京:中国人民大学出版社,1999.

15. 史尚宽.亲属法论[M].北京:中国政法大学出版社,2000.

16. 夏吟兰.美国现代婚姻家庭制度[M].北京:中国政法大学出版社,1999.

17. 杨大文.亲属法[M].北京:北京法律出版社,1997.

18. 蒋月.婚姻家庭法前沿导论[M].北京:科学出版社,2007.

19. 陈苇.外国婚姻家庭法比较研究[M].北京:群众出版社,2006.

20. 巫昌祯.婚姻与继承法学[M].北京:中国政法大学出版社,2001.

21. 法学教材编辑部《罗马法》编写组.罗马法[M].北京:群众出版社,1983.

22. 王胜明,孙礼海.《中华人民共和国婚姻法》修改立法资料选[M].北京:法律出版社,2001.

23. 胡康生.中华人民共和国婚姻法释义[M].北京:法律出版社,2001.

24. 陈苇.中国婚姻家庭法立法研究[M].北京:群众出版社,2000.

25. 李志敏.比较家庭法[M].北京:北京大学出版社,1988.

26. 李银河,马忆南.婚姻法修改论争[M].北京:光明日报出版社,1999.

27. 王薇.非婚同居法律制度比较研究[M].北京:人民出版社,2008.

28. 郑小川,于晶.亲属法:原理·规则·案例[M].北京:清华大学出版社,2006.

29. 宋豫,陈苇.中国大陆与港、澳、台婚姻家庭法比较研究[M].重庆:重庆出版社,2002.

30. 粟生武夫.婚姻法之近代化[M].胡长清,译.北京:中国政法大学出版社,2003.

31. 奚晓明.最高人民法院婚姻法司法解释(三)理解与适用[M].北京:人民法院出版社,2011.

32. 王泽鉴.民法学说与判例研究:第6册[M].北京:中国政法大学出版社,1998.

33. 摩尔根.古代社会:上册[M].马巨,等译.北京:商务印书馆,1977.

34. 费安玲.罗马继承法研究[M].北京:中国政法大学出版社,2000.

35. 梅因.古代法[M].沈景一,译.北京:商务印书馆,1959.

36. 伯尔曼.法律与革命:西方法律传统的形成[M].贺卫方,等译.北京:中国大百科全书出版社,1993.

37. 王国维.殷商制度论[M].北京:中国社会科学出版社,1997.

38. 张玉敏.继承法律制度研究[M].北京:法律出版社,1999.

39. 法国民法典[M].李浩培,吴传颐,孙鸣岗,等译.北京:商务印书馆,1997.

40. 彭诚信.继承法[M].长春:吉林大学出版社,2000.

41. 陈苇.外国继承法比较与中国民法典继承编制定研究[M].北京:北京大学出版社,2011.

42. 陈苇,曹贤信.改革开放三十年(1978～2008)中国无遗嘱继承制度研究之回顾与展望[M].北京:中国政法大学出版社,2010.

43. 史尚宽.民法总论[M].北京:中国政法大学出版社,2000.

44. 刘文.继承法比较研究[M].北京:中国人民公安大学出版社,2004.

45. 玛丽娜.威兰霍夫-科莱.登记的生活伴侣关系[M].德文版.德国:慕尼黑贝克出版社,2003.

46. 戴维·N.沃克.牛津法律大词典[M].北京:光明日报出版社,1988.

47. 德国民法典[M].修订版,郑冲,贾红梅,译.北京:法律出版社,2001.

48. 日本民法典[M].王书江,译.北京:中国法制出版社,2000.

49. 康德.法的形而上学原理:权利的科学[M].北京:商务印书馆,1991.

后 记

为了适应 21 世纪我国高等法学教育的需要，在我国《民法总则》颁布并生效，我国《民法典》的制定正在积极进行之际，《婚姻家庭继承法学》作为高等法学教育基础课程之一，在立法、理论与实务等方面出现了很多新情况、新问题。为此，我们组织了广州大学、广东外语外贸大学、广东工业大学、肇庆学院、中山大学新华学院、广州商学院等主讲婚姻家庭继承法课程的骨干老师共同编写了本教材。本教材以教育部高等学校法学学科教育委员会审定的基本要求为依据，注入最新立法、司法及理论动态，在准确系统阐述婚姻家庭继承法的基本概念、基本理论、基本法律原则与法律制度的同时，在体系安排与内容设置方面力求做到理论联系实践，集科学性、系统性、新颖性、适用性与通俗性于一体。

本教材由何群、郭丽红担任主编，负责全书的统稿、审稿和定稿工作。副主编协助主编做了一定的工作。本教材撰稿人（按撰写章节先后为序）有：

何　群：第一章、第二章；

杨浩楠：第三章；

陈月秀：第四章、第五章、第八章、第十三章；

郭丽红：第六章、第七章；

袁　青：第九章、第十一章；

佘发勤：第十章、第十二章、第十四章、第十五章；

李　珊：第十六章。